आदि धरम

भारतीय आदिवासियों की धार्मिक आस्थाएं

आदि धरम

सारना, जाहिरा, सारि, संसारी, बाथउ, दोनिपोलो, इत्यादि नामों से चिन्हित

भारतीय आदिवासियों की धार्मिक आस्थाएं

एक प्रारंभिक रूपरेखा

मुण्डारी-हिन्दी संस्करण

रामदयाल मुण्डा, रतनसिंह मानकी

राजकमल प्रकाशन

ISBN : 978-81-267-1751-4

मूल्य : ₹1495

पहला संस्करण : 2009
छठा संस्करण : 2024

प्रकाशक : राजकमल प्रकाशन प्रा.लि.
1-बी, नेताजी सुभाष मार्ग, दरियागंज
नई दिल्ली-110 002
शाखाएँ : अशोक राजपथ, साइंस कॉलेज के सामने, पटना-800 006
पहली मंजिल, दरबारी बिल्डिंग, महात्मा गांधी मार्ग, प्रयागराज-211 001
1, अनमोल सोराबजी संतुक लेन, धोबी तलाव, मरीन लाइंस, मुम्बई-400 002
वेबसाइट : www.rajkamalprakashan.com
ई-मेल : info@rajkamalprakashan.com

मुद्रक : बी.के. ऑफसेट
नवीन शाहदरा, दिल्ली-110 032

AADI DHARAM
by Ram Dayal Munda, Ratan Singh Manki

प्राक्कथन

भारतीय संविधान ने आदिवासियों को एक विशिष्ट समुदाय के रूप में मान्यता दी है और उनकी सुरक्षा और विकास के लिए कई प्रावधान किए हैं किन्तु धर्म के मामले में उसने यह स्वतंत्रता दे रखी है कि जो जिस धर्म का अनुसरण करना चाहे, करे। व्यवहार में जैसा कि जनगणना के आंकड़ों से पता चलता है, आदिवासी की अपनी धार्मिक पहचान नहीं के बराबर है। गणना प्रणाली में अब तक अन्य धर्मों–हिन्दू, मुस्लिम–सिक्ख, ईसाई इत्यादि–की तरह अपनी धार्मिक पहचान दर्ज करने के लिए कोई निश्चित जगह न पाकर आदिवासियों को 'अन्य' के ही अन्तर्गत गिनाने के लिए बाध्य होना पड़ता है। परिणामतः आदिवासियों के धार्मिक–आस्था–विश्वासों में मोटे तौर पर समानता होने पर भी हर समुदाय अपनी धार्मिक पहचान अपने–अपने हिसाब से अलग–अलग बताता रहा है। उदाहरण के लिए गत 1991 की जनगणना में आदिवासियों की धार्मिक पहचान सारना, सारि, संसारी, जाहेर इत्यादि कई नामों से दर्ज हुई है। उन संबको जोड़ने पर आदिवासी की कुल 10 करोड़ आबादी में इनकी संख्या मात्र 54,24,650 होती है। यह एक भारी अवमूल्यन है। आदिवासियों का कुछ हिस्सा ईसाई, मुस्लिम और बौद्ध मतावलंबी हो गया है। उस सारी आबादी (करीब 2 करोड़) को अलग कर दिया जाए तो बाकी करीब 8 करोड़ की पहचान हिन्दू के रूप में ही कर दी गई है, जो कि सही नहीं है। हमारा मानना है कि आदिवासियों की मूल धार्मिक पहचान हिन्दू–मुस्लिम–सिक्ख–ईसाई से अलग ही है। इन धर्मों में से हर एक के साथ आदिवासियों के धार्मिक विश्वासों की समानता कुछ अंशों में हो सकती है और उन्हें कहीं–कहीं हिन्दू-जैसा, मुस्लिम-जैसा, ईसाई-जैसा कहा जा सकता है। किन्तु हिन्दू-जैसा होना और बिलकुल हिन्दू होना दोनों एक बात नहीं है जैसा कि अभी मानकर चला जा रहा है। इस तरह से आदिवासियों के धार्मिक वैशिष्ट्य को बिल्कुल ही अनदेखा कर उसके साथ अन्याय किया जा रहा है।

धार्मिक आस्थाएं आदमी में जीवन के प्रति आत्मविश्वास जगाती हैं। आदिवासी के अन्दर सुषुप्त इसी आत्मविश्वास को जगाने के लिए प्रस्तुत पुस्तक में कुछ तथ्य उजागर किए गए है जिनके आधार पर यह प्रमाणित करने की चेष्टा की गई है कि आदिवासियों की सारी धार्मिक आस्थाओं को 'आदि धरम' के अन्तर्गत सम्मिलित किया जा सकता है और यही राष्ट्रीय स्तर पर आदिवासियों की सही पहचान होगी।

इसी आधार पर हम रजिस्ट्रार जेनरल, सेन्सस ऑफ इंडिया, भारत सरकार से निवेदन करते हैं कि जनगणना प्रणाली में भारतीय आदिवासियों को उनकी धार्मिक आस्थाओं को सम्मिलित

रूप से अभिव्यक्त करने के लिए उन्हें हिन्दू, मुस्लिम, सिक्ख, ईसाई की तरह 'आदि धरम' का एक विकल्प प्रदान करें ताकि जनगणना में उनका एक सम्मानजनक प्रतिबिंबन हो सके। इसी के साथ हम आदिवासियों के हितचिंतकों से भी अपील करते हैं कि आगामी जनगणनाओं में 'अन्य' के स्थान पर आदिवासियों की धार्मिक पहचान राष्ट्रीय स्तर पर 'आदि धरम' दर्ज कराएं और उनके क्षेत्रीय रूपों (सारना, सारि, संसारी इत्यादि) को उसी के अन्तर्गत प्रकोष्ठ में दर्ज करें। उदाहरण के लिए आदि धरम (सारना), आदि धरम (गोंडी), आदि धरम (भीली) इत्यादि। उनकी यह एकता उनकी संविधान प्रदत्त सामुदायिक एकता का सही परिपूरक बन सकेगी।

हम अपने आदिवासी भाई-बहनों से भी यह अपेक्षा करेंगे कि वे अपनी धार्मिक एकता के पीछे छिपी शक्ति का अनुभव करेंगे और आगामी जनगणनाओं के समय यह सुनिश्चित करेंगे कि उनकी धार्मिक पहचान 'आदि धरम' के रूप में दर्ज हो। होता यह है कि अधिकांश जनगणना पदाधिकारी गैर-आदिवासी होते हैं और सभी गैर-मुस्लिम, गैर-ईसाई आबादी को हिन्दू घोषित कर देते हैं। सर्वोत्तम तो यह होगा कि गांव की गणना-सूची ग्रामसभा द्वारा अनुमोदित होने के बाद ही अधिकृत अधिकारी के यहां भेजी जाए।

जैसा कि उपशीर्षक में संकेतित है, एक लंबे अभियान की यह प्रारंभिक रूपरेखा ही है। प्रस्तावित आदि धरम का प्रस्तुत मुण्डारी-हिन्दी संस्करण मात्र एक रूपरेखा है, प्रारंभिक नमूना है—देश के 500 से भी अधिक आदिवासी समुदायों की 100 से अधिक अपनी-अपनी भाषाओं में बिखरी सामग्री में उनकी आस्थागत अवधारणाओं के आधार पर एक विशिष्ट पहचान खड़ा करने की चेष्टा का। इसमें विशेष जोर है मंत्रपाठों के संयोजन पर। पर्व-संस्कारों के अनुष्ठानों के वर्णनात्मक विवरण आदिवासी-इतर विद्वानों के द्वारा रचित पुस्तकों में मिल जाएंगे किन्तु आदिवासी भाषाओं पर आधारित पुस्तकें बिरले ही मिलेंगी। उदाहरण के लिए फादर जॉन हॉफमन ने 40 वर्षों तक मुण्डा लोगों के बीच रहकर उनकी भाषा मुण्डारी का अध्ययन करते हुए मुण्डारी विश्वकोश (16 खण्डों में—10 हजार पृष्ठों से अधिक) लिखा जो कि किसी एक समुदाय पर लिखा गया विश्व का सबसे बड़ा ग्रंथ होगा, किंतु तब भी बहुत सारी चीजें छूट गई हैं। यह शेष काम गहनतर भाषाज्ञान के बिना संभव नहीं होगा। इसके लिए आदिवासी को ही तैयार होना होगा। हम आशा करेंगे कि प्रस्तुत रूपरेखा के आधार पर यथाशीघ्र संबंधित शेष आदिवासी समुदायों की भाषाओं में भी हिन्दी, अंग्रेजी या राज्य भाषाओं में अनुवाद सहित ग्रंथ तैयार होंगे जो समस्त भारतीय आदिवासी की सही धार्मिक पहचान खड़ी करने में सहयोगी होंगे। तैर कर नदी पार करने के लिए पानी में पैर रखना तो पड़ेगा ही। पानी में उतरने के बाद ही विचारों को तैरना भी आएगा। इधर हाल के दिनों में विश्वधर्म-संवादों के सदर्भ में आदिवासी धार्मिक-आध्यात्मिक आस्थाओं की ओर विद्वानों की उत्साहवर्द्धक जिज्ञासा बढ़ी है। इसी विश्वास के साथ हम अपने पाठकों से सकारात्मक प्रतिक्रियाओं का स्वागत करेंगे। यहां व्यक्त विचारों के पोषण एवं संवर्द्धन में डॉ. बी.पी. केशरी, श्री अशोक पागल और विश्वनाथ जी ने जो प्रोत्साहन दिया है उसके लिए हम उनके प्रति हृदय से आभारी हैं। हमारे प्रिय छात्र विसेश्वर मुण्डा और संध्या मुण्डू ने पुस्तक की प्रेस-पांडुलिपि तैयार करने में विशेष मदद की है, उन्हें भी धन्यवाद। इंडियन नेशनल ट्रस्ट फॉर दि वेलफेयर ऑफ ट्राइबल्स के डॉ. सुनीता शर्मा और श्री अमरेन्द्र

किशोर के प्रति पुस्तक में उनकी रुचि और सुझावों के लिए हम कृतज्ञता ज्ञापित करते हैं। राजकमल प्रकाशन प्रमुख श्री अशोक महेश्वरी के धैर्यपूर्ण आग्रह और प्रोत्साहन से ही यह कृति लोकार्पित हो रही है। इसके लिए हम उनके प्रति विशेष आभारी हैं। इस पूरी परियोजना में उनका साथ आगे भी बना रहेगा, ऐसा हमारा विश्वास है। आदिवासी आस्थागत अनुष्ठानों से जुड़ी अनुवर्ती सांस्कृतिक अभिव्यक्ति का एक महत्त्वपूर्ण अंश हमारी साहित्यिक धरोहर के रूप में लोकस्मृति और लोक कंठों से गुजरते हुए अब तक चला आ रहा है। पुस्तक में वर्णित अनुष्ठानों की समाप्ति पर दिए गए प्रतिनिधि गीतों को निर्धारित करने में मुण्डारी नाच–अखरा के हमारे साथियों–सर्वश्री अमिता मुण्डा, तुलसी नारायण मुण्डा, मनय मुण्डा, नलिनी नाग, चन्द्रावती सारू, हेसेल सारू, सावित्री मुण्डा, प्यारी टूटी, नौरी पूर्ति, सुमित्रा मानकी, सुन्दर सिंह हस्सा, सेलायचन्द्र मुण्डा, सिंगा मुण्डा, प्रेमानन्द सिंह मुण्डा, विरेन्द्र कुमार सोय, चमर सिंह मुण्डा, अभिनीत मानकी, सबरन मुण्डा, सुभाष मुण्डा, चरण सिंह मुण्डा,–के सहयोग के लिए हम उनके आभारी हैं। वर्तमान पीढ़ी में इन गीतों को जीवंत रखकर इन्होंने अगली पीढ़ियों का मार्ग सुगम किया है। इन अनुष्ठानों से जुड़े हुए नृत्य-संगीत रूपों को बचाए रखने और उन्हें समृद्ध करने में हम सर्वश्री भुवनेश्वर महतो, पाण्डेया मुण्डा, रासवाल मुण्डा, गुरू मुण्डा और उनके साथियों की भूमिका को भी रेखांकित करते हैं।

अंत में, किन्तु सर्वाधिक श्रद्धा के साथ, इस अवसर पर हम आदिवासियों के संदर्भ में एक लघु मानव के पीछे जीवंत महामानव की खोज और पुनःस्थापना चेष्टा को समर्पित उन सभी पूर्ववर्ती विद्वान प्रतिनिधियों के कृत्तज्ञ हैं जिनकी कृतियों से हमें प्रेरणा मिली है।

हमारा विश्वास है कि लोभ आधारित भोगवादी विकृतिविस्तार के दुष्परिणामस्वरूप सम्पन्न-विपन्न की खाई के निरंतर बढ़ने का संकट झेल रहे वर्तमान विश्वसमाज के समक्ष आदि धरम दर्शन एक विकल्प प्रस्तुत करता है जिसका प्रयोग पूरे विश्वफलक पर किया जा सकता है। हमें खुशी है कि आदिवासी इतर सिविल सोसाइटी का एक संवेदनशील तबका विश्वआदिवासी के साथ खड़ा हो रहा है और इसका दार्शनिक सहयोगी बन रहा है। हम इसका सादर स्वागत करते हैं।

रामदयाल मुण्डा
रतनसिंह मानकी

मकर संक्रांति 2009
जनजातीय एवं क्षेत्रीय भाषा विभाग
रांची विश्वविद्यालय, रांची

ओनोतोङ / अनुक्रमणिका

आदि धरम दर्शन

आदि धरम से हमारा तात्पर्य भारतीय आदिवासियों की धार्मिक आस्थाओं के उस मूल स्वरूप से है, जिसे प्रकारांतर में एनिमिज्म, एनिमिस्टिक रिलीजन, प्रिमिटिभिज्म, प्रिमिटिभ रिलीजन, एबोरिजिनल रिलीजन, आदिवासी धर्म, जनजाति धर्म, सरनाइज्म, सरना धर्म, सारि धर्म, जाहिरा धर्म, बोंगाइज्म, दोनिपोलो, बाथौ, इत्यादि नामों से विहित किया गया है। इस विश्लेषण और मूल स्वरूप निर्धारण की चेष्टा के पीछे हमारा उद्‌देश्य है, अखिल भारतीय स्तर पर एक धार्मिक स्वरूप खड़ा करने में सहयोगी बनना, जिसके आधार पर भारतीय आदिवासी का धार्मिक आत्मविश्वास जगाया जा सके, जिसके अभाव में इस समय उसकी धार्मिक अस्मिता करीब नगण्य हो गई है। भारतीय संविधान में आदिवासियों को सांस्कृतिक रूप से एक विशिष्ट समुदाय माना गया है, किन्तु उसकी कोई स्वतंत्र धार्मिक पहचान नहीं है। राष्ट्रीय स्तर पर प्रति 10 वर्ष में होनेवाली जनगणना में उनकी धार्मिक पहचान दर्ज करने के लिए मात्र 'अन्य' का विकल्प है, जिसके परिणामस्वरूप, जो आदिवासी स्पष्ट रूप से अपने को ईसाई, मुसलमान या बौद्ध नहीं बताते, वे 'हिन्दू' के अन्तर्गत ही चिन्हित होने को विवश हैं। हमारा मानना है कि आदिवासी ने अन्य ईसाई, मुसलमान या बौद्ध धार्मिक समुदाय में धर्मांतरित होकर आंशिक रूप से अपने आदिवासीपन को खोया है, तो उसका विकल्प हिन्दू इत्यादि बनना/बनाना भी नहीं है, जैसा कि इस समय प्रवृत्ति दिखाई दे रही है। ऐसा करके आदिवासी मान्यता प्राप्त करने की सीढ़ी में कहीं ऊपर नहीं जा रहा। उस अवस्था में उसकी जगह सबसे नीचे (दलित से भी नीचे) ही बन रही है। तथाकथित मुख्यधारा का आकर्षण भ्रांतिपूर्ण है। आदिवासी के लिए उसके अंदर जाना अनंतकाल के लिए गुलामी स्वीकार करना है। आदिवासी भ्रांति के इस मिथ्याकर्षण में इसलिए पड़ रहा है, क्योंकि वर्षों के मानसिक शोषण ने उसे अपनी गरिमामय विरासत का वैशिष्ट्य भूलने पर विवश कर दिया है। प्रस्तुत पुस्तक का उद्‌देश्य उस विरासत के धार्मिक पक्ष के पुनर्गठन में, जो कि चिंतन के स्तर पर ही सही, छिटपुट तरीके से आदिवासियों के बीच चल रहा है, सहभागी होना है।

किसी भी धार्मिक व्यवस्था में मुख्यतः तीन पक्ष होते हैं–(क) दर्शन (सिद्धांत) पक्ष, (ख) अनुष्ठान (कर्मकांड) और (ग) व्यवस्था (संगठन) पक्ष। ये तीनों पक्ष विवेचना के दृष्टिकोण से अलग होते हुए भी आपस में संयुक्त हैं और एक दूसरे के परिपूरक हैं। हमारी प्रस्तुति का निम्नांकित चित्रात्मक स्वरूप है :

इस चित्र में परेश्वर को केंद्रबिंदु और सूक्ष्मतम रूप में दिखाने के लिए ही बीच में दिखाया गया है। विभिन्न वृत्त उनके महत्त्व के द्योतक नहीं हैं; बल्कि उनका महत्त्व तो विपरीत ही होगा।

उपरोक्त तत्त्वों का एक—दूसरे के प्रति अन्योन्याश्रयी और पारस्परिकता का संबंध है और ये सारे मिलकर एक 'धार्मिक' आदिवासी का निर्माण करते हैं। मात्र एक पक्ष को पकड़ कर यह कहना कि आदिवासी जीवन संगीतमय, अनुष्ठानमय है या कर्ममय है, अपूर्ण ही होगा।

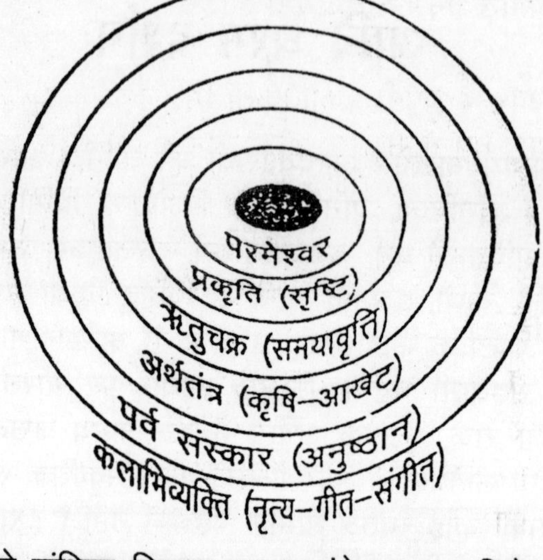

अब हम इन तत्त्वों के संक्षिप्त विस्तार पर जाएंगे। हमारा विशेष संदर्भ है, झारखंड और उसका पार्श्व प्रदेश। इसलिए कि भारत के पूरे आदिवासी क्षेत्र—गुजरात से अरुणाचल तक का यह 'मध्यदेश' है। यहीं भारत के धार्मिक आदिवासीपन का अधिकांश सुरक्षित है। इसके पूरब के अधिकांश आदिवासी बौद्ध-ईसाई हो गए हैं, तो पश्चिम के हिन्दू-मुसलमान। इसलिए इसी आदिवासी मध्यदेश को पुनर्रचना का आधार बनाना होगा।

परमेश्वर और सृष्टि

परमेश्वर : (1) सभी देवताओं में वह श्रेष्ठ है, वह स्वयंभू है—उसके माता-पिता नहीं हैं, किन्तु वह सबका 'मां-बाप' है, इसलिए उसको पूरी तरह जाना नहीं जा सकता। (2) वह सृष्टि का सामाजीकृत, मानवीकृत, देशकालातीत अनंत विस्तार है। (3) वह सर्वशक्तिमान है, किन्तु सृष्टि साक्षेप भी। सृष्टि करना उसकी बाध्यता है। (4) पूरी सृष्टि उसी से निकली है। सृष्टि उसकी कामना और कर्म का प्रतिफल है। (5) वह मानव का अभिन्न सहयोगी मित्र है। (6) वह धैर्य, प्रेम और सहयोगपूर्ण है।

सृष्टि

(क) पृथ्वी : सृष्टि का प्राथमिक मूल यथार्थ है। उसी के बाद सूरज, चांद-तारे और अन्य ग्रह-नक्षत्रों की भूमिका बनती है। पानी, मिट्टी, हवा और ताप प्राथमिक तत्त्व हैं। पहले चारों ओर पानी ही पानी (समुद्र) था। मिट्टी (धरती) पानी के अंदर से ऊपर आई। मछली, केकड़ा और

केंचुआ धरती के निर्माण में परमेश्वर के सहयोगी बने। तभी से हर नए वर्ष की शुरुआत सरहुल के समय उनके स्मरण और सम्मान के साथ होती है। हवा और गर्मी (सूरज) द्वारा सुखाए जाने से धरती का ठोस रूप बना। परमेश्वर की पत्नी द्वारा धरती को बराबर करने एवं लीपने-पोतने के क्रम में छूटे हुए अंश पहाड़ बने, नदियां बनीं और शेष समतल भूमि बनी और वनस्पति उग आई।

(ख) मनुष्य : परमेश्वर ने अपनी ऐकांतिकता मिटाने के लिए पृथ्वी के अंश, मिट्टी से नर और नारी का निर्माण किया। धूप में सुखाया और उनमें अपनी सांस फूंककर उन्हें जीवंत किया। यहां यह ज्ञातव्य है कि स्त्री-पुरुष को उसने एक ही मिट्टी से बनाया, एक साथ बनाया। शुरू में ये 'भाई-बहन' की तरह थे। परमेश्वर को उनके द्वारा सृष्टि के विस्तार की जरूरत थी तो उन्हें हंड़िया पीना सिखाया और वे पति-पत्नी बने। परमेश्वर ने उन्हें फूलने-फलने, बढ़ने और 'अमर' होने का वरदान दिया।

(ग) अन्य जीव-जन्तु, वनस्पति : परमेश्वर ने सबसे पहले अपने लिए घोड़ा बनाया। घोड़े को अपने मालिक द्वारा उतने मनोयोग से नर-नारी का निर्माण करना अखरता है। सूखती हुई आकृतियों को वह लात मारकर बिगाड़ता है। उनकी सुरक्षा के लिए परमेश्वर कुत्ते की सृष्टि करता है। तभी से कुत्ता आदमी का सबसे प्रिय सहयोगी बना हुआ है। पेड़-पौधे, फल-फूल, वनस्पतियां परमेश्वर ने मनुष्य के काम आने के लिए बनाए। फलों में सर्वश्रेष्ठ बेल बनाया और साग-सब्जियों में कोयनार साग।

(घ) अन्य ग्रह–तारे : प्रारंभ में भयानक गर्मी थी, क्योंकि सूर्य के साथ ही उसके बहुत सारे बच्चे भी थे, जिस तरह चांद के बच्चे तारे हैं। गर्मी असह्य होने से चांद ने एक चाल खेली। एक दिन दोपहर के खाने में सूर्य को आमंत्रित किया और खाने के लिए बेल पकाए। सूर्य ने जब स्वादिष्ट खाने का रहस्य पूछा, तो चांद ने बताया कि उसने उसके (सूर्य के) सम्मान-भोज में अपने बच्चों में से ही कुछ को पका दिया है। फिर क्या था, सूर्य ने वापस जाकर स्वादिष्ट खाने के लोभ में अपने बच्चों को हांड़ी में डाल दिया। किन्तु जब शाम होते ही आसमान में तारे उतने के उतने ही दिखाई देने लगे, तो चांद के धोखे का पता चला। वह चांद को मारने दौड़ा। तब से अब भी उसके पीछे दौड़ ही रहा है। इस तरह चांद की बुद्धिमत्ता से पृथ्वी अनेक सूर्यों की प्रचंड गर्मी से बच गई, किन्तु इसके लिए उसे आजीवन भागते रहना उसकी नियति बन गई। उस समय आसमान की छत पृथ्वी के बहुत करीब थी। इतनी करीब कि उसकी पत्नी को धान कूटने में असुविधा होती थी। उसका मूसल आसमान को छूता/ठेकता था। अपनी सुविधा के लिए पति को उसकी बेतुकी कारीगरी के लिए कोसते हुए उसने आसमान को मूसल से ही थोड़ा और ऊपर धकेल दिया!

(ङ) गुण-कर्म : परमेश्वर ने सृष्टि को नियंत्रित करने के लिए मनुष्य, अन्य जीव-जन्तु एवं वनस्पतियों के गुण-कर्म निश्चित किए। यही उनकी पहचान बनी। जीव-जन्तुओं में बल-बुद्धि के वितरण द्वारा संतुलन खड़ा किया। जो जैसा कर्म करेगा, वैसा फल भोगेगा। गलती की कोई क्षमा नहीं। उससे बचने का एक ही उपाय है कि उसकी पुनरावृत्ति न हो।

(च) पाप-पुण्य (स्वर्ग-नरक) : असामाजिक काम करना ही 'पाप' है, समाज हित में काम करना ही 'पुण्य' है; और चूंकि आदमी अमर है, उसे देहांत के बाद 'स्वर्ग/नरक' कहीं जाना नहीं है। वह 'वापस' आता है अपने घर। देहांत के बाद वह मात्र दिखाई नहीं देता, किन्तु रहता है अपने ही घर, अपने पूर्वजों के साथ। मृतक की 'छाया भितारना' और 'पत्थल-गड़ी' का यही अर्थ है। सामाजिक बनकर रहना ही स्वर्ग है। असामाजिक बनना नरक में रहने जैसा है। यह आदमी की पुनर्वापसी है, पुनर्जन्म नहीं।

(छ) काल (दिन-रात) : परमेश्वर ने कर्म मापने और विश्राम के लिए दिन-रात (समय विभाजन) की व्यवस्था की। रात निर्माण करने से पहले आदमी लगातार काम करता था। वह नहीं जानता था कि आराम क्या होता है। आदमी को लगातार खेत बनाने का काम करते हुए देखकर परमेश्वर ने पूछा, "नाती, तुमने यह खेत कब बनाया?"

"आज ही," मनुष्य ने कहा।

"और यहं?" दूसरे खेत की ओर इशारा करते हुए परमेश्वर ने पूछा।

"वह भी आज ही," आदमी ने जवाब दिया।

"और वो वाला?" एक दूर खेत की ओर परमेश्वर इशारा कर रहा था।

"वह भी आज ही," आदमी ने जवाब दिया।

"तो तुमने ये सारे खेत आज ही बनाए?"

"जी।"

परमेश्वर ने सोचा, यह ठीक नहीं हुआ। इस तरह से तो यह आदमी कभी रुकेगा ही नहीं; और तब उसने आदमी को आराम दिलाने की व्यवस्था दिन के बाद रात बनाकर की। बहुत समय के बाद आगे चलकर जब असुरों ने दिन-रात लोहा गलानेवाला कारखाना चलाकर इस नियम को तोड़ने की चेष्टा की, तो परमेश्वर ने उनका विनाश कर उन्हें दंडित किया और कर्म के साथ आनंद के समन्वय की पुनर्व्यवस्था की।

ऋतुचक्र (समयावृत्ति) और अर्थतंत्र

पृथ्वी, सूरज-चांद और ग्रह-नक्षत्रों की गतिविधियों से निर्धारित होते हैं, रात-दिन, महीना और वर्ष के ऋतुचक्र गर्मी, वर्षा और जाड़ा। यही ऋतुएं आदमी की आर्थिक क्रिया-कलापों एवं आखेट को नियंत्रित करती हैं। ऋतु के परिवर्तन के संकेत हमें हवा-पानी के रुख, वनस्पति में परिवर्तन और जीव-जन्तुओं की गतिविधियों से मिलते हैं तथा उसी के अनुरूप हमारी शारीरिक-मानसिक स्थिति में भी तब्दीली आती है। वैसे ऋतुचक्र से सामान्यतया हम एक वर्ष के अंदर के मौसमी परिवर्तन समझते हैं, किन्तु कुछ सामयिक चक्र बड़े भी होते हैं, जिसके अन्तर्गत कई वर्षों के अंतराल पर हम अनावृष्टि, अतिवृष्टि, महामारी इत्यादि होते हुए देखते हैं। ये सब ग्रह-नक्षत्रों की स्थिति द्वारा नियंत्रित होते हैं और इनका सीधा संबंध अर्थतंत्र पर पड़ता है। आदिवासी-अर्थतंत्र से हमारा मतलब अधिकांशतः उसके आखेट और कृषि जीवन से है, जो कि मूलतः जंगल और जमीन से जुड़ा है।

सभ्यता की पहली सीढ़ी के रूप में जंगल मनुष्य के लिए बड़ा ही महत्त्व रखता है। प्रारंभ में मनुष्य का सारा अस्तित्व (एक्जिस्टेंस/सर्वाइवल) वन पर आश्रित था। खाने के लिए वनस्पति और वन्य जीव, तन ढकने के लिए पत्तियां, वल्कल और जानवरों की खाल और आश्रय के लिए गुफाएं–सारे वन से ही मिलते थे। आदिवासी के लिए वन पर निर्भरता निम्न अनुपात में अब भी चली आ रही है, किन्तु आदिवासी का वन के साथ के सुदीर्घकालीन साहचर्य ने उसे मानसिक स्तर पर बड़ी गहराई से प्रभावित किया है। जीवन के अंतिम लक्ष्य, शांति की तलाश में वह जंगल की ही ओर जाता है। आदिवासी के दुश्मन इस बात को अच्छी तरह समझ गए हैं। उन्हें यदि कहीं से भगाना हो, तो उनसे जंगल छीन लीजिए।

आदिवासी के लिए अगर वन उसकी शांति है, तो कृषि उसकी सांस है। निरंतर जीवन के लिए वन मात्र अनुपूरक हो सकता है, प्रधान आधार तो कृषि ही होगा। मनुष्य ने वन के अंदर से ही कृषि का विकल्प खड़ा किया, क्योंकि इस प्रक्रिया में उसका आर्थिक जीवन वन्य (घुमंतू) जीवन से अपेक्षाकृत अधिक आश्वस्त था। वन के अन्दर ही नदी घाटियों में उसने कृषि योग्य जमीन बनाई, वनस्पति को आंशिक रूप से उन्नत किया, अपने काम के जीव-जन्तुओं को पालतू बनाया और इस तरह से उसके जीवन में स्थिरता आई। विश्व के अधिकांश आदिवासियों की तरह भारतीय आदिवासियों में भी अधिकांश का आर्थिक जीवन वर्तमान में इसी स्तर पर चल रहा है। औद्योगिक आर्थिक व्यवस्था, जिसके साथ ही व्यापार और पैसा भी जुड़ा हुआ है, आदिवासी की समझ में अभी ठीक से आई नहीं। इसे अपनाने में आदिवासी को अभी बहुत समय लगेगा। यही कारण है कि उसे वर्तमान व्यवस्था के 'जमीन के बदले पैसा' के द्वारा आदिवासियों के पुनर्वास का प्रस्ताव कोई अर्थ नहीं रखता। आदिवासी को उसकी जमीन से अलग करना उसकी सांस बंद कर देना है।

आदिवासियों का अस्तित्व अगर समाप्त करना है, तो उसे उसकी जमीन से अलग कर दीजिए, जैसा कि अभी हो रहा है। आदिवासी के लिए यह विचित्र विडंबना है कि जब वह कृषि के आधार पर एक आत्मनिर्भर जीवन व्यतीत कर सकता है, वह पंगु और परजीवी बनने को विवश किया जा रहा है। जनहित और देश के विकास के नाम पर बड़ी–बड़ी योजनाओं के निर्माण के लिए आदिवासी की जमीन छिनती जाने से आदिवासी बड़ी ही तीव्र गति से स्वावलंबी और स्वाभिमानी समुदाय की जगह भूमिहीन मजदूरों और वफादार घरेलू नौकर-नौकरानियों की बड़ी फौज के रूप में आधुनिक महानगरों की परिधियों में बसी अस्थायी झुगी-झोंपड़ियों में दिखाई देते हैं। इनका जीवन प्रस्तुत ढांचे में फिट नहीं खाता, क्योंकि उनके जीवन के कंडीशनिंग तत्त्व अलग हो गए हैं। व्यवहार में अब वे आदिवासी नहीं रह जाएंगे। इसलिए अगर हम सोचते हैं कि आदिवासीपन में दम है, तो उसके सराहनीय गुणों (सच्चाई, ईमानदारी, समता, सहयोग, जनतांत्रिक, स्वावलंबिता इत्यादि) के कारण। और यदि उसकी रक्षा करनी है तो उसे उसकी जमीन पर से उखड़ने से बचाना होगा। अगर उसे देशहित में विस्थापित करना अनिवार्य है भी, तो उसको जमीन के बदले जमीन देकर ही उसके स्वस्थ्य सांस्कृतिक पुनर्वास की व्यवस्था की जा सकती है।

पर्व संस्कार (अनुष्ठान)

पर्व संस्कार अनुष्ठानों का उद्देश्य होता है स्रष्टा-सृष्टि-संबंध और उसमें आदिवासी की भूमिका को प्रतीकात्मक पुनरावृत्ति द्वारा कायम रखना। उसका संरक्षण–संवर्द्धन करना। ऐसे अवसरों पर आदिवासी समय की गति को थोड़ा रोक लेता है और सृष्टि प्रक्रिया में अपनी स्थिति का पुनरावलोकन-पुनरीक्षण कर लेता है, और आश्वस्त हो जाने के बाद फिर आगे बढ़ता है। यह प्रतीकात्मकता उसकी कृषि और आखेट के अर्थतंत्र पर आधारित होती है।

इन पर्व-त्योहारों को मानने की दिशा में आदिवासी समुदाय महीने भर पहले से तैयारी करता है या कहना चाहिए कि एक सामुदायिक अनुष्ठान के संपन्न होने में ही आगामी त्योहार के लिए भी मानसिक तैयारी शुरू हो जाती है। आखिरी दिन के नाच-अखरा में बीतते हुए त्योहार की विदाई के साथ ही आगामी त्योहार के लिए स्वागत गीत भी लगा हुआ होता है। किन्तु कोई सामुदायिक त्योहार सामान्यतया चार दिनों में संपन्न होता है। पहले दिन उपवास, दूसरे दिन पूजा-पाठ, तीसरे दिन खान-पान और नाच-गान और चौथे दिन समापन। चौथे दिन अखरा मिटाने के बाद पर्व समाप्ति मान ली जाती है। किंचित अंतर के साथ सामान्यतया सर्वत्र यही रूटीन होती है। निम्नलिखित विशेष त्योहार सारे झारखंड सांस्कृतिक क्षेत्र में मनाए जाते हैं।

1. प्रकृति पर्व / वसंतोत्सव-बाहा / बा, जांकोर, खद्दी, सरहुल :

मुंडा भाषा परिवार में बाहा / बा और द्रविड़ भाषा परिवार की कुड़ख / माल्तो में खद्दी का अर्थ फूल होता है और सभी फूलों के प्रतिनिधि के रूप में शाल का फूल। नागपुरी इत्यादि आर्य भाषाओं में प्रचलित सरहुल की व्युत्पत्ति सरई-हुल 'सरई समूह' ही है। अर्थ विस्तार में सरहुल शाल फूल के माध्यम से सारी प्रकृति के नवरूप का स्वागत ही है। शेष समग्र भारतीय परंपरा के साथ समयांतर से यह ऋतु नए वर्ष के आगमन की भी सूचना है। यही कारण है कि किसी आदिवासी गांव में पाहन / बैगा द्वारा विधिवत् स्वागत पूजा के पहले कोई भी वन से फूल-पत्तियां नहीं लाता, न ही खाने में प्रयोग करता है।

जब नई प्रकृति का स्वागत करना है, तो आदमी अपनी समग्रता में नया होकर उसका स्वागत करता है। घर-द्वार की मरम्मत और लिपाई-पुताई करता है, नए कपड़े जुटाता है और उस अवसर पर कुटुंबों को बुलाकर पुराने संबंधों को नया करता है। पूरे झारखंड सांस्कृतिक क्षेत्र में यह पर्व फागुन पूर्णिमा (होली पर्व) के दिन पूरब (बंगाल) में आरंभ होकर वैशाख पूर्णिमा तक पश्चिम (मध्यप्रदेश) में समाप्त होता है। प्रत्येक क्षेत्र ने अपनी परंपरा कायम की है–फागुन पूर्णिमा के बाद कहीं चैत तृतीया में, कहीं पंचमी में, कहीं पूर्णिमा में इत्यादि-इत्यादि। कुछ अंतर के साथ सभी क्षेत्रों में इस पर्व को निम्नलिखित विधि से मनाया जाता है :

सरहुल कथासार : धरती की इकलौती बेटी बिंदि एक दिन नहाने गई, तो उधर ही से गायब हो गई। धरती ने उसे खोजने हेतु अपने दूत चारों तरफ भेजे, किन्तु वह कहीं नहीं मिली। पृथ्वी शोकित हो गई। रोने-कलपने लगी। उदास रहने लगी। दुखी पृथ्वी पर पतझड़ छा गया।

अंत में खोजते-खोजते पता चला कि वह पाताल में यमराज के यहां है। दूतों ने यमराज से अनुनय-विनय किया कि बिंदि पृथ्वी की इकलौती बेटी है, उसे वापस दे दिया जाए। लेकिन यमराज मानने को तैयार नहीं। कहने लगा कि उसके यहां जो एक बार आता है, वापस नहीं लौटता। किन्तु जब दूतों ने कहा कि वैसी स्थिति में तो पृथ्वी मर ही जाएगी और सृष्टि समाप्त हो जाएगी, तो यमराज इस बात पर राजी हो गया कि उसकी मां को बचाए रखने के लिए बिंदि अपना आधा समय पृथ्वी में और आधा समय पाताल में बिताए। तभी से जब-जब बिंदि वापस आती है, पृथ्वी खुशी से भर आती है। हरियाली छा जाती है। और जब वह पाताल को जाती है तो पृथ्वी उदास होती है, पतझड़ आता है। सरहुल पृथ्वी के पास बिंदि के वापस आने का समय है। धरती के खुश होने, सजने–संवरने की ऋतु है।

पहला दिन 'मछली और केंकड़ा' का दिन होता है। मछली और केंकड़ा एक सृष्टि-कथा के अनुसार पृथ्वी के ही पूर्वज हैं। समुद्र के नीचे पड़ी मिट्टी से ऊपर लाकर ही पृथ्वी बनी। इसका पहला प्रयास मछली और केकड़े ने किया था। सरहुल का पहला दिन उन्हीं के सम्मान में अर्पित होता है। उनको सम्मानपूर्वक पकड़ने और शाम के खाने में उन्हें सम्मिलित करके लोगों के खाने के पहले घर का प्रमुख थोड़ा अंश घर के पूर्वजों को भी अर्पित करता है। उसी दिन अपराह्न को गांव का पाहन अपने सहयोगियों के साथ गांव के सरना-जाहेर को जाता है और पूजा-स्थल, जो कि साधारणतः किसी बड़े (शाल) पेड़ या पत्थर से लगा होता है, की सफाई करता है। गोबर-पानी से लीपता-पोतता है और नजदीक के जल स्रोत से दो घड़ों में पानी भर कर पानी की गहराई/सतह शाल की एक टहनी से नाप लेता है। तदुपरांत एक नए धागे से उनके सिरे जोड़े जाते हैं और घड़े का मुंह मिट्टी के बर्तन से ढककर पाहन और उसके सहयोगी गांव वापस आते हैं। गांव की सीमा में गाजे-बाजे के साथ उनका स्वागत होता है और आम पत्तियों से उन पर पानी छिड़का जाता है, पैर धोए जाते हैं। शिकार के गीत-बाजे के साथ पाहन को उसके घर पहुंचा दिया जाता है। बाद में पाहन उन लोगों को थोड़ा हंडिया पिलाकर विदा कर देता है। युवाजन पाहन के घर से निकलकर अखड़ा जाते हैं और कुछ देर के नाच–गान के बाद सभा विसर्जित होती है।

दूसरे दिन दोपहर होते-होते लोग नहा-धोकर और उसी क्रम में अपने अस्त्र-शस्त्र साफ कर पाहन के घर जाते हैं और वहीं पूजा की सारी सामग्री–नया सूप, अरवा चावल, उरद, धूवन, सिंदूर, अरवा सूत, एक सूप और मुर्गे-मुर्गी इत्यादि लेकर पूजा के लिए सरना स्थल को निकलते हैं। गांव की स्त्रियां सिर पर लोटा रखकर पाहन के पीछे-पीछे चलती हैं। सरना पहुंचकर लोग अपने अस्त्र-शस्त्र पूजा-स्थल पर रखते हैं। नजदीक ही वाद्य-यंत्र भी। पूजा सामग्रियों को यथा स्थान रखने के बाद पाहन अपने सहयोगियों को शाल के फूल 'ससम्मान' तोड़ लाने का आदेश देता है और उसी बीच पिछले शाम दो घड़ों में छोड़े गए पानी की स्थिति का परीक्षण करता है। अन्य बुजुर्ग लोगों के साथ मिलकर अगले वर्ष के पानी की अनुमान-घोषणा पाहन करता है। इसके बाद पाहन उसी पानी से शाल फूल एवं सभी लोगों का स्वागत करता है और सबको यथास्थान बैठाता है। तदनंतर नए वस्त्र के प्रतीक नए धागे से फूलों को लपेटता है, धूप जलाता

है। जमीन पर परमेश्वर, पृथ्वी और जल देवता के लिए तीन लकीरें और पंच पूर्वजों के लिए प्रतीक रूप में पांच खड़ी लकीरें बनाता है। इसके बाद पाहन क्रमशः परमेश्वर, पृथ्वी, पहाड़ी देवता, जल देवता, ग्राम देवता और पूर्वजों को संबोधित कर उनसे प्रार्थना करता है, मुर्गे-मुर्गियों की बलि देता है और हंडिया अर्पित करता है। पाहन और उसके सहयोगियों द्वारा उच्चरित पूजा मंत्र का भाव करीब-करीब निम्नलिखित होता है, जो सभी पर्व-अनुष्ठानों में थोड़े अन्तर के साथ लागू होता है। सभी अनुष्ठानों में पृथ्वी को प्राथमिकता दी जाती है, क्योंकि आदिवासी की अस्तित्वरक्षा का वह प्रत्यक्ष स्रोत है चाहे वह बीजारोपण का आकांक्षा-अनुष्ठान हो या नवान्न भोजन का धन्यवाद अनुष्ठान :

हे आकाश के परमेश्वर
पृथ्वी की धरती माता
दूध की तरह उगनेवाले
दही की तरह डूबनेवाले
चारों कोने, दसों दिशाएं
उत्तर, दक्षिण, पूरब, पश्चिम
झुका हुआ आसमान
झिलमिल धरती।

चटाई की तरह बिछी हुई
कटोरे की तरह ढका हुआ
गाय-वृक्ष, पशु-पक्षी
वन-पहाड़, नदी-मैदान
तुम्हारी ही सृष्टि
तुहारी ही उत्पत्ति
तुम्हीं से टिका है
तुम्हीं से रक्षित है।

आज इस सरहुल के दिन
आज इस नेग के दिन
हम तुम्हारी संतान
हम तुम्हारी औलाद
हम तुम्हें बुलाते हैं
हम तुम्हें गुहारते हैं
हमारे संग बैठ लो

हमारे संग बतिया लो
एक दोना हंड़िया रस
एक पत्तल खिचड़ी भात
हमारे साथ पी लो
हमारे साथ खा लो।

पहाड़ के पहाड़ी देवता
वन की वनदेवी
दह के जल देवता
नाग-नागिन और अन्य
हमारी खेती देखनेवाले
हमारी लक्ष्मी ओगरनेवाले
शिकार सफल करनेवाले
रोग-कष्ट दूर करनेवाले
पेट दर्द में, सिर दर्द में
हमें बचानेवाले,
हमें शांति देनेवाले
गांव के ग्राम देवता
घर के गृह देवता
हमारे बूढ़े-पुरखे
हमारे पितृ-पूर्वज
फलाना बूढ़ा, फलानी बूढ़ी
इत्यादि-इत्यादि
इत्यादि-इत्यादि
तुम्हारे बनाए रास्ते का
तुम्हारे दिखाए मार्ग का
हम अनुगमन करते हैं
हम अनुसरण करते हैं।

हम तुम्हें बुलाते हैं
हम तुम्हें गुहारते हैं
हमारे संग बैठ लो
हमारे संग बतिया लो
एक दोना हंड़िया रस
एक पत्तल खिचड़ी भात

हमारे संग पी लो
हमारे साथ खा लो

आज यहां आए हुए
आज यहां पहुंचे हुए
तुम्हारे संग बैठकर
तुम्हारे साथ बैठकर
तुम देवताओं से
तुम देवियों से
हम यही अर्जी करते हैं
हम यही विनती करते हैं
हमारी खेती-कृषि
हमारी पशु-लक्ष्मी
दिनोंदिन बढ़ती जाए
दिनोंदिन विकसित हों
हमारे चलने के रास्ते में
निकलने की राह पर
बाघ का डर न हो
सांप का भय न हो
कोई ठोकर न हो
कोई खोंच न हो
हमारे बीच से आपसी द्वेष
आपस में क्रोध-लोभ
जड़ से समाप्त हो जाए
समूल नष्ट हो जाए
रोग-दुख, दर्द-व्यथा
जिधर से आए, जिधर से पहुंचे
इधर ही लौट जाए
उधर ही वापस जाए
तुम सभी देवताओं से
तुम सभी देवियों से
हम यही आशा करते हैं
यही उम्मीद करते हैं
जोहार! जोहार! जोहार!

पाहन और उसके सहयोगी बुजुर्गों के साथ ही सारे लोग अक्षत दान करते हैं। नमस्कार करते हैं। फूल और प्रसाद बांटते हैं और उसी के साथ गीत-नाच का सिलसिला भी शुरू होता है, जिसका प्रारंभ पाहन की पहल पर होता है। इसी बीच वहीं नजदीक में अरवा चावल, उरद की दाल और मुर्गे-मुर्गी की खिचड़ी बनती है और प्रसाद की पुनरावृत्ति होती है। बूढ़े-बुजुर्गों को कुछ हंडिया भी मिलती है। नृत्य-गीत के संक्षिप्त कार्यक्रम के बाद लोग गांव वापस आते हैं। पाहन को उसके घर पहुंचा देते हैं और अपने-अपने घरों में पूजा करते हैं। घर की पूजा में भी वही भाव रहता है, किन्तु पूर्वजों को प्राथमिकता दी जाती है। शाम को लोग खा-पीकर गांव के अखरा में मिलते हैं और नृत्य-संगीत का कार्यक्रम रात भर चलता है। तीसरा दिन आगंतुक कुटुंब-बंधुओं के साथ खान-पान और शाम को फूल विसर्जन का अंतर-ग्रामीण कार्यक्रम होता है, जिसमें आसपास के कई गांवों के नृत्य-दल शामिल होते हैं। इसके साथ ही पर्व का आनुष्ठानिक समापन होता है, किंतु युवाजन चौथी शाम को भी अखरा मिटाने के नाम पर फिर एक बार नृत्य आयोजित करते हैं।

प्रतीक स्पष्टीकरण : पूरी अनुष्ठान-प्रक्रिया सृष्टि की पुनरावृत्ति का संभावना पक्ष है, प्रारंभिक बीज है। पतझड़ के बाद पृथ्वी रजस्वला की स्थिति में होती है। शाल, जो सभी फूलों का प्रतिनिधि प्रतीक हैं, में फूल विकसित हो गए हैं, मकरंद-गंध हवा में भर गई है, अब बीज लगने का समय हो गया है। ये बीज सर्वश्रेष्ठता के वाहक होंगे। शाल वृक्ष उसी का प्रतीक है, जिसकी सुदीर्घ आयु के बारे में कहा जाता है, "हजार साल खड़ा, हजार साल पड़ा और हजार साल सड़ा" जड़ से लेकर फूल तक इससे अधिक उपयोगी और कोई वृक्ष नहीं। आदिवासी ने हजारों वर्षों की परख के बाद ही इसे देवता का पद दिया है। केकड़ा, मछली और केंचुआ पृथ्वी से भी पहले के पूर्वज हैं। उन्हीं के सहयोग से पृथ्वी बनी। ये सभी पूर्वजों के प्रतीक हैं। उन्हें प्रसाद के रूप में ग्रहण कर, अंगीभूत कर हम उनकी ऊर्जा के, प्रजनन शक्ति के भागी बनते हैं।

सरना स्थल का पूजा-स्थान भी प्रतीकात्मकता से भरा होता है। सरना अपने आपमें एक मिनी-जंगल है। एक ही जगह अस्त्र-शस्त्र और बीज की स्थापना! आखेट और कृषि की संधि-स्थिति का प्रतीक है। देवस्थापन की सारी प्रक्रिया सुगंधित वातावरण में पैर धोने, स्नान कराने, वस्त्र दान करने, सौंदर्य प्रसाधन करने, खिलाने-पिलाने से लेकर स्तुतिगान करने तक परम आदरणीय अतिथि के सत्कार का प्रतीक है। उन अतिथि देवताओं की पसंद के मुर्गे-मुर्गियों के रंगों से उन देवताओं की प्रकृति का पता चलता है—परमेश्वर की पसंद सफेद, पहाड़ी देवता की लाल, जल देवता की काला और सरना तथा सभी—पूर्वजों की पसंद मिश्रित मानी गई है। ये रंग इन देवताओं के सापेक्ष महत्त्व के प्रतीक हैं। पूजास्थल पर प्रतिनिधि रूप में कुछ बीजान्न होना उन्हें अंकुरण के लिए तैयार होने का प्रतीक है। सरना से घर वापस आकर पाहन-पाहनिन का 'विवाह' होता है। वे नई सृष्टि की आकांक्षा से सूर्य और धरती के प्रतीक बनाए जाते हैं। उन पर पानी की 'वर्षा' होती है, ताकि बीजांकुरण संभव हो।

2. कृषि पर्व करम

सरहुल अगर बहुत हद तक आखेट से आरंभ कर कृषि की संभावनाओं का पर्व है, तो करम विशुद्ध रूप से कृषि (बीजवपन–अंकुरण–संवर्द्धन) का पर्व। फिर सरहुल अगर मूल रूप से आदिवासी पर्व कहा जाएगा, तो करम मनाने में झारखंड सांस्कृतिक क्षेत्र के अन्य (सदान/मूलवासी) समुदाय के भी सम्मिलित होने से यह इस इलाके में सबका पर्व हो गया है। बल्कि कहना चाहिए क्षेत्र विस्तार में यह झारखंड क्षेत्र से बहुत दूर बाहर–मिथिला, मगध, बुंदेलखंड और छत्तीसगढ़ तक चला गया है। इसी क्रम में इसका विषय-वस्तु–विस्तार भी हुआ है। कृषि कामनाओं के साथ यह भाई-बहनों का स्नेह पर्व ('आपन करम भाइएक धरम') भी हो गया है। एक और अंतर भी है, सरहुल में गांव का सामूहिक पूजा-स्थल सरना और नृत्य स्थान निश्चित होते हैं। करम में ये परिवर्तनशील हैं।

करम सघन कृषि कार्य के जो पांच विशेष महीने आषाढ़ से कार्तिक के होते हैं, उनके ठीक बीच भादो एकादशी को मनाया जाता है। इस पर्व को मनाने की मूल प्रक्रियाएं हैं :

(क) सप्ताह भर पहले से 'जावा' उठाना, जिसके अंतर्गत विभिन्न अनाजों का टोकरियों में बीजांकुरण किया जाता है और जिसमें अविवाहित/विवाह योग्य युवतियों की विशेष भूमिका रहती है, (ख) एकादशी के दिन व्रत-उपवास और शाम को पूजा-अर्चना, जिसमें करम कथा-श्रवण एक विशेष अंग होता है, (ग) नृत्य-संगीत का विशेष आयोजन।

करम की संक्षिप्त कथा है कि करमा और धरमा दो भाई थे। एक बार करमा अपनी व्यापार-यात्रा से वापसी में देखता है कि उसका छोटा भाई उसका स्वागत-सत्कार न कर करम देवता की पूजा में मशगूल है। क्रोध में करमा आंगन में गड़े करम को उखाड़ फेंकता है। करम देवता नाराज होते हैं और करमा की दुर्गति शुरू होती है। कृषि-मवेशी बर्बाद होती है और करमा को भूखों मरने की नौबत आती है। उसका भाग्य फूट जाता है। पश्चाताप के समय करमा को स्वप्न में ज्ञान होता है कि करम देवता, जो सात समुंदर पार एक द्वीप में रहते हैं, की नाराजगी से यह दुर्गति हुई है। जब तक उसको नहीं मनाया जाता और उसकी पुनःस्थापना नहीं की जाती, करमा की दुर्गति का अंत नहीं होगा।

करमा करम देवता को मनाकर ले आने के लिए निकलता है, किन्तु रास्ते में भी दुर्भाग्य उसका पीछा नहीं छोड़ता है। रास्ते में वह पानी पीना चाहता है, किन्तु पानी दूषित हो जाता है। दूध पीना चाहता है, किन्तु दूध खून बन जाता है। फल खाना चाहता है, किन्तु उसमें कीड़े लगे हुए मिलते हैं। अंत में कठिन परीक्षाओं के बाद करमा करम देवता को ले आने में सफल होता है और धीरे-धीरे उसके अच्छे दिन वापस आते हैं। करमा युग-युगांतर तक करम देवता की सेवा करने की प्रतिज्ञा करता है। कथा-श्रवण के बाद प्रसाद वितरण होता है और उसी के साथ जावा के फूलों का भी। तदनंतर करम अखरा की वंदना की जाती है। नृत्य-गीत का यह सिलसिला सुबह तक चलता है। दूसरे दिन सुबह गांव की एक परिक्रमा करने के बाद करम देवता की विदाई की जाती है। नजदीक के किसी जल-स्रोत में उसका विसर्जन कर उसी दिन सुबह सूर्योदय होते-होते धान के खेतों के बीच भेलवा और शाल की

टहनियां गाड़ी जाती हैं–इस विश्वास और मान्यता के साथ कि कृषि को इस देवता से सुरक्षा मिलेगी।

करम त्योहार के अत्यंत ही प्रसिद्ध होने के कारण लगता है, धान रोपनी-निकौनी के कठिन परिश्रम के बाद लोगों का अल्पावधि के लिए ही सही, फुर्सत में होना और कुछ अनाजों (गोड़ा-गोंदली) का पकना। खुशी मनाने के लिए पेट का भरा रहना जरूरी है। भारतीय दर्शन के कर्मयोग/वाद, विशेषकर जैसा कि गीता में प्रतिपादित किया गया है, को कर्म से जोड़ने की वैचारिक सुविधा अपनी जगह है, किन्तु आदिवासी ने इसे आनंद से मनाने के उपयुक्त समय के रूप में ही लिया है। कलाभिव्यक्ति (नृत्य-गीत-संगीत) का करममय वातावरण दशहरा और दीवाली तक चला आता है। यह ऐतिहासिक संयोग है कि इसी ऋतु में चार सौ साल पहले श्री चैतन्य देव अपने वैष्णव भक्ति-अभियान के क्रम में इसी क्षेत्र से होकर गुजरे थे। इसी के परिणामस्वरूप बांग्ला के गीत रचना-विधान का गहरा प्रभाव इस इलाके के साहित्य पर पड़ा, जो कि कालक्रम में घनीभूत होकर अब तो इस विधा को इस क्षेत्र ने पूरी तरह अपना लिया है।

3. मवेशी पर्व सोहराई

विशुद्ध रूप से कृषि केन्द्रित पर्व-अनुष्ठानों में आदिवासी का दूसरा सबसे महत्त्वपूर्ण पर्व सोहराई होता है। मूलरूप में यह कृषि कार्य में सहयोगी मवेशियों के सम्मान का पर्व है, जब उन्हें प्रतीक रूप में देवत्व के पद से सुशोभित किया जाता है। यह पर्व भौगोलिक प्रकारान्तर से कार्तिक अमावस्या से लेकर पूस के महीने तक सम्पन्न होता है। अधिकांश क्षेत्रों में यह कार्तिक अमावस्या को ही शेष भारत में दीपावली पर्व के साथ मनाया जाता है। सप्ताह भर पहले से घरों की खासकर गोहार घर की, लीपाई-पोताई की जाती है। शाम को पशु-लक्ष्मी की वंदना के गीत गाये जाते हैं। गोहार घर में रात भर दीया जलाते हैं और बारी-बारी से प्रत्येक घर में पशु-लक्ष्मी की वंदना की जाती है। सुबह गोहार घर में प्रवेश द्वार और कुछ दूर तक रास्ते को भी लीपा-पोता जाता है। चावल के आटे के घोल से अल्पना बनाई जाती है मवेशियों के स्वागतार्थ। दोपहर तक मवेशियों को पास के जल-स्रोत से नहला-धुलाकर लाया जाता है। मवेशी अल्पना पर से चलकर गोहार घर में प्रवेश करते हैं। घर की मालकिन उनका स्वागत आम की पत्तियों से पानी छिड़ककर और प्रतीक रूप में उनके 'पैर धोकर' और चुमावन द्वारा करती हैं। उनके लिए अच्छी घास तैयार रहती है। घर का चरवाहा और मालिक मवेशियों के सींगों पर तेल लगाते हैं, सिंदूर का टीका लगाते हैं, शरीर पर रंग-बिरंगे ठप्पे लगाकर उन्हें 'शक्तिमान' बनाते हैं। गोहार देवता को एक काले मुर्गे की बलि दी जाती है। घर के मालिक के पूजा के मन्त्र का भाव :

हे आकाश के परमेश्वर
पृथ्वी की धरती माता

दूध की तरह उगनेवाले
दही की तरह डूबनेवाले
चारों कोने, दसों दिशाएं
उत्तर, दक्षिण, पूरब, पश्चिम—
झिलमिल धरती
झुका हुआ आसमान
चटाई की तरह बिछी हुई
कटोरे सा ढका हुआ
गाछ-वृक्ष, पशु-पक्षी,
वन-पहाड़, नदी-मैदान
तुम्हारी ही सृष्टि
तुम्हारी ही उत्पत्ति
तुम्हीं से टिका
तुम्हीं से रक्षित है
आज इस पर्व के दिन
आज इस नेग के दिन
हम तुम्हारी संतान
हम तुम्हारी औलाद
हम तुम्हें बुलाते हैं
हम तुम्हें गुहारते हैं
हमारे संग बैठ लो
हमारे संग बतिया लो
एक दोना हंडिया रस
एक पत्तल खिचड़ी भात
हमारे हाथ पी लो
हमारे साथ खो लो

गोहार के गोहार देवता
कृषि-पशुधन की देवी
हम तुम्हें भी बुलाते हैं
हम तुम्हें भी न्योतते हैं
एक पीढ़े में बैठनेवाले
एक चटाई पर बैठनेवाले
अपने साथियों के साथ

अपने संगियों के साथ
तुम भी आओ
तुम भी विराजो
हमारे काम-उद्यम में
हमारे जोतने-कोड़ने में
साथ देनेवाले
सहयोग करनेवाले
धूप में, गर्मी में
जाड़े में, ठंड में
दुख में, विपत्ति में
जो हमारे साथ खड़े रहे
हमारे साथ डटे रहे
हमारे भले के लिए
हमारे चंगे के लिए
जी-जान लगानेवाले
मन-प्राण लगानेवाले
मित्रवत् बैल-काड़ा
मातृवत् गाय-भैंस
उनका हम सम्मान करते हैं
उनको हम जोहार करते हैं।

उनके साथ तुम भी बैठो
उनके संग तुम भी बतियाओ
इनका भरपूर बल
इनकी भरपूर शक्ति
सदा बनी रहे
सदा स्थिर रहे
कोई बीमारी न रहे
कोई रोग न रहे
जब ये जंगल में घूमें
पहाड़ पर जाएं
बाघ का डर न हो
इनके विचरने के लिए
इनके चरने के लिए

घास की कमी न हो
पत्तियों का अभाव न हो
पानी की कमी न हो
पीने का अभाव न हो
इनके घूमने में
इनके विचरने में
सब कुछ शुभ हो
सब कुछ स्वस्थ हो
तुम सब देवताओं से
तुम सब देवियों से
हम यही अर्जी करते हैं
हम यही विनती करते हैं।
जोहार! जोहार! जोहार!

तब तक उस अवसर पर मवेशियों के सम्मान में विशेष रूप से तैयार अदलित उरद दाल-मिश्रित खिचड़ी तैयार होती है और प्रसाद के रूप में मवेशियों और घर के लोगों के बीच बांटते हैं। शाम को सूरज डूबने से कुछ पहले लोग मवेशियों को सजा कर गाजे-बाजे के साथ बाहर निकालते हैं। गांव की गलियों में मवेशियों की भगदड़-सी मचती है। घंटे भर के बाद गाजे-बाजे बंद किए जाते हैं और मवेशियों को वापस घर लाते हैं। रात को गांव के अखरा में नृत्य-गीत-संगीत का आयोजन होता है। दूसरा दिन खाने-पीने का दिन होता है। अपराह्न में लोग फिर जुटते हैं अखरा में, जहां पर एक मजबूत खूंटे पर बारी-बारी से कुछ सजे-संवरे बैलों/भैंसाओं को बांधते हैं और गीत-बाजे के बीच उन्हें नचाते हैं और उनके साथ नाचते हैं। मवेशियों के साथ लोगों का यह सम्मिलित नृत्य सूरज डूबने तक चलता है। रात को खाने के बाद युवाजन फिर अखरा में जुटते हैं और नाच-गाने का सिलसिला सुबह तक चलता है।

4. वार्षिक आखेट

वर्ष का अंत आदिवासी वार्षिक आखेट पर्व के आयोजन के साथ करता है। यह पर्व साधारणतः फागुन पूर्णिमा को मनाया जाता है। उस दिन दोपहर को नहाने के समय युवाजन अपने अस्त्र-शस्त्र साफ करते हैं, धार चढ़ाते हैं। शाम को गांव के बीच सेमल पेड़ की एक ऊंची (10-15 फीट) डाल गाड़ते हैं और उसके मूल पर पुआल से एक कंबानुमा संरचना करते हैं। वहां से पूरब की ओर जानेवाले रास्ते के किनारे-किनारे गांव के कुछ दूर बाहर तक सेमल, एरंड या केले के पेड़ गाड़े जाते हैं और उनके मूल पर पुआल डाल दी जाती है। तदनंतर गांव का

पाहन पूजा के सामान (चंडी देवी और पहाड़ी देवता के अर्पणार्थ काला और लाल मुर्गा, अरवा चावल, पानी, सिंदूर और दीया) लेकर नृत्य-गीत-संगीत के बीच पूजा स्थल को आता है और प्रार्थना-पूजा करता है :

हे आकाश के परमेश्वर
पृथ्वी की धरती माता
दूध की तरह उगनेवाले
दही की तरह डूबनेवाले
चारों कोने, दसों दिशाएं
उत्तर, दक्षिण, पूरब, पश्चिम
झिलमिल धरती
झुका हुआ आसमान
चटाई की तरह बिछी हुई
कटोरे सा ढका हुआ
गाछ-वृक्ष, पशु-पक्षी
वन-पहाड़, नदी-मैदान
तुम्हारी ही सृष्टि
तुम्हारी ही उत्पत्ति
तुम्हीं से टिकी है
तुम्हीं से सुरक्षित है
आज इस पर्व के दिन
आज इस नेग के दिन
हम तुम्हारी संतान
हम तुम्हारी औलाद
हम तुम्हें बुलाते हैं
हम तुम्हें गुहारते हैं
हमारे संग बैठ लो
हमारे संग बतिया लो
एक दोना हंड़िया
एक पत्तल खिचड़ी भात
हमारे साथ पी लो,
हमारे साथ खा लो

शिकार की देवी चंडी
पहाड़ी की पहाड़ी देवता

तुम्हारे साथ रहनेवाले
तुम्हारे साथ विराजनेवाले
एक पीढ़े के बैठनेवाले
एक चटाई में विराजनेवाले
सभी देवताओं को
सभी देवियों को
हम आमंत्रित करते हैं
हम न्योता देते हैं
हमारी पूजा स्वीकार करो
हमारा अर्पण मंजूर करो
हम अर्जी करते हैं
हम विनती करते हैं
हमारे शिकार के लिए
हमारे आखेट के लिए
तुम अपना दरवाजा खोलो
हमारे लिए रास्ता छोड़ो
सूखी पत्तियो-से तीतर
मिट्टी के ढेले-से खरगोश
बीसों की संख्या में
सैकड़ों की तादाद में
हमारी ओर चला कर आओ
हमारी तरफ उन्मुख कर आओ
वन मुर्गे, सूअर, हिरण, सांभर
हमारे शिकार में
हमारे आखेट में
बाघ का डर न हो
सांप का दंश न हो
कोई ठेस न हो
कोई ठोकर न हो
हमारे हाथ के तीर-धनुष
हमारे साथ के हथियार
धारयुक्त बने रहें,
तेजयुक्त बने रहें।
जोहार! जोहार! जोहार!

पूजा के बाद गाड़े खूंटों से लगी पुआल पर आग लगा दी जाती है और उसी बीच पाहन की पहल पर सारे खूंटे काटकर गिराए जाते हैं। 'खूंटा काटना' आगामी आखेट अभियान की सफलता-कामना का ही पूर्वाभास और पूर्वाभ्यास होता है। युवाजन उसकी राख देवता के प्रसाद स्वरूप अपनी मूंछों पर चढ़ाते हैं और वीरत्व की कामना करते हैं। विजय-अभियान का यह अभ्यास गांव के अखरा तक जाकर नृत्य-गीत-संगीत के कार्यक्रम में बदल जाता है। दूसरे दिन सुबह बहुत ही जल्दी लोग अपने हथियारों से लैस होकर जंगल को जानेवाले रास्ते में गांव की सीमा पर मिलते हैं। चंडी देवी और पहाड़ी देवता को अर्पित संक्षिप्त मंगलकामना के साथ अभियान दल आखेट के लिए जंगल की ओर निकल जाता है। आखेट के बाद वापसी में गांव की सीमा पर शिकारियों के पैर धोकर उनका स्वागत किया जाता है। नृत्य, गीत, संगीत के बीच उन्हें चंडी स्थान ले जाया जाता है, जहां शिकार में भूमिका को ध्यान में रखते हुए सारे गांव के बीच शिकार का बंटवारा होता है। जिस व्यक्ति के हथियार से कोई शिकार किया हुआ जानवर पहले घायल होता है, उसे उस जानवर की एक पिछली टांग उसके शौर्य के सम्मान में दी जाती है। सामान्यतः पूरे गाव के हित में वह अपना 'इनाम' सप्रेम वापस करता है। शिकार में उन कुत्तों को भी हिस्सा मिलता है जो किसी जानवर को पकड़ने में सहयोगी होते हैं। जो लोग बीमार होने के कारण शिकार में जा नहीं पाते या जिनके घर पुरुष नहीं होते, शिकार में उनका भी हिस्सा बंटता है। किसी आखेट अभियान में सफल शिकार इस बात पर निर्भर करता है कि वन देवी उस आखेट दल के प्रति कितना उदार होती है। कभी-कभी परिमाण में शिकार की मात्रा इतनी कम होती है कि प्रत्येक व्यक्ति को एक-दो टुकड़े ही मिलते हैं, किन्तु इसके चलते लोगों के उत्साह में कोई कमी नहीं होती। इस अभियान के पीछे मूल बात है आपसी सहयोग का आनंद। उन्हीं एक-दो टुकड़ों से लोगों को असीम संतोष का अनुभव होता है।

जीवनवृत्त संस्कार-अनुष्ठान

जीवनवृत्त संस्कार-अनुष्ठानों का सीधा संबंध कृषि या आखेट से नहीं होता, किन्तु ये परोक्ष रूप से कृषि पर ही आधारित होते हैं, जहां तक कि उन्हें ठीक से करने के लिए समय और साधन की आवश्यकतापूर्ति का प्रश्न है। इन्हें व्यक्ति के सामाजीकरण का अनुष्ठान भी कहा जा सकता है। इनमें प्रमुख हैं जन्म संस्कार, सदस्यता संस्कार, विवाह संस्कार एवं मृत्यु संस्कार। किन्तु सामाजीकरण के दृष्टिकोण से अंतिम तीन ही अधिक महत्त्वपूर्ण हैं।

1. सदस्यता संस्कार 'कनबेधी'

सदस्यता संस्कार से हमारा तात्पर्य उस जीवनवृत्त संस्कार से है, जिसके सम्पन्न होने के बाद ही व्यक्ति उस समुदाय का सामाजिक सदस्य माना जाता है। उस अनुष्ठान के होने के पहले वह समाज-इतर ही माना जाता है। इस अंतर को दिखाने के लिए उदाहरणस्वरूप, ऐसे

सदस्य की मृत्यु होने पर उसे सामुदायिक कब्रगाह में नहीं दफनाया जाता है। इस प्रकार के अनुष्ठानों में कनबेधी संस्कार सबसे अधिक महत्त्व का है। यहां हम इसकी संक्षिप्त चर्चा करेंगे।

कर्णबेध का संस्कार प्रतीक रूप में बच्चे को धरती मां के लिए बलिदान का, समर्पण का संस्कार है। बच्चे की प्रतीकात्मक 'मृत्यु' के बाद उसे उसके 'धर्म मां-बाप' उसे गोद में लेते हैं और आजीवन उस बच्चे के हितैषियों में सबसे महत्त्वपूर्ण भूमिका निभाते हैं। यह अनुष्ठान करीब-करीब इस प्रकार सम्पन्न होता है : वर्ष के अंतिम त्योहार माघ जतरा/मागे/बुरू के दूसरे दिन कथित परिवार के आंगन में भाई-बंधु और कुटुंब-मेहमान जमा होते हैं। गोबर लीपे-पुते आंगन में एक चौका बनाया जाता है, जो कि विश्व ब्रह्मांड और सारी सृष्टि का प्रतीक होता है। उस पर एक सूप धान उंडेला जाता है और उसके ऊपर पीढ़े पर पूरब की ओर मुंह करके बच्चे की मामी या मां लगनेवाली कोई महिला-संबंधी बच्चे को गोद में लेकर बैठती है। उसकी अगल-बगल पहले से ही निर्धारित दो व्यक्ति जो उपवास किए रहते हैं, साथ में कान बेधने और पहनानेवाली तांबे की कनसियां (बालियां) लेकर बैठते हैं और उनमें से एक सिंदूर या चावल के आटे से दोनों कानों में छेद करने की जगह चिन्हित करता है। इसके बाद करीब-करीब एक साथ दोनों कानों को छेद करते हैं और कान छेद करने के तुरंत बाद बच्चे को पहले से ही छितराए हुए पुआल पर 'फेंक' दिया जाता है, जिसे उसके 'मीता' या 'मीतिन' उठा लेते हैं और अगर वह रोता हो, उस अवसर पर पकी रोटी देकर आश्वस्त करते हैं। अलग से उसी समय सभी बच्चों के बीच रोटी बांटते हैं। उसी समय गांव का पाहन/बैगा निम्नलिखित भावना की मंगलकामना करता है :

परमेश्वर की छाया में
धरती मां की सुरक्षा में
हमारा यह बच्चा,
हमारी यह संतान
हमारी जात-बिरादरी में,
हमारे कुटुंब परिवार में,
आज से उसकी गिनती होगी,
आज से उसकी गणना होगी
यह आज से पहले
यह बीते कल तक
हमारे बाहर समझा जाता था
हमसे अलग गिना जाता था
आज से यह जात-जमात में,
कुटुंब परिवार में
सम्मिलित होता है

शामिल होता है
भूख में, प्यास में
बीमारी में, विपत्ति में
समुदाय ही उसकी छाया होगा,
समाज ही उसकी छतरी होगा
आकाश के परमेश्वर से,
पृथ्वी की धरती मां से
हम अर्जी करते हैं,
हम विनती करते हैं
यह पुनः स्वीकृत बच्चा,
फिर से अंगीकृत संतान
अच्छी तरह बढ़े-पले,
सकुशल संवर्द्धित हो
बल से सुगठित हो,
बुद्धि से श्रृंगारित हो
यह मिलना-जुलना सीखे,
काम-उद्यम सीखे
अपने घर-द्वार के लिए
अपने देश-जहान के लिए
इस बच्चे के साथ ही,
उस बच्चे के संग
हम सब स्वस्थ रहें,
हम सभी सकुशल रहें
इसके नाते उठना-बैठना,
इसके बहाने मिलना-जुलना
इसी तरह बना रहे,
इसी तरह कायम रहे।
जोहार! जोहार! जोहार!
(आशीर्वादस्वरूप अक्षतदान)

तदनंतर बच्चे की मामी की पहल पर चुमावन होता है और आशीर्वादस्वरूप लोग बच्चे को धान और पैसे के रूप में दान देते हैं। यही उसके भावी जीवन का सुरक्षा कोष होता है। बच्चे के मां-बाप से आशा की जाती है कि वे उसमें वृद्धि करेंगे और बच्चे का विकास सुनिश्चित करेंगे। दिन का बाकी समय खान-पान और नाच-गान में बीतता है।

2. विवाह संस्कार

सृष्टि-प्रक्रिया को कायम रखने और आगे बढ़ाने के लिए परमेश्वर ने सृष्टि में विवाह की व्यवस्था की। प्राणियों के बीच तो यह बात हम देखते ही हैं, प्राणी-इतर अवयवों में भी इसका प्रतीक विस्तार हुआ है, यथा जलवृष्टि के लिए सूर्य/आसमान के साथ धरती का विवाह। मनुष्यों में विवाह व्यवस्था इसी ईश्वरीय योजना का एक अंग है। आदिवासी समाज में सामान्यतया वयस्कता प्राप्त करने के बाद ही आदमी विवाहित जीवन में प्रवेश करता है, जब उसे घर-द्वार चलाने की पात्रता हासिल होती है। लड़के के लिए हल-जुआ बनाने आना और लड़की के लिए चटाई बिनने आना विवाह की सामान्य पूर्व शर्त होती है। आवश्यक शर्तों में यह भी है कि लड़का-लड़की एक ही समुदाय किन्तु अलग-अलग गोत्र (वंश) के हों। लड़का-लड़की साधारणतः अपने परिचय के दायरे के ही होते हैं और एक-दूसरे की पसंद के होते हैं किन्तु परिवार का समर्थन भी प्राप्त करना आवश्यक होता है।

इन दो व्यक्ति/घरों/परिवारों को मिलाने की इस पूरी प्रक्रिया में मध्यस्थता करनेवाले ('अगुआ') की भूमिका अत्यंत ही महत्त्वपूर्ण होती है। आरंभ से अंत तक इस आयोजन का सफल समापन बहुत हद तक इसी अगुआ के समन्वय–सामर्थ्य पर निर्भर करता है। विवाह के विभिन्न वैधिक/आनुष्ठानिक चरणों–लड़की देखने, लड़का देखने, मूल्य निर्धारण करने, इत्यादि–में शकुन/अपशकुन विचार से लेकर सारे व्यवधानों को दूर करने में उसकी भूमिका सर्वाधिक महत्त्व की होती है।

अत्यंत ही संक्षेप में विवाह का सबसे महत्त्वपूर्ण सामाजिक बिन्दु लड़का-लड़की द्वारा परस्पर सिंदूरदान, जो कि सामान्यतया लड़की के घर में संपन्न होता है, का समय होता है। उसके पहले ही तैयारियाँ–उपवास द्वारा मन और शरीर की पवित्रता, विवाह में 'प्रकृति'/देवताओं को साक्षी बनाना, इत्यादि-इत्यादि–इसी बिन्दु को लक्षित होती हैं। नई जोड़ी-मिलन की सफलता-कामना को अर्पित प्रतीकात्मकता सारे वातावरण को घेरे रहती है। विवाह मंडप, जिसका निर्माण शाल के पांच खूंटों से किया जाता है, के बीच के खूंटे से बंधे बांस, खेर, घास, महुआ और भेलवा की डाल इत्यादि, विवाह के बाद वर-वधू स्नानार्थ बैठने के लिए जुआ, सील पत्थर इत्यादि सब कुछ विवाह की सुदृढ़ता की मंगलकामना को प्रतिबिंबित करते हैं। वर-वधू द्वारा सिंदूर आदान-प्रदान की पूर्व पीठिका के रूप में गांव के पाहन/बैगा/बुजुर्ग परमेश्वर और अन्य देवताओं के साक्ष्य में निम्नलिखित भाव का आशीर्वचन देते हैं और वर-वधू युगों तक एक-दूसरे के साथ निर्वाह की प्रतिज्ञा करते हैं :

आशीर्वचन

प्रिय फलानी और फलाना,
धरती और आसमान की तरह
हम तुम्हें जोड़ रहे हैं

हम तुम्हें जोत रहे हैं
अग्नि देवता के सामने
आम वृक्ष के समक्ष
पांच भाइयों के बीच
कुटुंब-बंधुओं के मध्य
आज तुम वर-वधू हो
आज से पति-पत्नी हो
एक साथ काम-उद्यम करो
एक साथ खोज खबर करो
पत्थर के नीचे केंकड़ा
कादो के भीतर मछली
यदि वह नदी में मिले
यदि वह बांध में मिले
तुममें से एक सिर की ओर
दूसरा पूंछ की ओर
तुम उसे मिल कर पकड़ो
तुम उसे एक साथ धरो
केंदू और चार के फल
आम और जामुन के फल
तुम एक साथ चुनो
तुम एक साथ बांधो
अन्न माता, लक्ष्मी माता
खेती-कृषि की देवियां
तुम्हारे साथ वास करें
तुम्हारे साथ डेरा डालें
आड़ के केले की तरह
मेड़ के बांस की तरह
तुम सदा उगते रहो
तुम सदा बढ़ते रहो
दुनिया की दौड़ में,
जीवन की चढ़ान में,
तुम ऊपर को ही उठो,
तुम युग-युग जीओ
गांव के पांच भाई,

देश के कुटुंब-बंधु
हम यही आशा करते हैं
मंगलकामना करते हैं।
जोहार! जोहार! जोहार!
(अक्षतदान।)

वर-वधू की अग्नि परिक्रमा/प्रदक्षिणा, चुमावन और तदनंतर वर-वधू द्वारा अग्रजों को नमन और उभयपक्षों के 'समधि मिलन' के साथ मूल विवाह अनुष्ठान सम्पन्न हो जाता है और वर-वधू को कुछ समय के लिए घर के अन्दर लाया जाता है। इसी बीच कुटुंब-बन्धुओं को यथायोग्य जलपान/भोजन की तैयारी हो जाने पर वे फिर निकलते हैं और 'सबको 'खिलाने' की पहल कर फिर अंदर चले जाते हैं। खान-पान के बाद नाच-गान का कार्यक्रम होता है और उसके बाद विदाई की तैयारी। विदाई के समय लड़की का बाप अपने समधी से सविनय आग्रह करता है कि लड़की के गृहकार्य एवं अतिथि सत्कार के प्रशिक्षण में अगर कोई त्रुटि रह गई हों तो उसकी गलतियों पर कृपया ध्यान न देकर उसे प्यार से समझाएं-सिखाएं और सुख-दुख में उन्हें (समधी को) याद करें।

3. मृत्यु-संस्कार

प्राण (सांस) विहीनता ही जीवंतता का अंत होती है, किन्तु मनुष्य की आत्मा अमर होती है। आत्मा के कालातीत अस्तित्व में मृत्यु ऐसा समय-बिन्दु होता है, जिसके बाद व्यक्ति का भौतिक स्थूल रूप समाप्त हो जाता है। किन्तु वह सूक्ष्मातिसूक्ष्म अदृश्य रूप में विद्यमान रहता है। हम उसे नहीं देख सकते, किन्तु वह हमें देख सकता है। आदिवासी के सच्चाई और ईमानदारीपूर्ण व्यवहार के पीछे यही विश्वास काम करता है कि हमारे पूर्वज हमें देख रहे हैं। हमें ऐसा कुछ भी नहीं करना चाहिए जिससे उन्हें असंतोष हो।

किसी घर में मृत्यु होने का पता उसके आसपास के लोगों को उस घर से आनेवाली सामूहिक रूलाई से लग जाता है। घर-परिवार के बड़े-बुजुर्गों की एक बैठक होती है और गांव-बिरादरी और कुटुंबों के यहां खबर पहुंचाने के लिए संदेशवाहक भेजे जाते हैं। समाचार के दुखद होने का संकेत लोगों को तब मिल जाता है जब खबर पहुंचानेवाले आवभगत की जोहार और पैर धोने की औपचारिकताएं अस्वीकार करते हैं। कुछ ही घंटों के अन्दर बिरादरी और नजदीक के संबंधी शोकाकुल घर को पहुंचने लगते हैं। वे साथ में दो गज सफेद कपड़ा लेकर आते हैं जिसे कफन के रूप में मृतक को दिया जाता है। कुछ बूंद पानी 'पिलाते' हैं। जब महत्त्वपूर्ण संबंधी, विशेषकर मृतक के मामा, घर के लोग आ जाते हैं तो मृतक को मृत्यु-संस्कार के लिए तैयार किया जाता है। ये तैयारियां विवाह संस्कार की तैयारियों जैसी होती हैं। मृतक के शरीर में हल्दी-तेल लगाया जता है और उसे नया कपड़ा पहनाया जाता

है। फूल भी दिए जाते हैं। जिस समय लोग मृतक को अपना अंतिम सम्मान अर्पित कर रहे होते हैं,—उधर कब्रगाह में मृतक का अस्थायी 'घर' (करीब 7 फीट लम्बा, 3 फीट चौड़ा और 5 फीट गहरा, उत्तर-दक्षिण) बनाया जाता है। घर से निकलने के पहले मृतक से अनाज के कुछ दाने स्पर्श कराए जाते हैं। प्रतीकार्थ में मृतक घर की लक्ष्मी को अपने पीछे छोड़ जा रहा है। अंगारों पर सरसों के बीज डाले जाते हैं ताकि मृतक की अंतिम यात्रा के रास्ते से दुष्टात्माएं दूर हट जाएं। नजदीक के संबंधियों में से चार लोग अर्थी को कंधा देते हैं। शोकयात्रा शोकवाद्यसंगीत के साथ निकलती है। अर्थी घर और कब्रगाह के बीच तीन बार जमीन पर रखी जाती है। कब्रिस्तान पर पहुंचने के बाद मृतक के 'घर' की परिक्रमा (बाएं से दाएं तीन बार की जाती है और अंतिम बार की परिक्रमा के बाद अर्थी को कब्र की उत्तरी छोर पर उत्तर-दक्षिण (सिर दक्षिण को) रखा जाता है। इसके बाद मृतक को अर्थी से उतार कर उसके 'घर' में ले जाया जाता है। मृतक के साथ उसकी कुछ प्रिय वस्तुएं भी रख दी जाती हैं। तदनंतर मृतक का एक करीबी संबंधी (संभवतः संतान) उसे आग, पानी और मिट्टी देता है। उसके साथ ही शेष लोग भी मृतक को मिट्टी देते हैं। इस तरह से 'घर' भर जाता है। मिट्टी की ढेर के ऊपर सिर की तरफ एक फूल वृक्ष की शाखा रोप दी जाती है और उसके बगल में एक पत्थर डाल दिया जाता है। उस पर धुवन और दीया प्रज्वलित किए जाते हैं। इसके बाद सारे लोग नजदीक के जलस्रोत को जाते हैं और अपने हाथ-पैर धोते हैं। गांव का नापित सबके 'नाखून' काटता है। इसी बीच बड़े-बूढ़ों की एक बैठक होती है और कमान संस्कार की तिथि घोषित होती है।

मृत्यु प्रतीक रूप में 'दूसरा विवाह' होती है, जिसमें मिट्टी का मिट्टी से, आग का आग से, पानी का पानी से और हवा का हवा से मिलन का अनुष्ठान होता है। इसके बाद मृतक की 'छाया' की 'घर वापसी' का अनुष्ठान होता है, क्योंकि मरने के बाद आदिवासी स्वर्ग या नरक नहीं जाता, वरन अपने पूर्वजों के साथ रहने को अपने ही घर में वापस आता है। उसी स्मृति को बनाए रखने के लिए लोग बच्चों का नामकरण उसके नाम से करते हैं। इसलिए अगर इसे पुनर्जन्म भी कहा जाए, तो यह पुनर्जन्म मनुष्य के रूप में ही होता है। किन्हीं कीड़े—मकोड़ों इत्यादि की अनंत योनि में नहीं। किसी की मृत्यु से मृतक के घर एवं सारे कुटुंब में अशुचि होती है और उससे उबरने के लिए कई अनुष्ठान होते हैं, जिनकी परिणति मृत्यु के बाद किसी दिन, जिसका निर्धारण देश-काल के हिसाब से अलग-अलग अवधि में होता है, 'कमान'/श्राद्ध के रूप में होती है। कमान एवं छाया की वापसी अनुष्ठान संक्षेप में इस प्रकार संपन्न होते है :

निश्चित तिथि (साधारणत : मृत्यु के दसवें दिन) को गांव बिरादरी के लोग अपने नाखून कटवाते हैं और मृतक के नजदीकी संबंधी सिर के बाल मुड़ाए हुए लोग गांव की नदी/तालाब से नहा कर वापस आते हैं और उनका स्वागत उनके पैर धोकर किया जाता है। उसके बाद छाया वापसी की तैयारी होती है। घर के अन्दर, पूर्वजों के कोने तक राख या चावल का चूर्ण बिखेर दिया जाता है। 'छाया वापसी' के लिए जानेवाले अपने साथ हंसुआ—फार, पुआल, केन्दू की टहनियां, पानी और चावल की मदिरा ले जाते हैं। गांव के बाहर चौराहे पर केंदू की टहनियों

से एक छोटा कूंबा बनाते हैं। पुआल से छाते हैं। यह मृतक का घर मान लिया जाता है। समझा जाता है कि मृतक चौराहे पर फंसा पड़ा है दुविधा में कि कहां जाएं। पानी छिड़ककर उसे स्नान कराया जाता है और 'खाने-पीने' को दिया जाता है। इसके बाद उस कुंबे में आग लगा दी जाती है। जलती आग के बीच ही मृतक का निकट संबंधी मृतक को सम्बोधित करते हुए कहता है–अरे फलाना, तुम्हारा घर जल रहा है। चलो, निकल भागें। इसके बाद हंसुआ–फारवाले व्यक्ति के नेतृत्व में लोग चुपचाप वापस लौटते हैं। केवल हंसुआ पर फार की हल्की चोट की आवाज सुनाई पड़ती है। घर पहुंचने पर दरवाजा खटखटाते हैं। अन्दर से कोई पूछता है–कौन है? इस पर 'आगन्तुक' अपना 'परिचय' बताते हैं जोकि उस समुदाय का संक्षिप्त ऐतिहासिक परिचय होता है। जब अन्दर के लोग आश्वस्त हो जाते हैं कि आगन्तुक 'दुखों' को छोड़कर सुख लेकर आए हैं तो उनके अन्दर आने के लिए दरवाजा खोला जाता है। पूर्वजों के कोने का दीया सुलगाया जाता है और छितराई हुई राख का परीक्षण होता है और घोषणा की जाती है कि मृतक 'वापस' आ गया!

उसके आगे का कार्यक्रम मृतक की आत्मा को पूर्वजों के साथ सम्मिलित कराने का होता है। आंगन के बीच मृतक का निकटतम संबंधी पुरुष (सामान्यतया पुत्र या भतीजा) मुख्य श्राद्धकर्ता के रूप में पूरब की ओर मुंह करके बैठता है। गांव का पाहन/बैगा/बुजुर्ग उसकी दाहिनी ओर उत्तर की ओर मुंह करके बैठता है। सामान्य पूजा सामग्रियों में होते हैं–लोटे में पानी और उसमें आम की पत्तियां, धुवन, सिंदूर, नया सूत, गुलांची के फूल, अक्षत, चावल की मदिरा और गुड़ और मधु से पका हुआ अरवा चावल का मिष्टान्न। पाहन/बैगा सफेद, लाल और काली मिट्टी से एक चौका बनाता है, जो सृष्टि, पृथ्वी और चारों दिशाओं का प्रतीक होता है। प्रस्तुत अनुष्ठान का मूल उद्देश्य होता है, मृतक की आत्मा को परमेश्वर एवं उसके सहयोगी देवताओं के साक्ष्य में तथा कुटुंब-बंधुओं की उपस्थिति में परिवार के पूर्वजों में सम्मानपूर्वक शामिल करना। पाहन/बैगा द्वारा उच्चरित मंत्र का भाव होता है :

हे आकाश के परमेश्वर,
पृथ्वी की धरती माता
दूध की तरह उगनेवाले
दही की तरह डूबनेवाले
तुम ही आदि के हो
तुम ही आरंभ के हो
चारों कोण, चारों दिशाएं
पूरब, पश्चिम, उत्तर, दक्षिण
तुम्हारी ही सृष्टि,
तुम्हारी ही उत्पत्ति

वन-पहाड़, नदी-मैदान
पशु-पक्षी, जीव-जन्तु
तुम ही से रक्षित है
तुम ही से जीवित है
पहाड़ के पहाड़ी देवता
दह के जल देवता
गांव के ग्राम देवता
सीमा की चंडी देवी
घर के गृह देवता
हमारे पूरखे-पूर्वज
हम सबको बुलाते हैं
सबको आमंत्रित करते हैं
हम सबसे अर्जी करते हैं
सबसे विनती करते हैं
पांच भाइयों के बीच
कुटुंब-बंधुओं के मध्य
हमारे बीच से अदृश्य हुए
हमारे बीच से देव बने
हमारे खून का फलाना
हमारे वंश का फलाना
जो रास्ता भूल गया था
डहर बिसुर गया था
उसके पहले घर को
उसके पुराने झोंपड़ी को
हमारे पूर्वजों के संग
रहने को हम बुलाते हैं
बसने को हम ले चलते हैं
इसकी वापसी के रास्ते में
इसके लौटने के डहर में
कोई बाधा न रहे
कोई विघ्न न रहे
हम जो यहां बचे हैं
हम जो यहां जीवित हैं
हम सब स्वस्थ रहें

हम सब चंगे रहें
हमारी लक्ष्मी मां
हमारी कृषि मां
सदा बढ़ती रहे
हमेशा उगती रहे
पेट दर्द, सिर दर्द से
रोग-विपत्ति से
हम बचे हुए रहें
हम सुरक्षित रहें
हमारा घर-द्वार
हमारा रास्ता-डहर
हमारे वन-पहाड़
हमारे नदी-मैदान
सब कुछ स्वस्थ रहें
सब कुछ कुशल रहे।
जोहार! जोहार! जोहार!

तब तक 'छाया वापसी भात' तैयार होता है, जिसे बिना तेल-नमक से पकी उडद की दाल के साथ उपस्थित भाई-बंधुओं और कुटुंब-मेहमानों को परोसा जाता है। मुख्य श्राद्धकर्ता बीच में बैठता है। उसे सबसे अन्त में परोसा जाता है। तदनंतर बैठे हुए मेहमानों के बीच से एक, सामान्यतया मामा, उठता है और सभा मंडल से इस आशय का निवेदन करता है :

इस आंगन में जमा
भाइयो, कुटुंब-बंधुओ
हम लोग जमा हुए हैं
एकत्र हुए हैं
इस गिरे हुए भाई को,
इस हताश संबंधी को
फिर से खड़ा करने के लिए
साहस बंधाने के लिए
इतने दिनों तक इसका परिवार,
इसका घर-द्वार
अशुचि में रहा
अपवित्र रहा

कोई खोज-खबर नहीं थी
कोई उठना-बैठना नहीं था
आज सभी भाइयों के बीच
सभी कुटुंबों के मध्य
इसके सारे दुःख
इसकी सारी विपत्तियां
हमने गंगा में बहा दिया
समुद्र में डुबो दिया
हम इसे फिर से खड़ा करते हैं
इसे साहस बंधाते हैं
आज से इस भाई के प्रति
इस बंधु के प्रति
कोई घृणा न हो
कोई छूत न हो
सब कुछ शुभ हो
सब कुछ स्वस्थ हो।

इसी के साथ बैठे हुए लोगों में से ही दो व्यक्ति श्राद्धकर्ता को तीन बार परमेश्वर की जय-जयकार के साथ उठाते-बैठाते हैं और खाना शुरू करते हैं। दूसरे दिन फिर एक बार, किंचित् बड़े दायरे में सहभोज होता है और इस तरह इस अनुष्ठान की समाप्ति होती है।

निष्कर्ष : उपरोक्त संक्षिप्त विवरण में हमने देश के आदिवासियों के बीच, विशेषकर झारखण्ड क्षेत्र में बिखरी धार्मिक आस्थाओं के आधार पर भारतीय आदिवासियों द्वारा प्रमुख 'आदि धरम' का स्वरूप खड़ा करने की चेष्टा की है। स्थापित विश्वधर्म व्यवस्थाओं (हिन्दू, इस्लाम, ईसाई) की ही तरह धर्म जिज्ञासा के मूल विषय–परमेश्वर, सृष्टि, पृथ्वी, मनुष्य–और उनका आपसी संबंध समान होने के बावजूद आदि धरमगत आस्थाओं का अपना वैशिष्ट्य है, जिसे निम्नलिखित बिन्दुओं में चिन्हित किया जा सकता है :

(1) परमेश्वर (सिङबोंगा, चांदोबोंगा, धर्मेस इत्यादि) का सामाजीकृत स्वरूप (पिता, पितामह) अपेक्षाकृत अधिक महत्त्वपूर्ण है। आदिवासियों के बीच 'आजा-नाती' का संबंध सबसे मधुर माना जाता है। परमेश्वर मनुष्य के साथ इसी खुली नातेदारी में बंधा है।
(2) प्रकृति के विशिष्ट अवयवों (पहाड़, नदी, जंगल इत्यादि) को ही परमेश्वर के प्रतीकात्मक सर्वश्रेष्ठ 'घर' के रूप में स्वीकार करना। कृत्रिम संरचनाएं–मंदिर, मस्जिद, गिरजा इत्यादि आवश्यक नहीं।
(3) मनुष्य के अमरत्व में विश्वास करना। यहां प्रतीकात्मक अमरत्व प्रतिबिम्बित हुआ है मृतक की आत्मा की छायारूप में घर वापसी के अनुष्ठान में जो कि थोड़े-बहुत अन्तर के साथ सभी आदिवासियों में संपन्न होता है।

(4) आदि धरम व्यवस्था में मनुष्य पाप-पुण्य और स्वर्ग-नरक की अवधारणाओं से अपेक्षाकृत कम ग्रसित है। समाज-सम्मत काम ही पुण्य है और समाज-विरोधी काम पाप। आदमी स्वर्ग, नरक या अन्यत्र कहीं नहीं जाता। सामाजिकता ही स्वर्ग है, असामाजिकता नरक।

(5) बिना किसी मध्यस्थता (पंडित, मौलवी, पादरी इत्यादि) के परमेश्वर से सीधे जुड़ने की अपेक्षाकृत अधिक स्वतंत्रता। आदिवासी के सभी अनुष्ठान न्यूनतम कर्मकांड से संपन्न होते हैं।

(6) सृष्टि के अन्य अवदानों (सजीव, निर्जीव) के साथ समानता और पारस्परिक सम्मान बोध के आधार पर सहअस्तित्व। मनुष्य को सारी सृष्टि में सर्वश्रेष्ठ मानने की धृष्टता नहीं।

(7) आदि धरम सृष्टि के साथ स्वतःस्फूर्त है, कालातीत है। किसी अवतार, मसीहा या पैगंबर पर आश्रित नहीं।

उपरोक्त तथ्यों के आधार पर अखिल भारतीय स्तर पर आदिवासियों की एक निश्चित एवं गुणात्मक/धनात्मक पहचान बन सकती है। इसके बावजूद यह स्पृहणीयता अब तक दबी रही है और अन्य धार्मिक आस्थाओं ने इसके विभिन्न तत्त्वों का आंशिक रूप में अपहरण कर उन्हें आत्मसात कर लिया है। आदिवासी के मन में अपनी धार्मिक विरासत के प्रति एक स्वाभाविक आत्माभिमान जगना चाहिए। यह आशा की जा सकती है कि यह पहचान उसकी एकता को बल एवं नया आयाम देगी, जो इसकी सुरक्षा और प्रगति में सहायक होगी।

अभी जो स्थिति है, वर्तमान सभी संस्थागत धर्मव्यवस्थाओं में आदिवासी की मान्यता पिछलग्गू (पिछड़ा हिन्दू, पिछड़ा ईसाई, पिछड़ा मुसलमान) की ही है और उसके बाहर उनकी धार्मिक आस्थाओं (सरना इत्यादि) को कोई स्वतंत्र संवैधानिक स्वीकृति/मान्यता नहीं है। यह उनकी गणना मात्र 'अन्य' की रिक्ति को आदि धरम से भरने की प्रस्तावना भी है। आदिवासी समर्थक सुधी विद्वानों से हम सकारात्मक सुझावों की अपेक्षा करेंगे।

सांगि नेएगको/सामूहिक अनुष्ठान

1. सोसोबोंगा / भेलवापूजन
अनुष्ठान एवं मंत्रपाठ

आमुख

सोसोबोंगा (भेलवापूजन) का अनुष्ठान सामान्यतः धान रोपनी के बाद करम महोत्सव (अगस्त–सितम्बर) के आस पास ही किया जाता है जिसके सम्पादन के उपरान्त भेलवा पेड़ की छोटी–छोटी डालियों को धान के खेत के बीच गाड़ा जाता है। विश्वास है कि भेलवा की पत्तियाँ धान के पौधों में लगने वाले कीड़ों से बचाती है। इधर कृषि वैज्ञानिकों ने अनुसंधान में यह पाया है कि भेलवा में निश्चित रूप से कीट निरोधक गुण होते हैं इसलिए इनकी पत्तियों के आसपास कीड़े फटकते नहीं। इसके अतिरिक्त खेतों के बीच इसकी डालियों के गड़े रहने पर उनपर चिड़ियाँ बैठती हैं और धान के पौधों में जो भी कीड़े होते हैं उन्हें खा जाती हैं। इस तरह से इस विश्वास के बने रहने का एक वैज्ञानिक आधार भी है। आयुर्वेद में भेलवा का तेल एक जबरदस्त कीट निरोधक के रूप में जाना जाता है। आश्चर्य नहीं कि शाल, महुआ और करम की ही तरह भेलवा ने भी आदिवासियों के बीच एक देवता का स्थान ले लिया है। यहां तक कि कुछ आदिवासी समुदायों (उदाहरणतः–उराँव) में हर शुभ काम–गृह प्रवेश, घर में नए मवेशियों का आगमन एवं अन्य का प्रारम्भ भेलवा पूजन(डंडाकट्टा) के साथ ही होता है।

आदिवासियों के बीच अबतक पाई गई कथाओं में मात्र यही एक कथा है जिसका पाठ गेय रूप में होता है। यह प्रायः एकल गेय होता है और साथ में कोई वाद्ययंत्र प्रयुक्त नहीं होता। संगत के लिए कथावाचक ही एक सूप में रखे चावल/अक्षत के दानों के ऊपर एक लय के साथ हाथ फेरता रहता है।

सभ्यताओं के लिखित विश्वइतिहास (मेसोपोटामिया, मिस्र, रोम, हिंदू, बौद्ध, इस्लाम इत्यादि) में उतार–चढ़ावों के बहुत से साक्ष्य मिलते हैं किंतु अलिखित रूप में उपस्थित ये साक्ष्य पुननिर्मित किए जा सकते हैं उन मौखिक सामग्रियों के आधार पर जिन्हें मनुष्य की सामूहिक अवचेतन की अभिव्यक्ति कहा जा सकता है। इसी की अभिव्यक्ति के रूप में दुनिया के बहुत से समुदायों में आदिसृष्टि की अनियंत्रित बढ़ोत्तरी के फलस्वरूप अग्निवर्षा/प्रलय द्वारा उसके विनाश और नई सृष्टि रचना की कथा प्रचलित है। भारतीय पौराणिक चिंतन में अवतारों की कल्पना इसी अभिव्यक्ति के रूप में बारंबार पुनरावृत्त हुई है। प्रस्तुत असुर कथा जिसका पाठ भेलवापूजन के अवसर पर होता है, ऐसी ही एक झारखण्डी सांस्कृतिक क्षेत्रीय कथा है जो मुण्डा के एक उपसमुदाय (असुर) के सामाजिक–आर्थिक उत्कर्ष के उपरान्त उसके अपकर्ष की कहानी कहती है।

शिकार, कृषि और उद्योग मनुष्य के आर्थिक विकास के क्रम को चिन्हित करते हैं। इनमें पारस्परिक संतुलन का सवाल एक चुनौती के रूप में हमेशा बना रहता है और इस तरह सभ्यता के विकास क्रम में इन तीनों में टकराव की स्थिति बनी रहती है। प्रस्तुत कथा में तत्कालीन धातु (प्रमुखतः लौह) उद्योग के विकास/उत्पादन पर अत्यधिक जोर के परिणाम स्वरूप जो संकट आता है उसी का चित्रण है। उस समय के विकसित समाज का ही एक स्वरूप असुर अपनी 'बारह कोठियाँ और बाइस भट्ठियाँ दिन रात चला रहा है इससे पृथ्वी के एक बड़े भू भाग ''एकासी मैदान और तिरासी सपाट'' क्षेत्र में एक असहनीय स्थिति पैदा होती है जिससे सृष्टि के तत्वों–मिट्टी, पानी, हवा और ताप में असंतुलन के कारण सारी वनस्पति और जीव–जन्तुओं का जीवन बुरी तरह प्रभावित होता है। असुरों की इस अति का अन्त कर सिङबोंगा (परमेश्वर) द्वारा संतुलन पर आधारित व्यवस्था को फिर से कायम करने का आग्रह इस कथा का स्वर है। उस संतुलित व्यवस्था के मूल में है सहजता/स्वाभाविकता। दिन रात काम करना उस स्वाभाविकता के विरूद्ध चेष्टा है। इसलिए यह ठीक नहीं। सामान्य अपेक्षित नियम है दिन में काम और रात को आराम या रात में काम और दिन को आराम। काम करने में जिस ऊर्जा का व्यय होता है उसकी भरपाई आराम से हो, यही संतुलन है। बचपन के हमारे गुरूजी परमश्रद्धेय श्री जगदीश त्रिगुणायत जी इस संतुलन को काम और आनंद की पारस्परिकता के रूप में देखते हैं। सिङबोंगा की आज्ञा ''धौंकनी दिन को चलाओ तो रात में बंद रखो और रात को चलाओ तो दिन को बंद रखो'' में इसी पारस्परिकता को बनाए रखने का आग्रह है। व्यय की हुई ऊर्जा की भरपाई नहीं होने पर प्रकृति में असंतुलनजनित दुःसह स्थिति पैदा होती है जिसका परिणाम होता है ''कमलफूल पोखरी सूखती है, घास, पत्तियाँ अकाल ही झड़ती हैं। कुहासा फैलता है। बीमारियाँ और व्याधियाँ आती हैं। पृथ्वी पर जीवन दुभर हो जाता है। इसकी आंच सिङबोंगा और धरती माता के आंगन तक पहुँचती है।''

सारे विश्व स्तर पर पर्यावरण चिंता के वर्तमान संदर्भ में इस कथा की प्रासंगिकता स्वतः स्पष्ट है। इस समय का भूमण्डलीय तापवर्द्धन (ग्लोबल वार्मिंग) और तज्जनित अग्निवर्षा और प्रलय का डर मिथक नहीं, एक सत्य है। ऐसे में आज के अतिमानव का यह दंभ कि ''हम सृष्टि की श्रेष्ठतम रचना हैं इसलिए हम जो करेंगे ठीक है'' एक अवश्यंभावी अनर्थ का सूचक है। सृष्टि की श्रेष्ठतम रचना होने का मतलब उसे प्रकृति के साथ खिलवाड़ करने का असीमित अधिकार मिल गया, यह नहीं है। मनुष्य को उसके ज्ञान के उत्तरोत्तर विस्तार के बावजूद प्रकृति के समक्ष उसकी क्षुद्रता का एहसास और उसके प्रति कृतज्ञता और आदरभाव का बोध होना चाहिए। प्रकृति हमारा संपोषण करती है तो हमारा भी कर्तव्य बनता है कि हम भी उसका सम्पोषण करें। प्रस्तुत कथा के विस्तृत फलक पर इस विचार से जुड़े सारे अभिप्राय सम्मिलित हैं।

असुरों के औद्योगीकरण की अति द्वारा उत्पन्न मनुष्य की व्यथा का परित्राण सिङबोंगा द्वारा उनके संहार से व्यवस्था नियंत्रण, यही कथा का मूल स्वभाव है किन्तु प्रस्तुत पुनर्रचना

में हमने कथा की पूर्वपीठिका के रूप में उसके सृष्टिकथांश को भी सम्मिलित किया है और उसे भी गेय रूप देने की चेष्टा की है। परम्परागत प्रचलन में कथावाचक इस अंश को गद्य में ही रखता है। वैसे, गेय रूप में प्रस्तुत कड़ियों के बीच पर्याप्त अवसर है जिसका प्रयोग कथावाचक अपने गद्यात्मक वक्तव्य जोड़ने में कर सकता है। वस्तुतः किसी कथावाचक की निपुणता उसकी ''बात बनाने'' की कला में महारतता पर निर्भर करती है। तदनुसार अपने पूरे रूप में यह कथा आरंभ से अंत तक दो घंटे से दस घंटे तक खिंच सकती है।

सृष्टिकथा का मूल अभिप्राय है व्यष्टि के ऊपर समष्टिपरकता। व्यक्ति अपने आप में अपूर्ण है। सामूहिकता में ही उसकी सार्थकता पूरी होती है। सिङबोंगा को अपना प्रारंभिक अकेलापन अखरता है। अपने सादृश्य सहृदय के साथ संबद्धता को विस्तार देना ही सृष्टि का मूल कारक है। अथाह पानी की गहराई से पृथ्वी को ऊपर लाने के लिए दूतों (मछली, केकड़ा, कछुआ और केंचुआ) से सम्पर्क साधना और सबके सम्मिलित प्रयास द्वारा पृथ्वी का निर्माण, मनुष्यों के आदि दम्पत्ति और उसके रक्षकमित्र कुत्ते (चौंरा–भौंरा) और इस तरह के अनेक अवयवों की सृष्टि इसी संबद्धता को रेखांकित करती है। सृष्टि के मूल तत्वों (मिट्टी, पानी, हवा और ताप) से उत्पन्न वनस्पति और जीव–जन्तुओं के साथ संबद्धता को स्थापित करना, इन दोनों कथांशों का सहगामी उद्देश्य लगता है। इस अनुष्ठान के वाह्य कर्मकाण्ड के स्वरूप में भी इस पक्ष को आसानी से देखा जा सकता है।

अपनी प्रस्तुति में हमने दुस्साहस का एक प्रयोग किया है। वह है कि सामान्य तौर पर कथावाचक करीब–करीब एक ही प्रकार के 'छंद' द्वारा सारी कथा गाता है। इससे थोड़ा अलग, वर्तमान प्रस्तुति में हमने दो करीब–करीब समान छन्दों का प्रयोग किया है। कथावाचक के वक्तव्य का छंद पद्य होते हुए भी गद्यात्मक है जबकि कथा के चरित्रों के संवाद वाले अंशों का छंद पूरी तरह गेय है। इससे प्रस्तुति में विविधता तो आई ही है, हमारा विश्वास है, संवेदना का भी अंतर दिखाई देता है। हमारा गद्यात्मक छंद बांग्ला के पयार छंद के करीब लगता है किन्तु यह विशुद्ध पयार नहीं है। यह तो समय ही बताएगा कि यह प्रयोग कितनी दूर तक सफल होता है।

पुस्तक के वर्तमान स्वरूप को खड़ा करने में हमारे प्रिय छात्रों, विसेश्वर मुण्डा, हेसेल सारू और बिरेन्द्र सोय का विशेष सहयोग रहा है। इस क्रम में उनका कुछ ज्ञानवर्द्धन तो हुआ ही होगा। इसमें बढ़ोत्तरी हो, यही हमारा आशीर्वाद है।

गुरू कृपा के ऋण से कभी उऋण हुआ नहीं जाता। साहित्य में मेरी जो भी थोड़ी रूचि अभी है, हमारे परमश्रद्धेय गुरूवर श्री जगदीशै त्रिगुणायत जी उसके आधार हैं। उनसे प्रेरित और प्रोत्साहित हमारे बचपन के दिनों की साहित्यिक चेष्टाओं को हम आज एक नए रूप में देख पा रहें हैं, यह हमारा सौभाग्य है। उनकी सरस्वती संतान का यह लघुप्रयास उन्हें और

उनकी संगति के शेष अग्रजों को थोड़ा भी आह्लादित कर सका तो हम अपने को धन्य मानेंगे।

अन्त में किंतु सर्वाधिक धन्यवाद के पात्र हैं हमारी सहधर्मिनी अमिता और साहित्य सहधर्मी श्री रतनसिंह मानकी जो हमारे प्रथम श्रोता भी रहे हैं और जिनके धैर्यपूर्ण सुझावों से कई जगहों पर गेय अंशों की अभिव्यक्ति में प्रभावोत्पादकता बढ़ी है। उनका साहचर्य आगे भी बना रहे, ऐसी कामना है।

सिरजान कानि / सृष्टिकथा
अनुष्ठान एवं मंत्रपाठ

सिरजन कानि

साम्पोड़ो

बोंगातानिः (पाहांड़ां) बोंगा टायाद रे पुण्डि, आराः आर हेन्दे हासाते मिआद माण्डोआएः बाइजादा। माण्डोआ कुँड़ुँकोरे हाइ, काड़ाकोम, होरो आर लेण्डाद जुड़िकोएः बाइजादकोआ। निकुआः देंगातेगे ओते–दिसुम बाइआकाना मेनते इनकुआः माइन नांगेन।

माण्डोआ तालारे मिआद चाटु/तावा हासारे सोसो आर सारजोम दाड़ा होनकोएः बिदजादा। बोंगा के तायोमते गापातेरे सेताः नेआको बाबा लोयोङ तालाकोरे बिदोःआ। बाबाको रोगकोआते बांचाओआकान ताइनोःका मेने आसाराएःते।

बोंगातानिः दाड़ाहोनको उलि साकाम दाःतेः हिरिचिजादा। सुतामेः तोल बिउरजादा। सिंदुरितेः टीकाजादा। दिआएः जुण्डिजादा। दुनाएः रापाःजादा। माण्डोआ आतोम–आतोमते दुबाकानको आदोआ चाउलिः हाटिंआकोताना। बोंगा टुण्डुरे गोआरि तानलोः हेरे नांगेन चाउलि हाटिङ चाबाओः लोःगे बोंगा एटेगोःताना। बोओंगा दुराङ/काजिलोः जुड़िओः लेका कोयोङ चेतान हाटाः रे दोआकान चाउलि जाङ रे तीते गोसारि जालोः बोंगारागलोः जामाजालोः बोंगाएः एटेःजादा।

सोबेन बोंगाको राः होपोर–

हे सिरमारेन सिङबोंगा 1
ओतेरेन ओतेएंगा
तोआ लेका तुरोःकिन
दही लेका हासुरोः किन।
आबेनगे मुनुरेनकिन
आबेनगे टुण्डुरेनकिन

सृष्टिकथा

तैयारी

पाहन (पुरोहित) पूजास्थल पर सफेद, लाल और काली मिट्टी से एक अल्पना/चौका बनाता है। चौके के कोनों पर मछली, केकड़ा, कछुआ और केंचुआ की जोड़ियाँ बनाता है। इन्हीं की मदद से धरती बनी है इसीलिए उनके सम्मान में।

मण्डप के बीच एक घड़ा/तवा मिट्टी में भेलवा और शाल की छोटी डालियां आरोपित करता है। पूजा के बाद कल सुबह इन्हें धान खेत के बीच गाड़ा जाएगा। धान के पौधे रोग के कीड़ों से बचे रहे इसी आशा में।

पाहन डालियों को आम की पत्तियों द्वारा पानी छिड़कता है। सूत का धागा बांधता है। सिंदूर के टीके लगाता है। दीप प्रज्वलित करता है। धुवन जलाता है। मण्डप के किनारे बैठे श्रोताओं को अरवा चावल (अक्षत) बांटता है। पूजा की समाप्ति पर नमस्कार करते हुए अक्षत दान करने 7के लिए चावल बांटना समाप्त होते ही पूजा आरंभ होती है। मंत्रपाठ के संगत के रूप में पुरोहित गोद में सूप में रखे चावल के दानों पर मंत्रसुर में लय मिलाकर हाथ फेरते हुए मंत्रपाठ आरंभ करता है।

सर्वदेवता उद्बोधन–

हे आकाश के परमेश्वर
पृथ्वी की धरती मां
दूध से उगने वाले
दही से डूबने वाले
तुम ही आदि के हो
तुम ही अंत के हो

आबेनगे सुबा रेनकिन आबेनगे चुटिरेनकिन।।		तुम ही मूल के हो तुम ही चोटी के हो।।
जोनोमाते हानसाः रेनकिन गोनोएःआते पारोमरेनकिन जूगु–जूगु जीआदाकानकिन जानाओ–जानाओ ताइओःकिन। होयोरे जी ओओमकिन दाःरे मायोम सीरजाओकिन सिरमारे गुयु तूरूब किन ओतेरे हिता पारचाओकिन।।	2	जनम से उस पार के हो मृत्यु के उस पार के हो युग–युग जीवन्त सदा–सर्वदा स्थापित। हवा में प्राण देनेवाले पानी में लहू सिरजाने वाले अम्बर में कुबा बनाने वाले धरती में बीज बोने वाले।।
दाः बितार रे उकुआकान जालाकार बिताःर रे दानाङाकान ओते बेन दाँड़ाकेदा धरतीबेन खोजारकेदा। हाइ दुताम, काड़ाकोम दुताम होरो दुताम, लेण्डाद दुताम कुल दुताम केनाबेन कुल दाराड़ा केनाबेन।।	3	पानी के अन्दर छिपी हुई जल के भीतर दबी हुई तुमने पृथ्वी को ढूंढ़ निकाला तुमने धरती को खोज निकाला। मछली दूत, केकड़ा दूत कछुआ दूत, केंचुआ दूत तुमने उन्हें दूत बनाकर भेजा उन्हें अगुआ बनाकर भेजा।।
आले आबेनाः होनको नांगेन आले आबेनाः गांड़ाको नांगेन ओतेबेन बाइकेदा धरती बेन बाडुइकेदा सिंगि तुरोः, चांडुः मुलुः काटाजाम्बाड़ा, बोओःकुंदुड़ि आबेनाः कोयोङ रेगेआ आबेनाः सिपिङ रेगेआ।।	4	अपने बच्चों के लिए अपनी संतान के लिए तुमने पृथ्वी का निर्माण किया तुमने धरती का गठन किया। सूर्योदय की ओर, चन्द्रोदय की ओर उत्तर दिषा, दक्षिण दिषा तुम्हारी ही गोदी में तुम्हारी ही बांह में।।
जिलिमिलि ओते लिबिलिबि सिरमा पाटि लेका बिलाकान डुबा लेका हारूबाकान। ओते चेतान टुंडाङ तानिः	5	झिलमिल करती धरती लिबलिबाता आसमान चटाई की तरह बिछी हुई डुभा की तरह औंधा हुआ। धरती के ऊपर रेंगने वाले

लाता बितार उगुराकानिः
होयोरे आपिर तानिः
दाः बितार ओयार तानिः।।

खोह के भीतर छिपे हुए
हवा में उड़ने फिरने वाले
पानी के भीतर तैरने वाले।।

6 जोम-नू ओओमकिन
दाः-तासाद हाआटिङकिन
होओरोकिन, जांआगि किन।
ऊम्बुलकिन, चाआतोमकिन
बिर–बुरू, गाड़ा पिड़ि
दारू–सिङ, तासाद रूड़ाः
आनाः–मानाः जो सिबिल
उलि-काण्टाड़ा, तारोब-तिरिल।।

सबको खाना–पीना देनेवाले
सबको घास–पानी बांटने वाले
रक्षा करनेवाले, ओगरने वाले
छाया देनेवाले, छतरी देनेवाले
वन–पहाड़, नदी–मैदान
पेड़–पौधे, घास–फूस
अनेक प्रकार के स्वादिष्ट फल
आम–कटहल, चिरौंजी–केन्दु।।

7 सिंगि–चांडुः, इपिल–रिंबिल
होयो–गामा, सेंगेल–आरिल
आले नांगेन बेन बाइकेदा
आले नांगेनबेन बाडुइ केदा।
तारा निदा, तारा सिंगि
सेताः--सिंगाड़ा, तिकिन–तारासिङ
कामि सोमाएबेन तोलकेदा
रूडुन सोमाएबेन ठाआराओकेदा।।

सूरज–चांद, तारे–आसमान
हवा–पानी, आग–ओला
हमारे लिए तुमने बनाए
हमारे लिए तुमने सिरजे।
आधा समय रात, आधा समय दिन
सुबह–सूर्योदय, दोपहर–अपराह्न
काम के लिए समय बांधा
आराम के लिए समय ठहराया।।

8 गुडुलु–साराजोम, कोदे–मादुकाम
बाड़े–सेकेरेः, कादाला–काराम
सोसो दारू सुबा सानामाङ
अखण्ड बिर–बुरू दानाङ।
लुटकुम हाड़ाम–लुटकुम बुड़िआ
सिदा उतार कुलगिआकिन
आलेआः सिदा पुरखाकिन
आलेआः जाओ हाड़ाम किन।।

गोंदली–साल, बांस–महुआ
बड़–सेकेरेः, केला–करम
भेलवा वृक्ष के समक्ष
अखण्ड वन के भीतर।
लुटकुम बूढ़ा–लुटकुम बुढ़िया
सृष्टि के प्रथम दम्पति
हमारे प्रथम पुरखे
हमारे आदि पूर्वज।।

9 डुमाङ हासा, आंजलि दाःते
होड़ोमो हुमु, बालबाल दाःते
बाइकेद किनाबेन
बाडुइकेद किनाबेन।

मिट्टी के ढेले से, अंजलि पानी से
शरीर के मैल से, पसीना पानी से
तुमने उन्हें बनाया
तुमने उन्हें गढ़ा।

चुकाः बाआंडा दाः ते
उलि साकाम चोम्पाते
हिरिचिकेद किनाबेन
तिरपिकेद किनाबेन।।

कलष–भंडा पानी से
आम की पत्तियों से
उन्हें जल छिड़काया
उन्हें पानी झिमकाया।।

10 एन हासा होड़ोमो रे
एन रोओड़ो मुटु रे
जी बेन ओम केदा
सायाद बेन ओङ केदा।
मानोआहोन, मानोआगांड़ा
जू ताञ दुलाड़ाकिन
नेः ताबेन काड़ाबा डांडि
हेनेः ताबेन सेएल कुटि।।

उस माटी की काया में
उस सूखी लकड़ी में
तुमने जीवदान दिया
तुमने उसमे सांस फूंकी।
हे मानव संतान, मानव संतति
जाओ, मेरे प्यारे बच्चो
यह रही हल की मूठ
यह रहा ओखल स्थल।।

11 साब दाड़िनबेन ताबु
जापाः दाड़िनबेन ताबु
सीबेन, चालुइबेन
रूडुङेबेन, सेटेःएबेन।
नी ताबेन उरिः एंगा
हिनिः ताबेन मेरोम एंगा
निः ताबेन बाबा एंगा
हिनिः ताबेन कोदे एंगा।।

तुम इसे ठीक से पकड़ो
तुम इसे ठीक से जकड़ो
तुम इससे जोतो–कोड़ो
तुम इससे कूटो, छांटो।
यह रही गौ माता
यह रही बकरी माता
यह यहां धान माता
वह वहां मडुआ माता।।

12 जीदान होरो–गोओड़ोमको
तोआमाण्डि ओओमको
लेलकोबेन, हिराकोबेन
जोगाओकोबेन, जोतोनकोबेन।
कुरूमुटु कामिबेन
बालबाल दाः जोरोएबेन
सिउः–चालुः, हेर चाटाः
नामेआबेन हाटाः–हाटाः।।

ये जीवन के रक्षक
ये दूध–भात दाता
तुम उन्हें देखो भालो
तुम उन्हें जुगाओ–संभालो।
मन लगाकर काम करो
पसीना पानी बहाओ
जोतो–कोड़ो, बोओ–रोपो
सूप भर–भर पाओ।।

13 दाः लेका बिड़िसिरोःआ
गितिल लेका साकिदोःआ
टुंकिरे, सेएल रे

पानी की तरह ठहरेगा
बालू की तरह थमेगा
टोकरी में, ओखली में

पोटोमरे, चाटाका रे।
मेद पेरेः बेन लेलेआ
लाइः पेरेः बेन जोमेआ——
मेनतेबेन काजिकेदा
मेनतेबेन बाकांड़ाकेदा।।

मोरियों में, छटकों में।
भर नजर देखोगे
भर पेट खाओगे——
इस तरह तुमने कहा
इस तरह तुमने बताया।।

14

जू मानोआ होनकिन
जू मानोआ गांड़ाकिन
मादुकाम बा लेकागे
कुंइडि जो लेकागे।
पाआःगे, पोओःगे
पोआओःबेन, पोसाओःबेन
लेपालाड़ि बाड़े लेका
गोटा दिसुम दालोबेबेन।।

जाओ, हे मानव संतान
जाओ, हे मानव संतति
महुआ के फूल की तरह
डोरी के फल की तरह।
फूलो तुम, फलो तुम
बढ़ो तुम, पलो तुम
विस्तृत बटवृक्ष की तरह
सारे देश में छा जाओ।।

15

हेर पुना, रोआ पुना रे
एन पुना, जोम नावा रे
बा, बुरू बाताउलि रे
आड़ान्दिरे, कोड़ान्दिरे।
सारजोम दारू सुबारे
दिआ सेंगेल सानामाङरे
जोआरबेन, गोआरिबेन
आर्जिबेन, बिन्तीबेन।।——

प्रथम बोआई, प्रथम रोपाई में
प्रथम मिसाई, नवाखानी में
सरहुल, माघ, ग्राम पूजा में
विवाह में, शादी में।
शाल वृक्ष के नीचे
दीप—अग्नि के समक्ष
तुम नमस्कार करो, गुहार करो
अर्जी करो, विनती करो।।——

16

मेनतेबेन काजिकेदा
मेनतेबेन बाकांड़ाकेदा
आलेआः बुगिन नांगेन
आलेआः नापाए नांगेन।
बुरू बोंगा, इकिर बोंगा
माराङ बुरू, देसाउलि
नागे एरा, बिंदि एरा
जाएर एरा, चांडि एरा।।

इस तरह तुमने कहा
इस तरह तुमने बखाना
हमारी भलाई के लिए
हमारे कल्याण के लिए।
पहाड़ी देवता, जल देवता
बड़ पहाड़ी, सीमांत देव
नाग देवी, बिंदि देवी
जाहेर देवी, चण्डी देवी।।

17

बाबा एंगा, कोदे एंगा
होओरोको, जाआंगिको

धान मां, मड़ुआ मां
इनके रक्षक, इनके पालक

खिति–किरसि जोओगाओको		हमारी खेती जुगाने वाले
उरिः–मेरोम जोओतोनको।		गाय–बकरी संभालनेवाले।
चुटु काटेआते बांचाओको		चूहों, मूसों से बचाने वाले
कुम्बुड्डु–जुम्बुड़िआते कोओटोंको		चोर–लोभियों को रोकने वाले
रूआ–राबाङरे कोओयोःको		रोग–बीमारी में देखने वाले
दुकु–बिपतिरे हीराको।।		दुख–विपत्ति में पूछने वाले।।
दिसुमरेन दिसुम बोंगाको	18	देश के देश देवतागण
सीमानरेन सीमान बोंगाको		सीमा के सीमान्त देवगण
हातुरेन हातु बोंगाको		गांव के ग्राम देवतागण
ओड़ाः रेन ओड़ाः बोंगाको।		घर के गृहदेवतागण।
ओड़ोःगे नुतुमते का तेबाःजानको		अन्य जिनका हम नाम न ले पाए
चुण्डुलते का टोःजानको		जिनको हम इंगित न कर पाए
सोबेनले गोआरिजादपेआ		हम सबको गुहारते हैं
जोतोले बिनती जादपेआ।।		हम सबसे विनती करते हैं।।
मिद गाण्डु, मिद चालपा रे	19	एक पीढ़े में, एक कुंदे में
मिद पाटि, मिद पांति रे		एक चटाई में, एक पांति में
जाओगे दुब जारूको		हमेशा बैठने, बतियाने वाले।
जाओगे जोआर जागारको।		हमेशा मिलने–जुलने वाले
तुड़िमा सुताम ते		तुड़ी की डोर से
बांदुमा बायार ते		बांदु की रस्सी से
हाड़ागुकोःपे ताबु		तुम उतरकर आओ
नोसोरकोःपे ताबु।।		तुम सरककर आओ।।
तिसिङदो ..... चांडुः .....मुसिं	20	आज ..... महीना ...... दिन
.... चांडुः .... हुलाङ		...... महीना ..... का दिन
.... ईसवी सिरमारे		.... ईसवी वर्ष
..............सम्बत सालरे।		.... सम्बत साल।
.........राज बितार....जिला		.... राज्य ....जिला
........हातु ....टोला		........ग्राम ...... टोला
.... ताकोआः आंका रे		.... के आंगन में
मादुकामडी ताकोआः राचा रे।।		मादुकामडीह के छादन में।।
मोड़े हागा को हातु रेन	21	पांच भाई गांव के
कुपुल गंगाको दिसुमरेन		कुटुम्ब बंधु देश के

नेरेले जामाआकाना
नेरेले हुण्डिआकाना।
सोसोबोंगा नेग नांगेन
सोसो पाड़ाः दस्तूर नांगेन
सिरजन काआनि आयुम नांगेन
असुर काआनि सुआंड़ा नांगेन।।

हम यहां जमा हैं
हम यहां एकत्र हैं।
भेलवापूजन नेग हेतु
भेलवाफारी दस्तूर हेतु
सृष्टिकथा सुनने को
असुर कथा स्मरण को।।

22 ने बुगिन कामि ताले
ने नापाए नेग ताले
बुगिते पारोमोःका
नापाएते सांगोमोःका।
आलेआः ओड़ाः रे सुगाड़ सोआन
आलेआः आंकारे सिबिल जागार
ताइआकान ताइनोःका
बाइआकान ताइनोःका।।

हमारा यह शुभ कार्य
हमारा यह शुभ नेग
अच्छी तरह सम्पन्न हो
अच्छी तरह सम्पादित हो।
हमारे घर में सुगंधित हवा
हमारे आंगन में मीठी वाणी
हमेषा बहती रहे
हमेषा बनी रहे।।

23 नेग तायोम जोम नू रे
बोंगा तायोम सुसुन दुराङ रे
लाइः-हासु आलोका ताइन
बोओः-हासु आलोका ताइन
काटा-लोटोएः आलोका ताइन
जानुम–चोगा आलोका ताइन
जान बोरो आलोका ताइन
जेतान बोतोङ आलोका ताइन।।

नेग उपरान्त खान–पान में
पूजा उपरान्त नाच–गान में
पेट दर्द न हो
सिर दर्द न हो।
पैर मोच न हो
कांटा चुभन न हो
कोई डर न हो
कोई भय न हो।।

24 जोआर, जोआर, जोआर
सिङबोंगा ओतेएंगाकिन जोआर
बुरू बोंगा–इकिर बोंगाको जोआर
नागे एरा–बिंदिएराको जोआर
हातुबोंगा–सिमान बोंगाको जोआर
ओड़ाःबोंगा–हाड़ाम होड़ोको जोआर।।
तुनुतुम का तेबाःजानको जोआर!
सोबेन बोंगाको जोआर!!

जोहार, जोहार, जोहार!
सिङबोंगा–धरतीमाता को जोहार!
पहाड़ी देवता–जलदेवता को जोहार!
नाग देवी–बिंदि देवी को जोहार!
ग्रामदेवता–सीमान देवता को जोहार!
गृहदेवता–बूढ़े पुर्खों को जोहार!!
नाम छूट गया जिनका उनको जोहार
सभी देवताओं को जोहार।।

सिरजान कानि एटेः		सृष्टि कथा आरंभ
कानिनि–		**कथावाचक–**
सिङबोंगा सिदाएंगा	1	सिङबोंगा और आदिमाता,
आकिनाः ओड़ाः साकाम डोंगा		उनका घर पत्ते की डोंगी
डोम्बोलतान–डोम्बोलतान		तैरते–तैरते
इनकिन दुबाकाना।		वे बैठे हैं।
एकेलाताना चेएल–चेपेल		कांपती है, छपछपाती है,
हिजुः पिचिद नावा आचेल		जब आती है नई लहर
नेकातेगे ताकिनाः		इसी तरह उनका
सोमाए सेनोःताना।।		समय बीतता है।।
ना जाएलोः दुब–जारू	2	न किसी से उठना–बैठना
ना जेताएलोः जोआर–जागार		न किसी से जोहार–नमस्कार
बेकामितेगे ताकिनाः		बिना काम के उनका
नुसाड़ा बिरिदताना।		अवसर बीत रहा है।
एनकागे डोम्बोलतान इमताङ		उसी तरह तैरते हुए
एनकागे दुबाकान इमताङ		उसी तरह बैठे हुए
बुड़िआ आएआः हाड़ामतेके		बुढ़िया अपने पति से
नेकाएः मेताइताना।।—		इस तरह कहती है।।—
सिदा एंगा–		**आदिमाता–**
आहो सिदा बिआँ!	3	*हे मेरे प्रथम बीज!*
आहो सिदा साइयाँ!!		*हे मेरे आदि संगी!*
सुति रेम गेआ चिम		*जगे भी हो या*
जापिदाकाद गेआ हो?		*आंखें मूंदे हुए हो ?*
मिआदेञ काजिले,		*एक बात कहना चाहती हूँ,*
बारिआञ बाकांड़ाले,		*दो बात बोलना चाहती हूँ*
आयुम लेम तालाङ हो,		*तुम जरा सुनो,*
आतेन लेम तालाङ हो।।		*तुम थोड़ा गुनो।।*
सिङबोंगा–		**सिङबोंगा–**
तेता रेञ गेआ हो	4	*मैं जगा ही हुआ हूँ प्रिय*
का होञ जापिदाकाद		*मैं सोया हुआ नहीं*

ओकोआगे सानाङमे
काजी मे तालाङ हो,
ओकोआगेम काजीआ
रिकातेञ रिकाएआ
काजि काजि काजी मे
काजीआः तालाङ हो।।

तुम जो भी कहना चाहो
प्रिय, तुम जरूर कहो।
जो तुम कहोगी
मैं अवष्य करूँगा
तुम कहो तो सही
जो तुम्हें कहना है।।

सिदा एंगा–

5 डोम्बोलतान–डोम्बोलतान
मिआदेञ उडुगा––
आलाङाः जीदान दो
इपाएः चि सेनोगा ?
जाए ना जोआरनिः
जेताए ना जागार निः
ओड़ागो सिंसोंड़ोंएः
दुआरो सुनसान।।

आदिमाता–

तैरते हुए–बहते हुए
मैं एक बात सोचती हूँ––
हमारा जीवन
क्या यों ही बीत जाएगा?
न कोई जोहार करने को
न कोई बात करने को
घर सूना–सूना
द्वार भी सुनसान।।

6 आलाङाः कुनुलि दो
आलाङाः कुनुदुम दो
आलाङगेः कुलि लाङ
आलाङगेः कुदुम लाङ।
आलाङाः जागार दो
आलाङाः बांकाड़ा दो
आलाङ ताःगे रूआड़ा
आलाङ ताःगे नाचुरा।।

हमारा पूछना
हमारा सवाल
हमें ही पूछता है
हमें ही कहता है।
हमारी बात
हमारा बोलना
हमारे पास ही वापस आती है
हमारे यहीं लौट आता है।।

7 नागे जान कामि गे
नागे जान उदाम गे
बालबाल लिंगि बानोगा
मायोम दाउड़ि बानोगा।
जोम–नू मोद रोकोम गे
लेलो मोद लेका गे
जींओ मोद रोकोम गे
सोआनो मोद लेका गे।।

न कोई काम
न कोई उद्यम
न पसीना बहना
न खून दौड़ना।
एक ही प्रकार का खान–पान
एक ही प्रकार का दृष्य
एक ही प्रकार की गंध
एक ही प्रकार की सुगंध।।

8

सोबेन मुलि दाः गे
सोबेन साः सापेल गे
ना तासाद–रूड़ाः गे
ना बा चा जो गे।
जेंगेद लेल सानात्रा
बेंगेद चिना हायात्रा
हेड़ेम जोम मोनेत्रा
जोजो चाका हायात्रा।

सब ओर पानी ही पानी
सभी ओर सपाट
न कोई घास–फूस
न फल न कोई फूल।
लालिमा देखना चाहती हूँ
चमक निहारना चाहती हूँ
मीठा खाना चाहती हूँ
खट्टा चखना चाहती हूँ।।

9

दुराङ आयुम मोनेत्रा
सुसुन सेन सानात्रा
उरगुम आगाम आंगाओत्रा
जी रेआड़ा हायात्रा।
आमाः जी रे नेआको
बिउराचि का गे ?
आमाः कुड़ाम नेआको
आचुरा चि का गे ??

गीत सुनना चाहती हूँ
नाचने को मन करता है
गर्मी का अनुभव चाहती हूँ
मन की शान्ति चाहती हूँ।
तुम्हारे मन में यह सब
कभी घूमता है या नहीं ?
तुम्हारी छाती में यह सब
घुमड़ता है या नहीं ?

सिङबोंगा–

10

आ हो सिदा बिआँ!
आ हो सिदा साइऑ
आमदो हो नाया दो
चिनाः कोम काजि केद?
आ हो आम दो हो
आत्राः जीम आगाम केद
आ हो आम दो हो
आत्राः मोनेम मुण्डिकेद।।

सिङबोंगा–

हे मेरे आदि बीज
मेरे आदि संगी
तुमने यह सब
क्या कह दिया?
तुमने हे प्रिय
मेरे मन को जान लिया
तुमने, हे प्रिय
मेरा मन भांप लिया।

11

आ हो आत्रो गे
एनागेत्र उडुःकेन
आ हो आत्रो गे
एनागेत्र उइहारकेन।–
हासालाङ आगुइआ
ओतेलाङ बाईआ
सोबेन जा लेकाते

हे प्रिय मैं भी
यही सोचता था
हे प्रिय मैं भी
यही ध्यानता था।–
हम मिट्टी लाएंगे
हम धरती बनाएंगे
सभी प्रकार से हम

एनालाङ सुगाड़ाए।।

उसे सुंदर बनाएंगे।

12 तासादते, रूड़ाः ते
दारू ते, सिङ ते
नाड़ि ते, तांड़ि ते
बा ते, जो ते।
चेंड़ें ते, चिपुरूब ते
जीउ ते, जंतु ते
ओते लाङ सुगाड़ाए
दिसुम लाङ सिंगारे।।

घास से, फूस से
पेड़ों से, पौधों से
लता से, लरंग से
फूलों से, फलों से।
चिड़ियों से, पंछियों से
जीवों से, जंतुओं से
हम धरती सुंदर बनाएंगे
हम देश का सिंगार करेंगे।।

13 मेनदो सानाङ दो
मेनदो मोने दो
सानाङ गे मेनोगा
मोने गे काजिओगा।
नेआको बाइ रे
नेआको बाडुइ रे
ओकोए हो देंगालाङ
चिमाए हो गोड़ोमालाङ??"

किंतु चाहना तो
चाहना ही कहा जाएगा
किंतु इच्छा तो
इच्छा ही कही जाएगी।
यह सब बनाने में
यह सब करने में
कौन हमारी मदद करेगा?
कौन हमारा साथ देगा??"

सिदा एंगा–

14 मेनाः को गेआ हो
बाङको गेआ हो
दाः रेन जीउ़ को
जालाकार रेन जन्तु को।
दागे रे ओयार को
लोसोद रे गुरेन को
दागे गे नुए को
लोसोद गे जोमे को।।

आदिमाता–

जरूर कोई है
कोई नहीं भी है
पानी के जीव
जलाकार के जन्तु।
पानी में तैरने वाले
कादो में छिपने वाले
पानी ही पीने वाले
कादो ही खाने वाले।।

15 कुल दुताम कोआलाङ
कुल दाराड़ा कोओलाङ
हासा को आउआलाङ
ओते को बाइआलाङ।
गारका ले कोआलाङ

हम दूत बनाकर भेजेंगे
हम अगुआ नियुक्त करेंगे
वे मिट्टी ला देंगे
वे धरती बना देंगे।
हम उन्हे बुलाएंगे

केड़ा ले कोआलाङ
कुलि लेकोआलाङ
कुदुम लेकोआलाङ।।'

हम उन्हें न्योतेंगे
हम उन्हें पूछेंगे
हम उन्हें ताछेंगे।।

कानिनि–

16 सिङबोंगा–ओते एंगा
सिदा दोकिन सेनोः जाना
हाइको टोलारे ताइनतान
हाइहोनकिन ताःते।
सुंड़िः–गेंगेर किन ताइना एनरे
जां लेकाते दाः बितार रे
रेंगेः–तेताङ, रूआ–राबाङ
जीलाः केआते।।

कथावाचक–

परमेश्वर और धरती मां
पहले वे गए
मछली टोलावासी
मछलियों के पास।
सुंडिः और गेंगेर वहां रहते हैं
किसी तरह पानी के भीतर
भूख–प्यास, बीमारी–ठंढक
सबकुछ सहते हुए।।

सिङबोंगा–सिदाएंगा–

17 *आ हो हाइ होनकिन*
सुंड़िः जा गेंगेरकिन
मेनाः बेन गेआ चि
बाङबेन गेआ हो ?
दुआर हो निगेबेन
केवार हो ओटागेबेन
मोद टुं बु जागार कोः
बार टुं बु बाकांड़ा कोः।।

सिङबोंगा–आदि माता–

हे प्रिय मछलियो
सुंड़िः और गेंगेर
क्या तुम घर में हो
या नहीं हो ?
दरवाजा खोलो
किवाड़ी खोलो
कुछ बात कर लें
कुछ बतिया लें।।

सुंड़िः–गेंगेर–

18 *मेनाः लिङ गेआ हो*
बाङलिङ गेआ हो
ओकोए हो दांड़ा लिङ?
चिमाए हो केड़ा लिङ?
बोरो चि बोरसा
बोरोतान गेआलिङ
चिरि चि चिलका?
चिरि तान गेआलिङ।।

सुंड़िः–गेंगेर–

हां हम घर में ही हैं
हां, हम नहीं भी हैं।
हमें कौन बुलाता है?
हमें कौन खोजता है?
डरने की बात या भरोसे की बात?
हमें डर लगता है
भय की बात है या कैसी बात?
हमें भय लगता है।।

19 *कालिङ कुंबुड्डुतान*

हम चोरी नहीं करते

कालिङ जुम्बुड़ितान
आपान लिङ कामितान
आपान लिङ उदामतान।
मार ताबु काजि बेन
मार ताबु बांकड़ाएबेन
चिनाः बेन दांड़ातान
मेरेबेन खोजारतान??

हम लोभ नहीं करते
हम अपना काम करते हैं
हम अपना उद्यम करते हैं
तुम अपनी बात कहो
तुम अपनी बात रखो
तुम क्या तलाषते हो?
तुम क्या खोजते हो??

कानिनि–

20 सिङबोंगा–ओते.एंगाकिन
उदुबेनतानाकिन बारानकिन
माराङबोंगा–सिदाएंगा,
आकिन चुण्डुलेनताना।
आकिन मेनते मुण्डिकेदलोः
रासिकातेकिन खुड़िल जालोः
जोआराकिन तानाकिन
तिरूबाकिनताना।।

कथावाचक–

सिङबोंगा और धरती मां
अपना परिचय देते हैं
परमेश्वर–आदिमां अपनी
पहचान बताते हैं।
उनकी पहचान जानते ही
वे खुशी से नाच उठते हैं
जोहार करते हैं,
नमस्कार करते हैं।।

21 हासा राकाब ओते बाइ
दिसुम सुगाड़ा, गामाए टेकाओ
आपान जी रेआः जागार
आकिन पुचिदेताना।
ओड़ोः गे ओको लेकाते
हाराओःआ सिरजान चिलकाते
आपान कुड़ाम बाकांड़ां
आकिन पुटागेताना।।

मिट्टी लाने, पृथ्वी बनाने की
देश सिंगारने, धरती टिकाने की
अपने मन की बात
वे कहते हैं।
और भी किस प्रकार से
सृष्टि कैसे बढ़ेगी इस तरह की
अपने ह्रदय की बात
वे रखते हैं।।

सुंड़िः–गेंगेर–

22 *आचु दोलिङ आचुना*
कामि दोलिङ कामिआ
ओते बुगिनोआःदो
दिसुम सुगाड़ाओआः दो।
आबेनाः उड़ुः लिङ
मानातिङ गेआ दो
आबेनाः सानाङ लिङ

सुंड़िः–गेंगेर–

आज्ञा हम जरूर पालेंगे
काम हम जरूर करेंगे
धरती की भलाई के लिए
देश की सुंदरता के लिए।
हम तुम्हारी सोच का
अवष्य मान रखेंगे
हम तुम्हारी इच्छा को

पुराओए गेआ दो।।		*अवष्य पूरी करेंगे।।*
कानिनि–		**कथावाचक–**
एनका काजिकेद चि एनका बांकाड़ाकेद चि सुंड़िः जा गेंगेरकिन बोलो जाना दाः ते। हासा को किन उटुलजादा लोसोद कोकिन गारिजादा जामा हुंडि जादाकिन आपान आपारोब ते।।	23	ऐसा कहकर वैसा बोलकर सुंड़िः और गेंगेर घुस गए पानी के अन्दर। वे मिट्टी ढूंस रहे हैं वे कादो खींच रहे हैं वे जमा कर रहे हैं अपने पंखों से।।
तारान तेकिन गोःजादा बोओः तेकिन दुपिलजादा दाः जा चेतान तेकिन ओयार राकाबताना। ताला होराकिन तेबाःजादा ताला डारेकिन सेटेरजादा आउजाद हासा ताकिन लेआङ चाबाताना।।	24	कंधों से ढो रहे हैं सिर पर ले रहे हैं पानी से ऊपर वे तैरते उठ रहे हैं। वे बीच रास्ता तक पहुँचते हैं वे बीच मार्ग तक आते हैं कि साथ आती मिट्टी बह जाती है।
ओड़ोः किन हाड़ागुनताना ओड़ोः किन आगुलेकाआताना मेनदो चेतान तेबागेलोः सोबेन लेआङताना। एलालाङ चिकाएआ मेनते चिनाः लाङ रिकाएआ मेनते गिउः उडुः तेकिन बालाए गिड़िताना।।	25	वे फिर उतरते हैं वे फिर लाने की चेष्टा में किंतु ऊपर आते–आते सब बह जाता है। हम क्या उपाय करें हम क्या जुगत भिड़ाएँ लज्जा–चिंता से वे बड़े कष्ट में पड़ते हैं।।
टुण्डु रेदो इपाएः ती होड़ोमो रे हुड़िङ हासा एनकातेगे इनकिन रूआड़ालेना। नारा–दुरा लागा होड़ोमो	26	अन्त में छूंछे हाथ शरीर में थोड़ी मिट्टी वे उसी तरह वापस आ गए। कमजोर, थका शरीर

गिउः सोतोमोड़ोएः जी
सामा तेगे इनकिन
नाचुरलेना।।

शर्म से हताष मन
वे बिना कुछ लिए ही
वापस लौट आए।।

सिंङबोंगा–ओते एंगाकिन 27
माराङ बोंगा सिदा एंगाकिन
दारोमतानाकिन
लेलहोराताना।
नाड़ेः आते किन लेलजादकिना
होपोरातेकिन चिनाजादकिना
ओण्डोपोण्डो होड़ोमो इपाएः
आकिन रूआड़ाकाना।।

परमेश्वर और धरती मां
महादेव और आदि मां
प्रतीक्षा में वे
राह देख रहे हैं।
नजदीक से उन्हें देखते हैं
पास से उन्हें निहारते हैं
कादो से लथपथ
वे वापस आए हैं।।

सिङबोंगा–सिदाएंगा–

एलाएआ होनकिन 28
एलाया हागाकिन
नाकाबेन लेलोःताना
नाकाबेन चिनाओःतान।
कोरेआ हासा दो?
चिमाए रे ओते दो?
काचिबेन नामकेद?
काचिबेन चिनाकेद??

सिङबोंगा–आदिमाता–

हे हमारे बच्चे
हे हमारे भाई
तुम इस तरह दिख रहे हो
इस तरह लग रहे हो
मिट्टी कहां है ?
पृथ्वी कहां है ?
क्या वह मिली नहीं ?
क्या वह दिखी नहीं ??

हाइकिन–

तेबाः दोलिङ तेबाःलेद 29
सेटेरोलिङ सेटेरलेद
नामो लिङ नामलेद
भेंटाओ लिङ भेंटाओलेद।
गोः आउजाद केनालिङ
दुपिल आउजाद केनालिङ
होरा रे लेआङजान
डारे रे बुआलजान।

मछलियां–

हम वहां पहुंचे जरूर
हम वहां गए जरूर
वह हमें मिली जरूर
हम उसे पाए जरूर
हम कंधे पर ढोकर ला ही रहे थे
हम सिर पर लेकर आ ही रहे थे
वह रास्ते में ही बह गई
वह मार्ग पर ही ढह गई।।

कानिनि–

सिङबोंगा–ओते एंगाकिन 30

कथावाचक–

परमेश्वर और धरती मां ने

दुलाड़ाते इनकिन चापुकेदकिन
हाइकिनरे एना चिना
नाआगो बाइआकाना।
सुंड़िः–गेंगेर हाइहोनकिन
परेगोःताना रासिका तेकिन
जोआर किन तानाकिन
तिरूबाकिनताना।।

उन्हें प्यार से थपथपाया
मछलियों पर वह चिन्ह
अभी तक बना हुआ है।
सुंड़िः–गेंगेर मछलियां
खुशी से भर जाती हैं
उन्हें वे जोहार करती हैं
उन्हें नमस्कार करती हैं।।

सिङबोंगा–ओते एंगा–

31 *जू ताबु रूआड़ाबेन*
जू ताबु आचुरबेन
आबेनाः ओड़ाः ते
आबेनाः रोसोमते।
बुगिगे ताइनोःबेन
नापाएगे ताइनोःबेन
नेकागेबु ताइनका
नेकागेबु देपेंगाका।।

सिङबोंगा–धरती माता–

जाओ, प्रिय, वापस जाओ
जाओ, प्रिय, लौट जाओ
अपने घर को,
अपनी झोपड़ी को।
तुम खुश रहो
तुम सुखी रहो
हम इसी तरह बने रहें
आपस का सहयोग बना रहे।।

कानिनि–

32 सिङबोंगा–ओते एंगा
नाआः दोकिन उड़ुःकेदा
काड़ाकोम किनलाङ कुलकिना
हासा आगु मेनते।
सेन नामकेद किनाकिन
सेटेर नामकेद किनाकिन
हासा–दिरि काड़ाकोमकिन
काड़ाकोम को टोला ते।।

कथावाचक–

परमेश्वर और धरती मां ने
इस पर सोचा
हम केकड़ों को भेजेंगे
मिट्टी लाने के लिए।
वे उनके पास गए
वे उनके यहां गए
मिट्टी केकड़ा–पत्थर केकड़ा के पास
केकड़ा टोली को।।

सिङबोंगा आर सिदा एंगा–

33 *आहो हासा काड़ाकोमकिन*
आहो दिरि काड़ाकोमकिन
मेनाः बेन गेआ चि
बाङ बेन गेआ हो।
दुआर हो निगेबेन
केवार हो ओटागेबेन।

सिङबोंगा और आदि माता–

हे भाई मिट्टी केकड़ा
हे भाई पत्थर केकड़ा
क्या तुम घर में हो
या तुम नहीं हो।
तुम दरवाजा खोलो
तुम किवाड़ खोलो।

जागारलिङ हिजाकान
बाकांड़ालिङ सेटेराकान।।

हम बात करने आए हैं।
हम बतियाने आए हैं।

काड़ाकोम किन–
34 *मेनाः लिङ गेआ हो*
बाङ लिङ गेआ हो
ओकोए हो दांड़ालिङ
चिमाए हो केड़ालिङ?
कालिङ कुम्बुडुताना
कालिङ जुम्बुड़िताना
आपान लिङ कामिताना
आपान लिङ उदामताना।।

केकड़े–
हम घर में ही हैं
हम नहीं भी हैं
हमें कौन खोजता है?
हमें कौन बुलाता है?
हम चोरी नहीं करते
हम लोभ नहीं करते
हम अपना काम करते हैं
हम अपना उद्यम करते हैं।।

कानिनि–
35 सिङबोंगा–ओतेएंगाकिन
उदुबजादाकिन उपुरूम ताकिन
दो जादाकिन ओते बाइ जागार
आकिन सानामाङ।
आयुम केआते इनकिनाः जागार
बोरो बोलोजाना जी बितार
दाड़िओःआ चि का गे
कामि नेआ माराङ।।

कथावाचक–
परमेश्वर और धरती मां
अपनी पहचान बताते हैं
वे पृथ्वी बनाने की अपनी बात
उनके सामने रखते हैं।
उनकी बात सुनकर
मन में डर समाता है
संभव है कि नहीं
यह काम बड़ा है।

36 जिलिङगे सायादकेआते
बोलोजानाकिङ दाः बितारते
तेबाः केदाकिन इनकिन
ओते मेनाः लातार।
मिआद निः उरताना
एटाः निः गारिताना
कामितेकिन पोण्डेकेदा
एनताः जालाकार।।

लंबी सांस लेकर वे
पानी के भीतर घुस गए
वे वहां पहुंचे
नीचे थी जहां पृथ्वी।
एक कोड़ रहा है
दूसरा खींच रहा है
काम करते गंदला गया
वहां का महासागर।।

37 गोः जादाकिन, बाआरोमजादा
कुटुङ जादाकिन, दुपिलजादा
राकाबतानाकिन एनका
लाताराते चेतान।

कंधे से, भार से ढो रहे हैं
पीठ से, सिर से उठा रहे हैं
इस तरह से वे उठ रहे हैं
नीचे से ऊपर।

राकाबतान–राकाबतान मेनदो
तेबाःजाद–तेबाःजाद मेनदो
राकाब जाद हासा सोबेन
लेआङ चाबाताना।।

किंतु जैसे ही वे ऊपर आते हैं
किंतु जैसे ही वे पहुँचते हैं
लाई जा रही सारी मिट्टी
पानी में बह जाती है।।

38 सिङबोंगा–ओते एंगाकिन तांगिताना
इनकिनाः किन लेल होराताना
लेल जादकिनाकिन मेनदो
इपाएः होड़ोमो सुमुङ।
हासा जा काड़ाकोमकिन
दिरि जा काड़ाकोमकिन
एनकागेकिन तिंगुआकाना
आकिन सानामाङ।।

परमेश्वर–धरती मां प्रतीक्षा कर रहे हैं
वे उनकी राह देख रहे हैं
किंतु वे देखते हैं
वे खाली बदन पहुंच रहे हैं।
मिट्टी केकड़ा
पत्थर केकड़ा
उसी तरह खड़े हैं
वे उनके सामने।।

सिङबोंगा–सिदाएंगा–

39 *आलोबेन गिउगोः*
आलोबेन सोरोमोः
आचुनजान गेआबेन
एनागे माराङ हो।
आलोबेन हुड़िङ जीन
आलोबेन कोम कुड़ामेन
लागातिङ जानाबेन
एना गोनोङान हो।।

सिङबोंगा–आदिमाता–

लज्जित मत हो
शर्मिंदा मत हो,
तुमने आज्ञापालन किया
यही बड़ी बात है।
मन छोटा न करना
हृदय छोटा न करना
तुम काम में लगे
यही बहुमूल्य है।।

40 *जु ताबु रूआड़ाबेन*
जू ताबु आचुरबेन
बुगियाकानोःबेन
नापाएआकानोःबेन।
आबेनाः होड़ोमो
दिरिआकान ताइनोःका
आबेनाः ती–काटा
मेड़ेदाकान ताइनोःका।।

जाओ प्रिय, वापस जाओ,
जाओ प्रिय, लौट जाओ,
तुम खुश रहो
तुम सुखी रहो।
तुम्हारा शरीर
पत्थर सा बना रहे,
तुम्हारा हाथ–पैर
लोहे सा बना रहे।।

41 *तिसिङ का गापा हुलाङ*
हासाबु आगुइ गेआ हो

आज नहीं तो कल
हम मिट्टी लाएंगे ही

मुसिङ का मुसिङ दिन
ओतेबु बाईगेआ हो।
जारूडु लेका ओड़ो:लिङ
रा: रूआड़ा बेना हो
कामिलो: ओड़ो:लिङ
केड़ा रूआड़ाबेना हो।।

एक न एक दिन
हम धरती बनाएंगे ही।
जैसे जरूरत पड़ती है
हम तुम्हें फिर बुलाएंगे
काम पड़ने पर
हम तुम्हें वापस लाएंगे।।

कानिनि–

सिङबोंगा ओते एंगाकिन 42
हासा आर दिरि काड़ाकोमकिन
इसु दुलाड़ा तेकिन
लेलकुल केदकिना।
गोमके आलाङा: तालाङ
नामिनाङे: सुकुआलाङ
मेनते इनकिन जीरे
रासिकाताना।।

कथावाचक–

परमेश्वर और धरती मां ने
मिट्टी केकड़े और पत्थर केकड़े ने
बड़े ही प्यार से
उन्हें देख पठाया।
हमारा मालिक
हमें इतना पसंद करता है।
यह सोचकर मन में
वे खुश होते हैं।।

एनातेकिन सेननामकेदकिना 43
एनातेकिन सेटेरनामकेदकिना
दा:होरो पिड़ि होरोकिन
नाड़े: रेगे ताइनकिन।
आपान उपुरूमकिन उदुबजादा
आपान कामिकिन उदुबजादा
हासा आगु, ओते बाइरे देएंगा
इनकिनोकिन हेकेदा।।

इसके बाद वे गए
तब वे पहुंचे
जल कछुआ, स्थल कछुआ के पास
जो पास ही रहते थे।
उन्हें अपना परिचय बताते हैं
उन्हें अपना काम बताते हैं।
मिट्टी लाने, पृथ्वी बनाने में मदद को
वे राजी होते हैं।।

इनकिनो एनलेकागे 44
इनकिनो सिदाको लेकागे
हाड़ागुन जानाकिन दा: लातारते
गुरेन जानाकिन लोसोद बितार।
उटुब जादाकिन बोओ:ते
कुटुङ जादाकिन देआ रे
राकाब जानाकिन पोण्डेए लो:गे
एन जापा: लालाकार।।

वे भी उसी तरह
वे भी उनसे पहलेवालों की तरह
पानी के नीचे उतर गए
कादो के नीचे घुस गए।
वे सिर से मिट्टी उठाते हैं
पीठ पर लादते हैं
उठते हुए, खीदर करते हुए
आसपास के सागर को।।

मेनदो हासा का टेकाओःताना 45
होरा रेगे लेआडोःताना
चेतान ते तेबागेलोः ताकिन
सारेगोः ताना होड़ोमो एसेकार।
सिङबोंगा–ओते एंगाकिन
लेल दारोमतानाकिन
हिजुःतान होरो किन
इपाएः ती हासा बेगार।।

एन तायोमतेकिन सेननामकेदकिना 46
एन नाड़े रेगे ताइनतानकिन
दाःरेन लेण्डाद ओड़ोः
लोसोद लेण्डाद ताकिन।
दांड़ानामकेद किनाकिन
खोजार नाम केदकिनाकिन
इदो मेनाःकिना चि
इदो बाङकिना।

सिङबोंगा–सिदाएंगा–

ए हो हागाकिन 47
ए हो बोयाकिन
मेनाः बेनगेआ चि
बाङबेन गेआ हो ?
दुआर हो निगेबेन
केवार हो ओटागेबेन
मिद टुङबु जागारकोआ
बार टुङबु बाकांड़ाकोआ।।

लेण्डादकिन–

मेनाः लिङ गेआ हो 48
बाङ लिङ गेआ हो
ओकोए हो केड़ालिङ
ओकोए हो दांड़ालिङ।
कालिङ कुम्बुडुतान
कालिङ जुम्बुड़ितान

किन्तु मिट्टी ठहरती नहीं
रास्ते में ही घुल जाती है
ऊपर पहुंचने तक उनका
सिर्फ शरीर रह जाता है।।
सिङबोंगा और धरती माता
राह देख रहे हैं
कछुए नजदीक आ रहे हैं
खाली हाथ, विहीन मिट्टी के।।

तब वे गए
नजदीक ही रहने वाले
पानी–केंचुआ और
कादो–केंचुआ के पास।
उन्हें ढूढ़ निकाला,
उन्हें खोज निकाला,
शायद वे घर में हैं,
या नहीं हैं।।

सिङबोंगा–आदिमाता–

हे भाईयों
हे बंधुओं
तुम घर में हो ?
या नहीं हो ?
दरवाजा खोलो
किवाड़ खोलो,
कुछ बात करलें
कुछ बतिया लें।।

केंचुए–

हम घर में ही हैं
हम नहीं भी हैं
हमें कौन बुलाता है?
हमें कौन खोजता है?
हम चोरी नहीं करते
हम लोभ नहीं करते,

आपानलिङ कामितान
आपानलिङ उदामतान।।

हम अपना काम करते हैं
हम अपना उद्यम करते हैं।

सिङबोंगा–सिदाएंगा–

आलोबेन बोरोएआ 49
आलोबेन चिरिएआ
बुगिनाः काजि गे
नापाएआः बाकांड़ा गे।
कुल दुताम बेनालिङ
कुल दारांड़ाबेनालिङ
हासाबु आगुएआ
ओतेबु बाईआ।।

सिङबोंगा–आदिमाता–

तुम डरो नहीं
तुम भय न करो,
भले की ही बात है
खुशी की ही बात है।
हम तुम्हें दूत बनाकर भेजेंगे,
हम तुम्हें अगुआ बनाकर भेजेंगे,
हम मिट्टी लाएंगे
हम पृथ्वी बनाएंगे।।

लेण्डादकिन–

सेनोः दोलिङ सेनोगा 50
बिरिद दोलिङ बिरिदा
आचु दोलिङ आचुना
काजि लिङ मानातिङ।
आलिङ चि एसेकार
कामि दो माराङा।
आलिङ चि एकेला
होरा दो जिलिङा।।

केंचुए–

जाने को हम जरूर जाएंगे
चलने को हम जरूर चलेंगे
आज्ञा का पालन करेंगे
तुम्हारी बात जरूर मानेंगे।
क्या हमीं अकेले होंगे ?
काम तो बड़ा है।
क्या मात्र हम ही होंगे?
रास्ता बड़ा लंबा है।।

कानिनि–

सिङबोंगा ओतेएंगा 51
चिलकाते नामोःआ देंगा?
कुलजादकोआकिन नेसुकान
सोबेनको मिसाते।
हाइ ओड़ोः काड़ाकोमको
ओड़ोः होरो, लेण्डादको
एसकार का दाड़िओः कामि
दाड़िओः आ सांगिते।।

कथावाचक–

परमेश्वर और धरती मां (सोचते हैं)
मदद कैसे मिल सकती है?
इसबार वे भेजते हैं
सबको एक साथ।
मछलियां, केकड़े
और कछुआ, केंचुए।
अकेले का असंभव काम
मिलकर संभव है।।

जी होड़ोमो केटेःकेआते 52
ती–काटा कोटाकेआते

मन–शरीर कड़ा कर
हाथ–पैर झाड़कर

हाड़ागुन जानाको सोबेन
लाताराते लातार।
ओतेको गारिजादा
हासाको हुंडिजादा
उनुमेन–उगुरेनताना
बिताराते बितार।।

उतर गए वे सब
नीचे से भी नीचे।
सतह को वे खखोंरते हैं,
मिट्टी वे जमा करते हैं,
डुबकी लगाते हैं, घुसते हैं
भीतर से भी भीतर।।

हासा हुंडिजान तायोम 53
लोसोद जामाजान तायोम
जिलिङेन जानाएः लेण्डाद
लाताराते चेतान।
दाः लातार रेः जोमजादा
दाः चेतान रेः पिड़िसाःजादा
आको तालारे लेण्डाद
एनकाएः पेड़ेःआन।।

मिट्टी एकत्र हो जाने के बाद
कादो जमा हो जाने के बाद
केंचुए ने अपना शरीर लंबा किया
नीचे से ऊपर।
पानी के नीचे वह मिट्टी खा रहा है
पानी के ऊपर पाखाना कर रहा है
उन सबके बीच केंचुआ
ऐसा था बलवान।।

मेनदो इमिनरेओ 54
हासा राकाबतान रेओ
लेआङताना, का टेकाओःताना
जालाकार चेतान।
एनकाताना: लेलकेआते
होरो सोओरेनजाना चेतानते
तेलाजादाए हासा इनिः
दिरि लेकान देआआन।।

किंतु तब भी
मिट्टी ऊपर आने पर भी
वह पानी में घुलती है, टिकती नहीं
सागर के ऊपर।
ऐसा होते हुए देखकर
कछुआ तेजी से दौड़ा ऊपर
मिट्टी को पीठ पर ले रहा है
उसकी पीठ मानो पत्थर।।

बाइओःताना एनलेकाते 55
ओते दाः बितार हासाते
गोः नांगेन एना बाआरोम
होरो तेआरेनताना।
सिङबोंगा–ओते एंगाकिनाः
सिदा सानाङ ताकिनाः
मेद लेपेल सानामाङ रे
नेः गे पुराओःताना।।

इस तरह से बन रही है
पृथ्वी पानी के भीतर मिट्टी से
उसका भार ढोने को
कछुआ तैयार होता है।
परमेश्वर–धरती मां की
आदि इच्छा उनकी
आंख के सामने
अब पूरी होनेवाली है।।

सिङबोंगा–
56 आ हो सिदा बिआँ!
आ हो सिदा साइआँ!
हागाको दाड़िजान
सोंगेको जिताओजान।
हासा हो राकाबतान
ओते हो बाइओःतान
एलालाङ दारोमको
एलालाङ जोआरको।।

सिङबोंगा–
हे मेरे प्रथम बीज
हे मेरी आदि संगिनी
हमारे बंधु समर्थ हुए
हमारे साथी जीत गए।
मिट्टी ऊपर आ रही है
पृथ्वी बन रही है
आओ, हम उनका स्वागत करें
आओ उनको जोहार करें।।

57 चिमिनेम लेलेआ
हासागे लेलोःआ
चिमिनेम चिनाएआ
लोसोदगे चिनाओआ।
तारा साः पोण्डेतान
तारा साः तेतातान,
तारा साः साकिदतान,
तारा लिबि–लिबितान।।

जितनी दूर देख सको,
मिट्टी ही दिखाई देती है,
जितनी दूर पहचान पाओ,
कादो ही दिखाई देता है।
एक ओर पानी गंदला रहा है
दूसरी ओर साफ हो रहा है।
एक ओर मिट्टी जम रही है,
दूसरी ओर लिबलिबा रही है।।

58 मारे होञ खाराएआ,
मारे होञ गारीआ,
आम तालाङ केओगेम
आम तालाङ जोलोमेम।
बुरू लाङ बाईआ
बेड़ालाङ बाडुईआ
गाड़ा लाङ बागेएआ
इकिर लाङ सारेगेआ।।

आओ, मैं हेंगा चलाऊँ
आओ, मैं मिट्टी खींचूँ,
तुम उसे समतल करो,
प्रिय तुम उसे लीपो।
हम पहाड़ बनाएं,
हम घाटियां बनाएं
हम नदियां छोड़ दें
हम झील छोड़ दें।।

कानिनि–
59 कामि सेकेड़ाओः मेनते
हासा हायादोः मेनते
बाइकेदकिनाकिन होयो
ओड़ोः सिंगि बोंगाकिन।
सिङबोंगा–ओतेएंगा
रिड़िङकेदाकिन सोबेन लागा

कथावाचक–
काम जल्दी हो इसलिए,
मिट्टी सुखे इसलिए,
उन्होंने बनाए हवा
और सूरज देवता।
परमेश्वर और धरती मां
अपनी सारी थकान भूल गए–

चिलकातेको सांगिओःआ
हागा–कुपुल गंगा।।

किस तरह बढ़ेंगे
भाई–बंधु और संबंधी।।

हासा हायादोः–हायादोः लोः
लोसोद रे लोलो जामाओः लोः
तासाद–रूड़ा, दारूसिङ
हिताकिङ हेरकेदा।
चेंड़ें–चिपुरूब जीउ–जंतु
तारा बिर रे तारा पालतू
एन हासा गे सोबेन रोकोम
कामिरेकिन आउकेदा।।

60 मिट्टी के सूखने के साथ
कादो पर ताप पड़ते साथ
घास–फूस, पेड़–पौधों के
बीज उन्होंने छींटे।
पंछी–पखेरू, जीव–जंतु
कुछ वन में, कुछ पालतू
उसी मिट्टी के सभी प्रकार
उन्होंने प्रयोग किए।

तासादको–रूड़ाको
आड़ाःको–साकामको
नांड़िको तांड़ि को ओड़ोः
बा को–जो को।
हेड़ेमाः, सिबिलाः
हाड़ादाः, हेबेनाः
नोगोदाःको एनकागे
ओड़ोः साबागाःको।।

61 घास–फूस अनेक
साग–पत्ते अनेक
लताएं–लरंग और
फूल–फल अनेक।
मीठे, स्वादिष्ट
तीते, कसैले
रसीले इसी तरह
खट्टे अनेक।।

होयोरे आपिरको
दाः रे ओयार को
ओतेरे टुंडाङको: ओड़ोः
लोसोद रे उगुरेनको।
हुड़िङ को, माराङको
सालांगि को, दिंगाएःको
जिलिङको, चाकारको
ओड़ोः मोटो, एताङको।।

62 हवा में उड़ने वाले
पानी में तैरने वाले
जमीन पर रेंगने वाले
कादो में छिपने वाले।
छोटे, बड़े
ऊँचे, नाटे
लंबे, चौड़े, अनेक
और मोटे, पतले।।

जेंगेद आरागाः ते
ताराल पुण्डिआः ते
हेन्दे, गादेदाः ते
सामाड़ोम सासाङाःते।
सोबेन–सोबेन लेकाते

63 गहरे लाल से
चमकीले सफेद से
काले से, हरे से
स्वर्णिम पीले से।
हर तरह से

सिंगारजाना ओते
सुगाड़ाजाना दिसुम
रोकोम–रोकोमते।।

पृथ्वी श्रृंगारित हुई
सुंदर बनी धरती
सभी प्रकार से।।

सिङबोंगा–ओते एंगाकिन 64
ओमोन जाना जी रे ताकिन
नाआः दो होड़ो होनकिन
आलाङ बाइ लेकिना।
बारिआ हासा डुमाङ ते
बालबाल दाः जामा केते
बारिआ होड़ो मुरूतु किन
आकिन बाइकेदकिना।।

परमेश्वर और धरती मां
उनके मन में इच्छा जगी
अब दो मनुष्य
हम बनाएंगे।
मिट्टी के दो लोधों से
उसमें पसीना पानी मिलाकर
दो मनुष्य–मूर्तियाँ
उन्होंने बनाईं।।

सेकेड़ा किन हायादोः मेनते 65
आन्जाकिन रोओड़ो मेनते
राचारेगे जेटेरेकिन
तिंगुतादकिना।
नेआको लेलकेआते
नेआको चिनाकेआते
सिङबोंगा सादोमाः
जी ओंड़ांओःताना।।

वे जल्दी सूखें, इसलिए
वे शीघ्र कड़ा हों इसलिए
उन्होंने धूप में, आंगन में,
उन्हें खड़ा कर दिया।
यह सब देखकर
यह सब पहचान कर
सिङबोंगा के घोड़े का
मन बिगड़ गया।।

ओड़ाः रे आकिन बाङकिन रे 66
राचारे जेताए बांको रे
सिङ सादोम इनकिनेः
कुंड़ुसुकेदकिना।
रूआड़ाकेतेकिन लेलताना
मुरूतुकिन हुलागाकाना
कुपुलितानाकिन ओकोए
नेकातादकिना ?

जब वे घर पर नहीं थे
आंगन में कोई नहीं था,
सिङबोंगा के घोड़े ने
उन्हें लात मारी।
वापस आकर वे देखते हैं
मूर्तियां टूटी पड़ी हैं,
आपस में पूछ रहे हैं
किसने ऐसा किया ?

एनातेदो इनकिन होरो नातिन 67
चाओंरा–भाओंराकिन बाइकेदकिन
मुरूतुकिन ओड़ोः मिसाकिन
तिंगुकेदकिना।

तब उनकी रखवाली के लिए
चाओंरा–भाओंरा दो कुत्ते बनाए
मूर्तियां एकबार फिर
उन्होंने खड़ी कीं।

निसुकान दो सादोमेः साबजाना
जिनीद बारिः साजाइजाना
जूगु–जूगु होड़ो होनाः
दासिः बाइजाना।।

इसबार घोड़ा पकड़ा गया
जीवन भर की उसे सजा मिली
वह युगों तक मनुष्य का
दास बन गया।।

मुरूतुकिन रोओड़जान चि 68
होड़ोहोनकिन केटेःजान चि
सिङबोंगा इनकिनाः मूं रे
सायादेः ओङकेदा।
हासा मुरतुकिन जीदजाना
कोड़ाहोन–कुड़िहोनकिन उरूमजाना
सिङबोंगा–ओतेएंगा
आकिन रासिकाताना।।

मूर्तियां जब सूख गई
मनुष्य जब मजबूत हुए
परमेश्वर ने उनकी नाक में
सांस फूंक दी।
मिट्टी की मूरतें जी उठीं
पुरूष–स्त्री की पहचान पाई
परमेश्वर और धरती मां
दोनों खुश हुए।।

सिदाएंगा–

ए हो सिदा बिआँ! 69
ए हो सिदा साइआँ!
आलाङाः जाइहोनकिङ
आलाङाः पुइहोनकिङ।
चोः नोः लेकिनालाङ
चुमाड़ालेकिनालाङ
हेबेलेकिनालाङ
हातारलेकिनालाङ।।

आदिमाता–

हे मेरे आदि बीज
हे मेरे प्रथम संगी
अपने प्रिय नातियों को
अपने प्रिय पोतियों को।
आओ हम चूमें
उनका चुमावन करें,
आओ हम गोद लें
आओ हम बेतराएं।।

आलाङाः कोयोङ रे 70
आलाङाः सिपिङ रे
हाराओःकाकिङ हो
माताओःकाकिङ हो।
दुलाड़ा लाङ ओमाकिन
सुगाड़ालाङ चेदाकिन
हेड़ेमलाङ जागारकिन
सिबिल लाङ बाकांड़ाकिन।।

हमारी गोद में
हमारी बाहों में
प्रिय वे बढ़ें
प्रिय वे पलें
हम उन्हें दुलार दें
हम उन्हें प्यार दें
उन्हें मीठी बात दें
उन्हें मधुर वाणी दें।।

नावा जा हासा रे 71
नावा जा ओते रे

नई मिट्टी में
नई धरती में

निकिङ किं इनुङ का
निकिङ किं एनेः का।
सेंड़ां किन इतुन का
बुधि किन सारिन का
कामि किन आचुन का
उदाम किन मोने का।।

वे खेलें
वे कूदें।
वे विद्या सीखें।
वे बुद्धि पाएं
वे काम में लगें
वे उद्यम में मन लगाएं।।

72 *नावा जा दिसुम*
आकिनेः तांगितान
नावा जा गामाए
आकिनेः दारोमतान।
तेआरेन काकिन हो
सामपोड़ोन काकिन हो
तिंगु दाड़िन काकिन हो
साब दाड़िन काकिन हो।।

नया देश
उनकी प्रतीक्षा कर रहा है
नई दुनिया
उनका स्वागत कर रही है।
वे तैयार हों
वे सुसज्जित हों
वे खड़ा हो पाएं
वे समर्थ हो पाएं।।

कानिनि–

73 होड़ोहोन किन हाराओःताना
जावाँ होनकिन माताओः ताना
सिङबोंगा ओते एंगाकिनाः
सानाङ पुराओःआ।
निकिन कुलगिआओः रे होनाङ
निकिन हाड़ाम बुड़िआओः रे होनाङ
मेनदो निकिनाः जेतान
मुण्डि का लेलोःआ।।

कथावाचक–

मनुष्य के बच्चे बढ़ रहे हैं
जुड़वां बच्चे पल रहे हैं
सिङबोंगा और धरती मां की
इच्छा पूरी होगी।
काश वे पति–पत्नी होते
काश वे एक दम्पति होते
किंतु उनमें इसके कोई
लक्षण नहीं दीखते।।

74 एसेकारकिन ताइन इमताङ
आकिनबारिकिन ताइन इमताङ
सिङबोंगा मुसिङ इनकिनेः
लेल हापेताना।
हागा–मिसिकिन गितिःआकाना
पाटि तुकुते हाटिंआकाना
लेलकेद चि सिङबोंगाआः जीरे
उडुः बोलोजाना।।

जब वे अकेले होते हैं
सिर्फ वे दोनों होते हैं
सिङबोंगा उन्हें एक दिन
चुपचाप देखने जाते हैं।
(देखा) वे भाई–बहन लेटे हैं
चटाई के बीच एक मूसल रखा है।
यह देखकर सिङबोंगा को
चिंता होने लगी।

75 जान सेंड़ां दो उड्डुङ ले एनाङ
जेतान होरा दो बाइले एनाङ
सिङबोंगा ओतेएंगाकिन
रानुकिन रिदादकिना।
इलि आकिदकिन इतुकेद किना
इसिनजानचिनूकिन सारिकेदकिना
बुलजानचि इनकिन
कुलगिआ बाइजाना।।

कुछ तो बुद्धि लगानी होगी,
कोई रास्ता तो निकालना होगा
सिङबोंगा और धरती मां ने उन्हें
एक दवा पीसकर दी।
उन्हें इलि बनाना सिखाया
तैयार होने पर उसे पीना सिखाया
जब उन्हें नशा आई
वे पति–पत्नी बन गए।।

76 लुटकुम हाड़ाम बुड़िआ इनकिन
सांगिजानाको होनगांड़ां ताकिन
हाटिङकेदकोआकिन इनकु
रोकोम किलि कोरे।
किलि–किलि हातु बिनगा
एनकागे दिसुम बिनगा
किलिओको हाटिङजाना
रोकोम कुपुलकोरे।।

वे ही लुटकुम बूढ़ा–बूढ़ी बने
उनको बहुत सी सन्तानें हुई
उन्हें उन्होंने बांट दिया
अनेक किलिओं में।
हर किलि का अलग गांव हुआ
उसी तरह देश भी अलग हुए
किलि भी बंट गए
अनेक कुटुंब–बंधुओं में।।

77 ने लेका आड़ान्दि–कोड़ान्दि ते
ने लेका जोता–जुड़ि ते
होड़ो होन को सांगिजाना
हातु–दिसुम बितार।
होड़ो होड़ोरे दुलाड़ा पेरेःजाना
सोबेनकोआः जी सुगाड़ाजाना
सोबेन साः हाटिङजाना
सुकु रासि पिंतार।।

इस तरह शादी–व्याह से
इस तरह जोड़ियां बनने से
लोगों की संख्या बढ़ी
देश–दुनिया के भीतर।
आदमी–आदमी में दुलार भरा
सबके मन में परस्पर प्रेम जगा
सभी तरफ पसरा
सुख का विस्तार।।

78 बिर–बुरू को दांड़ांकेदा
बुरू चुटि को होनोरकेदा
ओकोरेगे आपासुल नामजाना
एनरेको बासाकेदा।
गाड़ा–गाड़ा को पिचाकेदा
ऩाइ–नाइ को ओतोङकेदा
ओकोरेगे जोपोतोन भेंटाजाना
एनरेको डेराकेदा।।

वन–पहाड़ उन्होंने खोजा
पर्वत की चोटियों तक गए
जहाँ भी जीना संभव हुआ
वहाँ वे बस गए।
नदियों का उन्होंने पीछा किया
झरनों के पीछे वे लगे
जहाँ भी पेटपालन संभव हुआ
वहाँ उन्होंने डेरा डाला।।

79 सोंगेकेदकोआको सिम–सुकुरि
गातिकेदकोआको मेरोम–मिडि
सेंदेराकेद, सांगार केद कोआको
सिलिब ओड़ोः साराम।
बोरोएको दोको बोतोङ केदकोआ
चिरीको दो कुदाओ केदकोआ
आको ताइन तागातेको
हार केद कोआ सानाम।।

मुर्गे, सुअर को संग रखा
बकरे–भेड़ साथी बने
षिकार बने, आखेट बने
हरिण और सांभर।
जो डरते थे उन्हें डराया
जिन्हें भय था उन्हें भगाया
जहाँ वे रहते थे वहाँ से
उन सबको दूर किया।।

80 ने लेकाते कुला–बुड़िआ
ने लेकाते हाती–बिङ
सांगिन केद कोआको
सांगार केदकोआ।
केड़ा, उरिःते कामिको आउकेदा
सीको इतुकेदा, चालुःको सारिकेदा
लोयोङ पिड़िकोआको
बाइकेदा बुरू जानार।।

इस तरह से बाघ–और भालू
इस तरह से हाथी और सांप
इन सबको दूर किया
इन सबका शिकार किया।
काड़ा और बैल से काम लिया
जोतना सीखा, कोड़ना सीखा
खेत और मैदान उन्होंने
बनाए पहाड़ तराइयों में।।

81 बाबा एंगा कोदे एंगा
खिति ओड़ोः किरसिको
कोलोम को आगुकेदकोआ
जोहार केद कोआ।
जानाओ रेआः जोमेआः
जानाओ रेआःनुएआः
उडुङको इतुनजाना
गापा–मेआङ रेआः।।

धान मां, मडुआ मां
खेती और कृषि
उनको खलिहान में लाया
उन्हें जोहार किया।
हर रोज का खाना
हर रोज का पीना
जुगाड़ करना सीखा
कल–परसों के लिए।।

82 किरिङ को इतुनजाना
आकिरिङ को सारिनजाना
आपानताः रे बानोःतेआः
एटाःकोलोः बापादाला।
खेजा–खेजाआते टाका-सिका
तुलाडांडी–पुइलाते लेका
आकोरे बेपार चालाओजाना
दिसुम–दिसुम ताला।।

उन्होंने खरीदना सीखा
उन्होंने बेचना सीखा
अपने पास जो नहीं है
बदले में उसे दूसरों से पाना।
वस्तु विनिमय, टके–सिक्के
तुला–डंडी, पइला से गणना
व्यापार का प्रचलन चला
देश–देश के बीच।।

इतुन जानाको कामिनाला बिरं बिचा, टोनाङ कुइला सारिन जानाको मेड़ेद बाइ ओड़ोः सामाड़ोम गासार। पेडेःते ओड़ोः सेंड़ां ते होसोड़ाते ओड़ोः चाकाद ते ओकोएताः गे पुराः ताइना इनिः माराङ उतार।।	83	मजदूरी करना सीखा वन–पहाड़ से पत्थर–कोयला लाना सीखा लोहा बनाना और सोना छानना। बल और बुद्धि से ठग और चालाकी से जिसके पास सर्वाधिक जमा हुआ वही सबसे बड़ा हुआ।।
एनलेकाते होड़ोको ताला आसुर होनको आयारेनजाना एनलेकाते मानवा को बितार ताराको चेतानेनजाना। पूंजी ताको हाराजाना पेड़ेः ताको पुराःजाना सोबेनको बागे केआते आको सालांगिजाना !!	84	इस तरह से मनुष्यों के बीच असुर संतान आगे बढ़ गई इस तरह मानवों के अन्दर कुछ लोग ऊपर आए। उनकी पूंजी बढ़ी उनका शक्तिवर्द्धन हुआ सबको पीछे छोड़कर वे ऊंचाई को प्राप्त हुए!!

असुर कानि / असुरकथा
अनुष्ठान एवं मंत्रपाठ

असुर कानि एटेः

कानिनि–

1 आटा–माटा बिर बितार
हेजे–हेजे बुरू जानार
एनताःरेगे मिआद
गुयु बाइआकाना।
सिङबोंगा आर ओतेएंगा
सोबेनको चेतान इनकिन बोंगा
कुलगियाकिन एनताः रेगे
आकिन ताइनताना।।

2 चेतान साः बुरू राताङ
लातार साः जालाकार
कोआंसिते सोबेन साः
दानाङचाबाकाना।
सेरेङ कोरे जालाकार आचेल
थुगुड़ि ताना चेएल–चेपेल
खाने–खाने साड़िताना
ढाउकेन–ढाउकेना।।

3 सिदा सिमको रानाः तायोम
तायोम माराः एओन तायोम
चेंड़ें होन–चिपुरूब होनको
रागो–बागो ताना।
नेः गे सिंगि तुरोः सोमाए
आङोः इपिल आदोः सोमाए
ओतेएंगा हाड़ाम ताएःके
नेकाएः मेताइःताना।।–

ओते एंगा–

4 *आहो सिदा बिआँ!*
आहो सिदा साइआँ!
बिरिद मे तालाङ हो,
उटान मे तालाङ हो।
सिंगि बोंगा सी तेः

असुर कथारंभ

कथावाचक–

घने जंगल के बीच
पहाड़ की तिरछी तराई
उसी स्थान पर एक
झोपड़ी खड़ी है।
सिङबोंगा और धरती माता
सबके ऊपर वे दो देवता
पति–पत्नी वहां
वे दोनों रहते हैं।।

ऊपर बर्फीला पहाड़
नीचे की ओर जलाकार
कुहासा से सब ओर
ढका हुआ है।
पत्थरों पर सागर की लहरें
टकरा रही हैं छल–छलाकर
बार–बार आ रही है
ढाउ–ढाउ की आवाज।।

मुर्गे की पहली बांग के बाद
मयूर की पिछली पुकार के बाद
पंछी–पखेरू के बच्चे
चहचहा रहे हैं।
सूरज के उगने के समय
भोरतारा के छिपने के समय
धरतीमाता अपने पति को
बोल रही है।–

धरतीमाता–

हे मेरे आदि बीज!
हे मेरे आदि संगी!
हे प्रिय, जागो,
हे प्रिय, उठो।
सूरज देवता हल चलाने को

उडुङोःताना हो
चाण्डुः बोंगा खारा तेः
पायारेनताना हो।।

निकल आ रहा है
चांद देवता कारहा चलाने को
बाहर आ रहा है।।

5 *आङेजान गेआ हो*
तुरेजान गेआ हो
मासाकाल जाना हो
तेताजान गेआ हो।
आआबेन मे तालाङ हो
उमेन मे तालाङ हो
कामिलाङ लेलाउआ
उदामलाङ चिनाउआ।।

सुबह हो गयी है
सूर्योदय हो गया है
प्रकाश फैल गया है
दिन साफ हो गया है।
जाओ, चेहरा धोओ
जाओ, नहा आओ
हम काम देख आएं
हम उद्यम देख आएं।

सिङबोंगा–

6 *एओनाकान गेआञ हो*
कागेहोञ दुडुमाकान
हापे गेञ हापेआकान
चुपे गेञ चुपेआकान।
जी का सुकुञा
होड़ोमो का नापाएञा
बोओःको हाम्बालिञ
सायाद का राबालिञ।।

सिङबोंगा–

मैं जगा ही हुआ हूँ प्रिय
मैं सोया नहीं हूँ
मैं यों ही मौन हूँ
मैं यों ही चूप हूँ।
मेरा जी ठीक नहीं लग रहा
मेरी देह ठीक नहीं लग रही
मेरा सिर भारी लग रहा है
सांस स्वाभाविक नहीं लग रही।

ओतेएंगा–

7 *काजिओ काम काजीआ*
नुदुबो काम नुदुबे
कोताः कोञ नितिर मे
कोताः कोञ चिपुद मे।
रानु चिञ रिदामे
जिआंड़ां चिञ सिदामे
सेंगेल चिञ जुलामे
दागे चिञ लोलोआमे।।

धरतीमाता–

तुम बताते भी नहीं
तुम बोलते भी नहीं
बताओ, किधर दबाऊँ?
बोलो, किधर सेंकूँ?
कोई दवा पीसूँ
कोई जड़ी लाऊँ?
क्या आग जलाऊँ
पानी गरम करूँ?

कानिनि–

8 एनकाएः मेताइः इमताङगे

कथावाचक–

जब वह इस तरह बोल रहे थे

एनकाएः जागाराइः इमताङ गे
चिलकान होड़ोको हिजु:ताना
बुरू–बिर होराते।
उड्डुङोः तानाएः ओते एंगा
आकिनाः ओड़ाः आंका
कुलिको तानाएः आको
इसु दुलाड़ाते।।

जब वह इस प्रकार कह रहे थे
कैसे लोग आ रहे हैं
वन पहाड़ के रास्ते से।
धरती मां निकल रही है
अपने घर के आंगन में
पूछ रही है उनको
बड़े प्यार से।।

9 एन तायोमते हिजु:लेना
सिङबोंगा राजा एन ताला
सोबेनको बिरिदताना
तिरूबजालोः जोआर।
ओड़ोः को दुब रूआड़ाताना
दुकु–सुकुएः कुलिकोताना
उदुबतानाको आपान–
आपान बालाए जागार।।

उसके पीछे आए
परमेश्वर उनके बीच
सभी उठते हैं
निवेदन करते हुए जोहार।
लोग फिर बैठते हैं
वह उनसे सुख–दुख पूछते हैं
वे उनसे बताते हैं अपनी
दुर्दशा की बात।।

हिजु:आकानको–

10 *एला गा सिङबोंगा!*
एला गा ओते एंगा!
आबेन गे सिदारेन
आबेन गे मुनुरेन।
जिलिमिलि ओते
लिबिलिबि सिरमा
आबेनाः सिरजान
आआबेनाः उपुजान।।

आगन्तुकगण–

हे सिङबोंगा!
हे धरतीमाता!
तुम ही आदि के हो
तुम ही मूल के हो।
झिलमिल करती धरती
निहरा हुआ आसमान
तुम्हारा ही सृजन
तुम्हारी ही उत्पत्ति।।

11 *सिंगितुरोः हासुरोः*
काटाजाम्बाड़ा बोओःकुंदुड़ि
पाटि लेका बिलाकान
डुबा लेका हारूबाकान।
गाड़ा–पिड़ि, बिर–बुरू
तासाद–रूड़ा, दारू–सिङ
आबेनाः गे कोयोङ रे
आबेनाः गे सिपिङ रे।।

सूर्योदय–सूर्यास्त
उत्तरदिशा–दक्षिणदिशा
चटाई सी बिछी हुई
डुभा सी ढकी हुई।
नदी–मैदान, जंगल–पहाड़
घास–फूस, पेड़–पौधे
तुम्हारी ही गोद में
तुम्हारी ही बांह में।।

12

होयोरे ओटाङनिः
ओते रे टुण्डाङनिः
दाः रे ओयारनिः
लोसोद रे गुरेननिः
आबेन गे आआसुलकिन
आबेन गे जोओतोनकिन
आबेन गे होओरोकिन
आबेन गे जाआंगिकिन।।

हवा में उड़ने वाले के
जमीन पर रेंगने वाले के
पानी में तैरने वाले के
कादो में छिपने वाले के
तुम ही पालनकर्ता हो
तुम ही पोषणकर्ता हो
तुम ही सबका रक्षक हो
तुम ही रखवाली करते हो।।

13

आबेनाः उम्बुल ते
आबेनाः चोतोर ते
सोबेनाः बुगिन गे
सोबेनाः नापाए गे।
मेनदो मिआदते
मेनदो बारिआ ते
आलेले दुकुतान
आलेले बालाएतान।।

तुम्हारी छाया से
तुम्हारी छतरी से
सबकुछ ठीक है
सबकुछ कुशल है।
किंतु एक बात को लेकर
किंतु दो बात को लेकर
हमलोग दुखी हैं
हम लोग व्यथित हैं।

सिङबोंगा (जी रे)

14

एला ने होड़ोको
एला ने परजा को
आगुआकादाको निकुः
जागारको चिलकानाः?
आलिङ आपान उडुः तेदो
आलिङ आपान गाहाम तेदो
आको बुगिनाः गे होनाङ
आलिङ कामिताना।।

सिङबोंगा (स्वगत)

अरे, ये लोग
अरे, ये प्रजा
ले आए हैं ये
किस तरह की बात?
अपनी सोच से तो
अपनी समझ से तो
इनकी भलाई का ही
हम काम करते हैं।।

सिङबोंगा (आयुमोः लेका)–

15

आलोपे बोरोएआ
आलोपे चिरिआ
मार ताबु काजीःपे
मार ताबु बाकाड़ाएःपे
चिनाः तेपे दुकुतान
मेरे तेपे बालाएतान

सिङबोंगा (स्पष्टतः)–

मत तुम डरो
मत तुम भय करो
भाइयो, तुम कहो
बंधुओ, तुम बोलो।
तुम किस बात से दुखी हो ?
तुम किस बात से व्यथित हो?

मार बु आयुमले		*हम सुनना चाहते हैं*
मार बु आतेनले।।		*हम जानना चाहते हैं।।*
हिजु:आकानको–		**आगन्तुकगण–**
आहो सिङबोंगा	16	*हे सिङबोंगा राजा*
आलेआः ओतेएंगा		*हे धरतीमाता*
गेल बार आसुर को		*बारह भाई असुर*
हिसि बार देओता को।		*बाइस भाई देवता।*
लेबेदतान गेआ को		*लोहा गला रहे हैं*
सिपुदतान गेआ को		*भट्ठी चला रहे हैं*
निदाओको लेबेदतान		*रात को भी गला रहे हैं*
सिंगिओको सिपुदतान।।		*दिन को भी चला रहे हैं।।*
सुकुलतान गेआ दो	17	*धुआं उठ रहा है*
मोः तान गेआ दो		*धूमिल हो रहा है*
एलाङ तान गेआ दो		*गर्मी फैल रही है*
आयुर तान गेआ दो।		*ताप फैल रहा है।*
तासाद दो, रूड़ा दो		*घास–फूस*
खिति दो किरसि दो		*खेती–कृषि*
गोसोतान गेआ दो		*मुर्झा रही है,*
माएलातान गेआ दो।		*झुलस रही है।।*
दारू दो, सिङ दो	18	*पेड़, पौधे*
पाताड़ा दो, पालाएः दो		*पत्ते, पतवार*
ओंडोरतान गेआ दो		*सुलग रहे हैं*
आतारतान गेआ दो।		*जल रहे हैं।*
जीव दो, जन्तु दो		*जीव–जन्तु*
चेंड़ें दो, चिपुरूब दो		*पंछी, पखेरू*
दाः काको नामे दो		*उन्हें पानी नहीं मिल रहा*
सायाद काको भेंटाए दो।।		*वे सांस नहीं ले पा रहे।।*
उपलबा पुकुरि	19	*कमल–फूल पोखरी*
ताड़ाएबा बान्देला		*सरोज फूल बांध*
आंजेदतान गेदा दो		*सूख रहे हैं*
रोओड़तान गेआ दो।		*निर्जल हो रहे हैं।*

आलेआः जोम–नू
आलेआः आपासुल
आदोःतान गेआ दो
सिदोःतान गेआ दो।।

हमारा खाना–पीना
हमारा भरण–पोषण
खतम हो रहा है
समाप्त हो रहा है।।

कानिनि–

20 सिंगि दो कामि नांगेन
निदा दो गितिः नांगेन
आसुर होनको नेआको
    रिड़िङ गिड़िकेद।
जी लागा मेटाओ मेनते
पेड़ेः बाइ रूआड़ा मेनते
देओता गांड़ाको नेआको
    आंदुल गिड़िकेद।।

कथावाचक–

दिन काम करने के लिए
रात सोने के लिए
असुर यह बात
    भूल गए हैं।
मन की थकावट मिटाने को
शरीर की ताकत वापस लाने को
देवतागण यह नियम
    बिसरा गए हैं।।

21 नेआ दो का ठीकिजाना
निकुआः सेंड़ा उलटाजाना
नेलेका सिङबोंगा
    जी रेः उड़ुः केदा।
आसुर को मानातिङ नांगेन
देवता को बुजातिङ नांगेन
माराङ बोंगा आबुआः
    मोन रेः उइहारकेदा।।

यह ठीक नहीं हुआ
इनका ज्ञान उलट गया
इस तरह परमेश्वर ने
    अपने जी में सोचा।
असुरों को मनाने के लिए
देवताओं को समझाने को
इस तरह महादेव ने
    अपने मन में सोचा।।

सिङबोंगा–

22 *एहो सिदा बिआँ!*
एहो सिदा साईआँ!
उड़ुङाञ तालाङमे
तेबागाञ तालाङमे।
सामाड़ोम टोटे ताञ
रूपा माइल सार ताञ
सेंगेल गामा हिता
बाण्डा जेटे खिति।।

सिङबोंगा–

हे मेरे आदि बीज!
हे मेरी आदि संगिनी!
मेरे लिए निकाल दो
मेरे लिए पहुंचा दो।
सोने की ठोंठी
चांदी का तीर
अग्निवर्षा बीज
लू उगलती गर्मी।।

23 *तेआराञ तालाङ मे*

तैयार कर दो मेरे लिए

साम्पोड़ोआङ तालाङ मे
चाओंरा–भाओंरी
रिचि जा बिसिरि।
तुड़ी जा सुताम
बान्दु जा बायार
तोलाञ तालाङ मे
बादिआञ तालाङ मे।।

सजा दो मेरे लिए
चाओंरा–भाओंरी मेरे कुत्ते
बाज–बेसरा, मेरे पंछी।
तुड़ी का धागा
बान्दु का रस्सा
मेरे लिए बांध दो
मेरे लिए छांद दो।।

24 *गेलबार हागा असुरको*
हिसिबार बोया देवताको
सेननाम लेकोआञ
सेटेर नाम लेकोआञ।
चिनाः को ओंड़ाकेद
हे चि का चि
मेरे को तांड़ांकेद
सारि चि चाकाद चि ??

बारह भाई असुरों से
बाइस भाई देवताओं से
मैं मिल आऊँ
मैं जा आऊँ।
उन्होंने क्या बिगाड़ा
सही यो गलत?
उन्होंने क्या कबाड़ा
सच्चा या झूठा??

ओतेएंगा–

25 *आलो होम सेनोगा*
आलो होम बिरिदा
सांगि हागा तेकोआ
सांगि बोया तेकोआ।
कादाल खान्दि तेकोआ
उलि जुम्बुलि तेकोआ
पाड़ांगा सुपु तेकोआ
दिरि कुड़ाम तेकोआ।।

धरतीमाता–

प्रिय, तुम मत जाओ
प्रिय, तुम मत निकलो
उनके भाई बहुत हैं
उनकें बंधु अनेक हैं।
केले की खांदी की तरह
आम के गुच्छे की तरह
अड़कट्ठे–सी बांह वाले
पत्थर–सी छाती वाले।।

26 *मेड़ेद गेको कामितान*
मेड़ेद गेको जोमतान
जेताए काको बोरोआइ
जेताए काको चिरिआइ।
साबेताम गेआको
रोम्बोदताम गेआ को
दालताम गेआको
रूताम गेआको।।

लोहे का ही काम करते हैं
लोहे का ही खाना खाते हैं
किसी को डरते नहीं
किसी का भय नहीं।
वे तुम्हें पकड़ लेंगे
वे तुम्हें दबोच लेंगे
वे तुम्हें मारेंगे
वे तुम्हें पीटेंगे।।

कुल दुताम कोआलाङ 27
कुल दारांड़ा कोआलाङ
डिंचुआ मारूकिङ
केरकेटा जागूकिङ।
राः आउलेकिना
केड़ा आउलेकिना
काजि कुललेकिना
बाकांड़ा चाललेकिना।।

हम दूत भेजेंगे
हम अगुआ भेजेंगे
ढेंचु मारू पंछी
केरकेटा जागू चिड़िआ।
हम उन्हें बुलाएंगे
हम उन्हें न्योतेंगे।
उन तक बात भेजेंगे
उन तक संदेश पठाएंगे।।

कानिनि–

ओओदारो बोओदारोको 28
साइसि कोतोआरको
डिंचुआ–केरकेटाकिनको
सेननाम केदकिना।
इनकिन राः आउ नागेन
इनकिन केड़ा आउ नागेन
इनकिनाः ओड़ाः–दुआर
आको सेटेर केदा।।

कथावाचक–

ओहदार और संदेशवाहक
साइस और कोतवाल
ढेंचू और केरकेटा के पास
वहां वे चले गए।
उन्हें बुलाने के लिए
उन्हें ले आने के लिए
उनके घर–द्वार को
वे पहुंच गए।।

दुतामको–

डिंचुआ मारू हो 29
केरकेटा जागू हो
मेनाः बेन गेआ चि
बाङबेन गेआ हो।
दुआर हो निगेबेन
केवार हो ओटागेबेन
एलाबु जागारकोः
एलाबु बाकांड़ाकोः।।

दूतगण–

हे भाई ढेंचू मारू
हे भाई केरकेटा जागू
क्या तुम घर में हो
या तुम नहीं हो।
हे भाई, दरवाजा खोलो
हे भाई, किवाड़ खोलो
आओ बात करलें
आओ बतिया लें।।

डिंचुआ–केरकेटा–

मेनाः लिङ गेआ हो 30
बाङलिङ गेआ हो
चिनाः पे दांड़ां लिङ
मेरे पे खोजार लिङ।
कालिङ कुम्बुडुतान

ढिंचुआ–केरकेटा–

हां भाई, हम घर में ही हैं
हम नहीं भी हैं।
हमें क्यों बुला रहे हो ?
हमें क्यों खोज रहे हो?
हम चोरी नहीं करते

कालिङ जुम्बुड़ितान
आपानलिङ कामितान
आपानलिङ उदामतान।।

हम लोभ नहीं करते,
हम अपना काम करते हैं,
हम अपना उद्यम करते हैं।

दुतामको–

आलोबेन बोरोएआ 31
आलोबेन चिरीआ
सिङबोंगा राजा हो
ओतेरेन एंगा हो।
आबेन किन दांड़ातान
आबेनकिन खोजारतान
दो ताबु साम्पोड़ोनबेन
दो ताबु तेआरेन बेन।।

दूतगण–

तुम डरो नहीं
तुम भय न करो
हे भाई, सिङबोंगा राजा
हे भाई, धरती माता।
तुम्हें बुलाते हैं
तुम्हें खोजते हैं
चलो, तुम सपरो
चलो तैयार हो।।

डिंचुआ–केरकेटा–

सिङबोंगा राजा हो 32
ओते रेन एंगा हो
चिनाः होबेन मेतालिङ
मेरे होबेन काजिआलिङ।
बोंगा लिंआबेन चि
दांड़े लिंआबेन चि
कालिङ गुनाताद
कालिङ तांड़ाताद।।

ढिंचुआ–केरकेटा–

हे सिङबोंगा राजा
हे धरतीमाता
हमसे क्या बात है?
हमसे क्या काम है?
क्या हमें बलि दोगे?
क्या हमें पूजोगे?
हमने कोई गुनाह नहीं किया
हमने कोई दोष नहीं किया।।

सिङबोंगा–ओतेएंगा–

आलोबेन बोरोएआ 33
आलोबेन चिरीआ
का होलिङ बोंगाबेन
का होलिङ दांड़ेबेन।।
कुल दुतामबेनालिङ
कुल दारांड़ाबेनालिङ
सेन आगुकोबेन ताबु
बिरिदआउकोःबेन ताबु।।

सिङबोंगा–धरतीमाता–

तुम डरो नहीं
तुम भय न करो
हम तुम्हें बलि नहीं देंगे
हम तुम्हें नहीं पूजेंगे।
हम तुम्हें दूत बनाएंगे
हम तुम्हें अगुआ बनाएंगे
तुम जरा जा आओ
तुम जरा पहुंच आओ।।

एकासि पिड़ि रे 34

एकासी के मैदान में

तेरासि बादि रे		*तिरासी के सपाट में*
गेल बार हागा आसुर को		*बारह भाई असुर*
हिसिबार बोया देवता को।		*बाइस भाई देवता*
लेबेदतान गेआको		*लोहा गला रहे हैं*
सिपुदतान गेआको		*धौंकनी चला रहे हैं*
सिंगिते मारसालते		*दिन को, प्रकाश में*
निदाते, नुबाःते।।		*रात को, अंधियारी में।।*
एलाङतान गेआ दो	35	*आंच फैल रही है*
आयुरतान गेआ दो		*गर्मी बढ़ रही है*
सुकुलतान गेआ दो		*धुआं भर रहा है*
मोःतान गेआ दो।		*धूमिल हो रहा है।*
आबुआः दिसुम रे		*हमारे देश में*
आबुआः गामाए रे		*हमारे धरती में*
एनातेबु दुकुतान		*इसी से हम दुखी हैं*
एनातेबु बालाएतान।।		*इसी से हम पीड़ित हैं।।*
इनकुः ताबु हो	36	*हे भाई, उनको*
काजिआ लेकोबेन		*तुम बोल आओ*
इनकुः ताबु हो		*हे भाई, उनसे*
बाकांड़ा लेकोबेन।		*तुम बतिया आओ।*
सिंगिको लेबेद रे		*दिन को गलाएं अगर*
निदा को होंकाएका		*रात को बंद रखें*
निदा को सिपुद रे		*रात को चलाएं अगर*
सिंगि को होंकाएका।।		*दिन को बन्द रखें।।*
डिंचुआ—केरकेटा—		**ढिंचुआ—केरकेटा—**
सेनोः दोलिङ सेनोगा	37	*जाएंगे हम जरूर*
बिरिद दोलिङ बिरिदा		*चलेंगे हम जरूर*
काजिओलिङ काजिआको		*बोलेंगे उन्हें जरूर*
बांकाड़ाओलिङ बाकांड़ाआको।		*कहेंगे उनसे जरूर।*
आलिङाः जोमेआः		*किंतु हमारा खाना*
आलिङः नुएआः		*किंतु हमारा पीना*
ओकोरेलिङ नामेआ		*हम कहां पाएंगे*
चिमाएरेलिङ भेंटाएआ??		*हमें कहां मिलेगा??*

सिङबोंगा–ओतेएंगा–

38 *आनाबेन काजितान*
आनाबेन बाकांड़ातान
एना आलोबेन उडुगा
एना आलोबेन फिकिरा।
एकासि पिड़ि रे
तेरासि बादि रे
एलाङतान गेआ दो
आयुरतान गेआ दो।।

सिङबोंगा–धरतीमाता–

तुम्हारी यह बात ?
तुम्हारा यह सवाल?
इसकी तुम चिंता न करना
इसकी तुम फिकर न करना।
एकासी के मैदान में
तिरासी के सपाट में
आंच फैली है
ताप फैला है।।

39 *लो उडुङतानाको*
बाल उडुङतानाको
डुलुः जा बुरदुलुः
सोंसोरोद, पाम्पालाद।
लेलनाम कोआबेन
चिनानाम कोआबेन
इनकुगे जोमकोबेन
इनकुगे नाबकोबेन।।

जलकर निकल रहे हैं
भुनकर भाग रहे हैं
पतिंगे, उपियाँ
टिड्डियाँ, तितलियाँ।
उन्हें देख पाओगे
उन्हें पहचान लोगे
उन्हें ही खाना
उन्हें ही चबाना।।

कानिनि–

40 डिंचुआ मारूकिङ
केरकेटा जागुकिङ
सेनोः जान गेआकिन
बिरिदजान गेआ।
एकासि पिड़ि रे
तेरासि बादि रे
तेबाःलेदगेआकिन
सेटेरलेदगेआ।।

कथावाचक–

ढिंचुआ मारू
केरकेटा जागू
वे चले गए
वे निकल गए।
एकासी के मैदान में
तिरासी के सपाट में
वे आ गए
वे पहुंच गए।।

41 जोजो जा जुम्बुलाए
उलि जा आम्बराए
एनरेकिङ दुबजाना
एनरेकिङ जारूजाना।।
आकिङाः जोमेआः
आकिङाः नुएआः

इमली के झुरमुट में
आम की अमराई में
वहां वे उतर गए
वहां वे बैठ गए।
अपना खाना
अपना पीना

लेल बाड़ातानाकिन
चिना बाड़ाताना।।

वे देख रहे हैं
पहचान रहे हैं।।

डिंचुआ–केरकेटा–

42 *हानिःआ हागा*
हानिःआ बोया
आलाङः गोमके
आलाङः मालिकि।
इनिः गेः काजिकेन
इनिः गेः बाकांड़ाकेन
दोलाङ हाड़ागुन
दोलाङ नोसोरेन।।

ढिंचुआ–केरकेटा–

देखो भाई, वहां उसे
देखो बंधु, वहां उसे
हमारे स्वामी ने
हमारे मालिक ने
उसी की बात कही थी
उसी के बारे कहा था
चलो, हम उतरें
चलो, हम जाएं।।

कानिनि–

43 सेननाम किःआकिन
सेटेरनाम किःआकिन
साबकिः गेआकिन
रोम्बोदकिः गेआ।।
जोमकिः गेआकिन
नाबकिः गेआकिन
दुब रूआड़ा जानाकिन
जारू रूआड़ाजाना।।

कथावाचक–

वे उस तक पहुंचे
वे वहां तक आए
उन्होंने उसे पकड़ा
उसे दबोचा।
उसे खाया
उसे चबाया
वापस फिर बैठे
वे लौट आए।।

असुर होनको–

44 *हानकिङा हागाको*
हानकिङा बोयाको
लेलकिन ताबुपे
चिनाकिन ताबुपे।
ओको दिसुम चेंड़ेंकिन
चिमाए गामाए चिपुरूबकिन
हिजुःआकाना दो
सेटेराकाना दो।।

असुर बच्चे–

भाइयो, वे वहां
बंधुओ, वे वहां
देखो, तुम उन्हें
पहचानो उन्हें।
किस देश के पंछी
किस दुनिया के पखेरू
आए हुए हैं
पहुंचे हुए हैं।।

45 *आबुआः होनको*
आबुआः गाड़ाको

हमारे बच्चे
हमारी संतान

बालेः—बालेः होनको
लिंडुङ—लिंडुङ गांड़ाको।
इदिताकोगेआकिन
आरकिदताकोगेआकिन
जोमताकोगेआकिन
नाबताकोगेआकिन।।

छोटे—छोटे बच्चे
छोटी—छोटी संतान।
वे उन्हें ले न जाएं
वे उन्हें भगा न जाएं
वे उन्हें खा न जाएं
वे उन्हें चबा न जाएं।।

46 मारतिआ हागाको
मारतिआ बोयाको
मेंड़ेद आः—सार
दुंडुटुपि टोटे।
उडुङे ताबुपे
सेटेरे ताबुपे
तुञ माबु तुञकिन
तेराङ माबु तेराङकिन।।

जाओ हे भाइयो
जाओ, हे बंधुओ
लोहे के धनुष—तीर
फरसा—टीप ठोंठी।
लाओ, उन्हें बाहर करो
लाओ, उन्हें निकालो
उन्हें हम तीर मारें
उन्हें हम ठोंठी मारें।।

कानिनि—

47 जांएआः तुञ ते
जेताएआः तेराङ ते
कागे किङ टोःताना
का किङ भेजाताना।
डिंचुआ मारूकिन
केरकेटा जागूकिन
काजिआको तानाकिन
बाकांड़ाकोताना।।——

कथावाचक—

किसी की तीर से
किसी की ठोंठी से
वे लगते नहीं
बिंधते नहीं।
झिंचुआ मारू
केरकेटा जागू
उन्हें बोलते हैं
बतियाते हैं।।——

डिंचुआ—केरकेटाकिन—

48 आलो होपे गोएःलिङ
आलो होपे रोम्बोदलिङ
काजिलिङ आउतादा
बाकांड़ा लिङ सेटेरताद।
गोमके सिङबोंगा
ओतेरेन एंगाकिन
कुलताद लिङाकिन
आचुताद लिङाकिन।।

डिंचुआ—केरकेटा—

भाइयो, हमें मत मारो
भाइयो, हमें मत धरो
हम बात लाए हैं
हम संदेश लाए हैं।
सिङबोंगा मालिक ने
धरतीमाता ने
हमें भेजा है
हमें पठाया है।।

काजिपे आयुमरे	49	*बात अगर सुनोगे*
बाकांड़ापे आतेनरे		*आग्रह अगर मानोगे*
बुगिनोः गेआपे		*तुम सुख से रहोगे*
नापाएओः गेआपे।		*तुम्हारा कल्याण होगा।*
एकासि पिड़ि रे		*एकासी के मैदान में*
तेरासि बादि रे		*तिरासी के सपाट में*
सिंगिपे सिपुदतान		*दिन को गलाते हो*
निदापे लेबेदतान।।		*रात को चलाते हो*
सिङबोंगा राजा	50	*सिङबोंगा राजा तक*
एलाङतान गेआ दो		*धरतीमाता तक*
ओतेरेन ओतेएंगा		*आंच पहुंच रही है*
आयुरतान गेआ दो।		*ताप पहुंच रहा है।*
उपालबा पुकुरि		*कमल फूल पोखरी*
ताड़ाएबा बान्देला		*सरसिज फूल बांध*
आंजेदतान गेआ दो		*सूख रही है*
रोओड़तान गेआ दो।।		*निर्जल हो रहा है।।*
तासांद जा रूड़ा दो	51	*घास–फूस*
खिति जा किरसि दो		*खेती–कृषि*
गोसोतान गेआ दो		*मुरझा रही है*
उरूडुतान गेआ दो।		*झड़ रही है।*
निदापे सिपुद रे		*रातको अगर गलाओ*
सिंगि हो होंकाएपे		*दिन को बंद रखो*
सिंगि पे लेबेद रे		*दिन को अगर चलाओ*
निदा हो होंकाएपे।		*रात को बंद रखो।।*
कानिनि–		**कथावाचक–**
इनकिनाः काजि आयुमकेते	52	उनकी बात सुनकर
इनकिनाः बाकांड़ा आतेनकेते		उनकी बोली जानकर
गेलबार हागा आसुरको		बारह भाई असुर
काको सुकुजाना।		नाखुश हुए।
काजि रूआड़ाजादाको खींस ते		क्रोध से वे उत्तर दे रहे हैं
बाकांड़ा रूआड़ाजादाको खाएराओते		रोष से वे जबाब दे रहे हैं
दालते रूते इनकिन		उन्हें मार–पीट कर

आको नामकिनताना।।–

ठीक कर रहे हैं।।–

असुरको–

53 *आनाबेन काजितान*
आनाबेन बाकांड़ातान
काले मानातिङ
काले बुजातिङ।
आलेगे सिङबोंगा
आलेगे माराङ देवता
जेताए काले बोरोआइ
जेताए काले चिरिआइ।।

असुरगण–

तुम्हें यही कहना है ?
तुम्हें यही बोलना है?
हम नहीं मानेंगे
हम नहीं समझेंगे।
हम ही सिङबोंगा हैं
हम ही बड़े देवता हैं
हम किसी से डरते नहीं
किसी से भय नहीं करते।।

54 *सांगि हागा तेलेआ*
सांगि बोया तेलेआ
कादाल खांदि तेलेआ
उलि जुम्बुलि तेलेआ।
दिरि कुड़ामतेलेआ
पाड़ांगा सुपु तेलेआ
मेड़ेद गेले कामितान
मेड़ेद गेले जोमतान।

बहुत–से भाई हैं हम
बहुत–से बंधु हैं हम
केले की खांदी की तरह
आम के गुच्छे की तरह।
पत्थर–सी छाती वाले
अरकट्टे–सी बांह वाले
लोहे का ही काम करते हैं
लोहे का ही खाना खाते हैं।।

कानिनि–

55 फादाकेद किनाको
कुंडुसु केद किनाको
डिंचुआ मारू ओड़ोः
केरकेटा जागूताकिनके।
उदुरकेद किनाको
सोलकाकेद किनाको
बाटिजानाकिन इनकिन
कुइला दुड़ा रे।।

कथावाचक–

उन्होंने लात मारी
ठोकर मारी
ढेंचुआ मारू और
केरकेटा जागू को।
उन्हें ठेल दिया
उन्हें ढकेल दिया
वे गिर गए
कोयल की धूल पर।।

56 लेल दारोमतानाकिन
चिना दारोमतानाकिन
सिङबोंगा राजाकिन
ओतेएंगा ताकिन।

राह देख रहे हैं
प्रतीक्षा कर रहे हैं
सिङबोंगा राजा
धरतीमाता।

राः तानगेआकिन		रो रहे हैं
गेराङतानगेआकिन		कलप रहे हैं
डिंचुआ मारूकिन		ढेंचुआ मारू
केरकेटा जागूकिन।।		केरकेटा जागू।।
सिङबोंगा–ओतेएंगा–		**सिङबोंगा–धरतीमाता–**
आलोबेन इआमे	**57**	*तुम मत रोओ*
आलोबेन सायादे		*तुम मत कलपो*
आलोबेन राःएआ		*आंसू मत बहाओ*
आलोबेन गेराङे।		*तुम मत सिसको।*
चिनाः को काजिकेद		*उन्होंने क्या कहा*
मेरेको बाकांड़ाकेद		*वे क्या बोले*
एनाताबु काजिबेन		*वह तुम बोलो*
एनाताबु बाकांड़ाएबेन।।		*वह तुम बताओ।।*
डिंचुआ–केरकेटा–		**ढिंचुआ–केरकेटा–**
ए हो गोमके	**58**	*हे स्वामी*
ए हो मालिकि		*हे मालिक*
काको गे मानातिङ		*वे मानते नहीं*
काको गे बुजातिङ।		*वे समझते नहीं।*
आलेगे सिङबोंगा		*हम ही सिङबोंगा*
आलेगे माराङबोंगा		*हम ही महादेव*
जाएओ काले बोरोआइ		*किसी से नहीं डरते*
जेताएओ काले चिरिआइ।।		*किसी का भय नहीं।।*
सांगि हागा तेलेआ	**59**	*हम बहुत–से भाई हैं*
सांगि बोया तेलेआ		*हम बहुत–से बंधु हैं*
कादाल खांदि तेलेआ		*केले की खांदी की तरह*
उलि जुम्बुलि तेलेआ।		*आम के गुच्छे की तरह।*
दिरि कुड़ाम तेलेआ		*पत्थर–सी छाती वाले*
पाड़ांगा सुपु तेलेआ		*अड़कट्टे–सी बांहों वाले*
मेड़ेद गेले कामितान		*हम लोहे का ही काम करते हैं*
मेड़ेद गेले जोमतान।।		*लोहा के ही खाना खाते हैं।।*
काजि जू रूआड़ाइबेन	60	*जाओ वापस बोल दो*

आबेनाः गोमके
बाकांड़ा जू रूड़ाइबेन
आबेनाः मालिकि।–
मेनते देराङको
काजिआद लिङा दो
मेनते देराङ को
बाकांड़ाद लिञा दो।।

तुम्हारे स्वामी को,
जाओ लौटकर बता दो
तुम्हारे मालिक को।।–
इस तरह उन्होंने
हमें कह दिया
इस तरह उन्होंने
हमें बता दिया।।

डिंचुआ–केरकेटा–

61 *कोटेःकेद लिङाको*
खोड़ामकेद लिङाको
कुइलाकेद लिङाको
बिचाकेद लिङाको।
दालकेद लिङाको
रूकेद लिङाको
फादाकेद लिङाको
कुंडुसुकेद लिङाको।।

ढिंचुआ–केरकेटा–

उन्होंने हम पर कुटासी चलाई
उन्होंने हम पर मारतुल चलाई
उन्होंने हमें कोयले में झोंका
उन्होंने हमें धूल में फेंका।
उन्होंने हमें मारा
उन्होंने हमें पीटा
उन्होंने हमें लात मारी
उन्होंने हमें ठोकर मारा।

कानिनि–

62 सिङबोंगा, ओते एंगाकिन
गुंगुदजादकिना इनकिन
इनकिनाः मेददाःकिन
गोसोः जादकिना।
आमिनाङबेन जीलाःकेदा
आमिनाङबेन सातिङकेदा
जू नाआः दो रूआड़ा बेन
मेनतेकिन मेताकिनताना।।

कथावाचक–

सिङबोंगा राजा, धरतीमाता
उन्हें अपनी बांहों में लेते हैं
उनकी आंखों से
आंसू पोंछते हैं।
तुमने उतना माना
तुमने उतना सहा
अब तुम वापस जाओ
ऐसा उन्हें कहा।

डिंचुआ–केरकेटा–

63 *नाकालिङ लेलोःतान*
नाकालिङ चिनाओःतान
आलिङाः हागाको
आलिङा बोयाको।
काको गे जामालिङ
काको गे मेसालिङ

ढिंचुआ–केरेकेटा–

हम इस तरह दिख रहे हैं
हम इस तरह लग रहे हैं
हमारे भाई
हमारे बंधु।
हमें साथ नहीं करेंगे,
साथ नहीं मिलाएंगे

जाति आतोम लिङाको
किलि गेना लिङाको।।

जाति से अलग करेंगे,
गोत्र से किनारे करेंगे।।

कानिनि–

सिङबोंगा राजाताकिन 64
ओतेएंगा ताकिन
इनकिनाः दुकु–बालाए
इनकिन बुजाओजाना।
दुलाड़ाते गुंगुदकिनलोः
सुगाड़ाते चापुकिनलोः
हेड़ेम जागारकिन
काजिआकिनताना।।

कथावाचक–

सिङबोंगा राजा
धरतीमाता
उनका दुख–तकलीफ
उन्होंने समझ लिया।
दुलार से गलबाहीं लेते हुए
प्यार से थपथपाते हुए
मीठी वाणी से
उन्हें कहने लगे।।

सिङबोंगा–ओतेएंगा–

आनाबेन काजितान? 65
आनाबेन बाकांड़ातान?
आलोबेन उडुगा
आलोबेन फिकिरा।
आबेनाः हागाको
आबेना बोयाको
आबेनलेका सोबेनको
आबेनलेका जोतोको।।

सिङबोंगा–ओतेएंगा–

तुम्हारा यह कहना?
तुम्हारा यह बोलना?
तुम चिंता न करना
तुम फिक्र न करना।
तुम्हारे भाई
तुस्हारे बंधु
सभी तुम्हारी तरह होंगे
सभी तुम्हारे जैसे होंगे।।

कानिनि–

डिंचुआ मारूकिन 66
केरकेटा जागुकिन
सेनोः रूआड़ाजानाकिन
आकिनाः ओड़ाः ते।
लेल बाड़ा तानाकिन
चिना बाड़ा तानाकिन
सोबेनको लेलोःताना
आकिन लेकागे।।

कथावाचक–

ढेंचुआ मारू
केरकेटा जागू
वे वापस चले गए
अपने घर को।
वे देख रहे हैं
वे लौक रहे हैं
सभी लग रहे हैं
उन्हीं की तरह।।

डिंचुआ–केरकेटा–

आलाडाः गोमके 67

ढिंचुआ–केरकेटा–

हमारे स्वामी ने

आलाङाः मालिकि
आलाङाः माइन
नेकाएः दो केदा।
नेकाएः माराङ जीआन
नेकाएः इकिर कुड़ामान
सिङबोंगा जी रेकिन
जोआर काते किःआ।।

हमारा मालिक ने
हमारा सम्मान
इस तरह किया।
ऐसा बड़ा उसका दिल
ऐसा गहरा उसका हृदय
सिङबोंगा को मन में
उन्होंने बार–बार जोहार किया।।

कानिनि–

सिङबोंगा ओतेएंगा 68
सोबेनको चेतान इनकिन बोंगा
इसुपुराः दुकुरे
इनकिन उयुःजाना।
गेलबार हागा असुर को
हिसिबार बोया देवता को
आकिनाते आकोको
चेतानेनताना।।

आबुगे ताबुगे मेनदो का 69
बाराबारिगेआबु मेनदो का
आलेगे चेताना मेनते
आको काजिजादा।
आपेआ तेगे आले
आलेआ तेगे आपे
मेनेआः जागारको सोबेन
आको रिड़िङकेदा।।

कथावाचक–

सिङबोंगा, धरतीमाता
सबसे ऊपर के वे देवता
बड़ी चिंता में
वे पड़ गए।
बारह भाई असुर
बाइस भाई देवता
उनसे भी ऊपर
होना चाहते हैं।

हम ही हैं सब, ऐसा न सोचकर
बराबर हैं सब, ऐसा न मानकर
हम ही ऊपर,
ऐसा वे कहते हैं।
तुम ही से हम हैं
हम ही से तुम हो
यह सारी बात
वे भूल गए हैं।।

सिङबोंगा–

आहो सिदा बिआँ 70
आहो सिदा साईआँ
कुल दुताम केनालाङ
कुल दाराड़ा केनालाङ।
कागेको मानातिङ
कागेको बुजातिङ
सेंड़ांताको उलटाजान

सिङबोंगा–

हे मेरे प्रथम बीज!
हे मेरी आदि संगिनी!
हमने दूत भेजा
हमने अगुआ भेजा।
वे मानते नहीं
वे समझते नहीं
उनका ज्ञान उलट गया है

बुधिताको बागड़ाओजाना।।

उनकी बुद्धि बिगड़ गई है।।

आलाङ गे सेनआउआ 71
आलाङगे बिरिद आउआ
मानातिङ लेकोआ
बुजातिङ लेकोआ।
सोंजोको को आयुम रे
सोंजोको को आतेन रे
बुगिनोः गेआको
नापाएओः गेआको।।

हम ही जा आते हैं
हम ही पहुंच आते हैं
उन्हें मनाते हैं
उन्हें समझाते हैं।
संयोग से अगर सुनें
संयोग से अगर मानें
भला होगा उनका
कल्याण होगा उनका।।

उडुङाञ तालाङमे 72
सेटेराञ तालाङमे
सामाड़ोम टुटी ताञ
रूपा माइल सार ताञ।
सेंगेल गामा हिता हो
बाण्डा जेटे खिति हो
चाओंरा—भाओंरी
रिचि जा बेसेरा।।

तुम मेरे लिए ला दो
मेरे लिए निकाल दो
मेरी सोने की ठोंठी
मेरा चांदी का तीर।।
अग्निवर्षा के बीज
लूवर्षा की कृषि
चौंरा—भौंरी, मेरे कुत्ते
बाज—बेसरी, मेरे पक्षी।।

कानिनि—

सिङबोंगा राजाः खींसि 73
माराङ बोंगाः खाएराओ
ओतेएंगा इमताङ
आएःबुजाओजाना।।
चिलकाते राड़ेगोःआ
मेरेकाते रेआड़ाओःआ
मेनेआः खाने—खाने
मोनरेः उयहारताना।।

कथावाचक—

सिङबोंगा राजा का क्रोध
बड़े देवता का आक्रोश
धरती माता तब
मन में समझ गई।
कैसे वह शान्त हो
कैसे वह शमित हो
इस पर वह बार—बार
मन में सोचने लगी।।

ओतेएंगा—

आलो होम सेनोगा 74
आलो होम बिरिदा
सांगि हागा तेकोआ
सांगि बोया तेकोआ।

धरतीमाता—

प्रिय, मत जाओ
प्रिय मत उठो
वे बहुत सारे भाई हैं
वे बहुत सारे बंधु हैं।

साबताम गेआको
रोम्बोदताम गेआको
दालताम गेआको
रूताम गेआको।।

वे तुम्हें पकड़ लेंगे
वे तुम्हें दबोच लेंगे
वे तुम्हें मारेंगे
वे तुम्हें पीटेंगे।।

ओड़ोःगे मिसालाङ 75
कुल दुताम कोआलाङ
ओड़ोः गे बारसालाङ
कुल दाराड़ा कोआलाङ।
सोंजोको को मानातिङ
सोंजोको को बुजातिङ
सेंड़ां ताको बाइ रूआड़ाओः
बुधि ताको सुइ रूआड़ाओः।।

हम फिर एक बार
उनके यहां दूत भेजेंगे
हम फिर दोबारा
उनके यहां अगुआ भेजेंगे।
संयोग से वे बात माने
संयोग से वे समझ जाएं
उनका ज्ञान ठीक हो जाए
उनकी बुद्धि सही हो जाए।।

कानिनि–

लाङचेंड़ें लोखोनकिन 76
बोचोः चेंड़ें कजुरूकिन
ओड़ोः मिदजुड़ि दुताम
आंकिन सालाजानाते।
सेनोः जानगेआकिन
बिरिद जान गेआकिन
सिङबोंगा–ओतेएंगाः
जागार इदि केआते।।

कथावाचक–

लाङ लखन पंछी
बोचोः कजरू पखेरू
इनकी एक जोड़ी फिर एक बार
चुने जाने के बाद।
वे चले गए
वे निकल गए
सिङबोंगा और धरती माता
की बात को लेकर।।

इनकिनाः काजिओ 77
इनकिनाः बाकांड़ाओ
गेलबार आसुरको
काको आआयुमजाना।
एनकागेको पोसोड़ाकेदकिना
एनकागेको लाचार केदकिना
कुइला बिचा लो सारेगाकान
इनकिन रूआड़ाजाना।।

उनकी बात भी
उनका कहना भी
बारह भाई असुरों ने
नहीं माना।
उन्हें भी उसी तरह अपमानित किया
उन्हें भी उसी तरह लाचार किया
कोयला लोहा से जलकर
वे भी वापस आ गए।।

एनाते टुण्डु दुताम लेका 78
एनाते चानाब दाराड़ा लेका

तब अंतिम दूत की तरह
तब आखिरी अगुआ की तरह

सामाड़ोमदिदि–रूपाकाउः
इनकिन सालाजाना।
चेंड़ें कोरे माराङ उतार
आपिर कोरे सेंड़ां उतार
एनमिद जुड़ि चेंड़ेंकिन
सालानामजाना।।

सोना गिद्ध और रूपा कौवा
की जोड़ी चुनी गई।
पंछियों में सबसे बलवान
पखेरूओं में सबसे बुद्धिमान
उन दो पंछियों का जोड़ा
चुन लिया गया।।

सोनादिदि–रूपाकाउः–

79 *सेनोः दोलिङ सेनोगा*
बिरिद दोलिङ बिरिदा
काजि दोलिङ पातिआः
बाकांड़ा दोलिङ मानातिङ।
आलिंआः जोमेआः
आलिंआः नुएआः
कोरेलिङ नामेआ
चिमाए रेलिङ भेटाएआ?

सोनागिद्ध–रूपाकौवा–

हम अवश्य ही जाएंगे
हम अवश्य ही निकलेंगे
हम तुम्हारी बात मानेंगे
हम तुम्हारा कहना मानेंगे।
हमारा खाना
हमारा पीना
हम कहां पाएंगे
हमें कहां मिलेगा?

सिङबोंगा–ओतेएंगा–

80 *आनाबेन काजितान*
आनाबेन बाकांड़ातान
आलोबेन उडुःआ
आलोबेन फिकिरा।
एलाङतान गेआदो
आयुरतान गेआदो
ओंडोरतान गेआदो
आतारतान गेआदो।

सिङबोंगा–धरतीमाता–

उसकी बात करते हो?
उसका सवाल करते हो?
तुम चिंता न करना
तुम फिकिर न करना।
वहां गर्मी है
वहां ताप है
वहां आग लगी है
वहां लपटें फैली हैं।

81 *होयो गे राम्पि*
रोग गे बेआदि
गोएःतान गेआको
टुण्डुतान गेआको।
गोः उडुङ कोआको
ओर उडुङ कोआको
सिमगे सुकुरि
उरिः गे मेरोम।।

हवा झड़ी चल रही है
रोग–व्याधि व्याप्त है
जीव मर रहे हैं
समाप्त हो रहे हैं।
लोग उन्हें ढोकर निकालेंगे
उन्हें खींचकर निकालेंगे
मुर्गियाँ, सूअर
मवेशी, बकरियाँ।।

लेलको ताबुबेन 82
चिनाको ताबुबेन
लुतुर काको टेपेलेरे
काटा काको फादाएरे
चाःलोम काको गोपोलेरे
मेदकाको रापिदेरे
इनकुगे जोमकोबेन
इनकुगे नाबकोबेन।।

तुम उन्हें देखोगे
तुम उन्हें पहचानोगे
अगर कान न हिलाएं
पैर न डुलाएं
पूंछ न झलाएं
आंख न झपकाएं
उन्हें तुम खाना
उन्हें तुम चबाना।।

कानिनि–

सिङबोंगा–ओतेएंगा 83
एनकाकिन काजिकेदचि
सामाड़ोम गिदि रूपा काउःकिन
    इनकिन आपिरजाना।
एकासि पिड़ि ते
तेरासि बादि ते
आपिरतान आपिरतान
    इनकिन सेटेरलेना।।

लिदि–लिदि हेसाः चुटि रे 84
कोचो–कोचो बाड़े चुटि रे
दुबजान गेआकिन
    जारूजान गेआ।
आकिन दुबलेन कोतो
आकिन जारूजान दाड़ा
लिडुजान गेआदो
    जोपोदजान गेआ।।

लेल बाड़ा तानाकिन 85
चिना बाड़ा तानाकिन
दुबाकान तागातेगे
    आकिनाः जोमेआ–नूएआः।
लेलनाम ताःइआकिन
चिनानाम ताःइआकिन
काजितान गेआकिन

कथावाचक–

सिङबोंगा–धरतीमाता के
इस तरह कहने पर
सोना गिद्ध, रूपा कौआ
    वहां उड़ गए।
एकासी के मैदान में
तिरासी के सपाट को
वे उड़ते–उड़ते
    वहां पहुंच गए।।

फैले पीपल पेड़ के ऊपर
ऊंचे बड़ पेड़ के ऊपर
वे बैठ गए
    वे उतर आए।
उनके बैठने की डाल
उनके उतरने की शाखा
नीचे को झुक गई
    नीचे निहर आई।।

वे देख रहे हैं
वे लौक रहे हैं
जहां बैठे हें वहां से
    अपने खाना–पीना।
उन्होंने देख पाया
उन्होंने पहचान लिया
वे बात कर रहे हैं,

बाकांड़ा तानगेआ।–

बतिया रहे हैं।–

सोनादिदि–रूपाकाउःकिन–

हानिःआ हागा 86
हानिःआ लेलोःतान
हानिःआ बोया
हानिःआ चिनाओःतान
आलाङाः गोमके
इनिः गे काजिकेन
आलाङाः मालिकि
इनिः गे बाकांड़ाकेन।।

सोनागिद्ध–रूपाकौवा–

वो देखो, भाई
वह दिखाई दे रहा है
वो देखो, बंधु
वह नजर आ रहा है
हमारे स्वामी ने
इसी की बात कही थी
हमारे मालिक ने
इसी के बारे में कहा था।।

दोलाङ हाड़ागुन 87
दोलाङ नोसोरेन
दोलाङ सेन नामि
दोलाङ लेल जापाइः।
आलाङ जोमिनिः
चि का जोमि निः
आलाङ नाबि निः
चि का नाबि निः।।

चलो, हम उतरें
चलो, हम निकलें
उसके पास जाएं
उसे पास से देखें।
हमारे खाने का है
कि नहीं खाने का है
हमारे चबाने का है
कि नहीं चबाने का है।।

कानिनि–

सेननाम किःआकिन 88
सेटेर नाम किःआकिन
आगाम तान गेआकिन
अंदाजतानगेआ।
बोओः चेतान साः रे
काटा लातार साः रे
दुब जानगेआकिन
जारू जानगेआ।।

कथावाचक–

वे उसके पास गए
वे उसके नजदीक गए
उसे जांच रहे हैं
उसे परख रहे हैं।
सिर के ऊपर की ओर
पैर के नीचे की ओर
वे उतर गए
वे सट गए।।

लुतुर किङ लेलिआ 89
लुतुर काएः टेपेले
काटाकिङ लेलिआ
काटा काएः फादाए।

वे कान देखते हैं
वह कान नहीं हिला रहा
वे पैर देखते हैं
पैर नहीं डुला रहा।

चाःलोम किङ लेलिआ
चादलोम काएः गोपोले
मेद किङ लेलिआ
मेद काएः रापिदे।।

वे पूंछ देखते हैं
पूंछ नहीं झल रहा
वे आंख देखते हैं,
आंख नहीं झपका रहा।

90 जोम किः गेआकिङ
नाब किः गेआकिङ
दुब रूआड़ा जानाकिङ
हेसाः चुटि रे।
हेसाः कोतो लिङुताना
बाड़े दाड़ा जोपोदताना
आकिन दुबलोःगे
आकिन जारू लोःगे।।

उसे उन्होंने खाया
उसे उन्होंने चबाया,
वापस वे बैठ गए
पीपल की चोटी पर।
पीपल की डाल झुक रही
बड़ की शाखा निहर रही
उनके बैठने के साथ
उनके सटने के साथ।।

91 आसुर जा होनको
आसुर जा गांड़ाको
लेलकेदकिना को
चिना केदकिना।
आपान एंगा–आपुको
आपान हागा–बोयाको
निरइदि केआतेको
उदुबाकोताना।।––

असुर के बच्चों ने
असुर की संतान ने
उन्हें देख लिया
उन्हें पहचान लिया।
अपने मां–बाप के पास
अपने भाई–बंधुओं के पास
वे दौड़कर जाते हैं
उन्हें बताते हैं।––

आसुर होनको–

92 *हानकिना हागाको!*
हानकिना बोयाको!
लेलकिन ताबुपे
चिनाकिन ताबुपे
ओको दिसुम चेंड़ेंकिन
चिमाए गामाए चिपुरूबकिन
दुबाकान गेआ दो
जारूआकान गेआ दो।।

असुर बच्चे–

वो, वहां भाइयो!
वो, वहां बंधुओ!
आओ देखो उनको
आओ पहचानो उनको
वे किस देश के पंछी हैं
वे किस जगह के पखेरू हैं
वे बैठे हुए हैं
वे विराजे हुए हैं।।

93 *आबुआः होनको*
आबुआः गांड़ाको

हमारे बच्चे
हमारी संतान

बालेः–बालेः होनको
लिंडुङ–लिंडुङ गांड़ांको।
हालाङ ताको गेआकिन
हाउर ताको गेआकिन
जोम ताको गेआकिन
नाब ताको गेआकिन।।

छोटे–छोटे बच्चे
नन्हीं–नन्हीं संतान।
उन्हें उठा ले जाएंगे
उन्हें उड़ा ले जाएंगे
उन्हें खा जाएंगे
उन्हें चबा जाएंगे।।

94 *दातेआ हागाको*
मारतेआ बोयाको
उडुङे ताबुपे
सेटेरे ताबुपे।
मेड़ेद आः–सार
डुंडु टुपि टोटे
तुञ माबु तुञको
तेराङ माबु तेराङको।।

लाओ तो भाइयो!
दो तो बंधुओ!
निकालो भाइयो!
पहुंचाओ बंधुओ!
लोहे का धनुष–तीर
फरसाटोप ठोंठी
हम उनपर तीर चलाएं
हम उनपर ठोंठी मारें।।

कानिनि–

95 तुञजाद किनाको
तेराङजाद किनाको
कागेकिङ टोगोःताना
    कागेकिङ जागोःताना।
साब लेका किनाको
रोम्बोद लेका किनाको
काकिङ साबोःताना
    काकिङ रोम्बोदोःताना।।

कथावाचक–

वे उनपर तीर चलाते हैं
उनपर ठोंठी मारते हैं
वे बिंधते नहीं
    वे लगते नहीं।
वे उन्हें पकड़ते हैं
उन्हें दबोचते हैं
वे पकड़ में आते नहीं
    जकड़ में आते नहीं।।

सोनादिदि–रूपाकाउः–

96 *आलोपे साबलिङ*
आलोपे रोम्बोदलिङ
मिआदलिङ काजिले
बारिआलिङ बाकांड़ाले।
राजा सिङबोंगा
कुलताद लिङा दो
ओतेरेन एंगा
भेजाओ ताद लिङा दो।।

सोनागिद्ध–रूपाकौवा–

तुम हमें पकड़ो नहीं
तुम हमें दबोचो नहीं
एक बात बोलने दो
दो बात कहने दो।
सिङबोंगा राजा ने
हमें भेजा है
धरती माता ने
हमें पठाया है।।

एकासी पिड़ि रे	97	*एकासी के मैदान में*
तिरासी बादि रे		*तिरासी के सपाट में*
सिपुदतान गेआपे		*तुम लोहा गलाते हो*
लेबेदतान गेआपे।		*तुम धौंकनी चलाते हो।*
सुकुलतान गेआदो		*धुआं उठ रहा है*
मो:तान गेआदो		*धुमिल हो रहा है*
ओतेओ कोआंसि		*जमीन पर कुहासा*
सिरमाओ दुदुगार।।		*आकाश में आंधी।।*
उपाल बा पुकुरि	98	*कमल फूल पोखरी*
ताड़ाए बा बान्देला		*सरसिज फूल बांध*
आंजेदतान गेआ दो		*सूख रही है*
रोओड़तान गेआ दो।		*निर्जल हो रही है।*
सिङबोंगा राजाकिन		*सिङबोंगा राजा तक*
एलाङतान गेआकिङ		*धरतीमाता तक*
ओतेरेन एंगाकिङ		*आंच पहुंच रही है*
आयुरतान गेआकिङ।।		*ताप पहुंच रहा है।।*
सिङबोंगा राजा	99	*सिङबोंगा राजा ने*
काजि कुलतादा दो		*यह बात भेजी है*
ओतेरेन एंगा		*धरती माता ने*
बाकांड़ा चालतादा दो।		*यह संदेश भेजा है।*
काजि मानातिङपे		*यदि बात मानोगे*
बुगिनो: गेआपे		*तुम्हारा कल्याण होगा*
बाकांड़ा बुजातिङपे		*यदि आज्ञा पालोगे*
नापाएओ: गेआपे।।		*तुम्हारा भला होगा।।*
सिंगिपे सिपुद रे	100	*दिन को अगर गलाओ*
निदा हो होंकाएपे		*रात को बंद रखो*
निदापे लेबेद रे		*रात को अगर चलाओ*
सिंगि हो होंकाएपे।		*दिन को बंद रखो।*
ओते हो राड़ेगो:		*धरती को ठंढा होने दो*
सिरिमा हो सुसुताएओ:		*आकाश को स्वस्थ होने दो*
होयो हो बुगिनो:		*हवा को ठीक होने दो*
दा: हो तेताओ:।।		*पानी को साफ होने दो।।*

आसुरको–		**असुरगण–**
आनाबेन काजि तान	101	*तुम्हारा यह कहना*
आनाबेन बाकांड़ातान,		*तुम्हारी यह बात*
काले मानातिङ		*हम नहीं मानेंगे*
काले बुजातिङ		*हम नहीं पालेंगे।*
आलेगे सिङबोंगा		*हम ही सिङबोंगा हैं*
आलेगे माराङ देवता		*हम ही बड़े देवता हैं*
जाएओ काले बोरोआइ		*हम किसी से डरते नहीं*
जेताएओ काले चिरिआइ।।		*हमें किसी का भय नहीं।।*
सांगि हागा तेलेआ	102	*हम बहुत–से भाई हैं*
सांगि बोया तेलेआ		*हम बहुत–से बंधु हैं*
कादाल खांदि तेलेआ		*हम केले–से खांदी वाले*
उलि जुम्बुलि तेलेआ।		*हम आम–से गुच्छे वाले।*
दिरि कुड़ाम तेलेआ		*हम पत्थर–सी छाती वाले*
पाड़ांगा सुपु तेलेआ		*हम अड़कट्टे–सी बांहों वाले*
मेड़ेद गेले कामितान		*हम लोहे का ही काम करने वाले*
मेड़ेद गेले जोमतान।।		*लोहा का ही खाना खाने वाले।।*
कानिनि–		**कथावाचक–**
एनलेका आसुर होनको	103	इस तरह असुर के बच्चे
एनलेका देओता गांड़ाको		इस तरह देवताओं के बच्चे
सोनागिदि रूपा काउःकिङ		सोना गिद्ध, रूपा कौआ को
एनकाको मेताकिङताना।		उस तरह वे बोलते हैं।
सांड़ासितेको साबकेदकिना		उन्हें संड़सी से पकड़ा
कोटासितेको कोटेःकेदकिना		उन्हें कुटासी से पीटा
दालकेद किनाको		उन्हें लाठी से मारा
रूकेदकिना।।		उन्हें डंडे से पीटा।।
उदुरकेद किनाको	104	उन्हें ढकेल बाहर किया
सोलकाकेद किनाको		उन्हें धक्का–मुक्का किया
रूआड़ा जानाकिन आकिन		वे वापस आ गए
सिङबोंगाः दुआर।		सिङबोंगा के द्वार।
तेबाःकेद गेआकिन		वे पहुंच गए
सेटेरकेद गेआकिन		वे आ गए

रा:तान—गेराङतान गे
उदुबाइतानाकिन जागार।।

रोते हुए, कलपते हुए
वे बताते हैं समाचार।।

सिङबोंगाकिन राजा 105
ओतेरेन एंगाकिन
लेलहोरातानाकिन
चिना होराताना।
सामाड़ोम गिदिकिन
रूपा जा काउःकिन
कुइला—बिचा हेंदेआकान
इनकिन तिंगुआकाना।।

सिङबोंगा राजा
धरती माता
उनकी राह देख रहे हैं
प्रतीक्षा कर रहे हैं।
सोना गिद्ध और
रूपा कौवा
कोयला—धूल से काले
उनके सामने खड़े।।

सिङबोंगा—ओतेएंगा—

आलोबेन इयामे 106
आलोबेन सायादे
आलोबेन रा:एआ
आलेबेन गेराङे।
मारताबु काजीबेन
मारताबु बाकांड़ाएबेन
चिना:को काजिआदबेन
चिना:को मेतादबेन।।

सिङबोंगा—धरतीमाता—

तुम रोओ नहीं
तुम सिसको नहीं
तुम विलापना नहीं
तुम कलपना नहीं।
प्रिय, तुम बोलो
प्रिय, तुम कहो
उन्होंने क्या कहा
तुम्हें क्या बतलाया।।

सोनागिदि—रूपाकाउः—

आ हो गोमके 107
आ हो मालिकि
सारतेगेम काजिला:
सारिगेम बाकांड़ाला:
सिपुदतान गेआको
लेबेदतान गेआको
सिंगिते मारसाल ते
निदाते नुबा:ते।।

सोनागिद्ध—रूपाकौवा—

हे स्वामी
हे मालिक
तुमने ठीक ही कहा था
तुमने सच ही कहा था
वे लोहा गला रहे हैं
वे धौंकनी चला रहे हैं
दिन के प्रकाश में
रात की अंधियारी में।।

काजिआद कोआलिङ 108
उदुबाद कोआलिङ
आबेना: काजिदो

हमने उन्हें कहा
हमने उन्हें बतायी
तुम्हारी बात

आबेनाः सानाङ दो।
काको मानातिङ
काको बुजातिङ
दालकुलकेदलिङाको
रूकुलकेदलिङाको।।

तुम्हारी इच्छा।
वे नहीं माने
वे नहीं समझे
हमें मार भगाया
हमें पीट भगाया।।

कानिनि–

सिङबोंगा राजा 109
ओतेरेन एंगा
इसु पुराः दुकु रे
इनकिन उयुःजाना।
हामबाल दुकु जी ते
इकिर सायाद कुड़ाम ते
सोना गिदि, रूपा काउःकिन
कुल रूआड़ाकिनताना।।

कथावाचक–

सिङबोंगा राजा
धरतीमाता
अत्यंत ही दुख में
वे दोनों पड़े।
भारी मन से
गहरे हृदय से
सोना गिद्ध, रूपा कौवा को
वे वापस भेजते हैं।।

सोनागिदि–रूपाकाउः–

राजा सिङबोंगा 110
ओतेरेन एंगा
चिलकालिङ रूआड़ा
मेरेकालिङ नाचुरा ?
नेलेकालिङ लेलोःतान
नेलेकालिङ चिनाओःतान
दुड़ा गेलिङ लेलोःतान
कुइला गेलिङ चिनाओःतान।।

सोनागिद्ध–रूपाकौवा–

राजा सिङबोंगा
हे धरती माता
हम कैसे वापस जाएं
हम कैसे लौटेंगे ?
हम इस तरह दिखाई दे रहे
हम इस तरह लग रहे
हम धूल–से लगते हैं।
हम कोयले–से लगते हैं।।

आलिंआः हागाको 111
आलिंआः बोया को
काको मेसालिङ
काको जामालिङ।
किलि आतोम लिङाको
कुपुल गेना लिङाको
हिलाङ–हेन्दो लिङाको
छू–छिलान लिङाको।।

हमारे बिरादर
हमारे बंधुगण
हमें साथ नहीं करेंगे
हमें नहीं मिलाएंगे
हमें गोत्र–बाहर करेंगे
हमें कुटुंब–विलग करेंगे
हम से घृणा करेंगे
हम से छूत करेंगे।।

सिङबोंगा–ओतेएंगा–

112 *आनाबेन काजितान*
आनाबेन बाकांड़ातान
आलोबेन उड्डुगा
आलोबेन फिकिरा।
आबेनाः हागाको
आबेनाः बोयाको
सोबेनको नेकागे
जोतोको नेकागे।।

सिङबोंगा–धरतीमाता–

तुम ऐसी बात करते हो
ऐसी बोली निकालते हो
तुम चिंता न करो
तुम फिकर न करो।
तुम्हारे बिरादर
तुम्हारे बंधुगण
सभी तुम्हारे जैसे होंगे
सभी तुम्हारी तरह होंगे।।

113 *बुगिगे सेनोःबेन*
नापाएगे सेटेरेबेन
आबेनाः ओड़ाःते
आबेनाः दुआरते।
नुतुमाकानोःबेन
आबेनाः कामि ते
उनाओआकानोःबेन
आबेनाः उदाम ते।।

तुम सकुशल जाओ
अच्छी तरह पहुंचो
अपने घर को
अपने द्वार को।
तुम नाम कमाओ
अपने काम से
तुम प्रसिद्धि पाओ
अपने उद्यम से।।

कानिनि–

114 आपानाः ओड़ाः ते
आपानाः रोसोम ते
सोनागिदि, रूपा काउःकिन
सेनोः रूआड़ाताना।
लेलजाद कोआकिन
चिनाजाद कोआकिन
सोबेन आकिन लेकागे
आको बाइआकाना।।

कथावाचक–

अपने घर को
अपनी झोपड़ी को
सोना गिद्ध, रूपा कौवा
वापस जाते हैं।
वे देखते हैं
वे पहचानते हैं
सभी उन्हीं की तरह
दिखाई दे रहे हैं।।

115 आकिनाः जी रे
आकिनाः कुड़ाम रे
सिङबोंगा, ओतेएंगाकिन
जोआराकिनताना।
आलाङाः गोमकेकिन
आलाङाः मालिकिकिन

वे अपने मन में
अपने हृदय में
सिङबोंगा–धरतीमाता को
जोहार करते हैं।
हमारे स्वामी
हमारे मालिक

नामिनकिन बुगिना मेनते
आकिन जापागारताना।।

इतने भले हैं इस तरह
वे बातचीत करते हैं।।

116 कुल दुताम केनाकिन
कुल दाराड़ा केनाकिन
इमिनरेओ आसुर होनको
काको हे केदा।
इनकुः मानातिङ नांगेन
इनकुः बुजातिङ नांगेन
सिङबोंगा राजा आएगेः
सेनोःए मोनेकेदा।।

उन्होंने दूत भेजा
उन्होंने अगुआ भेजा
फिर भी असुर के बच्चों ने
हां नहीं किया।।
उन्हें मनाने के लिए
उन्हें समझाने के लिए
सिङबोंगा राजा ने खुद
चलने का मन बनाया।।

117 इसु हाम्बाल जी ते
पुराः दुकु मोने ते
सिङबोंगा, ओते एंगाएः
काजिआइताना।
ओड़ोः कालाङ तांगिआ
ओड़ोः कालाङ तांड़ांगा
नाःदो तालाङ इनकुताः
आञगे सेनोःताना।।

बहुत भारी मन से
बहुत दुखी मन से
सिङबोंगा, धरतीमाता को
बोल रहे हैं।–
हम और प्रतीक्षा नहीं करेंगे
हम और इंतजार नहीं करेंगे
अब इस बार उनके पास
मैं खुद जाता हूँ।।

118 तीरेदो आआः–सार
देआरेदो टोटे टोंगाः
तारानरे रिचि बेसेराकिन
इनकिङ कोटानताना।
मायाङरे सेंगेल गामा हिता
ओड़ोः बाण्डा जेटे खिति
चाओंरा–भांओंरी आयार–आयार
इनकिन चाङकिनताना।।

हाथ में धनुष–तीर
पीठ में तीर–तरकश
कंधे पर बाज–बेसरा
फड़फड़ा रहे हैं।
कमर में अग्निवर्षा के बीज
और गहृन ताप के दाने
आगे–आगे चांओरा–भाओंरी
वे कूद रहे हैं।।

119 तुड़ि जा सुताम ते
बांदु जा बायार ते
सिङबोंगा राजा लातारतेः
हाड़ागुनताना।
एकासि पिड़ि तेः

तुड़ी के धागे से
बांदु के रस्से से
सिङबोंगा राजा
नीचे को उतर रहे हैं।
एकासी के मैदान में

तेरासि बादि तेः
माराङ बोंगा एनताःतेः
नोसोरेनताना।।

तिरासी के सपाट में
बड़े देवता वहां के लिए
निकल रहे हैं।।

चाओंरा–भाओंरीकिन लातारते 120
रिचि–बेसेराकिन चेतानते
इनकु सिङबोंगा को
होरो इदिताना।
सेंगेल गामा हिता
बाण्डा जेटे खिति
हेरजालोः माराङबोंगा
हाड़ागुन ताना।।

नीचे से चाओंरा–भाओंरी
ऊपर से बाज–बेसरा
वे सिङबोंगा को
सुरक्षा दे रहे हैं।
अग्निवर्षा के बीज
गहन गर्मी के दाने
छींटते हुए सिङबोंगा
नीचे उतर रहे हैं।।

चेतानाते दुदुगार 121
लाताराते कोआंसि
ओते–दिसुमको सोबेन
दालोब गिड़िजाना।
चेंड़ें–चिपुरूबको सोबेन
जीउ–जन्तुको जोतो
बोरोते–चिरितेको
लेपेद गिड़िजाना।।

ऊपर से आंधी
नीचे से कुहासा
देश–धरती सारी
उससे छा गयी।
पंछी–पखेरू सभी
जीव–जन्तु सारे
डर से–भय से
चुपचाप दुबक गए।।

लुतुरको तालिओः लेका 122
मेदको एंड़ेंगोः लेका
असुर कोआः दिसुम
आको तेबाःलेना।
एकासि पिड़ि रे
तेरासि बादि रे
मिदखोन नागेन दो
सिंसोंड़ोंएःजाना।।

कान सुन्न होने जैसा
आंखें बुझ जाने जैसा
असुरों के देश में
वे उतर गए।
एकासी के मैदान में
तिरासी के सपाट में
एक क्षण के लिए
सुनसान हो गया।।

एकासि पिड़ि रे 123
तेरासि बादि रे
धांगाड़ा सीताना मिआद
इनिःको लेलनामकिःआ।

एकासी मैदान में
तिरासी के सपाट में
एक हल चलाते छोकरे को
उन्होंने देख पाया।

सेननाम किःआको
सेटेरनाम किःआको
मिद टुङ नांगेनको
तिंगु रिका किःआ।

वे उसके पास गए
उसके यहां पहुंचे
उसे एक क्षण के लिए
रूकने को कहा।।

लेलजाइः गेआ दो 124
चिनाजाइः गेआ दो
गाओतान गेआ दोएः
पुसुरितान गेआ।
रोओगे–पुदकि गे
तिजुगे, उरू गे
जोम जाइः गेआको
गेरजाइः गेआ।।

उसे देखते हैं
उसे पहचानते हैं
वह घाव से भरा है
फुंसी से भरा है।
मक्खियां, फतिंगे
कीड़े–मकोड़े
उसे काट रहे हैं
कुतर रहे हैं।।

सिङबोंगा–

आम हाले कासारा! 125
तोरो हो धांगाड़ा !
नामिनेम दुकुतान
नामिनेम बालाएतान।
गोमके ताम बांगाइःचि
मालिकि ताम मेनाइः चि?
रानु काम रिकाना ?
रेद काम रिदाना ?

सिङबोंगा–

हे भाई, खसरा!
फुंसी वाले छोरा!
तुम इतने दुख में हो
इतनी विपत्ति में हो।
तुम्हारा कोई मालिक नहीं ?
तुम्हारा कोई स्वामी है ?
तुम दवा नहीं कराते?
जड़ी नहीं पीसते ?

कासरा कोड़ा–

चेनाः होञ मेनेआ 126
मेरे होञ उदुबे
निदा होञ इआमतान
सिंगि होञ सायादतान।
ओकोए होनाङ बुगिताञ
ओकोए होनाङ बेसताञ
जोआराइ गेआञ हो
तिरूबाइ गेआञ हो।।

खसरा छोरा–

भाई, मैं क्या बताऊँ
भाई, मैं क्या बोलूं
मैं रात को रोता हूं
दिन को कलपता हूं।
काश, कोई मुझे चंगा कर दे
काश, कोई मुझे ठीक कर दे
मैं उसे जोहार करता
मैं उसे नमस्कार करता।।

सिङबोंगा–

आम हाले कासारा 127
तोरो हो दांगाड़ा
मिआदेञ जागाराम
बारिआञ बांकांड़ाम।
आलोम तालाङ उदुबिञ
आलोम तालाङ चुण्डुलिञ
आञ तालाङ बुगिमा
आङ तालाङ बेस मा।।

सिङबोंगा–

हे भाई, खसरा
हे भाई, तोरो
मैं एक बात बोलूं
मैं एक बात रखूं–
तुम किसी से न कहना
किसी के पास न खोलना
मैं तुम्हें चंगा करूँगा
मैं तुम्हें ठीक करूँगा।।

कासारा कोड़ा–

का होञ उदुबमे 128
का होञ चुण्डुलमे
बुगि काजि बुगिञमे
बेस काजि बेसिञमे।
जानाओ होञ जोआरमे
जाओगे होञ गोआरिमे
चिउलाओ काञ रिड़िङमे
चिउलाओ काञ हिड़िमे।।

खसरा छोरा–

मैं किसी को नहीं बताऊंगा
मैं किसी से नहीं बोलूंगा
मुझे चंगा तो कर दो
मुझे ठीक तो कर दो।
तुम्हें रोज जोहार करूंगा
तुम्हें रोज नमस्कार करूंगा
कभी नहीं भूलूंगा
कभी नहीं बिसारूंगा।।

कानिनि–

सिङबोंगा गेलबार बिदिआकेदा 129
माराङबोंगा हिसिबार छाएमानकेदा
कासारा कोड़ाः कासरा
आएःतेगे राड़ाजाना।
आपान ऊर उरि केआते
आपान होड़ोमो होतोर केआते
कासारा कोड़ाके इनिः
एनाएः ओमाइःजाना।।

कथावाचक–

सिङबोंगा ने बारह विधियाँ कीं
बड़े देवता ने बाइस सिद्धियाँ कीं
खसरा छोकरे का खसरा
अपने आप झड़ गया।
अपना चमड़ा उतारकर
अपना शरीर उधेड़कर
उसने खसरा को
वह सारा दे दिया।।

कासाराः सोनोएः तुसिङकेदा 130
तोरोआः आंगिः होरोःकेदा
कासारा कोड़ा–तोरोकोड़ा
आएगेः बाइनजाना।
सीतान दांगाड़ा रासिकाताना

उसने खसरा का कुर्ता पहन लिया
उसने तोरो का पहनावा धारण किया
वह खसरा–तोरो छोकरा
खुद ही बन गया।
हलवाहा लड़का खुश होता है

चालुतान दांगाड़ा सुकुताना
सिङबोंगा के खाने–खाने
इनिः जोआराइताना।।

कामिया छोकरा मुदित होता है
सिङबोंगा को बार–बार
वह जोहार करता है।।

सीतानिः सीतान बागेकिःआते 131
चालुःतानिः चालुःतान राड़ाकिःआते
कासारा कोड़ा आसुर कोआः
हातुतेः सेनोःजाना।
हातुरे मेनाःकिना लुटकुम हाड़ाम
टोला रे मेनाःकिना लुटकुम बुड़िआ
तोरो कोड़ा इनकिनाः
दुआर तेः सेटेरजाना।।

हलवाहा को हल चलाता छोड़कर
कामिआ को काम करता छोड़कर
खसरा छोकरा असुरों के
गांव को चला गया।
गांव में रहता है लुटकुम बुढ़ा
टोले में रहती है लुटकुम बुढ़िया
तोरो छोकरा उन्हीं के
दरवाजे पर पहुंच गया।।

कासारा कोड़ा–

चि गा जिआञकिन 132
चि गा ताताञकिन
मेनाः बेन गेआ चि
बाङबेन गेआ गा।
बुगि गेआबेन चि
नापाए गेआबेन चि
लेपेलेञ सानाङतान
जापागारेञ हायातान।।

खसरा छोरा–

हे प्रिय दादी
पे प्रिय दादा
क्या तुम घर पर हो ?
या नहीं हो।
क्या तुम कुशल हो ?
क्या तुम स्वस्थ हो ?
मैं तुमसे मिलना चाहता हूं
तुमसे बतियाना चाहता हूं।।

लुटकुम हाड़ाम–बुड़िआकिन–

ओकोएआ जिआङे 133
चिमाएआ ताताङे
होनो तालिङ बाङकोआ
गाड़ांओ तालिङ बाङकोआ।
मारना बुड़िआ लेल लीः मे
ओकोएः तानिः दो
मारना बुड़िआ चिना लीः मे
चिमाए तानिः दो?

लुटकुम बुढ़ा–बूढ़ी–

कौन दादी बोल रहा है?
कौन दादा बोल रहा है?
हमारे कोई बच्चे नहीं
हमारे कोई संतान नहीं।
हे बुढ़िया, जाओ देख आओ
वह कौन है?
हे बुढ़िया, जाओ पहचान आओ
वह कौन है ?

कानिनि–

लेलकिःगेआएः दो 134

कथावाचक–

वह देख आई

चिनाकिःगेआएः दो
मिआद कासारा कोड़ा
दुआर रेः तिंगुआकाना।
मिआद तीरे केचाः पाटि
एटाः ती रे हूड़ि पाताड़ा
मिआद तोरो कोड़ाहोन
आंका रेः जापागाकाना।

वह पहचान आई
एक खसरा छोकरा
दरवाजे पर खड़ा है।
एक हाथ में फटी चटाई
दूसरे में सिंदवार की डाली
एक फुंसीवाला छोरा
आंगन से लगा है।।

कासारा कोड़ा–

135
आबेन गा जिआञकिन
आबेन गा ताताञकिन
दासि बेन दोञा चि
गुति बगेन जोगाओञा चि।
बिर बिचा तेबेन रे
टोनाङ कुइला तेबेन रे
ओड़ाःञ होरोआबेनगा
रोसोमेञ जांगिआबेनगा।।

खसरा छोरा–

हे दादी
हे दादा
क्या मुझे नौकर रखोगे ?
क्या मुझे धांगर रखोगे?
लोहा खोजने जंगल को जाओगे
कोयला खोजने पहाड़ को जाआगे
मैं तुम्हारे घर की रखवाली करूंगा
झोपड़ी की देखभाल करूंगा।।

136
आबेनाः पाटिबाबा
आबेनाः सुड़ता कोदे
होरो आबेननाञ गा
जांगिआबेनाञ गा।
राचा गा ताबेनाः
आंका गा ताबेनाः
जोगाबेन गेआञ गा
पारचिआबेन गेआञ गा।

चटाई पर के तुम्हारे धान को
चटाई पर के तुम्हारे कोदो को
मैं रखवाली करूंगा
मैं देखभाल करूंगा।
तुम्हारा आंगन
तुम्हारा घेरा
मैं झाडूंगा, बुहारूंगा
मैं साफ रखूंगा।।

लुटकुम बुड़िआ–

137
हे आ हाड़ाम
दासिलाङ नामताना
हेआ पापारि
गुतिलाङ खोजारताना।
निः गेलाङ दोकिःआ
निः गेलाङ जोगाओकिःआ
ओड़ाः तालाङ रेंड़ेगोः

लुटकुम बुढ़ी–

हां, हे बूढ़ा,
हमें नौकर चाहिए
हां, हे बुजुर्ग
हमें धांगर चाहिए।
इसी को रख लेते हैं
इसी को जुगा लेते हैं
हमारा घर भरेगा

रोसोम तालाङ पेरेगोः।।

हमारी झोपड़ी पूरेगा।।

कानिनि–

एनलेकाते कासारा कोड़ा 138
एनलेकाते तोरोकोड़ा
लुटकुम हाड़ाम–बुड़िआकिनताः
दासिः ताइनजाना।
आयुबजान गेआ दो
नुबाःजान गेआ दो
कासारा कोड़ा तारासाः रेः
गितिः हापेनजाना।।

कथावाचक–

इस तरह खसरा छोकरा
इस तरह तोरो छोकरा
लुटकुम बूढ़ा–बुढ़िया के पास
नौकर रह गया।
शाम हो गई
रात हो गई
खसरा छोकरा एक किनारे
चुपचाप सो गया।

आङजान गेआ दो 139
तुरजान गेआ दो
पाटि जा बाबा दोकिङ
तासे तुकाआइःताना।
कासारा कोड़ा दो
तोरो कोड़ा दो
सुड़ता जा कोदे दोकिन
पासिर तुकाआइःताना।।

सवेरा हुआ
सूर्योदय हुआ
वे चटाई पर धान
पसार देते हैं।
खसरा छोकरा के लिए
तोरो छोरा के लिए
चटाई पर कोदो
घांट देते हैं।।

बिरतेकिन सेनोः सिदा 140
टोनाङ तेकिन बिरिद आयार
कासाराकोड़ा आकिनेः
आर्जिजादकिना।
सिम जारोम गुलि नांगेन
लुपुःलाद काति नांगेन
तोरोकोड़ा इनकिनेः
बिन्तीजादकिना।।

जंगल जाने के पहले
पहाड़ पर जाने के पहले
खसरा छोकरा उनसे
अर्जी करता है।
मुर्गी अण्डे की गोली के लिए
रोटी की काती के लिए
तोरो छोरा उनसे
बिनती करता है।।

सिम जारोम गुलि 141
लुपुः लाद काति
उड्डुङाइः गेआकिन
सेटेराइ गेआ।
लुटकुम हाड़ामकिन

अण्डे की गोली
रोटी की काती
उन्होंने निकाल कर
उसे धरा दिया।
लुटकुम बूढ़ा

लुटकुम बुड़िआकिन
बिर बिचाजानाकिङ
टोनाङ कुइलाजाना।।

लुटकुम बूढ़ी
पत्थर चुनने चले गए
कोयला बिनने निकल गए।।

सिम जारोम गुलिदो 142
लुपुः लाद काति दो
कासरा कोड़ा तोरो कोड़ा
इदिकेद गेआ।
आसुर जा होनको
देओता जा गांड़ांको
इनुङताः ते इनिः
सेनोः जान गेआ।।

अण्डे की गोली
रोटी की काती
खसरा छोकरा तोरो छोरा
साथ ले गया।
असुर के बच्चे
देवताओं की संतान
जहां खेलते हैं
वह चला गया।।

आसुर जा होनको 143
देओता जा गांड़ां को
काजितानगेआ को
बाकांड़ातान गेआ।
सिम जारोम गुलि
लुपुः लाद काति
चोआःएः मेनतेको
आकाबाकाओताना।।

असुर के बच्चे
देवताओं की संतान
बोलने लगे,
बतियाने लगे।
अण्डे की गोली
रोटी की काती
फोड़ने के लिए
अकबकाने लगे।

आसुर होनको–
आपेआ हागा को 144
आपेआ बोया को
हानेःआ लेलपे
हानेःआ चिनाएपे।
सिम जारोम गुलि दो
लुपुः लाद काति दो
पोआगे गेआबु
केचागे गेआबु।।

असुर बच्चे–
हे भाइयो
हे बंधुओं
वो देखो
वो पहचानो।
अण्डे की गोली
रोटी की काती
हम उसे फोड़ेंगे
हम उसे तोड़ेंगे।

आबुदो मेंड़ेद गुलि 145
आबु दो लोहा काति
आबुगे दाड़िआः
आबुगे जिताओआ।

हमारे पास हैं लोहे की गोली
हमारे पास हैं लोहे की काती
हम ही जीतेंगे
हम ही जयी होंगे।

ओड़ाओ काजिः ओड़ाओए
रोपाओ काजिः रोपाओए
जोम बु बोसाओआ
नाब बु नामेआ।।

वह ओड़े तो सही
वह रोपे तो सही
हमें खाने को मिलेगा
हमें चबाने को मिलेगा।।

आमदा आमगे 146
आलेदा आलेगे
बेः बु बितारे
थू बु चेताने।
ओकोएगेः लातारोः
इनिः गे ओड़ाओए
ओकोएगे चेतानोः
इनिःगे चालाओए।।

तुम तो तुम ही एक तरफ
हम तो हम ही दूसरी तरफ
हम थूक नीचे करेंगे
हम थूक ऊपर करेंगे।
जो नीचे होगा
वही रोपेगा
जो ऊपर होगा
वही चलाएगा।।

कानिनि–

बेःकेद गेआको 147
थू केद गेआको
टेबकेद गेआको
मारको लेलताना।
बेःगे लातार जान
कासारा कोड़ा लातारजान
आसुर होनको रासिकाते
कूबको लान्दाताना।।

कथावाचक–

उन्होंने थूक लगाई
उन्होंने थू लगाई
उन्होंने उछाली
उसे देखने लगे।
थूक नीचे हो गया
खसरा नीचे हो गया
असुर बच्चे खुशी से
हंस रहे हैं।

कासरा कोड़ा, ओड़ाओताना 148
आसुर होनको टोटेताना
कागेको टोः दाड़ि–
भेजा दाड़िताना।
चिलकान गुलि नेआ
मेरेकान काति नेआ
आसुर होनको लेलतेगे
आकादान्दाताना।।

खसरा छोरा रोप रहा है
असुर बच्चे चला रहे हैं
वे लगा नहीं पा रहे
निशान चूक रहे हैं।
कैसी गोली है यह
कैसी काती है यह
असुर बच्चे यह देखकर
आष्चर्य कर रहे हैं।।

कासारा कोड़ा–

मारा ताबु हागाको 149

खसरा छोरा–

हे भाइयो,

पाड़िबु बादला ले,
मारा ताबु बोयाको
पाड़ि बु उसुरा ले।
आपे ताबु पाड़ि
आपे ताबु रोआओएपे
आञ ताबु पाड़ि
आञ ताबु गुलि ले।।

अब हम पारी बदलें
हे बंधुओ,
अब हम पारी उसरें।
अब तुम्हारी पारी है,
अब तुम रोपो
अब मेरी बारी है
अब मैं चलाऊं।।

कानिनि–

150 ओड़ाओ केद गेआको
रोपाओ केद गेआको
आसुर होन, आसुर गांड़ाको
आकोआः मेड़ेद गुलि।
लेल सांगितानाको
चिना सांगितानाको
आतोम रेको तिंगुनताना
गेना रेको जापाःनताना।

कथावाचक–

उन्होंने बिछायी
उन्होंने रोपी
असुर बच्चों ने, असुर संतान ने
लोहे की अपनी गोली।
मिलकर देख रहे हैं
साथ लौक रहे हैं
किनारे खड़े हैं
एक तरफ सटे हैं।

151 कासरा कोड़ा गुलिजादा
तोरोकोड़ा टोटेजादा
सिम जारोम गुलि ताएः
लुपुः लाद काति।
टोःतान गेआ
भेजातान गेआ
रापुद ताना, पोआःताना
आसुर कोआः मेड़ेद गुलि।

खसरा छोरा चलाता है
फुंसीवाला मारता है
अंडे की अपनी गोली
घुंडि की काती।
लगती है
बिंधती है
टूटती है, फूटती है
असुरों की लोहे की गोली।

152 चिलकान गुलि नेआ
मेरेकान काति नेआ
आसुर होनको लेलकेआते
आकादांदाताना।
चिनाःबु चिकाएआ
मेरेबु रिकाएआ
आको–आको आपान **रेगे**
नेकाको कुपुलिताना।

कैसी गोली है यह?
कैसी काती है यह?
असुर के बच्चे यह देख
आश्चर्य करते हैं।
हम क्या करें?
हम कैसे धरें
वे आपस में ही
इस तरह पूछते हैं।

गुटुकेद गेआको 153

गोटाकेद गेआको

लुटकुम हाड़ाम–बुड़िआकिनताः

इनिः उकुताइःरेआ।

निआः गुलि इनुङ कोरेआः

निआः काति एनेः कोरेआः

लुटकुम हाड़ाम बुड़िआकिन

उदुब दारोमकिना।

उन्होंने बात बनायी

वे एकमत हुए

लुटकुम बूढ़ा–बुढ़िया से

उसकी शिकायत करने की।

उसकी गोली खेलने की बात

उसकी काती खेलने की बात

हम लुटकुम बूढ़ा–बुढ़ी को

मिलते ही बताएंगे।

आसुर होनको–

आबेन गा हाड़ामकिन 154

आबेन गा बुड़िआकिन

दासिबेन दो ताइः

गुतिबेन जोगाओः ताइ।

आबेन बिर बिचा रे

आबेन टोनाङ कुइला रे

इनुङगेः कामिआ

खेलाड़ि गे धान्दाः।।

असुर बच्चे–

हे बूढ़े बुजुर्ग

हे बुढ़ी बुजुर्ग

तुमने नौकर रखा है

तुमने धांगर जुगाया है।

जब तुम जंगल जाते हो

जब तुम पहाड़ जाते हो

वह खेलने का ही काम करता है

वह खेलने का ही धंधा करता है।।

पाटि जा बाबा दो 155

सुड़ता जा कोदे दो

सिमकोगे जोमकेद

मेरोम कोगे नाबेकेद।

मेनते देराङ को

काजिआकिङ ताना दो

मेनते देराङ को

उदुबाकिङताना दो।।

चटाई का तुम्हारा धान

चटाई का तुम्हारा कोदो

मुर्गियाँ खा गई

बकरियाँ चबा गई।

इस तरह वे

उनसे बोलने लगे

इस तरह वे

उनसे कहने लगे।।

लुटकुम हाड़ाम–

चि ना बुड़िआ 156

चि लाङ चिकाएआ ?

चि ना बुड़िआ

मेरे लाङ रिकाएआ ?

आमगे दाङ काजिलाः

आमगे दाङ बाकांड़ालाः

लुटकुम बूढ़ा–

क्यों जी, बुढ़िया

अब हम क्या करें?

क्यों जी बुढ़िया

अब कैसे करें ?

तुम ही ने तो कहा था

तुम ही ने तो बात रखी थी

दासि लाङ दोइआ
गुति लाङ जोगाओइआ।।

नौकर रखेंगे
धांगर जुगाएंगे।।

157 *पाटि बाबा दो*
सुड़ता कोदे दो
सिमकोगे जोमकेद
मेरोमकोगे नाबकेद।
चिनाः लाङ माण्डीआ
मेरेलाङ इसिने
कासारा कोड़ा नेकानिः
तोरो कोड़ा एनकानिः।।

चटाई का धान
चटाई का मडुआ
मुर्गियाँ खा गई
बकरियाँ चर गई।
हम क्या पकाएंगे
हम क्या सिझाएंगे
खसरा छोरा ऐसा निकला
तोरो छोकरा ऐसा निकला।।

लुटकुम बुड़िआ–

158 *आलोहोम एराङि*
आलोहोम सेगेदि
मेद तेलाङ लेल ली
लुतुर तेलाङ चिनालि।
सार्तेगेको जोमकेद
चि कागेको जोमकेद
सारिगेको नाबकेद
चि कागेको नाबकेद।।

लुटकुम बुढ़िआ–

प्रिय, उसे गाली न देना
प्रिय, उसकी षिकायत न करना
हम अपनी आंख से देख लें
अपने ज्ञान से जान लें।
सच ही (मुर्गियाँ) खा गई,
या नहीं खाई;
सही में (बकरियाँ) चर गई,
या नहीं चरीं।।

कानिनि–

159 लुटकुम हाड़ामकिङ
लुटकुम बुड़िआकिङ
हिजुःताना किङ
सेटेर तानगेआ।
ओड़ाः ताकिङ ताः ते
रोसोम ताकिङ ताः ते
तेबाः लेदगेआकिङ
सेटेर केद गेआ।।

कथावाचक–

लुटकुम बूढ़ा
लुटकुम बुढ़िया
वे वापस आ रहे हैं
चल रहे हैं।
अपने घर को
अपनी झोपड़ी को
वे पहुंच रहे हैं
वे आ गए हैं।।

160 कासारा कोड़ा दो
तोरो कोड़ा दो
लेल दारोम तानाएः दो
चिना दारोमताना।

खसरा छोरा
तोरो छोकरा
राह देख रहे हैं
स्वागत कर रहा है।

लुटकुम हाड़ामकिङ
लुटकुम बुड़िआकिङ
काजितानगेआकिङि
बाकांड़ातानगेआ।।

लुटकुम बूढ़ा
लुटकुम बुढ़िया
बोल रहे हैं
कह रहे हैं।।

लुटकुम हाड़ाम–बुड़िआ–

आतेआ जाइञ ताबु 161
पाटि जा बाबा दो
कोरेआ जाइञ ताबु
सुड़ता जा कोदे दो।
सिमकोगे जोमकेद
मेरोमको नाबकेद
चिनाःबु माण्डीआ
मेरेबु इसिने।।

लुटकुम बूढ़ा–बुढ़ी–

अरे नाती
चटाई का धान
अपने पोता
चटाई का मडुआ।
मुर्गियाँ खा गई
बकरियाँ चर गई
हम क्या पकाएंगे?
हम क्या सिझाएंगे।।

कासारा कोड़ा–

आबेन गा जिआङकिङ 162
आबेन गा ताताङकिङ
आलोबेन एराङिञ
आलोबेन सेगेदिञ।
सार्तेको जोमकेद
चि काको जोमकेद
मेदते लेललेबेन
आपान ते चिनालेबेन।।

खसरा छोरा–

हे आजा
हे आजी
मुझे मत गरिआओ
मुझे मत सुनाओ
सच ही खा गई
चा नहीं खाई
आंख से देख लो
अपने से जांच लो।।

कानिनि–

लुटकुम हाड़ामकिङ 163
लुटकुम बुड़िआकिङ
लेल बाड़ातानाकिङ
चिना बाड़ाताना।।
पाटिकिङ लेलेआ
सेलकिङ चिनाएआ
पाटिओ पेरेःआकाना
सेएलो पेरेःआकाना।।

कथावाचक–

लुटकुम बूढ़ा
लुटकुम बूढ़िया
देख रहे हैं
जांच रहे हैं।
चटाई देख रहे हैं
ओखली देख रहे हैं
चटाई भरी है
ओखली भरी है।।

चाटुकिन लेलेआ 164
डाटोमकिन चिनाएआ
चाटुकोओ, डाटोमकोओ
एनकागे पेरेःआकाना।
लुटकुम हाड़ाम किङ
लुटकुम बुड़िआ किङ
बारानकिन लेलतेकिन
धांदा गिड़िजाना।।

घड़ा देख रहे हैं
टोकरी देख रहे हैं
घड़ा भी, टोकरी भी
उसी तरह भरे हैं।
लुटकुम बूढ़ा
लुटकुम बूढ़िया
यह सब देखकर
दोनों दंग रह गए।।

लुटकुम हाड़ाम–बुड़िआकिन–

आत्तेआ कासारा 165
आत्तेआ तोरो
कुम्बुड्डुकेन गेआमचि
जुम्बुड़िकेन गेआमचि
नामिनाङ बाबा दो
नामिनाङ कोदे दो
ओकोआतेम आगु लाः
ओकोआतेम जामालाः?

लुटकुम बूढ़ा–बुढ़ी–

अरे खसरा
अरे दद्रुक
क्या तुमने चोरी की?
क्या तुमने छिनारी की?
इतना सारा धान
इतना सारा मड़ुआ
कहां से लाया
कहां से जमा किया?

कासारा कोड़ा–

काञ गा कुम्बुड्डु केन 166
काञ गा जुम्बुड़ि केन
काजि मानातिङबेन
बाकांड़ा पातिआबेन।
नामिनाङ दुकु रे
नामिनाङ बालाए रे
चिलकाञ कुम्बुड्डुञ
मेरेकाञ जुम्बुड़ि।।

खसरा छोरा–

मैंने चोरी नहीं की
मैंने छिनारी नहीं की
तुम मेरी बात मानो
तुम मुझपर विश्वास करो।
इतने दुख में
इतनी विपत्ति में
मैं कैसे चोरी करता ?
मैं कैसे छिनारी करता?

सिङबोंगा राजाएः 167
ओमाबु ताना दो
ओतेरेन एंगाएः
चेदाबु ताना दो।
आबु आसुल मेनते
आबु जोड़ेन मेनते

सिङबोंगा राजा
हमें देता है
धरती माता
हमें देती है।
हमें पालने के लिए
हमें पोसने के लिए

आबु सुकु मेनते
आबु रासिका मेनते।।

हमारी खुशी के लिए
हमारे आनंद के लिए।।

कानिनि–

आसुर होनको लोः इनुङ–इनुङते 168
आसुर गांड़ां कोलोः दुब जारूते
कासारा कोड़ा मुण्डि केदा
आकोआः सोबेन भेद।
चिलकाते बिचा कुइलाताना
चिलकाते मेंड़ेद बाइओःताना
तोरो कोड़ा इतु केदा
आकोआः सोबेन बुइदि।।

कथावाचक–

असुर बच्चों के साथ खेलते–खेलते
देवता संतान के साथ उठते–बैठते
खसरा छोरे ने पता लगा लिया
उनका साराभेद।
किस तरह कोयला बनता है
किस तरह लोहा बनता है
तोरो छोकरे ने सीख ली
उनकी सारी बुद्धि।।

सिङबोंगा गेलबार बिदि केदाएः 169
माराङबोंगा हिसिबार सिदिकेदाएः
सिपुदतान–लेबेदतानगे मुसिङ
मेड़ेद बाइ होंकाजाना।
जां इमिनाङ बिचा दुलेरेओ
जेता इमिनाङ कुइला ओमेरेओ
मेड़ेद बाइ भाटी ताको
आचकागे एंड़ेःजाना।।

सिङबोंगा ने बारह विधियाँ लगाई
बड़े देवता ने बाइस सिद्धियाँ भिड़ाई
धौंकनी चलाते–चलाते एकदिन
लोहा बनना बंद हो गया।
कितना भी पत्थर डालने पर
कितना भी कोयला डालने पर
लोहा बनाने की भट्ठी
अचानक बुझ गई।।

आसुर को–

आतेआ हागा को 170
आतेआ बोया को
चि बु चिकाएआ?
मेरे बु रिकाएआ?
निमिनबु सिपुदे
निमिनबु लेबेद
मेंड़ेद का बाइओःआ
लोहा का उड्डुङोः।।

असुरगण–

हे भाइयो,
हे बंधुओ
हम क्या करें?
हम क्या धरें ?
इतना धौंकने पर भी
इतना चलाने पर भी
लोहा बन नहीं रहा
लोहा निकल नहीं रहा।।

जू ताबु सेनोः पे 171
जू ताबु कुलीःपे
गाड़ा पारोम देओंड़ा

जाओ, जा आओ
जाओ, पूछ आओ
नदी पार के ओझा से

नाइ पारोम सोखा।
चाउलि जाङबु इदीआ
कुदिजाङ बु सेटेरे
साला लेकाएः ताबु हो
पितिलेकाएः ताबु हो।

सोता पार सोखा से।
चावल के दाने ले जाएंगे
खुदी के दाने ने जाएंगे
उन्हें वह जांच ले
उन्हें वह परख ले।।

कानिनि–

सेनोःजान गेआको 172
बिरिद जान गेआको
सालाकेद गेआएः
पितिकेद गेआ।
गाड़ा पारोम देओंड़ा उदुब केदा
नाइ पारोम सोखा काजि केदा
आसुर को सानामाङ रे
आएआः उदुबेतेआः।।

कथावाचक–

वे चले गए
वे निकल गए
ओझा ने जांचा
उसने परखा।
नदी पार के ओझा ने बताया
सोता पार के सोखा ने कहा
असुरों के सामने
उन्हें जो कहना था।।

देंवड़ा–

आपेआ हागा को 173
आपेआ बोया को
चाउलि जाङिञ सालाकेद
कुदि जाङिञ पितिकेद।
सिम दाड़ें जाना दो
मेरोम दाड़ें जाना दो
एना ताबु कामिपे
एना ताबु रिकाएपे।।

ओझा–

हे भाइयो
हे बंधुओ
मैंने चावल के दाने देखे
मैंने खुदी के दाने जांचे।
मुर्गी की बलि की मांग है
बकरे की बलि की बात है
तुम वही काम करो
तुम वही जुगाओ।।

कानिनि–

देओंड़ा उदुबे लेकागे 174
सोखा काजी लेकागे
आसुर को सिम–मेरोमको
बोंगाकेद कोआ।
मेनदो एनका रिकाएः रेओ
मेनदो एनका कामी रेओ
कुठी–भाठी रे मेंड़ेद
कागे बाइओःताना।।

कथावाचक–

ओझा के कहने के अनुसार
सोखा के बोलने के अनुसार
असुरों ने मुर्गों–बकरों
की बलि दी।
किंतु ऐसा करने पर भी
किंतु ऐसा जुगाने पर भी
कोठी–भट्ठी में लोहा
नहीं बनता।।

आसुरको–		**असुरगण–**
एलाया हागाको	175	*हे भाइयो*
एलाया बोयाको		*हे बंधुओ*
गेलबार कुठी दो		*बारह कोठियां*
हिसिबार भाठी दो।		*बाइस भट्ठियां।*
सिम माबु बोंगाकिः		*हमने मुर्गे की बलि दी*
मेरोम माबु दांड़ेंकिः		*हमने बकरे की बलि दी*
कागे ताबु सेसेना		*धौकनी चलती नहीं*
कागे ताबु चालाओःआ।।		*भट्ठी चलती नहीं।।*
सिंगिबु सिपुदे	176	*हम दिन को धौंकते हैं*
निदाबु लेबेदे		*हम रात को भी चलाते हैं*
ए मा बु सिपुदे		*सातो दिन धौंकते हैं*
ए मा बु लेबेदे।		*सातो दिन चलाते हैं।*
मेड़ेद का बाइओःआ		*(फिर भी) लोहा नहीं बनता*
बिचा का सेरोःआ		*अयस्क नहीं गलता*
चिनाः बु चिकाएआ?		*हम क्या करें*
मेरेबु रिकाएआ ??		*हम क्या सोचें ??*
कानिनि–		**कथावाचक–**
चिलकातेको आयुमकेदा	177	कैसे उन्होंने सुना
मेरेकातेको सुआंड़ां केदा		कैसे उन्होंने जाना
बुरू पारोमरे मेनाइः		पहाड़ के उस पार रहता है
मिआद हाटाः देओंड़ां।		एक सूप–ओझा।
सेन नाम किःआको		वे उसके यहां गए
सेटेर नाम किःआको		वे उसके यहां पहुंचे
टोनाङ पारोम रे मेनाइः		जंगल के पार रहने वाले
मिआद साकाम सोखा।।		पत्ता–सोखा के पास।।
सेनोः जान गेआको	178	वे वहां गए
बिरिद जान गेआको		वे पहां पहुंचे
सालाकेद गेआएः		उसने जांचा
पितिकेद गेआ।		उसने परखा।
हाटाः देओंड़ां उदुब केदा		सूप–ओझा ने बताया
साकाम सोखा काजि केदा		पत्ता–सोखा ने कहा

सानामाङरे आसुर कोआः
देवता गांड़ां कोआः।।

सामने असुरों के
और देवताओं के।।

देंवड़ा–

आपेआ हागा को 179
आपेआ बोया को
चाउलि जाङिञ सालाकेद
कुदि जाङिञ पिति केद।
होड़ो दांड़ें जाना दो
मानोआ दांड़ें जाना दो
एना ताबु कामी पे
एना ताबु रिकाएपे।।

ओझा–

हे भाइयो
हे बंधुओ
मैंने चावल के दाने देखे
मैंने खुदी के दाने परखे।
मनुष्य बलि मांगता है
मानव बलि चाहता है
तुम वही काम करो
तुम वही उपाय करो।।

मेड़ेदोः गेआ दो 180
लोहाओः गेआ दो
आलोपे उड़ुगा
आलोपे फिकिरा।
जू ताबु रूआड़ापे
जू ताबु आचुर पे
सुगाड़ा मोने ते
दुलाड़ा जी ते।।

लोहा जरूर बनेगा
लोहा जरूर निकलेगा
तुम चिंता न करना
तुम फिकर न करना
जाओ, तुम वापस जाओ
जाओ, तुम लौट जाओ
शान्त मन से
दुलार जी से।।

कानिनि–

होड़ो चिलकाको बोंगाओआ 181
मानोआ चिलकाको दांड़ेंकोआ
गेलबार हागा आसुरको नेआ
काको इतुआना।
आको हागा ताला रेगे
आको बोया बितार रेगे
चिलकाएआबु मेनते
आको कुपुलिताना।।

कथावाचक–

मनुष्य की बलि कैसे दी जाती है
मानव की पूजा कैसे की जाती है
बारह भाई असुर नहीं जानते
उन्हें पता नहीं।
अपने भाइयों के बीच ही
अपने बंधुओं के अन्दर ही
हम कैसे करें इस तरह
वे आपस में पूछते हैं।।

आसुरको–

ओको रेआ हागा को 182
चिमाए रेआ बोया को

असुरगण–

हे भाइयो कहां से
हे बंधुओ किधर से

बोंगाइ होड़ो नामोःआ
दांड़ें परजा भेंटाओःआ।
मारताबु खोजारि
मार ताबु सांगारि
हातु रे दिसुम रे
टोला रे पाड़ा रे।।

बलि का आदमी मिलेगा
पूजा को प्रजा मिलेंगी।
चलो हम खोजें
चलो हम ढूंढें
गांव–देश में
टोला–महल्ला में।।

कानिनि–

जान सिम–सुकुरि रेचा 183
जेतान मेरोम–मिडि रेचा
जान हाट कोरे, पीटि कोरे
किरिङ ते नामोःआ।
जान तोआ–दाः रेचा
जेतान बा–जो रेचा
जाए आसि–मांगानि ते
राबालते भेटाओःआ।।

कथावाचक–

कोई मुर्गे–सूअर की बात होती तो
कोई बकरे–भेड़ की बात होती तो
किसी हाट में, बाजार में
खरीदने से मिलते।
कोई दूध–पानी की बात होती तो
कोई फल–फूल की बात होती तो
किसी से मांगकर–पूछकर
आसानी से मिलती।।

हातु–हातु को दांड़ा ताना 184
टोला–टोला को खोजारताना
जेतारेओ बोंगाइ होड़ो
काएःनामोः गेआ।
कुलि बाड़ा ताना को
कुदुम बाड़ा ताना को
जेतारेओ दांड़ेंइ परजा
काएः भेटाओ गेआ।।

वे गांव–गांव ढूंढ रहे हैं
वे टोला–टोला खोज रहे हैं
बलि का आदमी
कहीं नहीं मिलता।
वे पूछते हैं
वे ताछते हैं
पूजने को प्रजा
कहीं नहीं मिली।।

लेल नामताःइआको 185
चिना नामताःइआको
कामि बाइओः लेका
आटकारोः ताना।
काटा तेओ लांगड़ा होड़ो
ती तेओ टुंटा परजा
हेटो बाड़ान तानाएः इनिः
ओर बाड़ानताना।

वे देख पाते हैं
वे पहचान पाते हैं
उनका काम बनने जैसा
उन्हें लगता है।
पैर से लंगड़ा आदमी
हाथ से ठूंठी प्रजा
वह घिसट रहा है
वह खिसक रही है।

186 सेननाम केदकोआको
सेटेर नाम केदकोआको
इनिआः एंगा–आपु
हागा–बोया ताला।
आपान जारूड्डु को उदुबजादा
आकोआः काजिको चुण्डुलजादा
दो केदाको आपान
जागार आको ताला।।

वे वहां गए
वे वहां पहुंचे
उसके मां–बाप
भाई–बंधु के बीच।
अपनी जरूरत बताते हैं
अपना काम बताते हैं
उन्होंने अपनी बात रखी
उनलोगों के बीच।

आसुरको–

187 *आपेआः ने होन*
आपेआः ने गाड़ां
ने लेकाएः दुकुतान
ने लेकाएः बालाएतान।
ओमाले ताबुपे
चेदाले ताबुपे
ने होनले इदिकी
ने गाड़ां ले सुतुः की।।

असुरगण–

तुम्हारा यह बच्चा
तुम्हारी यह संतान
इस तरह दुख में है
इस तरह विपत्ति में है
तुम इसे हमें दे दो
तुम इसे हमें दान करो
हम इस बच्चे को ले जाएंगे
हम इस प्रजा को ले जाएंगे।।

188 *गेलबार कुठी*
हिसिबार भाटी
मेड़ेद बाइ होंकाजाना
बिचा सेर तेपेदःजाना।
होड़ो दाड़ें जाना दो
मानोआ बोंगा जाना दो
इनाले बाइ रूआड़ाते
इनाले एटेः रूआड़ाते।

बारह कोठियों में
बाइस भट्ठियों में
लोहा बनना बंद हो गया
धातु निकलना बंद हो गया।
मनुष्य बलि चाहता है
नरबलि मांगता है
हम इसे ठीक करना चाहते हैं
हम इसे सही करना चाहते हैं।

हातु होड़ोको–

189 *निकुदो चिलकान होड़ोको*
निकु दो चिलकान परजा को
बोंगाइ मेनते
होड़ोको दाड़ांताना।
एलाबु दालगिड़ि कोआको
दोलाबु रू गिड़िकोआ

गांव के लोग–

ये कैसे लोग हैं
ये कैसी प्रजा है
बलि देने को
आदमी खोजते हैं।
आओ हम उन्हें मार भगाएं
आओ हम उन्हें पीट भगाएं

मेनते सोबेनको
मारा–माराताना।।

ऐसा कहते हुए वे
मारो–धरो कहते हैं।

कानिनि–

190 दाल गिड़िकेद कोआको
रू गिड़िकेद कोआको
हातु सिमानातेको
हार गिड़िकोताना।
राः तान गेआ को
गेराङतान गेआको
एनलेका आसुरको आपान
हातु को रूआड़ाजाना।।

कथावाचक–

उन्हें मार भगाया
उन्हें पीट भगाया
गांव सीमा से बाहर
उन्हें खदेड़ा।
वे रो रहे हैं
वे कलप रहे हैं
इस तरह असुर बंधु
अपने गांव वापस आ गए।।

191 एला चिनाःबु चिकाएआ
मारा मेरेबु रिकाएआ
आसुरको इसु पुराः
उड़ुः रेको टोःजाना।
मेंड़ेद बाइ कुठी ताको
बिचा सेर भाठी ताको
चिमिन दिनाते
होंकागे होंकाआकाना।।

भाइयो, हम क्या करें
बंधुओ हम क्या करें?
असुर बहुत बड़ी
चिंता में पड़ गए।
लोहा बनाने की कोठी
अयस्क गलाने की भट्ठी
कितने दिनों से
बन्द पड़ी है।।

192 चिलका तेको उड़ुकेदा
सोंजोको तेको पाहाम केदा
आको हातुरेगे मिआद
होड़ोहोन मेनाइःइआ।।
कासारातानगे रेओ
तोरोतानगे रेओ
दाड़ें लेका, बोंगा लेका
इनिःगे मेनाःइआ।।

कैसे कैसे याद आया
संयोग से स्मरण आया
उन्हीं के गांव में
एक मनुष्य है।
खसरा होने पर भी
फुंसी होने पर भी
बलि लायक, पूजा लायक
वही एक है।

193 सेनोः जान गेआको
बिरिदजान गेआको
लुटकुम हाड़ाम–बुड़िया किङ
सेननाम केदकिना।

वे वहां गए
वे वहां पहुंचे
लुटकुम बूढ़ा–बूढ़िया
के पास वे गए।

आकोआः काजि दो
आकोआः जारूड्डु दो
हाड़ाम बुड़िआकिन
आको उदुबादकिना।।

अपनी बात
अपनी जरूरत
बूढ़े—बूढ़िया को
उन्होंने बता दी।।

आसुरको—

एहो हाड़ाम किन 194
एहो बुड़िआ किन
दासिबेन दोआना
गुतिबेन जोगाओआना।
कासारातान गेआएः
तोरोतान गेआएः
इनिः ताबु ओमालेबेन
इनिः ताबु चेदालेबेन।।

असुरगण—

हे बुजुर्ग
हे अग्रज
तुमने नौकर रखा है
तुमने धांगर जुगाया है।
घाव से भरा है
फुंसी से भरा है
तुम उसे हमे दे दो
तुम उसे हमें दान कर दो।।

लुटकुम हाड़ाम—बुड़िआकिन—

ओमदोलिङ ओमापे 195
चेद दोलिङ चेदापे
चि पे चिकाइआ
मेरे पे रिकाइआ।
बोरोतान गेआकिङ
चिरितान गेआकिङ
ओड़ाः ओकोए होरोआलिङ
रोसोम ओकोए जांगिआलिङ?

लुटकुम बूढ़ा—बुढ़ी—

हम दे तो देंगे
हम दान में देंगे
तुम उसे क्या करोगे?
तुम उसका क्या करोगे?
हमें डर लगता है
हमें भय होता है
हमारे घर की रखवाली कौन करेगा?
हमारी झोपड़ी को कौन देखेगा?

आसुरको—

आ हो हाड़ामकिङ 196
आहो बुड़िआकिङ
चिनाः ले मेनेआ
मेरे ले उदुबे।
ए मा निदा ते
ए मा सिंगि ते
सिपुदकेद गेआले
लेबेदकेद गेआले।।

असुरगण—

हे अग्रज
हे बुजुर्ग
हम क्या कहें
हम क्या बताएं ?
सात रात से
सात दिन से
हमने धौंकनी चलाई
हमने लोहा गलाया।

197 *गेलबार कुठी*
हिसिबार भाठी
कागे हो मेंड़ेदतान
कागे हो लोहातान।
बुरू पारोम देओंड़ा
नाइ पारोम सोखा
साला केद गेआदो
पिति केद गेआ दो।।

बारह कोठियाँ
बाइस भट्ठियाँ
धातु नहीं बनता
लोहा नहीं बनता।
पहाड़ पार का ओझा
नदी पार का सोखा
उसने जांचा
उसने परखा।।

लुटकुम हाड़ाम–बुड़िआकिन–

198 *हाटाः देओंड़ापे मेने चा*
साकाम सोखापे मेनेचा
कालिङ्गे ओमिआ
कालिङ्गे चेदिआ।
पाटि बाबा तालिङ दो
सुड़ता कोदे तालिङ दो
ओकोएगे होरोएआ
चिमाएगे जांगिआ।।

लुटकुम बूढ़ा–बुढ़िआ–

सूप–ओझा कहो तब भी
पत्ती–सोखा कहो तब भी
हम उसे नहीं देंगे
हम उसे नहीं छोड़ेंगे।
हमारी चटाई का धान
हमारी चटाई का मडुआ
कौन देखेगा
कौन ओगरेगा?

कानिनि–

199 गेलबार आसुर को
हिसिबार देओता को
काको मानातिङ ताना
काको बुजातिङताना।
कासरा कोड़ा के
तोरो कोड़ा के
सांगिते–मोटाइते को
साबतिरूबीताना।।

कथावाचक–

बारह असुर भाई
बाइस देवता बंधु
नहीं मानते
नहीं समझते।
खसरा छोकरे को
तोरो छोरा को
वे सब मिलकर
जबरदस्ती पकड़ रहे हैं।

200 मिआद ती आसुरको
एटाः ती हाड़ाम बुड़िआकिङ
कासराकोड़ा केको
रापाचाः ताना।
मिसा आसुर को साः
मिसा हाड़ाम बुड़िआ किङ साः

एक हाथ असुर लोग
एक हाथ बूढ़ा–बुढ़िया
इस तरह खसरा छोरा को
आपस में खींच रहे हैं।
एक बार असुरों की ओर
एक बार बूढ़ा–बूड़िया की ओर

एनलेका तोरो कोड़ा
इनकु ओपोरताना।।

इस तरह तोरो छोरा को
परस्पर खींच रहे हैं।।

201 लुटकुम हाड़ामकिन
लुटकुम बुड़िआकिन
कागेकिङ दाड़िजाना आकिन
आपान साः राचाः इदि।
कासरा कोड़ा दो
तोरो कोड़ा दो
ओर इदि किःआको
राचाः इदिकिःआ।।

लुटकुम बूढ़ा
लुटकुम बूढ़िया
असमर्थ रहे उसे
अपनी ओर खींचने में।
खसरा छोकरा
तोरो छोरा को
वे लोग उसे खींचकर
ले गए अपने साथ।।

कासाराकोड़ा–

202 *बोंगा दोपे बोंगाञा*
दांड़ें दोपे दांड़ेञा
नावागे माण्डिकि
बिगल नावागे
पुण्डि मेरोम ऊरते
चापुआताबु दाबेपे
डिंडा मा कुड़िको
सिपुदेका, लेबेदे।।

खसरा छोरा–

तुम मुझे बलि तो दोगे
तुम मुझे दान तो दोगे
नई धौंकनी
डंडी नई
सफेद बकरे के चमड़े से
धौंकनी छाओगे
अविवाहित लड़कियां
धौंकनी चलाएं, धूंकें।।

203 *ए मा निदा नाङ*
ए मा सिंगि नाङ
बिचा जा कुइला
बुरू गे हुण्डीपे।
उलि जा साकाम ते
कुदा जा साकाम ते
टुण्डु रे हिरचीपे
तायोम ते तिरपीपे।।

सात रातों के लिए
सात दिनों के लिए
पत्थर और कोयले की
ढेरी लगाओ।
आम की पत्ती से
जामून की पत्ती से
अन्त में पानी झिमकाओ
आखिर में पानी डालो।।

कानिनि–

204 कासरा कोड़ा काजिकेद लेका
तोरो कोड़ा उदुब केद लेका
आसुर को सोबेनाः

कथावाचक–

खसरा छोकरे के कहे अनुसार
तोरो छोरा के बताए अनुसार
असुरों ने सब कुछ

आको साम्पोड़ो केदा।
कुठी एटेः रूआड़ा नांगेन
भाठी चालाओ रूआड़ा नांगेन
देओता होनको सोबेन
मारको रासिकाताना।।

तैयार किया।
कोठी फिर से चलाने के लिए
भट्ठी फिर से आरंभ करने के लिए
देवता सभी
बहुत खुश हो रहे हैं।।

205 साम्पोड़ो सोबेन जांच केआते
तेआरी जोतो पड़ता केआते
कासरा कोड़ा मेंड़ेद
कुठी रे बोलोजाना।
आसुर जा कुड़िको
देओता जा दांगिड़िको
ए मा निदा आर सिंगि
सिपुदको आचुनजाना।।

सभी सामान जांच कर
सारी तैयारी पड़ताल कर
खसरा छोरा लोहे की
कोठी में घुस गया।
असुर स्त्रियां
असुर युवतियां
सात रात, सात दिन
धौंकनी चलाने लगीं।

206 सिपुदकेद गेआको
लेबेदकेद गेआ को
दिन मुंडि सोमाए नेंडा
एनका तेबाःजाना।
नावा चाटु दाः ते
कुदा–उलि साकाम ते
हिरचि तानाको,
तिरपि तानाको।।

उन्होंने धौंकनी चलाई
उन्होंने भट्ठी चलाई
इस तरह नियत दिन
पहुंच गया।
नए घड़े के पानी से
आम–जामून की पत्ती से
वे पानी छिड़क रहे हैं
झिमक रहे हैं।

207 एन तालागे कासराकोड़ा
एन सोमाएगे तोरो कोड़ा
निर उड्डुङ जानाएः
भाठी होराते।
जिकिमिकि तानगे
झाकामाका तानगे
का लेल दाड़िओः लेका
इपाएः मेदते।।

उसी बीच खसरा छोरा
उसी बीच तोरो छोकड़ा
दौड़कर निकला
भट्ठी के रास्ते से।
झिलमिलाता हुआ
झकमकाता हुआ
नहीं देख पाने जैसा
नंगी आंखों से।।।

208 रेः जाइः गेआको
राचाः जाइः गेआको

वे लूट रहे हैं
वे खींच रहे हैं

गेलबार हागा आसुरको
मारको उपुदुरताना।
माना लेकाको तानाएः
रोकाओ लेकाको तानाएः
कासरा कोड़ा, तोरो कोड़ा
काजिआकोताना।।–

बारह भाई असुर लोग
एक दूसरे को धकेल रहे हैं।
वह मना करता है
वह रोकता है
खसरा–तोरो छोरा
उनसे कहता है।।–

कासारा कोड़ा–

209 *आलोपे रिगिञा*
आलोपे राचाःञा
हागापे सांगिआ
बोया पे सांगिआ।
गेलबार कुठी दो
हिसिबार भाठी दो
सोनाते पेरेःआकान
हीराते तुंगिआकान।।

खसरा छोरा–

तुम मुझे लुटो नहीं
तुम मुझे खींचो नहीं
तुम तो अनेक भाई हो
तुम तो अनेक बंधु हो
बारह कोठियां
बाइस भट्ठियां
सोने से भरी है
हीरे से पूरी है।।

210 *आञदो एसेकार*
चिमिनेञ कुदेआ
आञ दो आञ गे
चिमिनेञ कुटुङे।
आपेगे आउ जोङपे
सांगिते गोगेपे
आपेगे इदिजोङपे
जामाते कुटुङपे।।

मैं तो अकेला
पीठ पर कितना ले आऊँ
मैं तो सिर्फ मैं हूँ
कंधे पर कितना ढोऊँ।
तुम खुद ले आओ
सब मिलकर ले आओ
तुम स्वयं ले आओ
सब जुटकर ले आओ।।

कानिनि–

211 कासाराः काजिते
तोरोआः बांकाड़ाते
आसुर को हायातेको
हितातोड़ोताना।
आञ सिदा!
का आञ सिदा!–
भाठी ते बोलो नांगेन
मारको उपुदुरताना।।

कथावाचक–

खसरा की बात सुनकर
दद्रुक का कहना गुनकर
लोभ से असुरों की
लार टपकने लगी।
मैं पहले!
नहीं, मैं पहले!–
भट्ठी में घुसने को आपस में
सब धक्का–मुक्की करने लगे।।

आसुर जा होनको
देओता जा गांड़ाको
कोड़ा बारि कोड़ाको
निरजा बोलोजाना।
गेलबार कुठी आतोम
हिसिबार भाठी गेना
आकोआः कुड़िको सोबेन
तिंगु बागेजाना।।

212

असुरों के बच्चे
देवताओं की संतान
सभी के सभी पुरुष
दौड़कर घुस गए।
बारह कोठियों के किनारे
बाइस भट्ठियों के पास
उनके सभी स्त्रियां
खड़ी रह गई।।

कासाराकोड़ा–

आहो रिचिकिङ
आहो बेसेराकिङ
लेलको ताबुबेन
चिनाको ताबुबेन।
उकुआकान को
दानाङाकान को
हारूबाकानको
दापालाकानको।।

213

खसरा छोरा–

हे बाज बंधुओ
हे बेसरा भाइयो
जाओ देख आओ
जाओ पहचान आओ।
छिपे हुओं को
लुके हुओं को
दबे हुओं को
ढके हुओं को।।

कानिनि–

रिचि बेसेराकिङ
लेलबाड़ा तानाकिङ
लेल नामताःइआकिङ
चिनानामताःइआ।
उकुआकान गेआएः
दानाङाकान गेआएः
उदुबाइतानाकिन
चुण्डुलाइताना।।

214

कथावाचक–

बाज और बेसरा
सब तरफ देख रहे हैं
उन्होंने देख पाया
पहचान लिया।
कोई छिपा हुआ है
कोई लुका हुआ है
उसे बता रहे हैं
बोल रहे हैं।।

रिचि–बेसेरा–

आम हो हागा
आम हो बोया
सोनागे सामाड़ोम
रूपा गे हीरा।
का हो को ओमामे

215

बाज–बेसरा–

हे भाई, सुनो
हे भाई, गुनो
सोना और सोना
रूपा, हीरा।
वे तुम्हें नहीं देंगे

का हो को चेदामे
आमो हो बोलोमे
आमो हो सोड़ोमें।।

वे तुम्हें नहीं बांटेंगे
तुम भी अन्दर जाओ
तुम भी भीतर जाओ।।

कानिनि–
रिचि जा बेसेरा 216
चाओंरा–भाओंरी
कासारा कोड़ा इनकुएः
कुलिजाद कोआ।
चिआको चाबा जाना चि
चिआको टुण्डु जाना चि
तोरो कोड़ा इनकुएः
कुदुम जादकोआ।।

कथावाचक–
बाज और बेसरा
चौंरा–भौंरी को
खसरा छोरा उन्हें
पूछ रहा है।
क्या सब खतम हो गए?
क्या वे समाप्त हो गए?
तोरो छोकड़ा उनको
ताछ रहा है।।

रिचि–बेसेरा–
हानिःआ कासारा *217*
हानिःआ तोरो
जुला पिंडिगि रे
पासिंगि आतोम रे।
आतिरितेः हारूबाकान
तावातेः तेनाकान
हापेआकान गेआएः
चुपेआकान गेआ।।

बाज–बेसरा–
वो, हे खसरा
वो, हे तोरो
चूल्हे की मेड़ पर
आग के किनारे।
ढकनी से ढका है
तवे से छिपा है
दुबका बैठा है
चुपके बैठा है।।

कानिनि–
सेननाम किआएः 218
सेटेर नाम किआएः
बोरारेः सांजु किःआ
गाड़ा रेः आतुकिःआ।
आतुजान गेआएः
बुआल जान गेआएः
हातु दिसुमाते इनिः
पारका उतारकिःआ।।

कथावाचक–
(खसरा) उसके पास गया
उसके यहां पहुंचा
उसने उसको बोरे में डाल
नदी में बहा दिया।
वह बह गया
वह दह गया
इस तरह उसे गांव–देश से
दूर भेज दिया।।

कासरा कोड़ा दो 219

खसरा छोकड़ा

तोरो कोड़ा दो
आसुर जा कुड़िकोएः
काजिआकोताना।
ओड़ोः गे सेकेड़ाःएपे
ओड़ोःगे आंजाएपे
मेनते खाने–खानेः
उसुकुर कोताना।।

तोरो छोरा
असुर स्त्रियों को
बोल रहा है।
और भी जल्दी करो
और भी तेज करो
इस तरह बार–बार
उन्हें उत्साहित कर रहा है।।

कुठी जा आतोमाते 220
भाठी जा गेनाआते
आयुमोः तानाको
आतेनोःताना।
एआङगा तानाको
आबागा तानाको
राः तान गेआको
गेराङ तानगेआ।।

कोठी के किनारे से
भट्ठी के पास से
वे सुनाई दे रहे हैं
आवाज आ रही है।
हाय, मां बोल रहे हैं
हे बाप कह रहे हैं
रो रहे हैं
कलप रहे हैं।।

आसुर जा कुड़िको 221
आसुर जा बुड़िको
बोरो तान गेआको
चिरितान गेआ।
कासरा कोड़ा के
तोरो कोड़ा के
काजिआइतानाको
उदुबाइ ताना गेआ।

असुर स्त्रियां
असुर नारियां
डर रही हैं
भय कर रही हैं।
खसरा छोराको
तोरो छोकरे को
बोल रही हैं
कह रही हैं।।

आसुर कुड़िको–
एलाया कासारा 222
एलाया तोरो
आलेआः होड़ोको
आलेआः हागाको।
चिको चिकातान
मेरेको रिकातान
राःतान गेआको
गेराङतान गेआको।।

असुर स्त्रियाँ–
अरे खसरा
अरे तोरो
हमारे लोग
हमारे भाई
क्या कर रहे हैं?
उन्हें क्या हो रहा है?
वे रो रहे हैं
वे कलप रहे हैं।।

कासारा कोड़ा–

आलोपे रागेआ 223
आलोपे गेराङे
हागाको सांगिआ
बोयाको सांगिआ।
सोनागे सामाड़ोम
रूपागे हीरा
रेपेःतान गेआको
तापाविः तानगेआको।।

खसरा छोरा–

तुम मत रोओ
तुम मत कलपो
वे अनेक भाई हैं
वे अनेक बंधु हैं
सोना और सोना
रूपा और हीरा
वे लूटपाट कर रहे हैं
वे छीना–झपटी कर रहे हैं।

कानिनि–

कुठी जा होराते 224
भाठी जा डारे ते
मायोमगे लिंगिताना
किरूमगे पारिड़िताना।
आसुर जा कुड़िको
आसुर जा बुड़िको
इआमतान गेआको
सायादतान गेआ।

कथावाचक–

कोठी के रास्ते से
भट्ठी के मार्ग से
खून बह रहा है
लहू निकल रहा है।
असुर स्त्रियां
असुर नारियां
रो रही हैं
विलख रही हैं।।

कासाराकोड़ा–

मायोम दो कागे 225
किरूम दो कागे
पानको जोमेतान
गुआको तागोएःतान।
बेः जाद गेआको
थू जाद गेआको
एनागे लिंगितान
एनागे पारिड़ितान।।

खसरा छोरा–

वह खून नहीं
वह लहू नहीं
वे पान खा रहे हैं
वे सुपारी चबा रहे हैं।
वे थूक रहे हैं
वे पीक रहे हैं।
वही बह रहा है
वही निकल रहा है।

कानिनि–

नावा चाटु दाः ते 226
उलि–कुदा साकाम ते
हिरिचि जाद गेआको
तिरपि जाद गेआ।

कथावाचक–

नए घड़े के पानी से
आम–जामून की पत्ती से
वे छिड़क रही हैं
झिमक रही हैं।

गेलबार कुठी दो
हिसिबार भाठी दो
ओटाः केद गेआको
निःकेद गेआ।।

बारह कोठियां
बाइस भट्ठियां
उन्होंने खोली
उन्होंने उघारी।।

जाङते जाङगे 227
तोरोएःते तोरोएःगे
लेलकेद गेआको
चिनाकेद गेआ।
आसुर जा कुड़िको
देओता जा बुड़ि को
राःतान गेआको
गेराङ तानगेआ।।

हड्डी ही हड्डी
राख ही राख
उन्होंने देखा
उन्होंने पहचाना।
असुर स्त्रियां
असुर नारियां
रो रही हैं
विलख रही हैं।।

सिङबोंगा राजा 228
बोंगाको चेतान बोंगा
बिधिकेदा गेलबार
सिदि हिसिबार।
चेतान तेः रूआड़ाताना
सिरमातेः सेनोःताना
तुड़ि मा सुताम ते
बांदु जा बायार।।

सिङबोंगा राजा ने
देवताओं के देवता ने
बारह विधियां की
बाइस सिद्धियां की।
ऊपर को वापस जा रहे हैं
आकाश को लौट रहे हैं
तुड़ी के धागे से
बान्दु के रस्से से।।

आसुर जा कुड़िको 229
आसुर जा बुड़िको
ती रेको साब जाःइआ
काटा को राचाः जाःइआ।
कासरा कोड़ा दो
तोरो कोड़ा दो
राड़ा गिड़िजाद कोआएः
कोटा गिड़िजाद कोआ।

असुर स्त्रियां
असुर नारियां
उसे हाथों में पकड़ती हैं
पैर को खींचती हैं।
खसरा छोकरा
तोरो छोरा
उन्हें छुड़ा रहा है
उन्हें झटक रहा है।

जुमाङ गिड़िन तानाको 230
जापाः गिड़िन तानाको
जाआनाःए रिकाएरेओ

वे चिपक रही हैं
उससे सट रही हैं
वह कुछ भी करे

काको बागे जाःइआ।
कासरा कोड़ा के
तोरो कोड़ा के
आर्जी जाइ गेआको
बिन्ती जाइःगेआ।

छोड़ नहीं रही हैं।
खसरा छोरा को
तोरो छोकरा को
अर्जी कर रही हैं
विनती कर रही हैं।।

आसुर कुड़िको–

आलेआः आपासुल 231
आलेआः जोपोतोन
उदुब जा तुकालेम
चुण्डुल जा तुकालेम।
होड़ो बाङको तालेआः
हागा बाङको तालेआः
चिलकातेले जीदोः
मेरेकातेले बांचाओः?

असुर स्त्रियाँ–

हमारा पालन
हमारा पोषण
हमें बता जाओ
हमें बोल जाओ।
हमारे पति नहीं
हमारे भाई नहीं
हम कैसे रहेंगे
हम कैसे बचेंगे?

कासारा कोड़ा–

आसुलोः गेआपे 232
जोतोनोः गेआपे
काजिपे आयुम रे
बाकांड़ापे आतेन रे।
राजा सिङबोंगा
ओतेरेन एंगा
काजिआकोताना दो
उदुबाकोताना दो।।

खसरा छोरा–

तुम्हारा पालन होगा
तुम्हारा पोषण होगा
अगर बात मानोगी
अगर आज्ञा पालोगी।
सिङबोंगा राजा
धरती माता
उनको कह रहे हैं
उनको बोल रहे हैं।

कुल दुताम केनालिङ 233
कुल दाराड़ा केनालिङ
कागेपे मानातिङ
कागेपे बुजातिङ।
आलेगे सिङबोंगा
आलेगे माराङा।
मेनतेपे काजिकेद
मेनतेपे बाकांड़ा केद।।

हमने दूत भेजे थे
हमने अगुआ भेजे थे
तुमने बात नहीं मानी
तुमने आज्ञा नहीं पाली।
हम ही सिङबोंगा
हम ही बड़े देवता
यही तुमने कहा
यही तुमने बोले।।

कानिनि–		कथावाचक–
राजा सिङबोंगाकिन	234	राजा सिङबोंगा
ओतेरेन एंगाकिन		धरतीमाता
राचाः गिड़िजाद कोआकिन		झाड़कर दूर करते हैं
कोटा गिड़िजादकोआ।		झटककर अलग करते हैं।
गाड़ा रे, बेड़ा रे		नदी में, घाटी में
डोबा रे, इकिर रे		डोभा मे, दह में
सारना रे, बुरू रे		सारना में, पहाड़ पर
बिर–कान्दार रे।।		जंगल के बीच।।
बुरू रे उयुः जान्निः	235	पहाड़ पर गिरने वाली
बुरू बोंगा बाइ जाना		पहाड़ी देवी बनी
बिर रे उयुः जान्निः		जंगल में गिरनेवाली
चांडि बोंगाजाना।		चंडी देवी बनी।
इकिर र उयुः जान्निः		दह में गिरने वाली
इकिर बोंगा बाइजाना		दह देवी बनी
डोबा रे उयुः जान्निः		डोभा में गिरने वाली
नागे एराजाना।।		नाग देवी बनी।।
इनकुः सेवा नांगेन	236	उनकी सेवा के लिए
इनकुः सुसार नांगेन		उनकी सुश्रुषा के लिए
हातु–हातु पाआंड़ा कोएः		गांव–गांव में पाहनों को
जोगाओ केदकोआ।		उसने नियुक्त किया।।
इनकुः मानातिङ नांगेन		उन्हें मनाने के लिए
इनकुः बुजातिङ नांगेन		उन्हें समझाने के लिए
दिसुम–दिसुम सोखाकोएः		जगह–जगह सोखाओं को
ठाआराओ केदकोआ।।		उसने ठहरा दिया।।
सिङबोंगा राजा	237	सिङबोंगा राजा
ओतेरेन एंगा		धरती माता
चेतानतेकिन राकाबताना		वे ऊपर उठ रहे हैं
सिरमातेकिनताना।		आकाश को जा रहे हैं।
तुड़ि जा सुताम ते		तुड़ी के धागे से
बांदु जा बायार ते		बान्दु के रस्से से
राकाब जानगेआकिन		वे ऊपर उठ गए

चेतान जान गेआ।।

वे ऊपर चले गए।।

कानिनि–

238 सिरमा राड़ेः रूआड़ाजाना
ओते तुतुकुन रूआड़जाना
दाः सिबिल रूआड़ाजाना
होयो बुगिन रूआड़ाजाना।
दुदुगार थामाओजाना
कोआंसि पारचिजाना
निदा तेतेः तारालजाना
सिंगि सुगाड़ाजाना।।

कथावाचक–

आसमान ठंढाया
धरती फिर शान्त हुई
पानी फिर स्वादिष्ट हुआ
हवा फिर ठीक हुई।
आंधी थम गई
कुहासा साफ हुआ
रात साफ हुई
दिन सुनहला हुआ।।

239 उपाल बा पुकुरि
ताड़ाए बा बान्देला
पेरेः रूआड़ा जाना दो
पारिड़ि रूआड़ाजाना।
तासाद–रूड़ा को
दारू जा सिङ को
सुड़ा रूआड़ा जाना दो
सांगेन रूआड़ाजाना।

कमल फूल पोखरी
सरसिज फूल बांध
फिर से भर गया
फिर से छलछलाया।
घास–फूस में
गाछ–वृक्ष में
नई पत्तियाँ उगीं
नए पल्लव आए।।

240 होयोरे आपिरतान
सिरमारे ओटाङतान
चेंड़ें–चिपुरूब सोबेन कोरे
रासिका पेरेःताना।
दाः रे ओयारेनको
हासा रे टुण्डाङेन को
जीउ–जंतु सोबेन कोरे
रासिका पारिड़िताना।।

हवा में उड़ने वाले
आकाश में विचरने वाले
पंख–पखेरूओं में
खुशी लौट आई।
पानी में तैरने वाले
जमीन पर रेंगने वाले
सभी जंतुओं में
आनंद वापस आया।।

241 बाबा एंगा, कोदे एंगा
मेरोम एंगा, उरिः एंगा
खिति आर किरसिकिङ
बाइ रूआड़ाजाना।
बुरू–बिर बा कोते

धान मां, मडुआ मां
बकरी माता, गौ माता
खेती और कृषि
ठीक हो गई।
वन–पहाड़ फूलों से

बेड़ा जानार जो कोते
लिड़ु जोपोद रूआड़ाजाना
पेरेः रूआड़ाजाना।।

घाटी–तराई फलों से
फिर से लद गए
फिर से भर गए।।

242 राजा सिङबोंगा
ओतेरेन एंगा
सोबेनको उड़ुःताना
सोबेन को पाहामताना।–
दिसुम आबु नागेन
गामाए आबु नागेन
बाइ रूआड़ाकेदाकिन
सुगाड़ा रूआड़ाकेदा।।

सिङबोंगा राजा को
धरती माता को
सभी स्मरण करते हैं
सभी याद करते हैं।
देश को हमारे लिए
धरती को हमारे लिए
उन्होंने फिर से ठीक किया
उन्होंने फिर से सुंदर बनाया।।

243 दुकुको ताबु दो
बालाएको ताबु दो
सेनोःजान गेआदो
बिरिदजानगेआ।
हिसिंगा–चेंटाबु बागे
लोओब–खींसबु राड़ाए
हागाकोरे बोयाकोरे
दुलाड़ाबु आसाराएआ।।

हमारे सारे दुख
हमार सभी कष्ट
हमसे दूर हो गए
सुदूर चले गए।
हम ईर्ष्या–द्वेष छोड़ें
हम लोभ–क्रोध त्यागें
भाइयों–बंधुओं के बीच
हम प्रेम की आशा करें।।

244 सुकुतेबु ताइनका
बुगितेबु ताइनका
जुगु–जुगु जाकेद
आबुबु ताइआकानका।–
मेनतेको कापाजिताना
मेनतेको जापागारताना
आबुताला रासिका
पारिड़िआकान ताइनका।।

हम सभी सुख से रहें
हम सभी कुशल रहें
युगों–युगों तक हम
बने रहें।–
इस तरह वे आपसे में बात करते हैं
इस तरह वे बतिया रहे हैं
हमारे बीच आनंद
छलछलाता रहे।।

245 होयो दाः बुगि ताइन
सा सोमाए नापाए ताइन
बुगि गेकिन ताइनका
बाबा, एंगा, कोदे एंगा।

हवा पानी ठीक रहे
ऋतुएं ठीक रहे
ठीक रहें दोनों
धान मां, मडुआ मां।

रेएद रानु बुगि ताइन
तासाद रूड़ाः नापाए ताइन
बुगिगेको ताइन
हागा–बोया कुपुल गंगा।।

जड़ी–बूटी ठीक रहे
घास–फूस ठीक रहे
सभी ठीक रहें
भाई–बंधु, कुटुम्ब परिवार।।

246 बुरू बुरू बुगिका ताइन
जीउ–जंतु नापाएको ताइन
बुगिगेको ताइन सोबेन
सारना सासानदिरि।–
कामि उदाम बुगिका ताइन
सुसुन आकाड़ा नापाएका ताइन
बुगि ताइन एकासि पिड़ि
ओड़ोः तेरासि बादि।।

वन–पहाड़ ठीक रहे
जीव–जन्तु ठीक रहें
सभी ठीक रहें
सारना और सासानदिरि।
काम–उद्यम ठीक रहे
नाच–अखरा ठीक रहे
ठीक रहे एकासी मैदान
और तिरासी सपाट।।

247 रूआ–राबाङ आलोका ताइन
रेंगेः–तेताङ आलोका ताइन
तुरिमाबु कामि लेरे
जोमेकाबु ए मा।
पारकोम जाड़ाः आलोका ताइन
पाटि जाड़ाः आलोको ताइन
जीदाकानबु ताइनका
मोंड़े हिसि सिरमा।।

बीमारी ठंढ न रहे
भूख–प्यास न रहे
छह दिन काम करें
सात दिन खाएं।
चारपाई पकड़न न रहे
चटाई जकड़न न रहे
हम जीवंत रहें
पांच कोरी साल।।

248 आबुरे उम्बुलाकान परजा
आबुरे चोतोराकान जीउ
आको नांगेन ताइनका
आबु जीरे दुलाड़ा।
हाड़ाद मोचा आलोका ताइन
हेबेन आलाङ आलोका ताइन
सोबेनको नांगेन ताइन
आबु जी रे सुगाड़ा।।

हमारी छाया में आश्रित प्रजा
हमारी छतरी में रक्षित जीव
उनके लिए रहे
हमारे मन में प्यार।
न रहे तीता मूंह
न रहे खट्टा जीभ
सबके लिए रहे
हमारे ह्रदय में प्रेम।

249 एदकान हेएवाबु बागेःका
बुगिन हेएवाबु साबेका
आड़िसा सेंड़ां आबुआते

हम बुरी आदतें छोड़ें
अच्छी आदतें पकड़ें
आलसी बुद्धि हमसे

सेनोःका निरगिड़ि।
तेबाः केआते सुकु सालांगि
पारोम जांगि चेतान जांगि
आबु सोबेन रे ताइनका
आयार ते सेन दाड़ि।।

सिङबोंगा जोआर! जोआर!जोआर!
ओतेएंगा जोआर! जोआर! जोआर!
सोबेनको जोआर! जोआर! जोआर!

(बोंगा चाबाजान तायोमते एनताःरेन हागा–कुपुल कोलोः जोआर–जागार।)

दूर चली जाए।
सुख की ऊंचाई पहुंच कर
सीढ़ी पर सीढ़ी चढ़ने के बाद
हम सबमें रहे
आगे बढ़ने की शक्ति।।

सिङबोंगा को जोहार! जोहार! जोहार!
धरतीमां को जोहार! जोहार!जोहार!
सबको जोहार! जोहार! जोहार!

(अनुष्ठान की समाप्ति के बाद एकत्र लोगों का सामाजीकरण।)

2. गाराम बोंगा / ग्राम पूजन
अनुष्ठान एवं मंत्रपाठ

गाराम बोंगा/ग्राम पूजन

बुरूबोंगा (पहाड़ी देवता) इकिरबोंगा (दह देवता) जैसे देवी–देवताओं के साथ गांव की सीमा के अन्दर निवास करने वाले अंतरग्रामीण देवी–देवताओं को संतुष्ट रखना भी आदिवासी आस्था का एक महत्वपूर्ण अंग है। वर्षान्त के बाद महीना (जनवरी–फरवरी) में पुराने घड़े और घिसे–पिटे झाड़ू इत्यादि के ढेर दिखाई देंगे। कभी–कभी इन पुरानी चीजों को फेंकती हुई महिलाओं की टोलियां भी दिखाई दे सकती है। यह है संकेत उस गांव में ग्राम पूजा के होने का।

यह समय होता है पतझड़ का और प्रकृति के साहचर्य में रहनेवाला आदिवासी आकांक्षा करता है कि प्रकृति में जो कुछ हो रहा है उसी के अनुरूप उसके जीवन की अनुपयोगी और अवांछित पुरानी चीजें (झाड़ू–घड़े इत्यादि) वह त्याग दे और पेड़–पौधों में नई पत्तियां आने की तरह उसके जीवन में भी नवीनता आए। इस प्रकार की अभिव्यक्ति को प्रकृति के साथ मनुष्य की सह्रदयता ही कहा जाएगा।

ग्राम पूजा का यह अनुष्ठान ग्रामसभा द्वारा नियत तिथि के पहले की रात को किया जाता है। उसी रात को गांव के पुरूष भी मार्ग के दोनों ओर हो–हल्ला करते हुए कथित रोग–व्याधियों को डराने और भगाने का नाटक खेलते हुए गांव की पूरबी सीमा तक आते हैं और अपनी केन्दू की डालियों से बनी लाठियों–डंडों को वहीं छोड़ आते हैं। वापसी में पास के जलस्रोत में नहाने–धोने या पैर प्रच्छालन के बाद गांव को वापस आते हैं। दूसरे दिन दोपहर तक सारे लोग ग्राम देवता स्थल में जमा होते है। और समवेत पूजा अनुष्ठान में सम्मिलित होते हैं।

कथा

कहते हैं रोग–व्याधियां हवा के साथ आती है। झारखंड की हवाई दिशा अधिकांशतः पश्चिम से पूरब की ओर होती है। इसलिए गांव में सालभर मौजूद रोग–व्याधियों को पूरब की ओर ही अपेक्षाकृत आसानी से हटाया जा सकता है। इन रोग व्याधियों को पुरानी चीजों के साथ गांव की पूरबी सीमा पर फेंक देने के बाद फिर पीछे मुड़कर नहीं देखा जाता। नहीं तो ये रोग–व्याधियां फिर पीछा करने लगेगी।

पूजन विधि–

गोबर से लिपे–पुते ग्राम देवता स्थल में

पूजा सामग्री–धूप–दीप, सिंदूर, अक्षत और बलियों के प्रतीक अंडों को लेकर गृहस्वामियों के बीच गांव का पाहन बैठता है और पूजा आरंभ होती है।

⊙ सोबेन बोंगाको राः होपोर–ले. पृ. 51–56

⊙ गाराम बोंगा गोआरि–

⊙ सर्वदेवता उद्‌बोधन–दे. पृ. 51–56

⊙ ग्राम देवता संबोधन–

हे सिरमारेन सिङबोंगा	1	हे आकाश के परमेश्वर
ओतेरेन ओते एंगा		पृथ्वी की धरती माता
तिसिं दो राज बितार		आज...राज्य के भीतर
.... जिला, ... प्रखण्ड		.... जिला, ... प्रखंड
.... मौजा, ... टोला		.... मौजा, ... टोला
मोड़े हागा हातुरेन।		गांव के पांच भाई
नेरेले जामाआकान,		हम यहां जमा हैं
नेरेले हुंडिआकाना।।		हम यहां एकत्र हैं।।
हातुरेन हातु बोंगाको	2	हे गांव के ग्रामदेवता
सिमान रेन सिमानबोंगाको		सीमाओं के सीमानदेव
हातु दिसम होरोतान को		गांव-देश अगोरनेवाले
उपुम सिमान जांगितान को		चारो दिशाओं के रक्षक।
आबेनाः उदुबहोराते		तुम्हारे बताए रास्ते से
आबेनाः चुण्डुल डारेते		तुमसे इंगित डहर से
तिसिं फालना सिमानरे		आज...गांव की सीमा में
गाराम बोओंगा टायाद रे।		ग्राम पूजा स्थल में
आङ चोलपाङ, तुर चोलपाङ	3	सुबह के समय, प्रातःकाल
बालेः सिंगि तुरतानरे		बाल सूर्य के उगते समय
सामा लाइः सामा मोचा		खाली पेट, काली मुंह
हातु हागा होन जाइ।		गांव के भाई, पुत्र–पौत्र
तीरे ती सांगोम केआते		करबद्ध प्रार्थना में
काटा सुबा तिरूब केआते		तुम्हारे चरणों पर झुके हुए
जोआर जादपेआले		हम तुम्हें जोहार करते हैं
गोआरिजाद पेआले।।		हम तुम्हें गुहार करते हैं।।
कोदे होलोङ कोंडा ताला	4	महुआ अल्पना के बीच
बाबा होलोङ माडोआ ताला		चावल के मंडप के बीच
पिताल पुडुः, रांगा चारिः		पीतल का दोना, रंगीन नीलियों वाला
जिलिब–जिलिब दिआ सेंगेल।		झिलमिल दीप, अग्नि।
दोआकाना, दोड़ोमाकाना		सामग्रियां, सजी हुई, रखी हुई

सोना दाः, रूपा दुना
हिरचि दारोम तानाले
तिरपि दारोम तानाले।।

सोने–सा पानी, चांदी–धुवन
छिड़कर तुम्हारा स्वागत करते हैं
झिमककर तुम्हारी अगुआई करते हैं।।

5 ती काटा आबुङकोःपे
मोचा डाटा हुतुमकोःपे
मिआद गाण्डु, मिआद चालपाःरे
दुबकोःपे, जारूकोःपे।
आमताङ फालना चाण्डुःरे
आमताङ फालना दिलाङ
जोड़ाले हाका लेदा
चाउलिजाङले होरसोद लेदा।।

तुम अपना हाथ–पैर धो लो
मुख आचमन कर लो
एक पीढ़े पर, एक कुंदे पर
बैठ लो, विराज लो।
पिछली बार...के महीने में
पिछली बार...के दिन
हमने रस्सी बांधी थी
अक्षत संजोया था।।

6 आगोम केनाले, पिति केनाले
जोहार लेदपेआले,
गोआरिलेद पेआले
काटा सुबारे तिरूबाद पेआले।
सिङबोंगा, ओतेएंगा
बुरूबोंगा, इकिर बोंगा
माड़ांबुरू, देसाउलि
बा जायार, जिलु जायार।।

हमने मनौती की थी, मिन्नत मांगी थी
तुम्हे जोहार किया था
अपनी गुहार सुनाई थी
तुम्हारे चरणों पर हम झुके थे।
परमेश्वर, धरती माता
पहाड़ी देव, दह देव
माड़ाबुरू, देसाउलि
बाहा देवी शिकारदेवी।।

7 तोरोकोड़ा, चोंड़ेया कोड़ा
बिरमाआरा, जोटो माआरा
नागे एरा, चाण्डी एरा
मुआ, मागाइआ–सापासुड़ि।

तोरोदेव, चोड़ेया देव
वन रक्षकदेव, झाड़ रक्षक देव
नाग देवी, चण्डी देवी
मुआ मासाइया, सापासुड़ि।

(नेताः रे बोंगातान सिमानरेन बुरू, इकिर, चाण्डी, नागे को जेगे मेनाःकोआ जामाओःका नुतुम।)

(यहां पूजा स्थल...... की सीमा के पहाड़ी देवता, जल देवता, चण्डी, नाग देवता जो भी हैं उनके नाम लिए जाएं।)

8 मानोआहोन, मानोआगांड़ां रे
उरिःएंगा, मेरोम एंगारे
बाबा एंगा, कोदे एंगारे
दारूसिं, तासाद–रूड़ाः रे।

मानवसंतान, मानवसंतति के बीच
गौमाता, बकरी माता के बीच
धान मां, मडुआ मां के बीच
गाछ–विरिछ, घास–फूल में

होयोरे ओटाङतानकोरे
दाः रे ओयारतानकोरे
ओतेरे टुडांङतानकोरे
हासारे उगुराकानकोरे।।

हवा में उड़ने वालों के बीच
पानी में तैरने वालों के बीच
जमीन पर रेंगने वालों के बीच
मिट्टी में छिपे हुओं के बीच

9 ओमोनतानरे, बुसाड़ातानरे
हारातानरे, मातातानरे
बा तानरे, जो तानरे
जारोमतानरे, सांइतितानरे।
सिंगितुरोः, चाण्डुः मुलुःआते
काटा जाम्बाड़ा, बोओः कुंदुड़िआते
बारो रोग हिजुःतानरे
तेरो बेआदि सेटेरतानरे।।

बीज उगने, अंकुरित होने के समय
बढ़ते समय, पुष्ट होते समय
फूल लगाने के समय, फल लगते समय
पकाते समय, तैयार होते समय
पूरब से, पश्चिम से
उत्तर से, दक्खिन से
बारह प्रकार के रोग जब आएं
तेरह किस्म की व्याधियां जब आएं।।

10 दुबकोटोङेपे, जारू कोटोङेपे
बिउर रूआड़ाएपे, सेकोर रूआड़ाएपे
जिरगिड़ि, टापागिड़ीपे
आलोका बोलो, आलोका सोड़ो।
मेनतेले आरजिकेना
एनागेले गोआरिकेना
आरजिताले, गोआरिताले
आयुम केदापे, आतेन केदापे।।

तुम उन्हें रोको, उन्हें छेको
उन्हें वापस भेजो, वापस घुमाओ
झाड़ कर फेंको, बुहार कर फेंको
उन्हें अन्दर न आने दो, न घुसने दो।
इस तरह हमने प्रार्थना की थी
इस तरह हमने गुहार की थी
हमारी प्रार्थना, हमारी गुहार
तुमने सुन ली, उस पर ध्यान दिया।।

11 मानोआ होन, मानोआ गांड़ां
आदे लेका, रासुंड़ि लेका
मादलेका, कादाल लेका
गांड़ां जानाको, बुटा जानाको।
सिउः–चालुःरे, रोआ–काड़ायरे
सान–साकामरे, उद–पुटुकुइरे
लाइः हासु, बानोः जाना
बोओः हासु आतोम जाना।।

मानवसंतान, मानवसंतति
अदरख की तरह, लहसून की तरह
बांस की तरह, केले की तरह
वंश वृद्धि हुई, वंश विस्तार हुआ।
हल–कुदाल चलाते, रोपते–बिधाते समय
लकड़ी-पत्तियां खोजते, खुखड़ी-रुगड़ा खोजते समय
कोई पेट दर्द नहीं हुआ
कोई सिर दर्द नहीं हुआ।।

12 जोमतानरे, नू तानरे
दिः बानोः, देओ बानोःजाना
उला बानोः, झाड़ा बानोःजाना

खाना खाते, पीते समय
गला पकड़न नहीं, निगलने में बाधा नहीं
कै नहीं, दस्त नहीं

पाटी पारकोम जाड़ा बानोः जाना।
बुगिनगेले कामिजाना
नापाएगेले उदामजाना
सुकुतेगे, रासिका तेगे
बोछोर दिन बिउर जाना।।

चटाई पकड़न नहीं चारपाई जकड़न नहीं
हमने अच्छी तरह काम किया
सकुशल उद्यम किया
सुख से, आनंद से ही
सारा वर्ष बीत गया।।

13 उरिः एंगा, मेरोम एंगा
दारूसिं, तासाद रूड़ारे
रोग दुक बानोः जाना
तिजु उरू बानोःजाना।
बुगिनगे नापाएगे
हारा सोआंड़ा जानाको
दाल पाताड़ा जानाको
पोआजानको, पोसाजानको।।

गौमाता, बकरी माता में
गाछ विरिछ, घास–फूस में
कोई रोग दुख नहीं रहा
कोई कीड़े मकोड़े नहीं लगे।
अच्छा ही, स्वस्थ ही
सभी अंकुरित हुए
डालियां–पत्तियां आई
सबको वृद्धि प्राप्त हुई, विस्तार मिला।।

14 आतिंतानरे, गुसान तानरे
बिर कान्दार रे, ताला पिड़िरे
बिं सोदोर बानोः जाना
कुला चांकि बानोः जाना
हिसि आरांड़ांको, तिंगुआकाना
हिसि मारांड़ांको पान्तिआकाना
लांदातानलोःगे, जागारतानलोःगे
कामि उदाम ताबु सेसेनताना।।

चरते समय, चुगते समय
वन के बीच, मैदान के मध्य
कोई साप दंश नहीं
कोई बाघ आक्रमण नहीं।
बीस हल तैयार हैं
बीस बैंगा तैयार हैं
हंसने बतियाने के बीच
हमारा काम चल रहा है।।

15 सिंगितुरोः सिंगिआयुबाते
बोओः कुंदुड़ि, काटा जाम्बाड़ाआते
माद बिर माद लांदिराते
हेलो आउ, राम्पि आउकेदापे।
सोना दाःपे गामाकेदा
रूपा दाःपे पासिरकेदा
जीदान होयोपे होयोकेदा
जीनामोः जेटेपे जेटेकेदा।।

पूरब से पच्छिम से
उत्तर से दक्खिन से
बांस के झुंड से, बांसवन से
तुमने पानी भेजा, तुमने झड़ी भेजी
तुमने सोना–पानी की वर्षा की
चांदी–पानी की झड़ी लगाई
जीवनदायी हवा भेजी
प्राणदायी धूप भेजी।।

16 बाबा एंगा, कोदे एंगा
रानुसिं, जिआंड़ां सिं

धान माता, मड़ुआ माता
औषधि पौध, प्राणदायी पौध

ओमोनजाना, बुसाड़ाजाना
हाराजाना, माताजाना।
दिल–दोंगोब दारू जाना
उराए–बाराए बा जाना
लिड़ु–जोपोद जो जाना
सेलेः–सेकेः जाङजाना।।

अंकुरित प्रस्फुटित हुए
वर्धित हुए, पुष्टित हुए।
दमकते–से पेड़ बढ़े
झबराया पुष्पित
झुके हुए–लदे हुए फल लगे
झरझराते बीज झरे।।

कोलोमसिं, आकाड़ासिंरे 17
सोना रेआः सिकुआरते
रूपारेआः मारांड़ांते
गोः आउकेदाले, / कुटुंआउकेदाले।
एनकेदाले, आतुरकेदाले
ताला ओड़ाः, आदिं बितारे
कुटुब तिरिंले तिरिंकेदा।।

खलिहान को, अखरा को
सोने की रस्सी से
चांदी के बैंगा से
हम ढोकर लाए / लादकर लाए
हमने मीसा, साफ किया
घर के बीच, घर के भीतर
एक पर एक सजाकर रखा।।

नेआ सोबेन आपेआः देंगागे 18
नेआ जोतो आपेआः गोड़ोगे
सुकुतेले आङनामोः ताना
रासिकातेले तुरनामोःताना।
सिंगितुरोः, चाण्डुः मुलुः
काटा जाम्बाड़ा बोओः कुंदुड़ि, रेन कोरे
सिमान पारोमरेनको
सिमान आतोमरेनको।।

यह सब तुम्हारा ही सहयोग है
यह सारा तुम्हारी ही मदद है
हम सुख से सुबह मिलते हैं
हम खुशी से सुबह जगते हैं।
पूरब के, पच्छिम के
उत्तर के दक्खिन के
सीमा के पार से देवताओं को
सीमा के किनारे के देवों को

आपेओले जोआरजादपेआ 19
आपेओले गोआरिजादपेआ
एला नेरे जुड़ि–जुड़ि
एला नेरे पान्ति–पान्ति
मिआद गाण्डु, मिआद चालपारे
मिआद पाटि, मिआद जाटि रे
दुब गोड़ोमकोःपे ताबु
जारू गोड़ोमकोःपे ताबु।।

हम तुम्हें भी जोहार करते हैं
हम तुम्हें भी गुहारते हैं।
आओ यहां युग्म में
आओ यहां पंक्ति में
एक पीढ़े, एक पीठ में
एक पटिया, एक चटाई में
एक साथ बैठ लो
एक साथ बतिया लो।।

आपे नांगेन पुण्डि मेरोम 20
आपे नांगेन आराः मेरोम

तुम्हारे लिए सफेद बकरा
तुम्हारे लिए लाल बकरा

पुंडि मिडि, हेंदे मिंडि
आराः सांडि, पुरता सांडि।
बोंगा जाद कोआले
दाड़ें जाद कोआले
सेकेः–सेकेः लिंगिताना
रोलो–रोलो जोरोताना।।

सफेद भेड़ा, काला भेड़ा
लाल मुर्गा, मिश्रित मुर्गा।
हम बलि देते हैं
हम दान देते हैं
उनका खून सन सनाकर बहता है
उनका लहू झरझराकर टपकता है।।

21 ने मायोम ने किरूम
सार चुटिते, कापि चुटिते
तेला इदिजोमकोपे ताबु
आताङ जोमकोःपे ताबु।
सायादालेपे, सारतेआलेपे
जाओगे, जानाओगे
देंगालेपे, गोड़ोमालेपे
काटासुबा तिरूबाकादाले।।

इस रक्त को, लहू को
तीर की नोक से, फरसे की नोक से
तुम स्वीकार कर लो
तुम अंगीकार कर लो।
हम पर कृपा करो, संकल्प पूरा करो
हमेशा, हर रोज
हमारी मदद करना, हमारा सहयोग करना
हम तुम्हारे पैर पड़ते हैं।

(जोआर जाद चिको दांड़े जाद कोआ)

(जोहार करते हुए बलि देते हैं।)

एन तायोमते ओड़ोः मिसा दुना रापागोःताना। गोजा पुड्डुःको आपापिआ पांतिओःताना। मिमिआद पुड्डुःरे तापान इलिको आउजादा। मोमोद टिपाः ओतेरे जोरोकेद चिको गोआरिताना।

(इसके बाद एकबार फिर धुवन जलाया जाता है तीन दोने पंक्ति में रखे जाते हैं। दोनों में तपान इलि लेते हैं ओर एक–एक बूंद धरती पर टपका कर प्रार्थना करते हैं।)

22 आङ चोलपाङ, तुर चोलपाङ
बालेः सिंगि तुरतानरे
सामा मोचा, सामा लाइः
जोआरतानाले, गोआरितानाले।
सिङबोंगा, ओतेएंगा
बुरु बोंगा, इकिरबोंगा
माड़ाबुरू, देसाउलि
बा जायार, जिलु जायार।।

सुबह, प्रातःकाल
बाल सूर्य उगने के समय
खाली मुंह, खाली पेट
हम जोहार करते हैं, नमस्कार करते हैं।
परमेश्वर को, धरती मां को
पहाड़ी देवता को, दह देव को
मांड़ाबुरु को, देसाउलि को
वाहा देवी को, शिकार देवी को।।

23 तोरो कोड़ा, चोंड़ेआ कोड़ा
बिर माआरा, जोटो माआरा

तोरो छोरा, धांगर छोरा
वन रक्षक देव, झाड़ रक्षक देव

गोड़ां हांकार, गोरेआ बोंगा
चांडी एरा, नागे एरा।
मानोआहोन, मानोआ गांड़ांरे
उरिःएंगा, मेरोमएंगा रे
बाबा एंगा, कोदेएंगा रे
दारू सिं, तासाद रूड़ाःरे।।

गोहार रक्षक, गोशाला देव
चंडी देवी, नाग देवी।
मानव संतान, मानव संतति
गौ माता, बकरी माता के ऊपर
धान मां, मडुआ मां के ऊपर
गाछ–वृक्ष, घास–फूस के ऊपर

24 बारो रोग हिजुः तानाःको
तेरो बेआदि सेटेर तानाःको
दुब कोटोङ केदापे ताबु
तिंगु कोटोङकेदापे ताबु।
कोतेआते हिजुः लेना
कोतेआते सेटेर लेना
एनतेगे बिउर रूआड़ाजाना
एनतेगे सेकोर रूआड़ाजाना।।

आने वाले बारह प्रकार के रोगों को
तेरह किसिम की व्याधियों को
तुमने रोक रखा
तुमने छेक रखा
(ये रोग) जिधर से आए
जिधर से पहुंचे
वे उधर ही लौट गए
वे उधर ही खिसक गए।।

25 बुगिगेले आङनामजाना
नापाएगेले तुरनाःमजाना
सुकु आर रासिका तेगे
बोछोर दिन बिउरजाना।
एनामेनते तिसिंदो
एना नागेन निमताङदो
तापानले दोड़ोमापेताना
आंड़ेःइलिले जोरोआपेताना।।

हमने सकुशल सुबह देखी
हमने स्वस्थ ही प्रातः देखा
सुख और आनंदपूर्वक ही
पूरा वर्ष बीत गया
इसलिए आज के दिन
इसलिए आज इस समय
हम तुम्हारे किए तपान दान करते हैं
तुम्हारे लिए चुलाई टपकाते हैं।।

26 तेलालेपे आताङलेपे ताबु
जोमलेपे, नूलेपे ताबु
एनागेले गोआरिताना
एनागेले जोआरताना।
सिंगि तुरोः, कुपुलरेनको
चाण्डुः मुलुः कुटुमरेनको
बोओःकुंदुड़ि पाउनिरेनको
काटा जाम्बाड़ा परजारेनको।।

तुम इसे स्वीकारो, ग्रहण करो
इसे खा लो, इसे पी लो
हमारी यही प्रार्थना है
हमारी यही विनती है।
पूरब के मेहमान
पश्चिम के कुटुम्ब
उत्तर के प्रजागण
दक्खिन आश्रितजन।।

27 एला नेरे जुड़ि–जुड़ि

आओ यहां एक संग

एला नेरे पान्ति–पान्ति
दुबगोड़ोमकोःपे ताबु
जारूजामाकोःपे ताबु।
हिरचिते, तिरपि ते
जोरो ते, टिपाःते
जोम हाटिं लेपेताबु
नू सांगिलेपे ताबु।।

आओ यहां एक पंक्ति में
बैठ लो एक साथ
बतिया लो एक साथ
छिड़ककर झुमकर
उड़ेलकर, टिपका कर
बांटकर खा लो
मिलकर पी लो।।

जोआर! जोआर! जोआर!

जोहार! जोहार! जोहार!

एनलोःगे बोओः लेटे तेआरोःताना
ओड़ोः मिसा दिआको जुंडि रूआड़ाओःताना
दुना रापागोःताना। सारजोम साकामरे
लेटे माण्डि आपिताःरे चुड़ुःकेदचि
गोआरिओःताना।

इसके साथ ही खिचड़ी पकती है
दीये फिर से प्रज्जवलित किए जाते हैं।
धुवन जलाया जाता है।
शाल की तीन पत्तियों पर
खिचड़ी रखी जाती है/प्रार्थना की जाती है।

सिरमारेन सिङबोंगा 28
ओतेरेन ओतेएंगा
तोआलेका तुरोःकिन
दहि लेका हासुरोःकिन।
आङ चोलपाङ तुर चोलपाङ
बालेः सिंगि तुरतानरे
जोआरतानाले, गोआरितानाले
आयुमलेपे, आतेनलेपे।।

हे आकाश हे परमेश्वर
पृथ्वी की धरती माता
दूध–से उगने वाले
दही–से डूबने वाले
सुबह, प्रातःकाल
बाल सूर्य उगने के समय
हम तुम्हें जोहार करते हैं, नमस्कार करते हैं
इसे सुन लो, गुन लो।।

बुरूबोंगा, इकिरबोंगा 29
माड़ां बुरू, देसाउलि
बा जायार, जिलु जायार
चाण्डी एरा, नागे एरा।
तोरो कोड़ा, चोड़ेआकोड़ा
बिर माआरा, जोटो माआरा
गोड़ां हांकार, गोरेआ बोंगा
मुआ मागाइआ, सापासुड़ि।।

पहाड़ी देव, दह देव
माड़ा बुरु, देसाउलि
कहा जाहेर, शिकार जाडेर
चण्डी देवी, नाग देवी
तोरो छोरा, चरवाहा छोरा
वन रक्षक, झाड़ रक्षक
गोहार रक्षक, गोशाला रक्षक
मुआ मागाइया, सापासुड़ि।।

सिंगि तुरोः, चाण्डुः मुलुः 30

पूरब, पच्छिम

काटा जाम्बाड़ा, बोओः कुंदुड़ि
सिमान पारोमरेनको
सिमान आतोमरेनको।
आपेओले राः जादपेआ
आपेओले गोआरिजादपेआ
जुड़ि–जुड़ि दुबकोःपे
पान्ति–पान्ति जारूकोःपे।।

उत्तर, दक्खिन
सीमा पार वाले
सीमा किनार वाले।
तुम्हें भी बुलाते हैं
तुमसे भी प्रार्थना है
एक साथ बैठ लो
पंक्ति में विराजो।।

हेला ने मानोआ होनको 31
मारतिआ मानोआ गाड़ांको
माराङ–माराङ मेरोम मिडि
मामाङ माराङ सिम साण्डि।
बोंगाकेद कोआको
दाड़ेंकेद कोआको
बोओः सुटाम, बितार सालाम
लेटे केदाको, सुड़िकेदाको।।

मानव की संतान
मानव की संतति
बड़े–बड़े बकरे–भेड़
बड़े–बड़े मुर्गे–मुर्गी
इन्होंने पूजे
इन्होंने बलि लिए
सिरका शिरांश भीतरी अंतरांश
इन्होंने पकाया, इन्होंने सिझाया।।

कायाको ओमाद बुआ 32
कायाको दोड़ोमाद बुआ
आबुदो बोओःबारि होनाङ
होड़ोमोदो आको होनाङ।
मेनते आलोपे उकुतालेआ
आलोपेताबु ,चारचालेआ
आपे सिदाले ओमापेताना
आले दोले तायोमेनताना।।

इन्होंने हमें नहीं दिया
इन्होंने हमें नहीं बांटा
हम तो सिर्फ सिर चाहते हैं
शेष शरीर उनका ही–
इस तरह हमारी शिकायत न करना
इस तरह हमारी आलोचना न करना
हम तुम्हें ही पहले देते हैं
तुम्हारे बाद ही हमारी बारी आएगी।।

बोओः हासु बानोगोःका 33
उला झाड़ा बानोगोःका
हाए एआङ, हाए आपाङ
राः रूयुद बानोगोःका।
जोमतानरे, नूतानरे
दिः, देओः बानोगोःका
लाइः हासु, बोओहासु बानोगोःका
बुगिगेले जोमपाचाओए, नूपाचाओएका।।
जोआर! जोआर! जोआर!

हमारे बीच सिर दर्द न हो
कै दस्त न हो
हाय मां हाय बाप
रोना–कल्पना न रहे।
खाते समय, पीते समय
गले में खाना न अटके
पेट दर्द, सिर दर्द, न हरे
हम ठीक से खा पचाएं, पी पचाएं।।
जोहार! जोहार! जोहार!

3. फागु सेंदेरा बोंगा/फागुआ आखेट
अनुष्ठान एवं मंत्रपाठ

फागु सेंदेरा बोंगा/फागुआ आखेट

शिकार मनुष्य के कबीलाई जीवन के प्रारंभिक आर्थिक पक्ष के केन्द्र में हुआ करता था। छोटे–बड़े जानवरों (जिनमें मछलियां भी सम्मिलित थी) का शिकार करना आदमी (विशेषकर पुरूषों) का मुख्य काम था। कालक्रम में यह एक सामाजिक अभिव्यक्ति बन गया जो आजतक जबकि जंगल और उसके साथ जंगली जानवर समाप्तप्राय हो गए हैं, आनुष्ठानिक तौर पर ही सही, आदिवासी और उनके साथ का संबंध बना ही हुआ है। इस रूप में यह उसकी आदिम एकता का प्रतीक बनकर अब भी जिन्दा है। वर्तमान आदिवासी के लिए किसी शिकार अभियान में जानवरों का मिलना या नहीं मिलना उतना महत्व नहीं रखता जितना कि पास पड़ोस के लोगों के साथ समवेत जंगल–जंगल घूमना। जैसे कि आदमी अपनी खोई हुई एकजुटता तलाश रहा हो। और संयोग से कहीं छोटा–मोटा जानवर मिल गया तो उस सामूहिक आनंद का कहना ही क्या। पूरे परिवार के लिए उस सामूहिक शिकार का एक टुकड़ा पाने की आस में लोग खुशी से घंटों नाचने लगते हैं। लोग नियत दिन ही शिकारयात्रा के लिए हथियारों में धार और चमक चढ़ाते हैं। तीर–धनुष, बलुआ–फरसा, जिस इलाके में जिस हथियार विशेष का प्रचलन हो, लोग उसी के अनुसार तैयारी करते हैं।

शाम को गांव से जंगल की ओर जाने वाले मार्ग के किनारे–किनारे पांच–दस फीट की दूरी पर सेमल पेड़ की डालियां गाड़ी जाती है और उनके आधारों पर थोड़ा पुआल डाल दिया जाता है। गांव का पाहन शिकार–जाहेरथान के नजदीक के खूंटे से एक लाल मुर्गे को छूता है और आसमान में उड़ा देता है और खूंटे के आधार पर रखे पुआल पर आग लगा देता है। उसी के साथ उस खूंटे को गाड़ने वाला आदमी अपने हथियार से उस पर वार करता है और खूंटे को काटकर गिराता है। इसी तरह सभी खूंटे काटकर गिरा दिए जाते हैं। यह अनुष्ठान आगामी कल को आरंभ होने वाली शिकार यात्रा में सफलता की कामना, संकल्पना का द्योतक है।

दूसरे दिन दोपहर के पहले गांव के पुरूष अपने–अपने हथियार लिए हुए आखेट–जाहेरथान में एकत्र होते हैं। वहां पाहन द्वारा पूजा के बाद वे आखेट को निकलते हैं। उस दौरान घर की स्त्रियां परिवार के पुरूषों के सकुशल वापस आने की व्रतपूर्वक प्रतीक्षा करती हैं। आखेट से वापस आने की सूचना पाते ही पूरे दल का स्वागत करने को गांव के सारे लोग गांव की सीमा में जमा होते हैं और शिकारीदल का गाजे–बाजे के साथ स्वागत होता है। उनके पैर धोए जाते हैं, उन्हें माला पहनाई जाती हैं। वहीं आखेट में उपलब्ध मांस–प्रसाद बांटा जाता है। बंटवारा सामुहिक भागीदारी के आधार पर होता है जिसके अनुसार शिकार को गए हुए कुत्तों का भी हिस्सा आदमियों के बराबर ही होता है। जिन घरों में पुरूष नहीं होते या जो पुरूष किसी बीमारी के कारण आखेट को नहीं जा सका, उन्हें भी प्रसाद का अंश मिलता है।

सेंदेरा बोंगा–

सभी हथियार जाहेरथान में रखे हुए हैं। पाहन उनपर आम की पत्तियों से पानी छिड़कता है। गांव के सभी स्त्री–पुरूष जमा हैं। पाहन सबकी ओर से प्रार्थना करता है :

⊙ सोबेन बोंगा को राः होपोर–पृ. 51–56		⊙ सर्वदेवता उदबोधन–पृ. 51–56
⊙ चाण्डी बोंगा–		⊙ आखेट देवी (चण्डी) संबोधन–
हे सिरमारेन सिङबोंगा	1	आकाश के परमेश्वर
ओतेरेन ओतेएंगा		पृथ्वी की धरती माता
तोआलेका तुरोःकिन		दूध–से उगने वाले
दाहीलेका हासुरोःकिन।		दही–से डूबने वाले
आङचोलपाङ तुरचोलपाङ		सुबह, प्रातःकाल
बालेः सिंगि तुरतान रे		बाल सूर्य के उगने के समय
आपेआः काटा सुबारे		तुम्हारे पैरों तले
जोआृरतानाले, गोआरितानाले।।		हम जोहार करते हैं, नमस्कार करते हैं।
बुरूबोंगा, इकिरबोंगा	2	पहाड़ी देव, दह देव
बा जायार, जिलु जायार		बाह्य जाहेर, शिकार जाहेर
तोरोकोड़ा, चोंड़ेआकोड़ा		तोरो छोरा, चरवाहा छोरा
चांडी एरा, नागे एरा।		चण्डी देवी, नाग देवी।
बिर माआरा, जोटो माआरा		वन रक्षक, झाड़ रक्षक
मुआ मागाइआ, सापासुड़िको		मुआ मागाइया, सापासुड़ि
बेरेल मायोम नूतानको		कच्चा खून पीने वाले
बेरेल जिलु जोमतानको।।		कच्चा मांस खाने वाले।।
आरजिजादपेआले	3	हम अर्जी करते हैं
गोआरिजादपेआले		हम गुहार करते हैं
उदुबापेतानाले		तुम्हें सूचित करते हैं
चुण्डुलापेतानाले		तुम्हें इंगित करते हैं।
हातु बितार हागा होनको		गांव के भाई–बिरादर
टोला पाड़ा कुपुल होनको		टोला–महल्ला के कुटुम्ब–बंधु
सेंदेरा मेनतेले सेनोः ताना		हम शिकार को निकलते हैं
कारेंगा मेनतेले बिरिद ताना।।		हम आखेट को उठ रहे हैं।।
आलेआःहोरातेहुआङ–चोगा	4	हमारे रास्ते से गड्ढे–खोंच
आलेआः डारेआते जानुम–जाटा		हमारे मार्ग से कांटे–झाड़
पारकागिड़ितापे ताबु		उन्हें दूर कर दो

आतोम गिड़ितापे ताबु।
दिरि टुकु कोआते
हेजे–हेजे जानार कोआते
आलोकाले गुलि उयुगोःका
आलोकाले बाजी उयुगोः का।।

उन्हें किनारे कर दो।
चट्टानों की ऊंचाई से
तीखी तलहटियों से
हम न लुढ़क पड़ें
हम फिसल पड़ें।।

5 तोद्–तुगुड़ि बानोगोः का
हाटाः–पाटाः बानोगोःका
सेरालि जानुम, कारकाटा जानुम
पारकाओःका, आतोमोःका।
बिरजन्तु गुपितानको
रेएद रानु होरोतानको
आपेले जोआरजादपेआ
आपेले गोआरिजादपेआ।।

ठेस ठोकर न रहे
बाझ–बंधन न रहे
सेराली का कांटा, कारकाटा कांटा
दूर रहे, किनारे रहे।
वनजीवों के चरवाहो
ओषध जड़ियों के रक्षको
हम तुम्हें जोहार करते हैं
तुम्हें गुहार करते हैं।।

6 पोओआको, पोओसाको
बोंसो बेगोर हाआराको
आपेआः ओड़ाः, आपेआः रोसोम
आपेआः गोंड़ां, आपेआः बाकिड़िरे।
जोगाओ जोतोन ताकोपे
उकुताको, दानाङताकोपे
आलोको लेलनामोःका
आलोको आतेन नामोःका।।

जीवों को पैदा करने, बढ़ाने वाले
वंश विस्तार देने वाले
अपने घर, अपनी झोपड़ी में
अपने गोहार, अपनी बारी में
जुगाकर जतन रे रखना
छिपाकर, लुकाकर रखना
कोई दूसरा उन्हें देख पाएं
कोई अन्य उन्हें पहचान न पाएं।।

7 आले सेंदेराको नांगेन
आले कारेंगाको नांगेन
लाता बितारकोआते
लोओर गोंगोकोआते।
हारते हार उडुङ ताकोपे
बिदाते बिदाकुल ताकोपे
मेदतेले लेलनामकोका
साड़ातेले आयुमनामकोका।।

हम शिकारियों के लिए
हम आखेटकों के लिए
कंदराओं के भीतर से
घाटियों की गहराइयों से
उन्हें बाहर निकाल रखना
उन्हें हमारी ओर भेजना
हम उन्हें देख पाएं
हम उन्हें सुन पाएं।।

8 लेंगा कुटि, जोम कुटि
चेतान कुटि, लातार कुटि
हारतेले साब दाड़िआकोका

बाईं ओर, दाहिनी ओर
ऊपर की ओर, नीचे की ओर
हम उन्हें दौड़ाकर पकड़ सकें

कुदाओतेले रोम्बोद दाड़िंआकोका।
आपेआः देंगा, आपेआः पोरताबते
आयार रेओ, तायोमरेओ
लेंगारेओ, जोमरेओ
हिओङ होबाओःका गकरेओ।।

हम उन्हें तेजी से दबोच सकें।
तुम्हारी मदद, तुम्हारे प्रताप से
आगे भी पीछे भी
बाईं ओर, दाहिनी ओर
हम उन्हें पहचान सकें बीच से भी।।

आलेआः कापिकोण्डेः 9
आलेआः सार टेम्पा
पाओते आलोका सेनोःका
इपाएःते आलोका आचुरका।
निरतानकोले तुञ दाड़िको
आपिरतानकोले टोः दाड़िको
टांओरेगेको बाटिओःका
काटासुबारेको सेंगेरोःका।।

हमारा फरसा–टांगा
हमारा तीर–टेम्पा
व्यर्थ न जाए कभी।
बेकार न आए कभी।
भागते हुओं को हम बींध सकें
उड़ते हुओं को हम भेद सकें
हमारे पास ही वे गिर पड़ें
पैरों तले वे प्राण त्यागें।

आले नांगेन तिसिं सेंदेरारे 10
रोओड़ दारूगे साराम–साइलोःका
दिरिटुकुगे सिलिब–सुकुरिओःका
रोओड़ साकामगे कुलाए चितिरिओःका।
बालेः–बालेः होनको ताले
लिंडुङ–लिंडुङ गांड़ांको ताले
लुकुद–लुकुद एआङको
टाकाब–टुकुब आबाको।।

हमारे लिए आज शिकार में
सूखे पेड़ ही हरिण–मृग बन जाएं
पत्थर–टीले ही सांभर–सूअर बन जाएं
सूखी पत्तियां ही खरगोश–तीतर बन जाएं
हमारे छोटे–छोटे बच्चे
हमारे छोटे–छोटे शिशु
हमारी कमर झुकी माताएं
हमारे लाठी टेकते पिता

लांदातान, जागारतानगे 11
सुसुनतान, दुराङतानगे
लेल दारोम लेकाको
आतेन दारोम लेकाको।
आबुङ दारोम लेका को
हिरचि दारोम लेका को
चोः दारोम लेका को
चुमाड़ा दारोम लेका को।।

हंसते–बतियाते
नाचते–गाते
हमारा स्वागत कर सकें
हमारी अगुआई कर सकें।
पैर धोकर स्वागत कर कसें
पानी छिड़ककर सम्मान कर सकें
हमें चूम कर स्वागत कर सके
चुमावन कर अगुवाई कर सकें।।

जोआर! जोआर! जोआर!

जोहार! जोहार! जोहार।

(गोआरि टुण्डुजानचि कोड़ाहोनको सेंदेराते बिरमुलिको उडुङोः ताना आर कुड़िहोनको हातु मुलिको रूआड़ाताना।)

(प्रार्थना की समाप्ति पर पुरुष शिकार को वन की ओर निकलते हैं और स्त्रियां गांव को वापस जाती हैं)

4. बा(हा) बोंगा / सरहुल पूजन
अनुष्ठान एवं मंत्रपाठ

प्रकृति पर्व सरहुल

आदिवासी पर्व संस्कारों/अनुष्ठानों का उद्देश्य होता है स्रष्टा सृष्टि–संबंध और उसमें आदिवासी की भूमिका को प्रतीकात्मक पुनरावृति द्वारा कायम रखना। उसका संरक्षण–संवर्द्धन करना। ऐसे अवसरों पर आदिवासी समय की गति को थोड़ा रोक लेता है और सृष्टि प्रक्रिया में अपनी स्थिति का पुनरावलोकन–पुनरीक्षण कर लेता है और आश्वस्त हो जाने के बाद फिर आगे बढ़ता है। यह प्रतीकात्मकता उसकी कृषि और आखेट के अर्थतंत्र पर आधारित होती है।

इन पर्व–त्योहारों को मानने की दिशा में आदिवासी समुदाय महीने भर पहले से तैयारी करता है या करना चाहिए कि एक सामुदायिक अनुष्ठान के सम्पन्न होने में आगामी त्योहार के लिए भी मानसिक तैयारी शुरू हो जाती है। आखिरी दिन के नाच–अखरा में बीतते हुए त्योहार की विदाई के साथ ही आगामी त्योहार के लिए स्वागतगीत भी लगा हुआ होता है। किन्तु सामुदायिक त्योहार सामान्यतया चार दिनों में सम्पन्न होता है। पहले दिन उपवास, दूसरे दिन पूजा–पाठ, तीसरे दिन खान–पान और नाच–गान तथा चौथे दिन समापन। चौथे दिन अखरा मिटाने के बाद पर्व की समाप्ति मान ली जाती है। किंचित अंतर के साथ सामान्यतया सर्वत्र यही रूटीन होती है।

मुंडा भाषा–परिवार में बाहा/बा और द्रविड़ भाषा परिवार की कुडुख/मालतो में खद्दी का अर्थ फूल होता है और सभी फूलों के प्रतिनिधि के रूप में शाल का फूल। नागपुरी इत्यादि आर्य भाषाओं में प्रचलित सरहुल की व्युत्पत्ति सरई–हुल 'सरई–समूह' ही है। अर्थ विस्तार से सरहुल शाल फूल के माध्यम से सारी प्रकृति के नवरूप का स्वागत ही है। शेष समग्र भारतीय परम्परा के साथ समयांतर से यह ऋतु नए वर्ष के आगमन की भी सूचक है। यही कारण है कि किसी आदिवासी गांव में पाहन/बैगा द्वारा विधिवत स्वागत–पूजा के पहले कोई भी वन से फूल–पत्तियां नहीं लाता है, न ही खाने के प्रयोग में लाता है।

जब नई प्रकृति का स्वागत करना है तो आदमी अपनी समग्रता में नया होकर उसका स्वागत करता है। घर–द्वार की मरम्मत और लिपाई–पुताई करता है। नए कपड़े खरीदता है और उस अवसर पर कुटुंबों को बुलाकर पुराने संबंधों को नया करता है। पूरे झारखंड में यह पूर्व फागुन पूर्णिमा (होली) के दिन पूरब (बंगाल) में आरंभ होकर, बैशाख पूर्णिमा तक पश्चिम (मध्यप्रदेश) में समाप्त होता है। प्रत्येक क्षेत्र ने इसे मनाने की अपनी परम्परा कायम की है–फागुन पूर्णिमा के बाद कहीं चैत्र तृतीया में, कहीं पंचमी में और कहीं पूर्णिमा में इत्यादि–इत्यादि। कुछ अंतर के साथ सारे झारखंड क्षेत्र में इस पर्व को निम्नलिखित विधि से मनाया जाता है।

सरहुल कथासार :

धरती की इकलौती बेटी बिंदि एक दिन नहाने गई, तो उधर ही से गायब हो गई। धरती ने उसे खोजने हेतु अपने दूत चारों तरफ भेजे, किन्तु वह कहीं नहीं मिली। पृथ्वी शोकित हो गई। रोने-कलपने लगी। उदास रहने लगी। पृथ्वी पर पतझड़ छा गया। अंत में खोजते-खोजते पता चला कि वह पाताल में यमराज के पास है। दूतों ने यमराज से अनुनय-विनय किया कि बिंदि पृथ्वी की इकलौती बेटी है, उसे वापस दे दिया जाए। लेकिन यमराज मानने को तैयार नहीं। कहने लगा कि उसके यहां जो एक बार आता है, वापस नहीं लौटता। किन्तु जब दूतों ने कहा कि वैसी स्थिति में तो पृथ्वी मर ही जाएगी और सृष्टि समाप्त हो जाएगी, तो यमराज इस बात पर राजी हो गया कि उसकी मां को बचाए रखने के लिए बिंदि अपना आधा समय पृथ्वी में और आधा समय पाताल में बिताए। तभी से जब-जब बिंदि वापस आती है, पृथ्वी खुशी से भर आती है। हरियाली छा जाती है। और जब वह जाती है तो पृथ्वी उदास होती है, पतझड़ आता है। सरहुल बिंदि के वापस आने का समय है। धरती के खुश होने, सजने-संवरने की ऋतु है।

पहला दिन 'मछली और केकड़ा' का दिन होता है। मछली और केकड़ा एक सृष्टि कथा के अनुसार पृथ्वी के ही पूर्वज हैं। समुद्र के नीचे पड़ी मिट्टी से ऊपर लाकर ही पृथ्वी बनी। इसका पहला प्रयास मछली और केकड़े ने किया था। सरहुल का पहला दिन उन्हीं के सम्मान में अर्पित होता है। उनको सम्मानपूर्वक पकड़ने और शाम के खाने में उन्हें सम्मिलित करके लोगों के खाने के पहले घर का प्रमुख थोड़ा अंश घर के पूर्वजों को भी अर्पित करता है। उसी दिन अपराह्न को गांव का पाहन अपने सहयोगियों के साथ गांव के सरना-जाहेर को जाता है और पूजा-स्थल, जो कि साधारणतः किसी बड़े (शाल) पेड़ या पत्थर से लगा होता है, की सफाई करता है। गोबर पानी से लीपता-पोतता है और नजदीक के जल स्रोत से दो घड़ों में पानी भर कर पानी की गहराई/सतह शाल की एक टहनी से नाप लेता है। तदुपरांत एक नए धागे से उनके सिरे जोड़े जाते हैं और घड़े का मुंह मिट्टी के बर्तन से ढककर पाहन और उसके सहयोगी गांव वापस आते हैं। बरती की सीमा में गाजे-बाजे के साथ उनका स्वागत होता है और आम पत्तियों से उन पर पानी छिड़का जाता है, पैर धोए जाते हैं। शिकार के गीत-बाजे के साथ पाहन को उसके घर पहुंचा दिया जाता है। बाद में पाहन उन लोगों को थोड़ा हंडिया पिलाकर विदा कर देता है। युवाजन पाहन के घर से निकलकर अखड़ा जाते हैं और कुछ देर के नाच-गान के बाद सभा विसर्जित होती है।

दूसरे दिन दोपहर होते-होते लोग नहा-धोकर और उसी क्रम में अपने अस्त्र-शस्त्र साफ कर पाहन के घर जाते हैं और वहीं पूजा की सारी सामग्री-नया सूप, अरवा चावल, उरद, धूवन, सिंदूर, अरवा सूत, एक सूप और मुर्गे-मुर्गी इत्यादि लेकर पूजा के लिए सरना स्थल को निकलते हैं। गांव की स्त्रियां सर पर लोटा रखकर पाहन के पीछे-पीछे चलती हैं। सरना पहुंचकर लोग अपने असत्र-शस्त्र पूजा स्थल पर रखते हैं। नजदीक ही वाद्य-यंत्र भी। पूजा सामग्रियों को यथा स्थान रखने के बाद पाहन अपने सहयोगियों को शाल के फूल 'ससम्मान'

तोड़ लाने का आदेश देता है ओर उसी बीच पिछले शाम छोड़े गए पानी की स्थिति का परीक्षण करता है। अन्य बुजुर्ग लोगों के साथ मिलकर अगले वर्ष के पानी की अनुमान–घोषणा पाहन करता है। इसके बाद पाहन उसी पानी से शाल फूल एवं सभी लोगों का स्वागत करता है और सबको यथा स्थान बैठाता है। तदनंतर वस्त्र के नए प्रतीक नए धागे से फूलों को लपेटता है, धूप जलाता है। जमीन पर परमेश्वर, पृथ्वी और जल देवता के लिए तीन लकीरें और पंच पूर्वजों के लिए प्रतीक रूप में पांच खड़ी लकीरें बनाता है। इसके बाद पाहन क्रमशः परमेश्वर, पृथ्वी, पहाड़ी देवता, जल देवता, ग्राम देवता और पूर्वजों को संबोधित कर उनके प्रार्थना करता है, मुर्गे–मुर्गियों की बलि देता है और हंड़िया अर्पित करता है। पालन और उसके सहयोगियों द्वारा उच्चरित पूजा मंत्र का भाव करीब–करीब सा होता है। यहां हम इसका मुण्डारी संस्करण प्रस्तुत कर रहे हैं:

⊙ सोबेन बोंगाको राः होपोर–पृ. 51–56

बा(हा) बोंगा

बोओंगा सानापाना कोः

सारजोमबा (दाड़ा) बिदाकाना, चाटुकिनरे दाः,
बारानाः किन आदोआ सुतामते तोलाकाना।
धुना–सिंदुरि, सेंगेल, लोटारे दाः।

1
हे सिरमारेन सिङबोंगा
ओतेरेन ओते एंगा
तोआ लेका तुरोः किन
दही लेका हासुरोः किन।
आबेनगे एनेटेः रेनकिन
आबेनगे टुण्डु रेनकिन
गोनोएः आते परोमरेनकिन
जूग–जूगु जीदाकानकिन।।

2
होयोरे जी ओओमकिन
दाः रे मायोम सीरजाओकिन
सिरमारे गुयु तूरुबकिन
ओते रे हिता पारचाओकिन।।
हाइ दुताम, होरो दुताम
काड़ाकोम दुताम–लेंडाद दुताम

⊙ सर्वदेवता उद्‌बोधन–पृ. 51–56

सरहुल मंत्र

पूजा सामग्री :

सरहुल फूल की डाली खड़ी, पानी से भरे दो मटके,
दोनों कच्चे धागे से जुड़े हुए।
धुवन–सिन्दूर, आग, लोटे में पानी।

हे आकाश के देवता
पृथ्वी की धरती माता
दूध–से उगने वाले
दही–से डूबने वाले।
तुम्हीं आदि के हो
तुम्हीं अंत के हो
मृत्यु से परे
युग–युग जीनेवाले।।

हवा में प्राण देने वाले
पानी में खून सिरजाने वाले
आसमान में घर बनाने वाले
धरती में बीज छींटने वाले।
मछली को दूत बनाकर, कछुआ को दूत बनाकर
केकड़े को दूत बनाकर, केंचुआ को दूत बनाकर

कुल दुताम केनकिन
कूल दाराड़ा केनकिन।।

बात भेजने वाले
संदेश भेजने वाले।।

3 जलाकार बितार उकुआकान
समुन्दर बितार दानाडाकान
ओते बाइ केनकिन
सिरमा बाडुइकेनकिन।
सिरमा जुपु–जुपु, ओते लेआलाइ
सिंगि तुरोः, सिंगि आयुब
काटा जाम्बाडा, बोओः कुनदुड़ि
आबेनाः कोयोङ रे, आबेनाः सिंपिंरे।।

जलाकार के भीतर छिपी हुई
समुद्र के भीतर दबी हुई
धरती को बनाने वाले
आकाश को सिरजने वाले।
झुका हुआ आसमान, विस्तृत धरती
सूरज का उगना, सूरज का डूबना
उत्तर दिशा, दक्षिण दिशा
तुम्हारी गोद में, तुम्हारे करतल में।।

4 ओते चेतान टुड़ाङ तानिः
लाता बितार उगुराकानिः
होयोर आपिर ओटाङतानिः
दाः बितार ओयारतानिः।
जोम–नू ओओमकिन
दाः–तासाद हाआटिंकिन
तारा निदा, तारा सिंगि
रुडुन सोमाए तोओलकिन।।

धरती के ऊपर रेंगनेवाले को
खोह के भीतर छिपे हुए को
हवा में उड़ने–विचरनेवाले को
पानी के भीतर तैरनेवाले को।
खाना–पीना देनेवाले
पानी–धास बांटनेवाले
आधा समय रात, आधा समय दिन
रुकने का समय बांधनेवाले।।

5 सिंगि–चाण्डु, इपिल–रिम्बिल
रोकोम हिता रेएद–रानु
आनाः–मानाः जो सिबिल
दिरि–दारु, तासाद–रुड़ाः।
सिरजाओआकाद लेआबेन
उपुजावाकादलेआबेन
सोतो आकाद लेआबेन
सांगोमाकाद लेआबेन।।

सूरज–चांद, तारे–आसमान
रकमों के बीच, जड़ी–बूटियां
विभिन्न प्रकार के फल स्वादिष्ट
पत्थर–पेड़, घास–फूस।
तुमने हमारे लिए सिरजा है
तुमने हमारे लिए उपजा है
तुमने हमारे लिए जुगाया है
तुमने हमारे लिए संजोया है।।

6 गुडुलु, सारजोम, माद, मादकाम
बाड़े, सेकेरेः कादाल, कारम
सोसो दारु सुबा सानामाड
अखंड बिर बुरु दानाड।

गोंदली, सरई, बांस, मडुआ
बड़, सेकरे, केला करम
भेलवा पेड़ के समक्ष
अखंड वन, पर्वत पार।

लुटुकुम हाड़ाम
लुटुकुम बुड़िआ
आलेआ सिंदा पुरखाकिन
ओलेआः जाओ हाड़ामकिन।।

लुटकुम बूढ़ा
लुटकुम बूढ़ी
हमारे प्रथम पुर्खे
हमारे पहले पूर्वज।।

7 दुमाङ हासाते
अंजिलि दाःते
होड़ोमो हुमुते
मोलोङ बालबालते।
बाइकेद किनाबेन
बाडुइकेद किनाबेन।
एन हासा होड़ोमोरे
एन रोओड़ो मुटुरे।।

मिट्टी के ढेले से
अंजलि पानी से
शरीर के मैल से
मस्तक के पसीने से।
तुमने उनको बनाया
तुमने उनको गढ़ा।
उस मिट्टी के शरीर में
उस लकड़ी के कुंदे में।।

8 जीबेन ओमकेदा
सायादबेन ओङकेदा।
मानोआहोन, मानोआगाड़ाँ
तिंगुकेदकिनाबेन, जापाः केदकिनाबेन।
तिसिं दो बा नेग, बा जायार रे
सारजोम दारु सुबा रे
ताला रांचा, ओड़ाः आदि रे
दिया सेंगेल सामाङ रे।।

तुमने जीवन प्रदान किया
तुमने प्राण फूंके।
मनुष्य के बच्चे, मानव संतान
तुमने खड़े किए, तुमने स्थापित किए।
आज सरहुल के दिन, इस जाहेरस्थान में
शाल वृक्ष के नीचे।
बीच आंगन, घर–आदि में
दीया–अग्नि के साथ।।

9 आङ चोलपाङ तुर चोलपाङ
बालेः सिंगि तुरतान
सामा मोचा, सामा लाइ
हागा कुपुल, होन–जाइ।
तीरे ती सांगोम केआते
बितार जी कुड़ामाते
दारु सुबारे तिरुबकेआते
जोआर तानाले, गोआरितानाले।।

दिन के प्रारंभ में,
बालसूर्य के उगने के समय
उपवास में, बिन खाए–पीए
कुटुंब–बंधु बाल–बच्चे।
हाथ में हाथ जोड़े
अन्तर्मन, हृदय से
वृक्ष तले अवनत
हम तुम्हें जोहार करते हैं, गुहराते हैं।।

10 आले आबेनाः होनको
आले आबेनाः गांड़ाको
राःकुल जाद बेनाले

हम तुम्हारे बच्चे
हम तुम्हारी संतान
हम तुम्हें बुलाते हैं

केड़ाकुल जाद बेनाले।
अर्जीजाद बेनाले
बिनती जाद बेनाले
आलेलोः दुबनोः कोःबेन
आलेलोः जारु नोः कोःबेन।।

हम तुम्हें न्योतते हैं।
तुमसे अर्जी करते हैं
तुमसे विनती करते हैं
हमारे साथ बैठ लो
हमारे साथ बतिया लो।

11 मिद पुडुः इलि रासि
मिल कालुः लेटे माण्डि
आलेलोः नू लेबेन
आलेलोः जोम लेबेन।
सेनोःजान बा नेग रे
ने बा जायार रे
जोआर, केनाले, गोआरि केनाले
आयुमलेदापे, आतेन लेदापे।।

एक दोना हड़िया का रस
एक पत्तल खिचड़ी भात
तुम हमारे साथ पी लो
तुम हमारे साथ खा लो।
बीते हुए सरहुल के अवसर पर
इस सरहुल के जाहेर में
हमने जोहार किया था, प्रार्थना की थी
तुमने उसे सुना, उसे स्वीकार की थी।।

12 सिंगितुरोः चांडु मुलुःआते
माद बिर, मादलांदिराते
जी राड़ेः सिंगि तुर लेना
जी नामोः होयो सेसेन लेना।
लोतो जीउ हुड़िङ–माराङ
पोआ लेनाको, पोसालेना
दारू सिं, तासाद रुड़ाः
ओमोन लेना, बुसाड़ा लेना।।

पूरब से, पश्चिम से
बांस वन के भीतर से
शातिदायक सूरज उगा था
प्राणदायी हवा चली थी।
सभी जीव, छोटे–बड़े
पैदा हुए, बढ़े–पले
पेड़–पौधे, घास–फूस
उग आए, अंकुरित हुए।।

13 उरिः एंगा, मेरोम एंगा
बाबा एंगा, कोदे एंगा
बिर बुरु, सेन्देरा जिलु
रेएद–रानु, जो–जारोम।
लाइः पेरे ले जोमकेना
मायाङ पेरेःले तोलकेना।
लान्दातान, जागारतान गे
एन सिरमा सेनोः जाना।।

गौ माता, बकरी माता
धान माता, मडुआ माता
जंगल पहाड़, शिकार आनंद
जड़ी–बूटी, फल–फूल।
भरपेट हमने खाया
कमर भर हमने पहना।
हंसते, बतियाते ही
वह वर्ष बीत गया।।

14 दिन मुण्डि तेबाःआकाना
बोछोर नेंडा पुराओजाना।

उस दिन का अंत आया है
वह वर्ष पूरा हो गया है।

बा जायार, दारु सुबा रे
एनागेले जामाआकाना।
बुरू रेन बुरू बोंगा
इकिर रेन इकिर बोंगा
चण्डी एरा, नागे एरा
बा जायार, सेन्देरा जायार।।

सरहुल जाहेर, पेड़ के नीचे
हम इसीलिए जमा हैं।
पहाड़ के पहाड़ी देवता
दह के जल देवता
चंडी देवी, नागिन देवी
सरहुल जाहेर, शिकार जाहेर।।

15 माराङ बोंगा, काराम बोगा
बिर माआरा, जोटो माआरा
बिर रे ताइनको, बुरू रे ताइनको
पिड़ि रे ताइनको, दाःरे ताइनको।
बाबा एंगा, कोदे एंगा
उरिः एंगा, मेरोम एंगा
होरोकेनको, जांगिकेनको
जोगाओकेनको, जोतोनकेनको।।

बड़ पहाड़ी, करम देव
वन महरा, जटा महरा
वन में रहनेवाले, पहाड़ पर रहनेवाले
मैदान में रहनेवाले, पानी में रहनेवाले।
धान मां, मड़ुआ मां,
गौ माता, बकरी माता
इनके रक्षक, इनके चिंतक
इनके पालक, इनके पोषक।।

16 कुम्बुडु–जुम्बुड़ि, निदिर–हारलु
चुटु–काटेया, चेंड़े–चिपुरुब
टोओंएनिः, टोटाःनि
जोमेनिः, हाबेनि।
इनकुआते हारदुः केनको
इनकुआते राड़ादुःकेनको
कोयोःकेनको, हिराकेनको
बंचाओकेनको, टेकाओकेनको।।

चोरी–छिनारी, दीमक–कीड़े
चूहा–मूसा, पंछी–पखेरु
इन्हें तोड़नेवाले, इन्हें नोचनेवाले
इन्हें खानेवाले, इन्हें हबकनेवाले।
इनसे बचानेवाले
इनसे छुड़ानेवाले
ओगरनेवाले, देखनेवाले
बचानेवाले, टिकानेवाले।।

17 आलेआः बिर सेन्देरारे
आलेआः टोनाङ सांगार रे
तोद तुगुड़ियाते बांचाओको
जानुम–चोगाआते होओरोको।
लाइः हासुरे, बोओः हासुरे
रुआ राबाङ रे, होड़ोमो पोएरे
आले होओरोको, आले जोगिको
आपेले राः जादपेआ, केड़ा जादपेआ।।

हमारे वन–शिकार में
हमारे पर्वत–आखेट में
हमें ठेस से बचानेवाले
हमे कांटों से बचानेवाले।
पेट दर्द में, सिर दर्द में
बीमारी में–जाड़े में, शरीर–व्यथा में
हमारे रक्षक, हमारे चिन्तक
तुम्हें बुलाते हैं, तुम्हें न्योतते हैं।।

18

मिद पुडुः इलि रासि
मिद कालुः लेटे मांडि
आलेलोःनू लेपे
आलेलोः जोम लेपे।
हातुरेन हातु बोंगाको
ओड़ाः रेन ओडाः बोंगाको
आलेआः हाड़ाम होड़ोको
आलेआः पुरखा होड़ोका।।

एक दोना हंडिया रस
एक पत्तस खिंचड़ी भात
हमारे साथ पी लो
हमारे साथ खा लो।
गांव के ग्राम देवता
घर के गृह देवता
हमारे बूढ़ू–बुजुर्ग
हमारे पूर्खे पूर्वज।।

19

रीसा मुंडा, मादरा मुंडा
रुदु मुंडा, कोन्ता मुंडा
सिंगिराय माड़ाकी, बिनराय माड़ाकी
कोटे सरदार, टेंगा सरदार।
दुखन साय, रोतोन साय
तिका मांझी, सिदु–कानु
रितुई गोण्डाइ, जोगोना गोण्डाइ
बुधु वीर, गंगा नारायण।।

रीसा मुंडा, मादरा मुडा
रुदु मुंडा, कोन्ता मुंडा
सिंगराय मानकी, बिनराय मानकी
काटे सरदार, टेंगा सरदार।
दुखन साय, रतन साय
तिलका मांझी, सिदु–कान्हु
रितुद गोंडाई, जोगना गोंडाई
बुधुवीर, गंगा नारायण।

20

बिरसा मुंडा, गया मुंडा
डोंका मुंडा, मझिया मुंडा
भरमी मुंडा, बान्दु मुंडा
सांडे मुंडा, बिरसिं मुंडा।
करमी दाइ, माकी दाइ
सिनगी दाई, साली दाइ
रिंकी दाइ, चम्पी दाइ,
नागी दाइ, दसकिर दाइ।।

बिरसा मुंडा, गया मुंडा
डोंका मुंडा, मंझिया मुंडा
भरमी मुंडा, बन्धु मुंडा
सांडे मुंडा, बिरसिं मुंडा।
करमी दाइ, माकी दाइ
सिगनी दाइ, साली दाइ
रिकी दाइ, चम्पी दाइ
नागी दाइ, दसकिर दाइ।।

21

आले आपेआः होनेको
आले आपेआः गांड़ाको
आपेआः होरा ओओतोङ को
आपेआः डारे गोओड़ोमको।
तिसिं ने बा हुलाङ
तिसि ने नेग दिलाङ
आपेले आर्जीजाद पेआ

हम तुम्हारे बच्चे
हम तुम्हारी संतान
तुम्हारे रास्ते के अनुगामी
तुम्हारे डहर के अनुयायी।
आज इस सरहुल के दिन
आज इस नेग के दिन
तुमसे अर्जी करते हैं

आपेले बिनतीजाद पेआ।।

तुमसे विनती करते हैं।।

22 तुड़ि सुतामते, वांदु बायार ते
नोसोर हाड़ागु कोःपे
होपोर जापाःकोःपे
दुबकोःपे, जारुकोःपे।
सोना दाः, रुपा दाः
सोना दुना, रुपा साकाम
हिरचि दारोम ताना ले
आतार दोराम ताना ले।।

तुड़ि के धागे से, वान्दु की रस्सी से
सरक कर उतर आओ।
नजदीक पास आओ
बैठ लो, बतिया लो।
सोने–सा पानी, रुपा–सा पानी
सोने–सा धुवन, रुपा–सी पत्ती
हम छिड़ककर स्वागत करते हैं
हम सुलगाकर स्वागत करते हैं।।

23 सेताः सिमको रागाते
इदाङ माराः ऐओनाते
ताड़ाए बा बान्दाआते
उपल बा पुकुरिआते।
साबनाम, तुनुम नामाकान
दाड़ांनाम, दुताम नामाकान
बाबा एंगा, कोदे एंगा
बोंगा को ओमाकाद।।

सुबह मुर्गे की बांग के साथ
भोर मोर की बोली के साथ
कमल फूलवाले बांध से
सरसिज फूल की पोखरी से।
पकड़कर लाए हुए, टटोलकर लाए हुए
खोजकर लाए हुए, अगुआ से पाए हुए
धान मां, मडुआ मां
देवताओं द्वारा दिया हुआ।।

24 कुरुमुटु हांड़ेः तारासिं
बुरु जानार, जारा गोड़ा
दिउरी गाई, सिउः हाड़
सीनामाकान, पाटुबनामाकान।
हाइ उतु, काड़ाकोम रासे
आंड़ेः इलि, राम्बाड़ा–माण्डि
नावा पुडुः, नावा कालु रे
दो जादाले, दोड़ोम जादाले।।

कड़ी मेहनत, दोपहरी श्रमस्वेद
पहाड़ की तराई, 'जारा' मैदान
दिउरी गाय, जोतनेवाला बैल
जोतकर पाए हुए, कोड़कर पाए हुए।
मछली का झोर, केकड़ा का रस
तपान हड़िया, उरद–भात
नए दोने में, नए पत्तल में
रख रहे हैं, अर्पित कर रहे हैं।।

25 हुड़िङ हागा, माराङ हागा
पाउनिनिः, परजानिः
सिंगि तुरोः चाण्डुः मुलुः
काटा जामबाड़ा, बोओः कुन्दुड़ि।
सोबेनगेले जोआरापेताना
जोतोगेले गोआरिपेताना।

छोटा भाई, बड़ा–भाई
आश्रित जन, प्रजा गण
पूरब से, पश्चिम से
उत्तर से, दक्षिण से।
सभी को जोहार करते हैं
सभी को गुजार करते हैं

तिलहाटिं जोमलेपे
हिरचि हाटिं नू लेपे।।

आपस में बांट खा लो
आपस में वितरित कर पी लो।।

26 माराङ बुरु चेतानाते
हुडिङ नारा लाताराते
आलाकाना सारजोम बा
मोलाआकान सुड़ा सांगेन।
रासिकाते, बितार जीआते
ओमापेतानाले, चेदापेतानाले।
लुतुर पेरेः डांड़िदलेपे
मायाङ पेरेः तोड़ेलेपे।।

बड़े पहाड़ के ऊपर से
छोटी घाटी के नीचे से
खिले हुए शाल के फूल
उगी हुई नई कोंपलें।
खुशी से, अन्तर्मन से
हम तुम्हें देते हैं, अर्पित करते हैं।
कानभर पहन लो
कमर भर खोंस लो।।

27 एएआ गाड़ा पारोमरेनको
आरेआ बुरु दानाङ रेनको।
राः का तेबाः जानको
नुतुम का टो जानको।
हुड़िङ जी आलोपे ताइना
लाचार जी आलोपे ताइना।
सोबेनगेले जोआरजादपेआ
जोतेगेले गोआरिजादपेआ।।

सात नदियों के पार के
आठ पहाड़ों के उधर के।
जिन्हें हम बुला नहीं पाए
जिनका नाम न ले सके।
छोटा मन न रखना
लाचार प्राण न रखना।
सबको हम जोहार करते हैं
सबको हम गुहार करते हैं।।

28 हेला आबुआः होनगांड़ाको
चानाको नेएगताना?
जोमतानाको, नूतानाको
आबुदो काको, ओमाबुताना।
मेनते आलोपे काजिआलेआ
मेनते आलोपे उकुतालेआ
आपेगे सिदाले ओमापेताना
आले दोले तायोमेनताना।।

हमारे बच्चे, हमारी संतान
कौन–सा नेग कर रहे हैं?
खा रहे हैं, पी रहे हैं
हमें तो दे नहीं रहे हैं।
ऐसा हमें न कहना
इस तरह आलोचना न करना।
हम तुम्हें ही पहले देते हैं
हम तुम्हारे बाद लेंगे।।

29 जोमतान, नू तानरे
लाइः हासु, बोओःहासु
रुआ–राबाङ उला–झाड़ा
दिः बानोः,देओबानोगोःका।
हातु बितार रे, टोला–पाड़ा रे

हमारे खाने–पीने के समय
पेट–दर्द, सिरदर्द
ज्वर–कंपकंपी, कै–दस्त
गले में अटकना, हिचकी न हो।
गांव के अन्दर, टोडा–पाडा में

पाटि जाड़ाः, पारकोम जाड़ाः
हाय एआङ, हाय आपाङ
राः बानोः रुयुदबानोगोःका।।

चटाई का बंधन, खाट का बंधन
हाय मां, हाय बाप जैसी आवाज
रुलाई न हो, सिसकी न हो।।

30 बुरु–पिड़ि आकड़ा ताला
साए मेद, कोरसेल मेद
हागा बितार, कुटुं–कुपुल रे
रे राआड़ा आलोका ताइन।
बुगिनगे, नापाएगे
जोम–नू पाचाओएकाले।
लान्दातान, जागारतानगे
आङ नामोः, तुर नामोः काले।।

मेला टांड़, अखरा बीच
बुरी नजर, तिरछी नजर
बिरादरी में कुटुंब में
झगड़ा–फसाद न रहे।
सकुशल, सानंद,
हंसते हुए, बतियाते हुए
हमारा दिन उगे, हमारा सूर्य उगे।।

31 सा सोमाए, सोना दाः
माद बिर–माद लांदिराते
राताङ बुरु चेतानाते
गामा आउइपे, राम्पि आउइपे।
सिंगि तुरोः सिंगि आयुबाते
काटा जम्बाड़ा बोओः कुन्दुड़िआते
जीदान होयो सेसेनका
जी राड़ेः ले नामेका।।

हर ऋतु में सोने–सा पानी
बांस वन, बांस झुरमुट से
हिमगिरि के ऊपर से
तुम वर्षा लाओ, झड़ी लाओ।
पूरब से, पश्चिम से
उत्तर से दक्षिण से
प्राणदायी हवा चले
हम मन की शान्ति पा सके।।

32 रोकोम हिता रेएद–रानु
दारु सिं, तासाद–रुड़ाः
जोतो जिउ हुड़िड–माराङ
जी बुगिले ताइनका।
बिर–बुरू, ओते–पिड़ि
बान्दा पुकिर, लोओर–गाड़ा
हारिआरगे गुंजाल–गुंजाल
पारचिआनगे चेएल–चेपेल।।

हर प्रकार की जड़ी–बूटी
पेड़–पौधे, घास–फूस
छोटे–बड़े सभी जीव
हम मनप्राण से–ठीक रहें।
वन पहाड़, खेत–मैदान
बांध–पोखर, नदी–नाले
हरे–भरे, शान्त–प्रशांत
साफ छलछलाते हुए।।

33 जोतो हागा, कुपुल–कुटुं
नाम–जोम दाड़िकाले।
उदाम–जोम दाड़िकाले
जोआर तानाले, गोआरि तानाले।

सभी भाई, कुटुंब–बंधु
हम खोज–खा सकें।
हम काम–उद्यम कर सकें
जोहार करते हैं, जोहार करते हैं।

आले आपेआः होनको
ओपे आपेआः गांड़ा को
आर्जिजादपेआले
बिनतीजादपेआले।।

हम तुम्हारे बच्चे
हम तुम्हारी संतान
हम अर्जी करते हैं
हम विनती करते हैं।।

34

आलेआः ओते–आड़ि
आलेआः खिति–किरसि
आलेआः बाबा एंगा
आलेआः कोदे एंगा।
पोआकानको ताइनका
पोसाकानको ताइनका।
हाराकानको ताइनका
माताकानको ताइनका।।

हमारा खेत–खलिहान
हमारी खेती–कृषि
हमारी धान मां
हमारी मड़ुआ मां।
ठीक से उगे
ठीक से उत्पन्न हो
ठीक से बढ़े–पले
ठीक से पुष्ट हो।।

35

आलेआः सेंड़ा–दाड़ि
आलेआः उडु–पेड़ेः
जाओगे सुड़ाओः का
जाओगे सुगाड़ाओः का।
आलेआः सेनहोरा रे
आलेआः सेनगांडे रे
आलेआः कामि–उदाम रे
आलेआः दांडा दुताम रे।।

हमारा बल–बुद्धि
हमारी सोच–शक्ति
सदा पल्लवित रहे
सदा पवित्र रहे।
हमारे चलने के रास्ते
हमारे चलने के आस–पास
हमारे काम–उद्यम
हमारी खोज–खबर में।।

36

तोद आलो ताइनका
तुगुड़ि आलो ताइनका।
जानुम आलो ताइनका
चोगा आलो ताइनका।
आले तालाआते हिसिंगा–चेंटा
आले तालाआते खींसि लोभ
हादते हादोःका
सिदते सिदका।।

ठेस न रहे
ठोकर न रहे।
कांटा न रहे
खोंच न रहे।
हमारे बीच से ईर्ष्या–द्वेष
हमारे बीच से क्रोध–लोभ
बिलकुल कट जाए
बिलकुल हट जाए।।

37

दिसुमाते रेंगेः तेताङ
गामाएआते डोण्डो–सेंड़ा
रेएदाते तुदोः का

देश से भूख–गरीबी
धरती से मूर्ख–बुद्धि
जड़ से उखड़ जाए

बुटाआते पाटुबोः का।
आले मिदते मिसाते
आले सांगिते जामाते
सुकु सोमाएले दारोमेका
नापाए नुसाड़ाले लेल होराएका।।

समूल नष्ट हो जाए।
हम मिलकर एक साथ
हम मिलकर संग–साथ
सुख समय का स्वागत कर सकें
मंगल बेला को देख सकें।।

सोबेन को सुकु तेको ताइनका
सोबेन को बुगिगेको ताइनका
ओते सिरमा बुगिगेको ताइन
होयो दाः बुगिगेका ताइन।
बिरबुरू बुगिगेका ताइन
तासाद–रुड़ाः बुगिगेको ताइन।
जीउ–जन्तु को बुगिगेको ताइन
चेंड़–चिपुरुब बुगिको ताइन।।

38 सभी सुख से रहें
सभी स्वस्थ रहें।
धरती–आकाश ठीक रहें
हवा पानी ठीक रहें।
वन पहाड़ ठीक रहें
घास–वृक्ष ठीक रहें।
जीव जन्तु ठीक रहे
पंछी–पखेरु ठीक रहे।।

ओतेरे सेन–टुंडाङ तानिः
दाःरे ओयार–डोम्बोलतानिः।
होयोरे आपिर–ओटाङ तानिः
सोबेन बुगिगेको ताइन।
नेरे हिजु आकान आपे बोंगाकोतागाते
नेरे सेटेराकान आपे देवाताको तागाते
आले नेआगेले आसाराएः ताना
आले नेआगेले आसाराएः ताना।।

39 जमीन पर रेंगकर चलनेवाले
पानी में तैरने–उपलने वाले।
हवा में उड़ने–फिरने वाले
सभी स्वस्थ रहें।
यहां आए हुए आप देवताओं से
यहां पहुंचे हुए देवियों से
हम यही कामना करते हैं
हम यही आशा करते हैं।।

जोहार! जोहार! जोहार!

जोहार! जोहार! जोहार!

(बोंगा चाबाओःताना एनतायोमते एनरे जामाआकान होड़ोकोलोः जोआर–जागार।)

(अनुष्ठान समाप्त होता है तदनंतर वहां एकत्र लोगों का आपस में मिलना–जुलना।)

मंत्र–पाठ की समाप्ति के बाद पाहन और उसके साथी–बुजुर्गों के साथ ही सारे लोग अक्षतदान करते हैं। जोहार करते हैं। फूल और प्रसाद बांटते हैं और उसी के साथ नृत्य–गीत का सिलसिला भी शुरू होता है जिसका आरंभ पाहन की पहल पर होता है। इसी बीच वही नजदीक में अरवा चावल, उरद दाल और मुर्गी–मुर्गा की खिचड़ी बनती हैं और प्रसाद

वितरण की पुनरावृति होती है। बूढ़े–बुजुर्गों को कुछ हड़िया भी मिलती है। नृत्यगीत के संक्षिप्त कार्यक्रम के बाद लोग गांव वापस आते हैं। पाहन को उसके घर पहुंचा देते हैं और अपने–अपने घरों में पूजा करते हैं। घर की पूजा में भी वही भाव रहता है किन्तु पारिवारिक पूर्वजों को प्राथमिकता दी जाती है। शाम को लोग खा–पीकर गांव के अखरा में मिलते हैं। नृत्य–गीत का कार्यक्रम रात भर चलता है। तीसरा दिन आगन्तुक कुटुम्ब–बंधुओं के साथ खान–पान और शाम को फूल विसर्जन का अन्तरग्रामीण कार्यक्रम होता है जिसमें आसपास के कई गांवों के नृत्य–दल शामिल होते हैं। इसी के साथ पर्व का आनुष्ठानिक समापन होता है, किन्तु युवाजन चौथी शाम को भी 'अखरा मिटाने' के नाम पर फिर एक बार नृत्य–गीत आयोजित करते हैं।

प्रतीक स्पष्टीकरण :

पूरी अनुष्ठान–प्रक्रिया सृष्टि की पुनरावृति का संभावना पक्ष है, प्रारंभिक बीच है। पतक्षड़ के बाद पृथ्वी रजस्वला की स्थिति में है। शाल, जो भी फूलों का प्रतिनिधि प्रतीक है, में फूल विकसित हो गए हैं। मकरंद गंधा हवा हें भर गई है। अब बीज लगने का समय हो गया है। ये बीज सर्वश्रष्ठा के वाहक होंगे। शाल वृक्ष उसी सर्वोत्तमता का प्रतीक है। इसकी सुदीर्घ आयु के बारे में कहा गया है–हजार साल खड़ा, हजार साल पड़ा, हजार साल सड़ा। जड़ से लेकर फूल तक इससे अधिक उपयोगी और कोई वृक्ष नहीं। आदिवासी ने हजारों वर्षों तक जांच–परख के बाद ही इसे देवता का पद दिया है। केकड़ा, मछली और केंचुआ पृथ्वी से भी पहले के पूर्वज हैं। परमेश्वर ने उन्हीं के सहयोग से पृथ्वी का निर्माण किया। ये सभी पूर्वजों के प्रतीक हैं। उन्हें प्रसाद रूप में ग्रहण कर, अंगीभूत कर, हम उनकी ऊर्जा के, प्रजनन शक्ति के, भागी बनते हैं।

सारनास्थल का पूजा स्थान भी प्रतीकात्मकता से भरा होता है। सारना अपने आप में एक मिनी जगह है। एक ही जगह अस्त्र–शस्त्र और बीजों की स्थापना आखेट और कृषि की संधिस्थिति का प्रतीक है। देवस्थापना की सारी प्रक्रिया–सुगंधित वातावरण में पैर धोने, स्नान कराने, वस्त्रदान कराने, सौंदर्यप्रसाधन करने, खिलाने–पिलाने से लेकर स्तुतिगान करने तक–परमआदरणीय अतिथि के सत्कार का प्रतीक है। उन अतिथि देवताओं की पसंद के मुर्गे–मुर्गियों के रंगों से उन देवताओं की प्रकृति का पता चलता है–परमेश्वर की पसंद सफेद, पहाड़ी देवताओं की लाल, जल देवताओं की काला और सारनादेवी तथा पूर्वजों की पसंद मिश्रित मानी गई है। ये रंग इन देवताओं के सापेक्ष महत्त्व के प्रतीक हैं। पूजास्थल पर प्रतिनिधि रूप में कुछ बीजान्न होना उन्हें अंकुरण के लिए तैयार होने का प्रतीक है। सारना से घर वापस आकर पाहन–पाहनिन का 'विवाह' होता है। वे नई सृष्टि की आकांक्षा से आकाश सूर्य और धरती के प्रतीक बनाए जाते हैं। उन पर पानी की 'वर्षा' होती है ताकि बीजांकुरण संभव हो।

बा (हा) लोः जुड़िआकान दुराङको — सरहुल संबंधी गीत

1

बा ताञ मेगा! नेआङ बा ताञ मे
डालि ताञ मेगा नापाङ डालि ताञ मे।।

बा दोरेञ बा मेआ चिकान बा
डालि दोरेञ डालिमेआ मेरेकान डालि।।

बा ताञ मेगा नेआङ साराजोम बा
डालिताञ मेगा नापाङ सुड़ा सांगेन।।

बा ताञ मेगा नेआङ नुराए—बाराए
डालिताङ मेगा नापाङ तिंजार—तोंजोर।।

फूल पहना दो, हे मां! फूल पहना दो
डाली पहना दो, हे मां! डाली पहना दो।।

जरूर पहनाऊंगी, हे बेटे, कौन सा फूल
ज़रूर पहनाऊंगी, हे बेटे, कौन सी डाली।।

फूल पहनादो, हे मां, सरहुल के फूल
डाली पहना दो, हे मां, सरई की डाली।।

फूल पहना दो, हे मां, सिर के ऊपर तक भरने जैसा
डाली पहना दो, हे मां, कान के नीचे तक झूलने जैसा

2

सारजोम बा नोको कोरेगे
सारजोम बाएः गोले दुराङा?
सुड़ा सांगेन चिमाए कोरेगे
सुड़ा सांगेन लान्दा जागारा?

सारजोम बा सुसुन कोरेगे
साराजोम बाएः गोले दुराङा?
सुड़ा सांगेन काराम कोरेगे
सुड़ा सांगेन लान्दा जागारा।।

साखू का फूल कहां, कहां
साखू का फूल गाता है, बजाता है?
नव पल्लव कहां, कहां
नव पल्लव हंसता है, बतियाता है?

साखू का फूल, नाच—अखरा में
साखू का फूल गाता है, बाजाता है।
नव पल्लव करम अखरा में
नव पल्लव हंसता है, बतियाता है।।

3

बा दोपे बाताना मुंडा को
बा दोरे कापे नोमेआ
डालिदोपे डालिताना सान्ताको
डालिदोरे कापे चेदेआ।।

बातेपे रिंगाताना मुंडा को
बा दोरे कापे नोमेआ
डालितेपे नाकालताना सान्ताको
डालिदोरे कापे चेदेआ।।

तुम सरहुल मना रहे हो, हे मुंडाओ
किन्तु तुम फूल नहीं देते।
तुम डाली मना रहे हो, हे संतालो
किन्तु, तुम डाली नहीं बांटते।।

तुम्हारे यहां फूलों का अकाल है, हे मुंडाओ
तुम फूल नहीं देते।
तुम्हारे यहां डालियों का अभाव है, हे संतालो,
तुम डाली नहीं बांटते।।

आलेआः दिसुमतेपे सेनोः रेदो
सुनुपिद चुटिरेले बा कुलपेआ।
आलेआः गामाएतेपे बिरिदरेदो
रोनोपोद सुबारेले डालि कुलपेआ।।

हमारे देश को जब जाओगे
तुम्हें खोंपाभर फूल पहना भेजेंगे।
हमारी धरती पर जब आओगे
हम तुम्हें जूड़ा भर डालियां पहना भेजेंगे।।

सुनुपिद चुटिरेले बा कुलपेआ
उराए—बाराएले बा कुलपेआ।
रोनोपोद सुबारेले डालि कुलपेआ
तिंजार तोंजोरले डालि कुलपेआ।।

खोंपा भर फूल पहना भेजेंगे।
भरा—पूरा फूल पहना भेजेंगे।
जूड़ा भर पत्तियां पहना भेजेंगे
झूलती—झरती पत्तियां पहना भेजेंगे।।

4

मिदे कोतो हो साराजोम बा
मिले कोतो हो सारेगाञ में।
बारे दाड़ा हो सुड़ा सांगेन
बारे दाड़ा नेंडेलाञ में।।

सरई फूल की एक शाखा, हे प्रिय
मेरे लिए बचाकर रखना।
नई पत्तियों की एक डाल, हे प्रिय
मेरे लिए जुगाकर रखना।।

मिदेकोतो होञ सारेगामेरे
चि होम चिकाएआ?
बारे दाड़ा होञ नेंडेलामेरे
मेरेहोम रिकाएआ?

एक शाखा बचाकर रखूंगा, हे प्रिय
उसका क्या करोगे?
एक डाल जुगाकर दूंगा
उसका तुम क्या करोगे?

मिदेकोतो होम सारेगाञरे
बा होञगुतुइआ।
बारे दाड़ा होम नेंडेलाञरे
डालि होञ गलाङे।।

एक शाखा बचाकर रखोगे, हे प्रिय
मैं फूल—माला बनाऊंगा।
एक डाल जुंगाकर रखोगे, हे प्रिय
मैं डाल—माला बनाऊंगा।।

5

साराजोम बारे कुइलिम
हाड़ागुलेनाया कुइलि।
सुड़ा सांगेन रे कुइलिम
नोसोरेलेन।।

सरई फूल के ऊपर, हे कोयल
तुम उतर आए, हे कोयल।
नई पत्तियों पर, हे कोयल
तुम आ पहुँचे।।

इलि मांडि नांगेनगे कुइलिम
नाड़ागु लेनाया कुइलि।
सिम काटा नांगेनगे कुइलिम
नोसोरेलेन।।

इलि और भात के लिए, हे कोयल
तुम उतर आए हो, कोयल।
मुर्गे की टांग के लिए, हे कोयल
तुम आ पहुंचे।।

इलि मांडि चाबाजाना कुइलिम
रूआड़ालेनाया कुइलि।
सिमकाटा टुंडु जाना कुहलिम
नाचुरेलेन।।

इलि और भात खत्म हो गए, हे कोयल
तुम वापस चले गए, हे कोयल।
मुर्गे की टांग समाप्त हो गई, हे कोयल
तुम वापस लौट गए।।

6

चिकान बा ना माइम बातादा
हुरुमसुकु बिउरेनतान
मेरेकान डालि ना माइम डालितादा
लुपुःतेरोम सेकोरेनतान।।

कौन–सा फूल पहनी हुई हो, हे बेटी
तुम्हारे चारों ओर मधु–भ्रमर घूम रहे हैं।
कौन–सी डाली बांधी हुई हो, हे बेटी,
तुम्हारे इर्द–गिर्द मधु–तेरोम फिर रहे हैं।।

सारजोम बा ना माइम बतादा
हुरुम सुकु बिउरेनतान
मेरेकान डालि ना माइम डालितादा
लुपुःतेरोम सेकोरेनतान।।

तुम सरई फूल पहनी हुई हो
तुम्हारे चारों ओर मधु–भ्रमर घूम रहे हैं
तुम नई पत्तियां बांधी हुई हो
तुम्हारे इर्द–गिर्द मधु–तेरोम फिर रहे हैं।

नुराए बुराए माइम बातादा
हुरुम सुकु बिउरेनतान
तिंजार–तोंजोर माइम डालितादा
लुपुः–तेरोम सेकोरेनतान।।

भरे–पूरे फूल पहनी हुई हो
तुम्हारे चारों ओर मधु–भ्रमर घूम रहे हैं।
झूलती–झबराई डाली पहनी हुई हो।
तुम्हारे इर्द–गिर्द मधु तेरोम फिर रहे हैं।

7

बातान बातान कुड़ि निर जाना
बोंगातान बोंगातान सिम पोचोजान।।

सरहुल मनाने के समय स्त्री भाग गई।
पूजा करते समय, मुर्गी फुचक गई।।

इलि चिपा बोरोते चि कुड़ि निर जाना
बोड़ा कातु चिरिते चि सिम पोचोजान।।

क्या, इलि बनाने के डर से स्त्री भाग गई?
भोथड़ी बैंठी के भय से मुर्गी फुचक गई?

इलि चिपा बोरोतेगे कुड़ि निर जाना
बोड़ा कातु बिरितेगे सिम पोचोजाना।।

हॉ, इलि बनाने के भय से स्त्री भाग गई।
हां, भोथड़ी बैठी के भय से मुर्गी फुचक गई।

निआ मिसाञ हिआतिङा कुड़ि निरजाना
निआ मिसाञ चाकातिङा सिम पोचोजाना।।

एक तरफ सोचता हूं, स्त्री भाग गई
दूसरी तरफ सोचता हूं, मुर्गी फुचक गई।।

8

एगामेको बा काटाब ताना माइ
कुण्डामेरेम तिंगुआकान।
नापुमेको गिड़ि तोरोएः ताना माइ

तुम्हारे मां–बाप सरहुल उपवास कर रहे हैं, हे बेटी
तुम पिछुआर में खड़ी हो।
तुम्हारे मां–बाप 'राख विसर्जन' कर रहे हैं, हे बेटी

सालांदिरेम जांपागाकान।।

तुम पीढ़ से सटी खड़ी हो।

कुंडाम रेम तिंगुआकाना माइ
कुंडाम हासा हान्दिड़ितान।
सालान्दिरेम जापागाकाना माइ
चान्दाए दाःदो जोरोतान।।

तुम पिछुआर में खड़ी हो, हे बेटी
पिछुआर की मिट्टी धस रही है।
तुम पीढ़ से सटी खड़ी हो, हे बेटी
छांछेका पानी टपक रहा है।।

आमाः दुकु उडुःतेगे माइ
कुंडाम हासा हान्दिड़ितान।
आमाः बालाए पाहाम तेगे माइ
चान्दाए दाः दो जोरोतान।।

तुम्हारा दुख सोचकर, हे बेटी
पिछुआर की मिट्टी धस रही है।
तुम्हारा दर्द याद कर, हे बेटी
छांछेका पानी टपक रहा है।।

9

चि होपे बाताना चि
चि होपे रूगुम–रूगुमा
चि होपे डालिताना चि
चि होपे राड़ोए–बाड़ोएआ।।

भाइयो, क्या तुम सरहुल मना रहे हो?
तुम्हारा हंसना–बतियाना सुनाई पड़ रहा है।
भाइयो, क्या तुम डाली मना रहे हो?
तुम्हारा बोलना–बड़बड़ाना सुनाई पड़ रहा है।।

हे होले बा ताना चा
हे होले रूगुम–रूगुमा
हे होले डालिताना चा
हे होले राड़ोए–बाड़ोएआ।।

हां भाई, हम सरहुल मना रहे हैं
हम हंस–बतिया रहे हैं।
हां भाई, हम डाली मना रहे हैं
हम बोल–बड़बड़ा रहे हैं।।

10

सिम केओः–केओः चिगा गाण्डु कोड़ोः–कोड़ोः
पाड़ाःसान ताना चिको बामुलुःताना।
सिम केओः–केओः चिगा गाण्डु कोड़ोः–कोड़ोः
बा बासिताना चिको बा मोरोएःताना।।

मुर्गे की कें–कें, पीढ़े पर खट–खट
लोग लकड़ी फाड़ रहे हैं या सरहुल मना रहे हैं?
मुर्गे की कें–कें पीढ़े पर खट–खट
सरहुल का दूसरा दिन है या तीसरा?

सिम केओः–केओः गेगा गाण्डु कोड़ोः–कोड़ोः
निकु दोको बाताना कोकोर–मोकोर।
सिम केओः–केओः गेगा गाण्डु कोड़ोः–कोड़ोः
निकु दोको डालिताना निसार सोंगोल।।

मुर्गे की कें–कें पीढ़े पर खट–खट
लोग जोर–शोर से सरहुल मना रहे हैं।
मुर्गे की कें–कें, पीढ़े पर खट–खट
लोग पूरे मन से 'डाली' मना रहे हैं।।

11

हेसाः जारोमताना चिहो बाड़े गादारताना?
चेंड़े चेतान चेंड़े होको हाड़ागुनताना।

पीपल पका है या बड़ गदराया है?
पंछी पर पंछी उतर रहे हैं।

बा बासितादा चिको बुरू बासितादा
कुपुल चेतान कुपुल होको हिजुः ताना।

सरहुल का दूसरा दिन है या बुरू का दूसरा दिन?
मेहमान पर मेहमान पहुंच रहे हैं।।

हेसाः जारोमोकागे बोले बाड़े गादारो कागे
हिजुः मेनागेको हिजुःताना।
बा बासिओ कागे बोले बुरू बासिओ कागे।।
हाड़ागु मेनागेको हाड़ागुनताना

पीपल भी नहीं पका है, बड़ भी नहीं गदराया
मेहमान यों ही पहुंच रहे हैं।
सरहुल का दूसरा दिन भी नहीं, बुरू का दूसरा दिन भी नहीं
पंछी यों ही उतर रहे हैं।।

12

बा सांगेन माइ सुड़ा सांगेन
नोकोएको राचारे बा सांगेन।
बा सांगेन माइ सुड़ा सांगेन
चिमाएको बाटे रे सुड़ा सांगेन।।

फूलो का खिलना, हे बेटी, पत्तियों का निकलना
किसके आंगन में फूल खिले हैं?
फूलों का खिलना, हे बेटी, पत्तियों का निकलना
किसके आंगन में पत्तियां निकली हैं?

बा सांगेन माइ सुड़ा सांगेन
मुंडा को राचारे बा सांगेन।
बा सांगेन माइ सुड़ा सांगेन
सांताको बाटे रे सुड़ा सांगेन।।

फूलों का खिलना, हे बेटी, पत्तियों का निकलना
मुंडाओं के आंगन में फूल खिले हैं।
फूलों का खिलना हे बेटी, पत्तियों का निकलना
संतालों के आंगन में पत्तियां निकली हैं।।

नुराए–बाराए माइ बा सांगेन
मुंडा को राचारे बा सांगेन।
तिंजार–तोंजोर माइ सुड़ा सांगेन
सांताको बाटे रे सुड़ा सांगेन।।

भूरे–पूरे, हे बेटी, फूल खिले हैः
मुंडाओं के आंगन में फूल खिले हैं।
झूलते–झरते, हे बेटी, पत्तियां निकली हैं
संतालों के आंगन में पत्तियां निकली हैं।।

13

तिसिं दो सोंजोको जोजोरेगे हाइको
गापा दो सोंजोको गोटा राम्बाड़ा।।

आज तो संयोग से इमली के साथ मछली
कल तो संयोग से गोटे उरद की दाल।।

चिको मेनेगे जोजोरेगे हाइको
मेरेको मेनेगे गोटा राम्बाड़ा।।

किस बात के लिए इमली के साथ मछली?
किस चीज के लिए, गोटे उरद की दाल?

सारजोम बा नागेनगे जोजोरेगे इाको
सुड़ा सांगेन नागेनगे गोटा राम्बाड़ा।।

सरई के फूल के लिए, इमली के साथ मछली
नव पल्लव के लिए गोटे उरद की दाल।।

14

तिति, तिति एला बोलोमे
कुंडामरेम चिआब चिआबा।

आओ मुर्गी, अंदर आओ
तुम पिछुआर में चूं–चूं कर रही हो।।

तिति, तिति एला सोड़ोमे सालान्दिरेम केरे बोरेआ।।	आओ मुर्गी, भीतर आओ तुम पीढ़ पर कर–करा रही हो।।
तिति, तिति एला बोलोमे सारजोम बा टेण्डेराकान। तिति, तिति एला सोड़ोमे सुड़ा सांगेन सिदुबाकाना।।	आओ, मुर्गी, अन्दर आओ सरई का फूल खड़ा रखा हुआ है। आओ, मुर्गी, भीतर आओ नई डालियां खड़ी, रखी हुई हैं।।

15

तोलाकान सुकड़ा सिम तोलाकान गेआ। तेनाकान टेंडाः इलि तेनाकानगेआ।।	बंधा हुआ सफेद मुर्गा, बंधा ही हुआ है तैयार रसदार इलि, बंद ही पड़ी है।।
कातु चिहो बानोगा तोलाकानगेआ। चाला चिहो बानोगा तेनाकान गेआ।।	क्या बैंठी नहीं है कि मुर्गा बंधा ही हुआ है? क्या चलनी नहीं है कि इलि बंद ही पड़ी है?
कातु हो मेनागा, बा ले तांगिताना। चाला हो मेनागा, डालिले तांड़ाः ताना।।	बैंठी भी है, किन्तु फूल का इंतजार कर रहे हैं। चलनी भी है, किन्तु डाली की प्रतीक्षा कर रहे हैं।

16

सारजोम बा लोदोब लेका बोंगाकोचारे सिमकाटा रूंकु जुगुडु बुचा तिलाइरे।।	सरई का फूल झबराया हुआ, देवताओं के कोने में मुर्गे की टांग सिकुड़ी हुई, टूटे हुए तवे में।।
चिको नांगेनगे बोंगाकोचारे मेरेको नांगेनगे बुचा तिलाई रे?	किस बात के लिए, देवताओं के कोने में? कि बात के लिए, टूटे हुए तवे में?
बोंगाए नांगेनगे बोंगाकोचारे चांकांड़ाए नांगेनगे बुचा तिलाइ रे।।	पूजा करने के लिए, देवताओं के कोने में। चखना करने के लिए, टूटे हुए तवे में।।

17

बागे बागेबु तांगिकेना बा दो गुलिनिचा तेबाःलेना। डालिदो डालिदोबु तांड़ाःकेना डालिदो मोचोकोनि सेटेरलेना।।	हम सरहुल का इंतजार कर रहे थे हे प्रिय गुलांची, सरहुल पर्व आ गया। हम डाली की प्रतीक्षा कर रहे थे हे प्रिय मुचकुनी, डाली पर्व आ गया।।
बा दो गुलिनिचा तेबाः लेना जाओ जादुर आखाड़ाबु जोलोम रुड़ाए। डालि दो मोचाकोनि सेटेरलेना	हे प्रिय गुलांची, सरहुल पर्व आ गया हम अपने जादुर अखड़ा को फिर से लीपें। हे प्रिय मुचकुनी, डाली पर्व आ गया

जाओ काराम आखाड़ाबु सुगाड़ा रूड़ाए।।	हम अपने करम अखड़ा को फिर से पोतें।।

18

नेला रे सारजोम बा	आओ हे साखू के फूल
नेला रे नाड़ागुन मे।	आओ उतर आओ।
नेला रे सुड़ा सांगेन	आओ, हे नवपल्लव
नेला रे नोसोरेन में।।	आओ, नीचे आओ।।
मारे हो निलि काजि नाकिदेपे	हां, इलि तो पहले तैयार करो
मारे होञ नाड़ागुनगे।	मैं जरूर उतर आऊंगा।
मारे हो सिमकाजि तोलिपे	हां, मुर्गा तो पहले बांधो
मारे होञ नोसोरेनगे।।	मैं जरूर नीचे आऊंगा।।
मारे हो ने दिन मुंडि रे	फलाने दिन को
मारे होञ नाड़ागुनगे।	मैं जरूर उतर आऊंगा।
मारे हो ने बोछोर नेडा रे	चिलाने वर्ष को
मारे होञ नोसोरेनगे।।	मैं जरूर नीचे आऊंगा।।

19

एलारे सराजोम बा	हे साखू के फूल
एलारेम काउबाउजान।	तुम उत्तावले हो उठे।
एलारे सुड़ा सांगेन	हे नवपल्लव
एलारेम एबे–तोबेजान।।	तुम अधीर हो उठे।।
मारे हो दिन मुंडि हिजुःजाना	हां, जाने का दिन आ गया
मारे होञ काउ बाउजान।	मैं उत्तावला हो उठा।
मारे हो बोछोर नेंडा सेटेरजाना	हां, लौटने का समय आ गया
मारे होञ एबे–तोबेजान।।	हां, मैं अधीर हो उठा।।

20

इसु दुकु–सुकु तेबु तेबाःनाम तादा	अनेक दुख–सुख के बाद हम पहुंच पाए हैं
सोनालेकान बा चाण्डुः मुलुःआकाना।	सोने–सा सरहुल का चांद उग आया है।
जानाओबु सुसुनारे सोंगोति गातिञ	संगी–साथियों, हम रोज नाचेंगे
कारेबु बापागेआ पिरिति सांगाञ।।	प्रीत–मित्रो, हम एक–दूसरे का साथ न छोड़ेंगे।।
ने हातु तालारेबु जोनोमाकाना	हम इस गांव में पैदा हुए हैं
ओकोए जीदोः ओकोए गोजोः मेना बुआ।	कोई जीने, कोई मरने जैसा है।

जानाओबु सुसुनारे सोंगोति गातिञ	संगी–साथियो, हम रोज नाचेंगे
कारेबु बापागेआ पिरिति सांगाञ।।	प्रीत–मित्रो, हम एक–दूसरे का साथ न छोड़ेंगे।।
सोना लेकान बा चांडुः सेनोः जानरेदो	सोने–से सरहुल का चांद के चले जाने पर
कारेबु नामेआरे जादुर सुसुन।	जदुर का नाच और न मिलेगा।
जानाओबु सुसुनारे सोंगोति गातिञ	संगी–साथियो, हम रोज नाचेंगे
कारेबु बापागेआ पिरिति सांगाञ।।	प्रीत–मित्रो, हम एक–दूसरे का साथ न छोड़ेंगे।।

21

बा चाण्डु मुलु लेना माइ	सरहुल का चांद उग आया, हे बेटी
बा हासाम आदेर तान।	तुम सरहुल के लिए मिट्टी ला रही हो।
सिंगि दो तिकिनलेना माइ	सूरज तो दोपहर हो गया, हे बेटी
नाड़का हासाम लोआदतान।।	तुम नगड़ा मिट्टी भिगो रही हो।।
बा हासाम आदेरताना माइ	तुम सरहुल की मिट्टी ला रही हो, हे बेटी
नोकोए लोःम जोलोमते?	तुम किसके साथ घर लीपोगी?
नाड़का हासाम लोआदताना माइ	तुम नगड़ा मिट्टी भिगो रही हो, हे बेटी
चिमाए लोःम नाड़ाकानते।।	तुम किसके साथ सिर धोओगी?
बा हासाम आदेर ताना माइ	तुम सरहुल की मिट्टी ला रही हो, हे बेटी
गातिम लोःम जोलोमते	तुम अपनी सहेली के साथ घर लीपोगी।
नाड़का हासाम लोआदताना माइ	तुम नगड़ा मिट्टी भिगो रही हो, हे बेटी
सांगामलोःम नाड़ाकानते।।	तुम अपनी संगी के साथ सिर धोओगी।।

22

बा चाण्डुः बुरू चाण्डु	सरहुल का महीना, बुरु का महीना
बा चाण्डुःम साला साकामा।	सरहुल के महीने में तुम पत्तियां चुनती हो।
बा चाण्डुः बुरू चाण्डुः	सरहुल का महीना, बुरु का महीना
बुरू चाण्डुःम पिति चारिगा।।	बुरु के महीने में तुम तीलियां बनाती हो।।
मिदे कुड़ा बारे कुड़ा	एक बंडल, दो बंडल
बा चाण्डुःम साला साकामा।	तुम सरहुल के महीने में पत्तियां चुनती हो।
मिदे बिति बार बिति	एक बित्ति, दो बित्तियां
बुरू चाण्डुःम पिति चारिगा।	तुम बुरु के महीने में तीलियां बनाती हो।।

23

चिउलापे बाएआ सालु?	प्रिय, तुम कब सरहुल मना रहे हो?

टोरे–टोपे नाड़ाकानको।
चिउलापे डालिया सालु?
गेरो–गेतो होयोनको।।

लोग मिट्टी से सिर धो रहे हैं।
प्रिय, तुम कब डाली मना रहे हो?
लोग दाढ़ी–मूंछ बना रहे हैं।।

आले दोले बाएआ सालु
लेलमुलुः आपि मारे।
आले दोले डालिआ सालु
लेल मुलुः मोड़े मारे।।

प्रिय, हम सरहुल मनाएंगे
नए चांद के तीसरे दिन।
प्रिय, हम डाली मनाएंगे
नए चांद के पांचवें दिन।।

24

चिउलापे बाएआ सालु?
बा उराए–बाराएआ सालु।
चिमाएपे डालिआ सालु?
डालि तिंजार तोंजोरा सालु।।

प्रिय, तुम कब सरहुल मनाओगे?
प्रिय, फूल भरपूर लग गए।
प्रिय, तुम कब डाली मनाओगे?
प्रिय, डालियां झूमने लग गई।।

आले दोले बाएआ सालु
लेल मुलुः मोंड़े मारे।
आले दोले डालिआ सालु
निर संदि तुरि मारे।।

हम तो मनाएंगे, प्रिय
चांद दिखने के पांचवें दिन पर।
हम तो मनाएंगे, प्रिय
अमावस्या के बाद छह दिन पर।।

बा दोपे बाएआ सालु
बा दोपे नोमेआ चिका?
डालि दोपे डालिआ सालु
डालि दोपे चेदेआ चिका।।

प्रिय, तुम सरहुल मनाओगे
तुम हमें फूल दोगे या नहीं?
प्रिय, तुम डाली मनाओगे
तुम हमें डाली बांटोगे या नहीं?

बारेपे हिजुःरे सालु
सुपिदरेले बाकुल पेआ।
डालिरेपे सेटेर रे सालु
रोपोदरेले डालिकुल पेआ।।

प्रिय, जब तुम सरहुल में आओगे
हम तुम्हें खोपाभर फूल पहना भेजेंगे।
प्रिय, जब तुम डाली में आओगे
हम तुम्हें जूड़ाभर डाली बांध भेजेंगे।।

25

बा दोगा नेआङ बा तेबाःताना।
डालि दोगा नापाङ डालि सेटेरताना।।

सरहुल का पर्व, हे मां, सरहुल आ रहा है
डालियों का पर्व, हे पिता, त्योहार आ रहा है।

बोंगा बुरु दो नेआङ काञ इतुआना।
सेवा–सुसार द्रो नापाङ काञ सारिआना।।

पूजा–विधि, हे मां, मुझे नहीं आती
सेवा सुश्रुषा, हे पिता मुझे आती।।

इसु हेड़ेम जागारते इतुताञ मेगा
इसु सिबिल बाकाड़ाते सारिताञ मेगा।।

बड़ी मीठी बाणी से, हे मां, मुझे सिखा दो
अच्छी मधुर बाणी से, हे पिता, मुझे बता दो।।

26

इसु दुकु–सुकु तेबु तेबाः नामतादा
सोना लेकान बा चाण्डुःदोएः मुलुगाकाना।
कामि उदाम नाला तेबु सेटेरनामतादा
रुपा लेकान बा चाण्डुःदोएः सेटेराकाना।।

बहुत दुख–सुख के बाद हम पहुंच पाए हैं
सोने की तरह सरहुल चांद उग आया है।
काम–उद्यम–मजदूरी करते आ पाए हैं
रुपा की तरह सरहुल का चांद दिख गया।।

सोना लेकान बा चाण्डुः दोएः मुलुगाकाना
मुनु–पोटोम बान्दि–बाबा होगोड़ोजाना।
रुपा लेकान बा चाण्डुःदोएः सेटेराकाना
केरे–बोरे कालुटि दोएः डुबाओजाना।।

सोच में पड़ता हूं, दुखी होता हूं
कि पूरा बंधा मोरा धान खुल गया।
सोच में पड़ता हूं, दुखी होता हूं
बढ़ती हुई कोटर मुर्गी मारी गई।।

हिआतिङ मोनिञारे चाकातिङ सानाञ
मुनु पोटोम बान्दि बाबा होगोड़ाजाना।
हिआतिङ मोनिञा रे चाकातिञ सानाञ
केरे बोरे कालुटि दोएः डुबाओजाना!!

सोने की तरह सरहुल चांद उग आया है
पूरा बंधा मोरा–धान खुल गया।
रूपा की तरह सरहुल का चांद दिख गया
बढ़ती हुई कोटर मुर्गी मारी गई।।

27

बा चाण्डुः मुलुःलेना माइ
सिमहोन दोएः चिआब–चिआबा।
लोगोन दोको तोलेकेदा माइ
कुड़िहोन दोए कुसुद कुसुदा।।

सरहुल का चादं उग आया, हे बेटी
छोटा मुर्गा चूं–चूं कर रहा है।
लोगों ने लगन बांधा, हे बेटी
छोटी लड़की सिसक रही है।।

सिमहोनदोएः चिआब–चिआबा माइ
कालोमकेन कालोमकेन।
कुड़िहोन दोएः कुसुद–कुसुदा माई
सातोमकेन सातोमकेन।।

छोटा मुर्गा चूं–चूं कर रहा है
अगले साल–अगले साल, कह रहा है।
छोटी लड़की सिसक रही है
दूसरे वर्ष,–दूसरे वर्ष, कह रही है।।

28

राबाङ तायोमेतेम हिआकाना
राजा–रानी लेकाम साम्पोड़ोआकाना।
इसु दिनातेहोञ उडुःकेना
मेन्दोम मुलु लेना बाहाचाण्डुः।।

शीत के बाद आए हो
राजा–रानी की तरह सजे हुए हो।
मैं बहुत दिनों से सोचता था
किन्तु हे सरहुल के चांद, तुम उग आए हो।।

पुरना पाण्डु साकाम नोचोःकेते

पुरानी पीली पत्तियों को उतार कर

नावा सुड़ा साड़ीम नोमेतादा।
बिरते बाकोञ लेलाउकेना
मोएताना, बाताना, जोओताना।।

तुमने पेड़ों को नई पत्तियों की साड़ी दी है।
मैं पेड़ों को देखने जंगल गया
वे पल्लवित, पुष्पित, फलों से भर रहे हैं।।

हरियाली आराः सुड़ा पिंड़िः लेका
चिकान सुनुमेदोम गोसोःआकादा।
बिर कोरे बा बुगिन सुगाड़ा सोआन
कुड़ाम बितारते गुम्बुराओताना।।

हरे–लाल पल्लव चमक रहे हैं
तुमने कौन–सा तेल लगा रखा है।
वन में सुन्दर फूल, मधु–गंध
छाती के अन्दर घुमड़ती है।।

बिर दारु सुबारे राम सोम्बोदाकाना
सिरमारेन सिंबोगाएः जोआरताना।
बाएआले मेन्तेगोड़ेः रासिकाताना
ताराकोतो साराजोम बाएः आसिताना।।

वन–वृक्ष के नीचे 'राम' झुका हुआ है
आकाश के सिङबोंगा को जोहार करता है
सरहुल मनाने की खुशी से उल्लसित
एक डाल सरई फूल की याचना कर रहा है।।

29

सारजोम बा लेसे–लेसे रे
गातिम लाङ आगु रुड़ाइआ।
सुड़ा सांगेन दिले–दोंगोब रे
सांगाम लाङ पिचा रुड़ाइआ।।

जब सखुए में फूल लदे होंगे
हम अपने साथी को वापस बुलाएंगे।
जब सखुए में कोंपल भरेंगे
हम अपने संगी को फिर से लाएंगे।

गातिम लाङ आगु रुड़ाइआ
गातिम लाङ बा मिसाइआ।
सांगामलाङ पिचा रुड़ाइआ।
सांगामलाङ डालि जामाइआ।।

हम साथी को वापस बुलाएंगे
हम उसके साथ सरहुल मनाएंगे।
हम संगी को फिर से लाएंगे
हम उसके साथ उत्सव मनाएंगे।।

गातिम लाङ बा मिसाइआ
इलिलाङ तिलाइआ
सांगामलाङ पिचा रुड़ाइआ
रासिलाङ आंड़ेगाइआ।।

हम उसके साथ सरहुल मनाएंगे
हम उसे इलि पिलाएंगे।
हम उसके साथ उत्सव मनाएंगे।
हम उसके लिए रस ढारेंगे।।

30

बा चाण्डुः मुलुः लेना
सारजोम बा बाताना।
बालेः ओपाद, नावा दाड़ारे
सुड़ा सांगेन सुड़ाताना।।

सरहुल का चांद उग आया
सखुए में फूल खिल रहे हैं।
नई शाखा, नई डालियों पर
नई पत्तियां उग रही हैं।

सारजोम बा बाताना
दिले–दोंगोबा।
सुड़ा सांगेन सुड़ाताना
तिंजार–तोंजोंरा।।

सखुए में फूल खिल रहे हैं
दमकते–चमकते–से।
नई पत्तियां उग रही हैं
झूमते–झबराए–से।।

दिल–दोंगोबा
बातेगे तोपाआकाना।
तिंजार–तोंजारा
डालितेगे दालोबाकाना।।

दमकते–चमकते–से
फूलों से ही लदे हुए।
झूमते–झबराए–से
गुच्छों से ही छाए हुए।।

31

होरा रे साराजोम बा
लेसेकेन–लेसेकेन।
डारे रे हेंदे हापानुम
मोचोकेन–मोचोकेन।।

रास्ते में सरई का फूल
झूम रहा है, झूम रहा है।
डगर पर श्यामली युवती
मुंस्का रही है, मुस्का रही है।।

लेसेकेन–लेसेकेन
तीते हो कागे तेबागो।
मोचोकेन मोचोकेन
मोचोतेहो कागे जागारोः।।

झूम रहा है, झूम रहा है
हाथ से पहुंचता नहीं।
मुसक रही है, मुसक रही है
मुंह से बात निकलती नहीं।।

तीते हो कागे तेबागोः
बाकोः हो बाइआइपे।
मोचाते हो कागे जागारो
लिका हो ओलाइपे।।

हाथ से पहुंचता नहीं
उसके लिए अंकुश बना दो।
मुंह से बात निकलती नहीं
उसके लिए चिट्ठी लिख दो।।

बाकोः होले बाइआःइआ
बाकोः हो हुलाःजान।
लिका होले ओलाःइआ
लिका हो चेचाःजान।।

हमने अंकुश बना दिया
किन्तु अंकुश टूट गया।
हमने चिट्ठी लिख दी
किन्तु चिट्ठी फट गई।।

32

बा बादि रे हाले
बा बादि रे हो।
ताला बादि रे हाले

फूलों के मैदान में
फूलों के मैदान में।
मैदान के बीच मे

ताला बादि रे।।

मैदान के बीच में।।

बा बादि रे हाले
चिकान बा हो?
ताला बादि रे हाले
मेरेकान डालि।।

फूलों के मैदान में
कौन–सा फूल?
मैदान के बीच में
कौन–सी डाली?

बा बादि रे नाले
सरोजोम बा हो।
ताला बादि रे हाले
सुड़ा सांगेन।।

फूलों के मैदान में, हे भाई,
सखुए का फूल।
मैदान के बीच में, हे भाई,
कोंपलों की डाली।।

तारे तासेआ
साराजोम बा हो।
तिंजार–तोंजोरा
सुड़ा सांगेन।।

भरा–पूरा–सा, हे भाई
सखुए का फूल।
झूलती–झबरायी सी, हे भाई
कोंपलों की डाली।।

33

नाकिगेनमेना रिसा, सुपिदेन मेना
बुरुरेदो बाजाना साराजोम बा
नाकिगेनमेना रिसा सुपिदेन मेना
बेड़ा रेदो डालिजाना सुड़ा सांगेन।।

कंघी लगाओ, लड़की, खोंपा बांधो
पहाड़ पर सखुए में फूल लग गए।
बाल बनाओ, लड़की, जूड़ा बनाओ
घाटी में पेड़ों पर कोंपलें खिल आई।।

नाकिगेन जानाञ दादा सुपिदेन जाना
बुरु रेदो सारजोम बा गोसोजाना।
नाकिगेन जानाञ दादा सुपिदेन जाना
बेड़ारेदो सुड़ा सांगेन माएलाजाना।।

मैंने बाल बनाया, भाई, मैंने खोंपा बांधा
पहाड़ पर के सखुआ फूल मुर्झा गए।
मैंने बाल बनाया, भाई, मैंने जूड़ा बनाया
घाटी में पेड़ों पर कोंपले सूख गई।।

34

ओकोकोरे होको सुसुनताना
बुरु रे लामाः जो दो चाटागोः लेका।
चिमाएकोरे होको कारामताना
बेड़ा रे तिरिल–तारोब गादारोःलेका।।

लोग कहां (जदूर) नाच रहे हैं?
पहाड़ पर चीहड़ का फल चटकने जैसा।
लोग कहां करम नाच रहे हैं?
घाटी में केंदू–चार गदराने जैसा।।

बुण्डु कोरे होको सुसुनताना
बुरु रे लामाः जोदो चाटागोः लेका।

लोग बुण्डु में जदुर नाच रहे हैं
पहाड़ पर चीहड़ का फल चटकने जैसा।

टामाड़ा कोरे होको कारामताना
बेड़ा रे तिरिल–तारोब गादारोः लेका।।

लोग तमाड़ में करम नाच रहे हैं
घाटी में केंदू–चार गदराने जैसा।।

35

ओकोकोरे होको सुसुनताना
देआरे किचिरि दो जुड़ागोःलेका।
चिमाए कोरे होको कारामताना
रुतु आर बानामेकिन जागारताना।।

लोग कहां जदुर नाच रहे हैं?
पीठ पर कपड़ा लटकने जैसा।
लोग कहां करम नाच रहे हैं?
बांसुरी और सारंगी बतिया रहे हैं।

डोरेआ–डोम्बारी को सुसुनताना
देआरे किचिरि दो जुड़ागोः लेका।
सिदिमा–बागामाको काराम ताना
रुतु आर बानामेकिन जागारताना।।

लोग डोरेआ–डोम्बारी में जदुर नाच रहे हैं
पीठ पर कपड़ा लटकने जैसा।
लोग सिदिमा–बागमा में करम नाच रहे हैं
बांसुरी और सारंगी बतिया रहे हैं।।

36

बुरु सोंगा सोंगातेदो
होयो चिगा साराजोम बा।
होयो चिगा साराजोम।।
नारा जोड़ेन जोड़ेन तेदो
राम्पि चिगा सुड़ा सांगेन
राम्पि चिगा सुड़ा सांगेन।।

पहाड़ों के बीच से
हवा या साखू फूल की गंध उड़ रही है?
साखू फूल की गंध उड़ रही है।।
ढलान की जोड़ों पर
वर्षा या साखू की कोंपलें धुल रही हैं?
साखू की कोंपले धुल रही हैं।।

दोलातिबु लेलेलेआ
होयो चिगा साराजोम बा
होयो चिगा साराजोम।।
दोलातिबु चिनालेआ
राम्पि चिंगा सुड़ा सांगेन।
राम्पि चिगा सुड़ा सांगेन।।

चलो हम देख आएं
हवा या साखू की गंध उड़ रही है।
हवा या साखू की गंध उड़ रही है।।
चलो हम पहचान आएं
वर्षा या साखू की कोंपलें धुल रही हैं।
साखू की कोंपलें धुल रही है।।

आले दोले लेलेकेना
होयो गेगा साराजोम बा।
होयो गेगा साराजोम।।
आले दोले चिनाकेना
राम्पि गेगा सुड़ा सांगेन।
राम्पि गेगा सुड़ा सांगेन।।

हम तो देख आए
हवा ही या साखू की गंध उड़ रही है।
साखू की गंध उड़ रही हैं।।
हम तो पहचान आए
वर्षा ही या साखू की कोंपलें धुल रही हैं।
साखू की कोंपलें धुल रही हैं।।

37

बुरु मादुकाम हाले बुरु मादुकाम हो। बेड़ा साराजोम हाले बेड़ा साराजोम।।	पहाड़ पर महुआ, हे भाई पहाड़ पर महुआ। घाटी का सखूआ, हे भाई घाटी का सखुआ।।
बुरु मादुकाम हाले रिबि–रिबिताना हो। बेड़ा साराजोम हाले गासा–गासाताना।।	पहाड़ पर महुआ, हे भाई महुआ झरझरा रहा है। घाटी का सखुआ, हे भाई सखुआ गहगहा रहा है।
हालाङलाङ गातिञ रिबि–रिबिताना हो। तुम्बालालाङ सागाञ गासा–गासाताना।।	हे प्रिय, हम चुनने जाएं महुआ झरझरा रहा है। हे प्रिय, हम चुनने जाएं सखुआ गहगहा रहा है।।
रिंगातान कोरेलाङ तिकिजोमतेआ हो। नाकालतान कोरेलाङ ताङ नाबेतेआ।।	भुखमरी के समय हे प्रिय, हम उसे पका खाएंगे अकाल के समय हम सिझा–खाएंगे।।

38

उरिः गुपि बुगिनाचि मेरोम गुपि बुगिन मादुकाम पिड़ितेको निरेगेआ। उरिः गुपि बुगिनाचि मेरोम गुपि बुगिन साराजोम बेड़ातेको दाउड़िगेआ।।	बैल चराना अच्छा है या बकरी चराना अच्छा है (बैल) महुआ के मैदान की ओर दौड़ते हैं। बैल चराना अच्छा है या बकरी चराना अच्छा है (बकरियाँ) सखुए की घाटी की ओर भागती हैं।
मादुकाम पिड़ितेको निरेगेआ मादुकाम होरो कुड़ि एराङ ताना। साराजोम बेड़ातेको दाउड़िगेआ साराजोम जांगि कोड़ा सेगेदाताना।।	मवेशी महुए के मैदान की ओर दौड़ते हैं वहां महुआ ओगरनेवाली स्त्री गाली देती है मवेशी सखुए की घाटी की ओर भागते हैं वहा सखुआ ओगरनेवाला आदमी डांट सुनाता है।
मादुकाम होरो कुड़ि एराङताना जाति–पाति होए एराङताना।	महुआ ओगरनेवाली स्त्री गाली देती है वह जात–पात का नाम लेकर गाली देती है।

साराजोम जांगि कोडा सेगेदतान	सखुआ ओगरनेवाला आदमी डांट सुनाता है
किलि–निलि होए सेगेदताना।।	वह गोत्र–वंश का नाम लेकर डांट सुनाता है।

39

मागे फागुन रे	माघ और फागुन में
जादुर सुसुनको	जदुर नाचनेवाले
आसाड़ सावन रे	आषाढ़ सावन में
काराम कोजोड़ोको।।	करम नाचनेवाले।।
जादुर सुसुनको	जदुर नाचनेवाले
लिटिः लोपोङा।	धूल उड़ाते हुए।
काराम कोजोड़ोको	करम नाचनेवाले
लाटाङ कोयोङा।।	कीचड़ उछालते हुए।।
लिटिः लोपोङा	धूल उड़ाते हुए
सेनोःगे मोनिञा।	मुझे वहां जाने का मन करता है
लाटाङ कोयोङा	कीचड़ उछालते हुए
बिरिदेगे सानाञा।।	मुझे वहां चलने का मन करता है।।
सेनोः रेदो सेनोः में	जाना है तो चले जाओ
सेनोः गेम काजिआ।	तुम जाने की ही बात करते हो!
बिरिद रेदो बिरिदमे	चलना है तो चले जाओ
बिरिद गेम बाकांड़ा।।	तुम चलने का ही बखान करते हो!

40

चुटि मुलि साराजोम रे	सखुआ पेड़ की चोटी पर
आमचि मिरु इआमा?	हे मिरु, क्या तुम ही रो रहे हो?
ओते बान्दु लातार रे	बान्दु लता के भीतर
आमचि कारे सायादा।।	हे कारे, क्या तुम ही सिसक रहे हो?
आञगेचा इआमा	हां, मैं ही रो रहा हूं
चुटि कोतो हुलाः जान।	इसकी ऊपरी डाल टूट गई।
आञगेचा सायादे	हां, मैं ही सिसक रही हूं
सुबा दाड़ा दोड़ाङजान।।	उसकी निचली डाल गिर गई।
चुटि कोतो हुलाः जान	इसकी ऊपरी डाल टूट गई

काचि तेरा सुड़ाओःआ।
सुबा दाड़ा दोड़ाङजान।।
काचि तेरा सांगेनो।।

क्या यह फिर से नहीं उगेगी
इसकी निचली डाल गिर गई
क्या यह फिर से नहीं जन्मेगी?

सुड़ादोरे सुड़ाओआ
सिदाकोतो लेका चि।
सांगेनदोरे सांगेनो
तायोम दाड़ा लेका चि?

उगने को तो उगेगी
पर क्या यह पहले की तरह होगी?
जमने को तो जन्मेगी
पर क्या वह पिछली डाल की तरह होगी?

41

नेआ दोगा चिकान मादुकाम
नेआ दोगा चोपा सिदाजान।
नेआ दोगा मेरेकान साराजोम
नेआ दोगा मोए तायोमजान।।

यह कौन–सा महुआ है?
इनमें जल्दी ही फूल लग गए।
यह कौन–सा सखुआ है?
इसमें देर से पत्तियां उगीं।।

नेआ दोगा फागु मादुकाम
नेआ दोगा चोपा सिदाजान
नेआ दोगा चाइति साराजोम
नेआ दोगा मोए तायोमजान।।

यह फागुनी महुआ है
इसमें जल्द ही फूल लग गए।
यह चैती सखुआ है
इसमें देर से पत्तिया उंगी।।

नेआ दोगा चोपा सिदाजान
नेआ दोगा पुसि काटाते।
नेआ दोगा मोए तायोमजान
नेआ दोगा पुताम लाचोते।।

इसमें जल्द ही फूल लग गए
इसके फूल बिल्ली के पैरों जैसे
इसमें देर से पत्तियां उगी
इसकी पत्तियां पंडुक की चोंच जैसी।।

42

सांगिन दिसुमातेञ हिजुगाकाना
सोंजोकोञ नामानारे जादुर सुसुन।
जिलिङ गामाएआतेञ सेटेरेकाना
सोंजोकोञ नामानारे काराम कोजोड़।।

मैं दूर से आया हूं
संयोग से जादुर नाचने को मिला है।
मैं लम्बा रास्ता तय करके आया हूं
संयोग से करम नाचने को मिला है।।

सांजोकोञ नामानारे जादुर सुसुन
एंगा सिम फानादापे फादाजादिञा।
सोंजोकोञ नामाकारे काराम कोजोड़
रुलिमुइः तुनुडुपे इचाः जादिञा।।

संयोग से जादुर नाचने को मिला है
मुर्गी के लतियाने जैसा तुम मुझे लतिया रहे हो।
संयोग से करम नाचने को मिला है
चींटी के काटने जैसा तुम मुझे चिमटा रहे हो।।

निआ मिसाञ हिआतिङ	मुझे इसका दुख है
एंगा सिम फानादापे फादाजादिञा।	मुर्गी के लतियाने जैसा तुम मुझे लतिया रहे हो।
निआ मिसाञ चाकातिङ	मुझे इसकी चिन्ता होती है
रुलिमुइः तुनुडुपे इचाः जादिञा।।	चींटी के काटने जैसा मुझे चिमटाते हो।।

आञागाः हिआतिङ दो	मेरा दुख
सिरमा रेगे टेकादजान।	आसमान में ही लटक गया।
आञागाः चाकातिङ दो	मेरी चिन्ता
ओते रेगे दालोबजान।।	जमीन पर पसर गई।।

43

सांगिन दिसुमातेञ हिजुःताना	मैं दूर देश से आ रहा हूं
सोंजोको होरारेपे जादुरताना।	संयोग से रास्ते में तुम जादुर नाच रहे हो।
गुने गेआनाकान सोबेन होड़ो	गुनी–ज्ञानी, सभी लोग,
हाड़ाम बुड़िआको लेलेताना।।	बूढ़े–बूढ़ियां देख रहे हैं।।

बुगिन लेकागेहोञ दुराङलेदा	मैंने अच्छा ही गाना गाया था।
गुनाताद लेका होको कुदाओजिञा।	लेकिन गुनाहगार की तरह मुझे दौड़ा रहे हैं।
रुतानकोदो बोले निकु दो निकु	और ये बजानेवाले
बोरोएः लेका होको बोतोङजिञा।।	डरनेवाले की तरह मुझे डरा रहे हैं।।

गुनाताद लेका होको कुदाओ जिञा	गुनाहगार की तरह मुझे दौड़ा रहे हैं
पाएला किचिरि को दोन्दोआञताना।	आंचल का कपड़ा उठाए हुए हैं।
बोरोएः लेका होको बोतोङजिञा	डरनेवाले की तरह मुझे डरा रहे है
दीरेन ताना होको दोमोङेन ताना।	उछल रहे हैं, कूद रहे है।।

44

साराजोम बा रेकिना मिरुकिन	सरई के फूल पर दो मिरु पंछी
सुड़ासांगेन रेकिना कारेकिनदो, हाएरे हाए।	नव पल्लवों पर दो कारे पंछी।
सुड़ा सांगेन रेकिना कारेकिनदो।।	नव पल्लवों पर को कारे पंछी।।

चि होकिन चिकाताना मिरुकिन	क्या कर रहे हैं, दो मिरु पंछी
मेरेहोकिन रिकाताना कारेकिन दो, हाएरे हाए	क्या कर रहे हैं, दो कारे पंछी।
मेरेहोकिन रिकाताना कारेकिन दो।।	क्या कर रहे हैं, दो कारे पंछी।।

बा होकिन गुतुताना मिरुकिन	फूल पिरो रहे हैं, दो मिरु पंछी

डालिहोकिन गालाङताना कारेकिन दोहाएरेहाए

डालिहोकिन गालाङताना कारेकिन दो।।

डाली बांध रहे हैं, दो कारे पंछी।

डाली बांध रहे हैं, दो कारे पंछी।।

45

ओते–लिटि–लिटि चिरे सिरमा लोपोङ–लोपोङ
सुताम रेको गुतुतादा साराजोम बा।
ओते लिटि–लिटि चिरे सिरमा लोपोङ–लोपोङ
चारिः रेको गालाङ तादा सुड़ा सांगेन।।

धूल भरी धरती, धूआं भरा आसमान
लोग धागे से सरई फूल पिरोए हुए हैं।
धूल भरी धरती, धूआं भरा आसमान
लोग तिल्लयों पर बांधे हुए हैं नई पत्तियां।।

मिदे सुताम, बारे सुताम
सुताम रेको गुतुतादा साराजोम बा।
मिदे चारिः बारे चारिः
चारिः रेको गालाङ तादा सुड़ा सांगेन।।

एक धागे, दो धागे
लोग धागे से पिरोए हुए हैं सरई का फूल।
एक लड़ी, दो लड़ियां
लोग तिल्लियों पर बांधे हुए हैं नई पत्तियां।।

सुताम रेको गुतुतादा साराजोम बा
सुताम रेगे गोसोजाना साराजोम बा।
चारिः रेको गालाङ तादा सुड़ा सांगेन
चारिः रेगे माएलाजाना सुड़ा सांगेन।।

धागे से पिरोए हुए सरई के फूल
धागे में ही मुर्झा गए, सरई के फूल।
तिल्लियों पर बांधी हुई नई पत्तियां।
तिल्लियों में ही सूख गई नई पत्तियां।।

46

जाओ जादुर आकाड़ारे माइना
फिरे–फिरे बिउरेन में।
जाओ रुडुङ संरेङ रे माइना
रिले–गुमे खेलाड़िने।।

पुराने जादुर अखड़ा में, हे बेटी
तुम फरफराकर उड़ती फिरो।
पुराने ओखल चट्टान पर हे बेटी
तुम छांटना–पिछोड़ना खेलो।।

ने डिंडा सोमाए रे माइना
फिरे–फिरे बिउरेन मे।
ने डांगुआ नुसाड़रे माइना
रिले–गुमे–खेलाड़िमे।।

जब तक जवानी है, हे बेटी
तुम फरफराकर उड़ती फिरो।
तब तक यौवन है, हे बेटी
तुम छांटना–पिछोड़ना खेलो।।

आम माइनाम जुड़िजान रे
डाड़िदाः रे मेददाःम जोरोएआ।
आम माइनाम जोताजान रे
सुददाः रेम राः गेराङा।।

तुम्हारी जोड़ी लग जाने पर, हे बेटी
तुम डाड़ी–पानी में आंसू गिराओगी।
तुम्हारी जोत लग जाने पर, हे बेटी
तुम श्रोत–पानी में रोओगी–कलपोगी।।

रागे रेओ माइनाम गेराङ रेओ

रोने पर भी, कलपने पर भी, हे बेटी

कारेम नामेआरे एंगा दुलाड़ा।
उड्ः रेओ माइनाम फिकिर रेओ
कारेम नामेआरे आपु सुगाड़ा।।

तुम माता का दुलार नहीं पाओगी।
चिंता या सोचने पर भी, हे बेटी
तुम पिता का प्यार नहीं पाओगी।।

47

बिउरेन मेजा सालु बिउरेन मेजा
सेकोरेन मेजा सालु सेकोरेन मेजा।।

फेरा लगाओ हे प्रिय, फेरा लगाओ
चक्कर लगाओ, हे प्रिय, चक्कर लगाओ।।

हेसाः साकाम लेका सालु बिउरेनमेजा
बाड़े साकाम लेका सालु सेकोरेन मेजा।।

पीपल की पत्तियों की तरह, हे प्रिय, फेरा लगाओ।
बड़ की पत्तियों की तरह, हे प्रिय चक्कर लगाओ।।

हेसाः साकाम दोजा सालु जिजिलाद गेआ
बाड़े साकाम दोजा सालु बोबोरोड़ गेआ।।

पीपल की पत्तियां, हे प्रिय, फिसलन भरी है
बड़ की पत्तियां, हे प्रिय, चिकनाई भरी हैं।।

सुनुम चिको दुलाकादा जिजिलादगेआ
गोतोम चिको पासिराकादा बोबोरोड़गेआ।।

क्या लोगों ने तेल डाल दिया है कि फिसलन भरी है।
क्या लोगों ने घी डाल दिया है कि वे चिकनाई भरी हैं।

48

ने कालोम निदा मादुकाम
ओकोए लोःञ निदा मादुकाम
ने कालोम सिंगि साराजोम
चिमाए लोःञ सिंगि साराजोम।।

इस वर्ष रात को महुआ चुनना
मैं किसके साथ महुआ चुनुंगी?
इस साल, दिन को सखुआ चुनना
मैं किसके साथ सखुआ चुनूंगी?

ओकोएलोःञ निदा मांदुकाम
गातिञ दोएः सांगिनेन जान।
चिमाएलोःञ सिंगि साराजोम
सांगाञ दोएः पांडिलेन जान।।

मैं किसके साथ महुआ चुनूंगी
मेरी साथी मुझसे दूर हो गई।
मैं किसके साथ सखुआ चुनूंगी
मेरा संगी मुझसे अलग हो गया।।

49

मादुकाम बुटारे तिंगुकेना
मादुकाम होरो कुड़ि एराङ ताना।
साराजोम बुटारेञ जापाःकेना
साराजोम जांगि कोड़ा सेगेदताना।।

महुए के नीचे मैं खड़ा हुआ
महुआ ओगरनेवाली गाली दे रही है।
सखुए के नीचे में खड़ा था
सखुआ ओगरनेवाला डांट सुनाता है।।

मादुकाम होरो कुड़ि एराङताना
जाति–पाति होएः एराङ ताना।
साराजोम जांगि कोड़ा सेगेदताना

महुआ ओगरनेवाली गाली दे रही है
वह जात–पात लेकर गाली दे रही है।
सखुआ ओगरनेवाला अपशब्द कह रहा है

किलि–मिलि होएः सेगेदताना।।

वह वंश–गोत्र लेकर डांट सुनाता है।।

आलेआः दिसुमेतेम सेनोः रेदो
मादुकाम लेका गेले रोओड़मेआ।
आलेआः गामाएतेम बिरिदरेदो
साराजोम लेकागेले ताडे मेआ।।

यदि हमारे देश में जाओगे
हम तुम्हें महुए की तरह सुखा डालेंगे।
यदि तुम हमारे इलाके में जाओगे
हम तुम्हें सखुए की तरह भून डालेंगे।।

50

मादुकाम दिसुमरे दादा
आलोरेपे गोङिञा दादा।
साराजोम गामाएरे दादा
नालोपे चालिञा दादा।।

महुए के देश में, हे भाई
मेरा विवाहं मत कराना, हे भाई।
सखुए के इलाके में हे भाई
मेरी शादी न कराना, हे भाई।।

मादुकाम दिसुम रे दादा
निदा–दुरु–दुरुआ दादा।
साराजोम गामाए रे दादा
सिंगि लाया कोया दादा।।

महुए के देश में, हे भाई
रात को आंख काम नहीं करती।
सखुए के इलाके में हे भाई
दिन को देह काम नहीं करती।।

51

मादुकाम चुटि चोपाजान
टुंकि तुरि बाइआञमे।
साराजोम चुटि सुड़ाजान
कोंडेः बाड़ाए बाडुइआञ मे।।

महुए में फूल लग आए
हे तुरी, मेरे लिए टोकरी बना दो।
सखुए में कोंपल फूट आए
हे लोहार, मेरे लिए टांगी बना दो।।

टुंकि तुरि बाइआञ मे
गातिञलोःञ हालाङ मादुकाम
कोण्डेः बाड़ाए बाडुइआञ मे
सांगाञलोःञ तुम्बाल साराजोम।।

हे तुरी, मेरे लिए टोकरी बना दो
अपने साथियों से साथ मैं महुआ चुनूंगी।
हे लोहार, मेरे लिए टांगी बना दो
अपने संगियों के साथ मैं सखुआ चुनूंगी।।

52

सिङबोंगा राजा चि उपुजान आपु
ओते आर सिरमादोम बाइआदलेआ।
सिंगि चाण्डुः चि इपिल रिम्बिल
सुसार नांगेनेम ओमादलेआ।।

परमेश्वर राजा या सृष्टिकर्त्ता पिता
तुमने धरती और आकाश बनाए।
सूरज, चांद, तारे आसमान,
तुमने हमारे कल्याण के लिए दिए।।

मा साल बा रेले आगोमलेद मेआ
दुकु दासारेम सांगोम केद लेआ।

पिछले साल सरहुल में हमने प्रार्थना की थी
तुमने हमें दुख–तकलीफ से बचाया।

कोदे एंगा चि बाबा एंगा लुकि लछमिदोम देंगा केद लेआ।।	महुआ मां और धान मां लखी–लछमी ने हमें मदद की।।
जोतो धरतीरेन जीउकोरे दया तामे दो धोरोम तामे। दुकु दासागा कोटों केमे रोकोम पूंजी नेरे पेरेः तामे।।	धरती के सभी जीवों पर तुम्हारी दया, तुम्हारा धर्म कायम रहे। दुख और विपत्तियों को हमसे दूर रखो हर प्रकार की पूंजी हमारे लिए भरो।।

5. हेर पुना/प्रथम बोआई

अनुष्ठान एवं मंत्रपाठ

हेर पुना/प्रथम बोआई

प्रकृति के साहचर्य ने मनुष्य को इतना आश्वस्त कर दिया है कि वह सोचता है कि धरती कभी धोखा नहीं देती। समय पर जो कुछ छींट दो वह कई गुणा वापस देती है। फिर भी हवा, पानी और ताप के साथ उर्वराशक्ति के संतुलन पर ही स्वस्थ बीजांकुरण, संवर्धन और नए बीजों का प्रस्फुटन निर्भर करता है, इसकी आशंका हमेशा बनी रहती है। चैत्र–बैशाख के महीने में बोआई के समय किए जाने वाले प्रथम बोआई के समय इस आशंका से मुक्ति पाने की कामना ही इस अनुष्ठान की मूल भावना है। ये जीवंत बीज हमारा जीवन धारण करते हैं इसलिए उन्हें पृथ्वी को सौंपने के साथ सविनय प्रार्थना करते हैं कि वे इस 'अलगाव' का बुरा न मानें और सौ गुणा वापस खलिहान में आएं।

एक धान बुनने की नई टोकरी चावल की घुंडी से पुती, सिंदूर के टीके लगी और गुलांची के फूलों से सजी है। टोकरी में धान के बीज रखे हुए हैं और ऊपर से नए कपड़े से ढके हुए हैं। किसान को पक्का विश्वास है कि इन बीजों को बढ़ाने वाली, और फूल–फल देने वाली शक्तियां अवश्य होंगी। इसलिए कृषि कार्य के आरंभ में उन्हें जोहार करना चाहिए। हेर पुना उनसे जोहार करने और बतियाने का ही अनुष्ठान है। बोआई के नियत दिन को हल–बैल के साथ ये बीहन बीज खेत को ले जाए जाते हैं। बैलों को जोड़कर खेत चारों ओर एक बार या तीन बार घुमाने के बाद हल पूरब की ओर मुंह करके खड़ा होता है। धान बुनने वाला टोकरी के पास प्रार्थना करता है। (अंत में एक मुट्ठी धान लेकर जोहार करते हुए उन्हें बोता है। बोने के बाद वह हल चलाने वालों को गुलांची के फूल देता है। हलवाहे फूल लेकर वापसी जोहार करते हैं।)

⊙ साबेन बोंगाको राः होपोर–पृ. 51–56		⊙ सर्वदेवता उदबोधन–पृ. 51–56
⊙ नाआः रेआः नेग लेकाते बोंगा		⊙ आसन्न अवसर को लक्षित कर संबोधन
डुगु–मुगु नावा चाउडालते गुलु–गुपु नावा किचिरिते सिउः हाड़ा, दिउरी गाइ लोः सेलेबोले सेपेड़ेद कोलोः। सोना सिकुआर रूपा माराड़ांते गोःकेआते, दुपिल केआते	1	डग–मग नई डोली में नए कपड़ों में सुसज्जित हल बैल, दुधारू गाय के साथ बढ़ते हुए नौजवानों के साथ सोने की रस्सी, चांदी के बैंगा से कंधों पर ढोते हुए, सिर पर लिए हुए

कुद केआते, कुटुं केआते		पीठ पर लिए हुए, पीठ पर लादे हुए
हेबे केआते, हातार केआते।।		गोद में लिए हुए, कमर में लिए हुए।।
ने बाबा एंगा ताबु	2	इस धान मां को
ने कोदे एंगा ताबु		इस मड़ुआ मां को
सिङबोंगाः सामाङरे		परमेश्वर की साक्षी में
ओतेएंगाः कोयोङरे।		धरती मां की गोद में
जीमा जाःइआले		हम उसे सौंपते हैं
जापाः जाःइआले		हम उसे रखते हैं
हेर केआते, पासिरकेआते		उसे बोकर, छींटकर
सी दानाङ, चालुः दानाङते।।		उसे जोत कर, उसे कोड़ कर।।
ताला पिड़िरे, जेटे लोलोरे	3	बीच मैदान में, धूप और गर्मी में
जुरू कुण्डुरे, राबाङ–रेआड़ारे		वर्षा में, ठंड में
मानोआ होन, मानोआ गांड़ांको		मानव संतान ने, मानव संतति ने
हेर–पासिर गिड़ि किःञाको।		हमें छींट दिया, फेंक दिया
काको पुचाओकिःञा		हमारी कोई पूछ नहीं
काको गासाओ किःञा		हमारा कोई सम्मान नहीं
दुकु चेतान दुकु रेको		दुख पर दुख में वे
बागे तुका किःञा।।		मुझे छोड़ चले गए।।
मेनते आलोकिन हाड़ांओःका	4	इस तरह ये रुठें नहीं
आलोकिन हुड़िंजीओःका		इस तरह मन छोटा न करें
एना आपेले गोआरिताना		हम यही प्रार्थना करते हैं
एना आपेले आरजीताना।		हम यही अर्जी करते हैं।
सा सोमाए, सोना दाः		ऋतु आने पर सोने–सा पानी
माद बिर, माद लांदिराते		बांस वन से, बांस के झुरमुट से
राताङ बुरू चेतानाते		हिमालय बर्फीले पहाड़ से
होयो आउ, राम्पि आउइपे।।		तुम उड़ा लाओ, झड़ी लगाओ।।
बादचोम लेका, टाटीलेका	5	सबै घास, टाटी घास की तरह
सेएः लेका, बाकुः लेका		अंकुश की तरह ये
सिटिलुटि ओमोनोःका		अच्छी तरह अंकुरित हो
लिंलोंतान दारूओःका।		अच्छी तरह विकसित हो।
मादलेका, कादाल लेका		बांस की तरह, केले की तरह

हाराओःका, माताओःका
गाड़ांओःका, बुटाओःका।।

6 बातेगे दालोबोःका
जोतेगे जोपोदोःका
मोयोद बुटारेगे मोद टुंकि
सेकेः–सेकेः जाडोःका।
दिन मुण्डि तेबाःकोःरे
बोछोर नेंडा पुराओ कोःरे
तेआर कोःरे साइंतिकोःरे
कोलोम ताला, कोंडाताला।।

7 सोना सिकुआरते
रूपा मारांड़ांते
गोः इदीआले
दुपिल इदीआले।
कुलगिया, होन–होपोनते
आरजी रूआड़ा पेआले
गोआरि रूआड़ा पेआले
काटा सुबा तिरूबापेआले।।

(जोआरकेचिः हेरजादा एनतायोमते हेरोःनिः ओड़ाःते हिजुः आयारताना। राचा रे बोंगा नांगेन।)

साम्पोड़ो–

आराः साण्डि, दुना, सिंदुरि, आदोआ चाउलि, तापान, काटुःपुडुः, बोंगा पुडुः, दिआ, सेंगेल, लोटा दाः। राचा गुरिः बाइआकाना। हेरोःनि बोंगा टायाद बोओंगा दाःतेः हिरचिजादा। दिआ जुंडिकेदचि दुनाएः रापाः जादा। काटुः पुडुःरे दाःए दोड़ोमजादा। ओतेरे आपिताः सिंदुरिः टीका जादा। सांडि सिम टिका की चि बोओंगातानिः टिकानताना। चाउलि चुडुःकेआते सिम आतिं जाइलोः गोआरिओःताना।

ये बढ़ें, ये पुष्ट हों
ये फैलें, ये पसरें।।

ये फूल से भर जाएं
फलों से लद जाएं
एक ही जड़ से एक टोकरी
झर झराकर बीज झरें।
नियत दिन आने पर
नियत वर्ष पूरने पर
तैयार होने पर, पकने पर
खलिहान के बीच, घेरे के बीच।

सोने की रस्सी से
चांदी के बहंगे से
हम कंधे पर ले जाएंगे।
हम सिर पर ले जाएंगे
पति–पत्नी बाल बच्चों सहित
हम तुमसे फिर प्रार्थना करेंगे
हम तुम्हें फिर गुहार करेंगे
तुम्हारे चरणों पर फिर झुकेंगे।।

(जोहार करने के बाद, बोना शुरू करता है इसके बाद कोने वाला घर वापस आता है आंगन में पूजा करने के लिए।)

तैयारी–

लाल मुर्गा, धुवन, सिंदूर, अक्षत, तपान मदिरा, दोने, दीया, आग, लोटे में पानी। गोबर लिपा आंगन। बोनेवाला पूजास्थल को पवित्र पानी से छिड़कता है। दोने में पानी उड़ेलता है। जमीन पर तीन टीके लगाता है। मुर्गे को टीका लगाता है, अपने मस्तक पर भी टीका लगाता है। जमीन पर अक्षत डालकर मुर्गे को चराते हुए प्रार्थना करता है।

आङ चोल्पाङ, तुरचोल्पाङ	8	सुबह, प्रातःकाल
बालेःसिंगि तुरतानरे		बाल सूर्य के उगने के समय
सामा मोचा, सामा लाइः		खाली मुंह, खाली पेट
जोआर तानाञ, गोआरि तानाञ।		हम जोहार करते हैं, गुहार करते हैं।
माराङ बुरू, बुरूबोंगा		बड़ पहाड़ी, पर्वत देव
माराङ इकिर, इकिरबोंगा		बड़ा दह के दह देव
मांड़ां बुरू, देसाउलि		मांड़ा बुरु, देसाउलि
बा जायार, जिलु जायार।।		बाहा जाहेर, शिकार जाहेर।।
तोरोकोड़ा, चोड़ेआकोड़ा	9	तोरो छोरा, चरवाहा छोरा
बिर माआरा, जोटो माआरा		वन रक्षक, झाड़ रक्षक
चाण्डी एरा, नागे एरा		चण्डी देवी, नाग देवी
बिरबोंगा, बिर मुनिको।		वनदेवता, वनमुनि।
तिराए रांगाए नावां केचोःरे		रंगीन नए खपरे में
डुबा लेकान काटुः पुडुःरे		डूमे–सा सुंदर दोने में
सोना दुना, रूपा दुना		सोना–धुवन, चांदी धुवन
सोना दाः, रूपा दाः।।		सोना–पानी, रूपा–पानी।।
आताङ दारोम तानाले	10	(धुवन) धूप से स्वागत करते हैं
दोड़ोमापे तानाले		तुम्हारे लिए (पानी) अर्पित करते हैं
ती–काटा आबुङकोःपे		हाथ–पैर धो लो
मोचा–डाटा हुतुमकोःपे।		मुंह–दांत आचमन कर लो।
ने ताला राचारे		इस बीच आंगन में
दिआ सेंगेल सामाङरे		अग्नि–दीप के समक्ष
मिआद गाण्डु, मिआद पाटिरे		एक पीढ़े पर, एक चटाई पर
दुबकोःपे, जाआरूकोःपे।।		तुम बैठ लो, बतिया लो।।
बिआन–बोयोन आराः साण्डि	11	ह्रष्ट–पुष्ट लाल मुर्गा
डालिआकानिः, गोदोराकानिः		झालरदार, पंखदार
ईमाकानिः, इतिलांकानिः		कलेजेवाला, चर्बीदार
बोओंगापेतानाले, दाड़ेआपेतानाले।		हम बलि देते हैं, दान देते हैं।
सेकेः–सेकेः जोरोताना		सनसनाता रक्त
रोलो–रोलो लिंगिताना		झरझराकर बहता है
ने मायोम, ने किरूम		इस रक्त को, इस लहू को
सार चुटिते, कापि चुटिते।।		तीर की नोक से, फरसे की नोक से।।

12

तेला जोमकोःपे ताबु
आताङ जोमकोःपे ताबु
तिलहाटिं जोमलेपेताबु
हिरचिहाटिं नू लेपेताबु।
आपेओ ताबु आतुजानको
आपेओ ताबु बुआलजानको
दारूआते दाङसिजानको
बिना पाटि, बिना पारकोम रे।।

तुम स्वीकार कर लो
तुम ग्रहण कर लो
आपस में बांट खाओ
आपस में बांट पिओ।
तुम भी जो बह गए
तुम भी जो ढह गए
तुम जो पेड़ से गिरे
बिना पटिया, बिना खटिया।।

13

पिड़िरे, बिरकांदार रे
ताला होरारे, आतोम डारेरे
सायाद टोटाः जानको
जी सेनोःजानको।
आदजानको, सोदजानको
गाड़ा दाः चि, बुरू सेंगेलचि
कुलामोचा चि बिङलाइःचि
जेतानाः का मुण्डि जानको।।

मैदान में, जंगल में
बीच रास्ते, डगर किनारे
सांस जिनकी रुक गई
प्राण जिनके निकल गए।
जो खो गए, अटक गए
नदी के पानी में, पहाड़ की आग में
बाघ के मुंह में, सांप के पेट में
जिसका कुछ पता नहीं चला।।

14

मुआ बोंगाजानको
मागाइआ बोंगाजानको
सापासुड़ि बोंगाजानको
चुड़िन, चाण्डिजानको।
सिमान आतोमरे, तालापिड़िरे
लोओर गोंगोररे, बुरू चोरादरे
दारू चेतानरे, बुनुम बितारre
होरोतानापे, जांगितानापे।।

मुआ भूत जो बन गए
मागाइया भूत जो बन गए
सापासुड़ि भूत जो बन गए
चूरिन–चण्डी जो बन गए
सीमान किनारे, बीच मैदान में
नदी घाटी में, पहाड़–जंगल में
पेड़ के ऊपर, टीले के भीतर
रक्षक बनकर, रखवाला बनकर।।

15

हेला आबुदो, हेला ताबु दो
हागातेबु हिगाड़ाजाना
कुपुलतेबु बिनगाजाना
कुलि बानोः जागार बानोः।
कामिओ काको जामाबुआ
जोमो काको ओमाबुआ
हेता बागेतानगे आबु
साए ताड़ां तानगे आबु।।

"हे भाई हम तुम तो
भाइयों से अलग हुए
कुटुंबों से अलग हुए
कोई पूछ नहीं, बात नहीं
काम पर बुलाते नहीं
खाने को देते नहीं
लोगों की दृष्टि से दूर
लोगों की नज़र से दूर।।"

एना आलोपे हांड़ांजीना 16
एना आलोपे हुड़िंजीना
बोओः आलोपे तिरूबेआ
लुतुर आलोपे उयुगेआ।
एला नेरे जुड़ि–जुड़ि
मार ताबु पान्ति, पान्ति
दुबकोःपे, जारूकोःपे
जोमलेपे ताबु, नूलेपे ताबु।।

इस तरह न रुठना
मन छोटा न करना
सिर नीचे न करना
कान नीचे न गिराना।
आओ, यहां मिल बैठो
आओ, पंक्ति में आओ
साथ बैठो, बतियाओ
साथ खा लो, पी लो।।

जोआर! जोआर! जोआर!

जोहार! जोहार! जोहार!

तापान दोड़ोम गोआरि–

सिमबोंगातानरे, गोआरिओःतानाःगे काजि रूआड़ाओःका। बिआन–बोयोन आराः साण्डिआते आपिआ काड़ि बागेकेआते आयारते।

तपान अर्पण प्रार्थना–

मुर्गा बलि देने के समय की प्रार्थना ही दुहराई जाती है। 'झबराया हुआ मुर्गा' के बाद तीसरी कड़ी को छोड़कर आगे।

सामा मोचा, सामालाइःते 17
चाउलि लेना, कोसोंड़ा लेना
पापाड़ा चुकाःरे, नावा बाआंडारे
आकिद लेना, हाउरलेना।
इसिनाकान तपान इलि
आंडेः आकान टेण्डाः इलि
तिलापेतानाले ताबु
जोरोआपेतानाले ताबु।।

खाली मुंह, खाली पेट रहकर
चावल बना, पकाया
लकड़ी के चुक्कड़ में, नई हांडी में
उठाया गया, रखा गया।
तैयार तपान इलि
उंडेला हुआ टेण्डाःइलि
हम तुम्हें देते हैं
तुम्हारे लिए गिराते हैं।।

हिरचि हाटिं, तिरपि हाटिं 18
जोमलेपे ताबु, नूलेपे ताबु
एनगेले गोआरिताना
एनागेले आरजिताना।
लांदातानगे, जागारतानगे
आङनामोःकाले ताबु
तुरनामोःकाले ताबु
कामि उदामकाले ताबु।

छिटकाकर, झिमकाकर बांटा हुआ
इसे खा लो, पी लो
यही हमारी प्रार्थना है
यही हमारी अर्जी है।
हंसते हुए, बतियाते हुए
हम सुबह का समय देख पाएं
हम प्रातःकाल का समय देख पाएं
हम काम–उद्यम कर सकें।।

जोआर! जोआर! जोआर!

जोहार! जोहार! जोहार!

एटेःआते टुंडु हाबिः गोआरिओःलो
आपिसा इलि दुलोःताना। इलि दोड़ोम
तायोमते बोओंगा टायाद कांचिते
हारूबोःताना।

शुरू से अंत तक प्रार्थना करते हुए तीन
बार इलि अर्पित की जाती है। इलि अर्पण
के बाद पूजन स्थल को टोकरी से ढक
दिया जाता है।

जोआर! जोआर! जोआर!

जोहार! जोहार! जोहार!

नेताः हाबि गोआरिओः लोः आपिसा इलि
दुलोः ताना। तिलकेआते पुड़ुःरे ओड़ोः तापान
आउकेआते गोआरिओःताना।

यहां तक प्रार्थना करने के साथ मदिरा तीन
बार उड़ेली जाती है। दोने में फिर एकबार
तपान उड़ेलकर प्रार्थना की जाती है।

19 चेतान लातार हागारेनको
सोबेन मुलि किलिरेनको
पाउनिको, परजाको
सिमान पारोम कुपुलरेनको।
हेला आबुदो कालुः गिड़िचि
हेआ आबुदो राचा जोःचि
टुण्डु उतार रेको राःजादबुआ
तायोम उतार रेको एलाजादबुआ।।

ऊपर, नीचे के भाई बिरादर
सभी तरफ के सगोत्रीय
आश्रितजन, प्रजागण
सीमा के पार कुटुंबजन।
''हे भाई, हम क्या पत्तल फेंकने वाले हैं?
हम क्या आंगन बुहारने वाले हैं
सबसे अन्त में हमें बुलाया जा रहा है
सबसे पीछे हमें 'आओ' कहा जा रहा है।''

20 मेनते आलोपे उड़ुःइआ
एनका आलोपे ओनमानेआ
बोओः आलोपे तिरूबेआ
लुतुर आलोपे उयुगेआ।
आपेओले गोआरिजादपेआ
आपेओले जोआरजादपेआ
एला नेरे जुड़ि–जुड़ि
एला नेरे पान्ति–पान्ति।।

ऐसा न सोचना
ऐसा न विचारना
सिर नीचे न करना
कान नीचे न गिरना।
हम तुम्हें भी गुहारते हैं
तुम्हें भी जोहार करते हैं
आओ संगति में आओ
आओ पंक्ति में आओ।।

21 दुबकोःपे, जारूकोःपे
इचाः–पिचाः जोमलेपे
तिल हाटिं नूलेपे
काटा सुबारे जोगाओ तालेपे।।

बैठो, बतियाओ
अल्प बंटाई खा लो
अल्पांश पी लो
अपने पैरों के पास हमें जगह दो।।

जोआर! जोआर! जोआर!

जोहार! जोहार! जोहार!

(एनलोः बोओः सुटाम चारपा तेआरोःताना। राचारे दिआ जुण्डि रूआड़ा केआते सुटाम दोड़ोमोःताना। आपिताः चुड्डःकेआते गोआरिओःताना।)

(तब तक मुर्गे का शिरांश आग में पककर तैयार होता है। आंगन में फिर से दीया जलाया जाता है। तीन जगह शिरांश अर्पित कर प्रार्थना की जाती है है।)

22

बोओः सुटाम, बितार सालाम
दोआपे तानाञ, दोड़ोमातेतानाञ
इचाः–पिचाः जोमलेपे ताबु
तिल हाटिं नाबलेपे ताबु।
''हेला ने मानोआ होनको
मारतिआ ने मानोआ गांड़ांको
माराङ लेकान आराः साण्डि
बोंगाआद बुआको, दाड़ेंआदबुआको।।

शिरांश, अंतरांश
हम तुम्हें देते हैं, अर्पित करते हैं
बांट कर खा लेना,
मिल कर पी लेना।
''यह मानव संतान
यह मानव संतति
बड़ा–सा लाल मुर्गा
इन्होंने बलि दी, दान किया।।

23

बोओः सुटाम, बितार सालाम
काबु लेलाना, काबु जोमाना
मेनते आलोपे काजिआलेआ
आलोपे ताबु उकुतालेआ।
आपेगे सिदाले ओमापेताना
आले दोले तायोमेन ताना
चुड्डः–हाटिं जोमलेपे ताबु
तिल हाटिं नाबलेपे ताबु।।

इसका शिरांश, अन्तरांश
हमने नहीं देखा''
इस तरह न कहना
ऐसी शिकायत न करना।
हम तुम्हें ही पहले दे रहे हैं
हम तुम्हारे बाद
बांटकर खा लो
मिलकर पी लो।।

24

आपे जोमसारेः तादाःगे
आले नाब बागेतादाःगे
आलेओले तिलहाटिङेआ
आलेओले चुड्डः हाटिङेआ।
जोमतानरे, नाबतानरे
लाइःहासु बानोगोःका
बोओःहासु बानोगोःका
दिःबानोगोःका, देओ बानोगोःका।।

तुम्हारा बचाया हुआ ही
तुम्हार छोड़ा हुआ ही
हम आपस में बांटेंगे
हम मिलकर भोगेंगे।
खाते समय, पीते समय
पेट दर्द न रहे
सिर दर्द न रहे
अटकन न रहे, सुड़कन न रहे।।

उला–झाड़ा बानोगोःका 25
पाटिजाड़ाः बानोगोःका
पारकोमजाड़ाः बानोगोःका
राः–रूम्बुल बानोगोःका।
बुगिगे, नापाए गे
जोम पाचाओएकाले
नू पाचाओएकाले
आङ नाम, तुरनामोःकाले।।

कै–दस्त न रहे
पटिया जकड़न न हरे
खटिया पकड़न न रहे
रोना–कल्पना न रहे
अच्छी तरह, सानंद ही
हम खा–पचा सकें
हम पी–पचा सकें
हम सुबह–प्रातः देख सकें।।

जोआर! जोआर! जोआर!

जोहार! जोहार! जोहार!

एनतायोमते बोंगाकोचारे दिआ जुंडिओःताना। दुल रापागोःताना। काटुः पुडुः रे दाः दोड़ोमोः ताना। आपिआ पुडुः पान्ति केआते ओड़ोः मिसा तापान आउकेआते गोआरिओःताना।

इसके बाद घर के अन्दर देवस्थल में दीया जलाया जाता है। दोने में पानी उड़ेला जाता है। तीन दोनों को पंक्ति में और एक बार तपान मदिरा उड़ेलकर प्रार्थना की जाती है।

लुटकुम हाड़ाम, लुटकुम बुड़िआ 26
रीसा आबा, मादरा आबा
तिसिंदो ने आदिं रे
ने बोंगा कोचारे।
दिसुम सायारकेनको
सिमान तोलकेनको
हातु तुका बाइकेनको
ओड़ाः दुआर तुरूबकेनको।।

लुटकुम बूढ़ा, लुटकुम बुढ़िया
रीसा बाबा, मादरा बाबा
आज इस घर के भीतर
इस देव स्थान में।
देश बनाने वालों को
सीमा बांधने वालों को
गांव बसाने वालों को
घर–द्वार टिकाने वालों को।।

(नेताःरे ओड़ाःरेन खूंटरेन
पुरखाको नुतुमोःका।)

(यहां घर के, खूंट के
पुरखों के नाम लिए जाएं।)

डुबा लेकान काटुः पुडुःरे 27
सोना दाः, रूपा दाः
दोड़ोमापे तानाञ ताबु
तेलालेपे आताङलेपे।
रेआड़ा गासारकोःपे
बुआल आमिं कोःपे

डुभे सा दोनो में
सोना–पानी, रूपा–पानी
हमें तुम्हें देते हैं
तुम इसे स्वीकार करो।
तुम नहा–धो लो
तुम स्नान–स्वच्छ हो लो

ती–काटा आबुङकोःपे
मोचा डाटा हुतुमकोःपे।।

हाथ–पैर धो लो
मुंह–दांत कुल्ला कर लो।

28

ने बोओंगा कोचा रे
दिआ सेंगेल सामाङरे
मिआद गाण्डुरे दुबकोःपे
मिआद पाटिरे जाआरूकोःपे।
सामा मोचा, सामा लाइः
जोआर तानाञ, गोआरितानाञ
काटा सुबाञ तिरूबाकादा
तेलालेपे, आताङलेपे ताबु।।

इस पूजा स्थल में
दीप अग्नि के समक्ष
एक पीढ़े में बैठ लो
एक पटियां में बतिया लो
खाली मुंह, खाली पेट
हम जोहार करते हैं, गुहराते हैं
तुम्हारे पैरों तले झुके हैं
स्वीकार कर लो, ग्रहण कर लो।।

29

आङ चोल्पाङ, तुरचोल्पाङ
बालेः सिंगि तुरतानरे
दिउरि गाइ, सिउः हाड़ा
कुलगिआ, होन होपोन ते
डुगुमुगु चाउडालते
गुलुगुपु नावा किचिरिते
सोना सिकुआर, रूपा मारांड़ांते
गोः केआते, कुटुं केआते।।

सुबह प्रातःकाल
बाल सूर्य उगने के समय
दुधारू गाय, हल बैल के साथ
सपत्नी, बाल–बच्चों के साथ
डगमग डोली में
नए पहनावे में
सोने की रस्सी, रूपा बहंगा से
ढोकर, लादकर।।

30

बाबा एंगा, कोदे एंगा
सिङबोंगा सामाङरे
ओते एंगाः कोयोङ रे
जिमाजान, जापाःजानाएः।
नायाल गाड़ा बितार रे
सी दानाङ लातार रे
डेला बुरू लातार रे
चालुः तोपा जानाएः ताबु।।

धान मां, मडुआ मां
परमेश्वर के समक्ष्
धरती मां की गोद में
जिम्मा दे दी गईं, सौंपा दी गई।
कोड़ी हुई मिट्टी के नीचे
जुती हुई जमीन के नीचे
ढेलों के पहाड़ के नीचे
वे तोप दी गई।।

31

तेगा जानाएः, चापाद जानाएः
कुड्डुसु जानाएः, तिड़िंसा जानाएः
उलटा जानाएः, पाल्टि जानाएः
आड़ागोम जानाएः, तोपा जानाएः।
बोछोर दिन बितार ओड़ाःरे

वे रौंदी गई, दबाई गई
वे कुचली गईं, लताड़ी गईं
उल्टी गईं, पलटी गईं
हेंगा से तोप दी गईं।
"पूरा वर्ष घर के भीतर

सोना लेका, रूपा लेका		सोने की तरह, रूपा की तरह
जोतोन किःञाको हीरा लेका		हमें हीरे की तरह रखा गया
तिसिं दो आदाकाड़ा पिड़ि रे।।		आज बीच मैदान में।।
हेरगिड़ि किःञाको	**32**	हमें फेंक दिया गया
पासिरगिड़ि किःञाको		छीट दिया गया''–
एना आलोकिन हुड़िंजीओः		ऐसा वे मन छोटा न करें
एना आलोकिन हांड़ा जीओः।		ऐसा वे रुठा प्राण न करें।
आबेनाः सिरजान–उपुजान		तुम्हारी सृष्टि–उत्पत्ति
आबेनाः हारामाता, पोआपोसा		तुम्हारा बढ़ना, बिस्तार पाना
एन होयोदाःरेगेआ ताबेन		इसी हवा–पानी में है
एन जेटे लोलोरेगेआ ताबेन।।		इसी धूप–गर्मी में है।।
काको एदकाताद बेना	**33**	''तुम्हारा बुरा नहीं किया है
काको बागाड़ाओतादबेना		तुम्हारा कुछ बिगाड़ा नहीं है
हातु नांगेन, दिसुम नांगेन		गांव के लिए, देश के लिए
जिनगानी रूआड़ा नांगेन		जीवन चक्र चलने के लिए।
हांड़ांजान रेपे, गोसाजान रेपे		तुम्हारे रुठने पर, गुस्सा करने पर
हुड़िंजी, खाटोजी जानरेपे		छोटा जी, छोटा प्राण करने पर
सिंगिओ काएः तुरोःआ		सूरज भी नहीं उगेगा
चाण्डुः काएः मुलुओःआ।।		चांद भी नहीं दिखेगा।।
होयो जाकेद का सेसेना	**34**	हवा तक नहीं चलेगी
दाः जाकेद काएः गामाएआ		पानी तक नहीं बरसेगा
ओते दिसुम नुबागोःआ		देश–दुनिया में अंधेरा छाएगा
जिनीदगे टुण्डुउतारोःआ।		जीवन ही समाप्त हो जाएगा।''–
मेनते ताबु काजिआकिनपे		ऐसा उन्हें बोलना
मेनते ताबु बाकाड़ां किनपे		ऐसा उन्हें समझाना
एनागेले आर्जीताना		हम यही अर्जी करते हैं
एनागेले गोआरिताना।।		यही गुहार करते हैं।।
ने मानोआ होनको	**35**	यह मानव संतान
ने आबुआः गाड़ांको		यह हमारी संतति
इलि माण्डि तानाको		इलि–भात भोग रहे हैं
हाइ जिलु तानाको।		मांस–मछली कर रहे हैं

आबु दो काको ओमाद बुआ		हमें तो दिया नहीं
आबु दो काको तिलाद बुआ		हमें तो बांटा नहीं––
मेनते आलोपे काजिआलेआ		इस तरह न कहना
आलोपे ताबु उकुतालेआ।।		शिकायत न करना।।
आंड़ेः इलि राम्बाड़ा माण्डि	36	तपान इलि, उरद की दाल
सिमजिलु, सिम रासि		मुर्गे का मांस, मुर्गे का सुरवा
आपे सिदा ओमापेताना		हम तुम्हें ही पहले देते हैं
आले दोले तायोमेन ताना।		खुद को पीछे करते हैं
जोमतान रे, नू तानरे		खाते समय, पीते समय
लाइः हासु, बोओः हासु		पेट दर्द, सिर दर्द
उला–झाड़ा, बोओः हासु		कै–दस्त न हो
दिः बानोः, देओ बानोगोःका।।		गला अटकन न हो।।
हातु बितार, टोला पाड़ारे	37	गांव के बीच, टोले–मुहल्ले में
पाटि जाड़ाः, पारकोम जाड़ाः		पटिया–पकड़न, खटिया जकड़न
हाय एआङ, हाय आपाङ		हाय मां, हाय बाप
राः बानोः, गेराङ बानोगोःका।		रोना न हो, कलपना न हो
बुरू पिड़ि, आकाड़ातालारे		मेला मैदान में, नाच–अखरा में
हागा बिताररे, कुटुं कुपुलरे		बिरादरी में कुटुम्ब बीच
साए मेद, कोरसेल मेद		टेढ़ी नजर, बुरी नजर,
हाड़ाद मोचा आलोका ताइन।।		तीखी बात न रहे।।
बुगिगे ताबु, नापाएगे ताबु	38	अच्छी तरह सुस्वस्थ
जोम पाचाओकाले ताबु		हम खा–पचा सके
नू पाचाओएकाले ताबु		पी–पचा सकें
एनागेले गोआरिताना।		हम यही गुहार करते हैं
जोआर! जोआर! जोआर!		जोहार! जोहार! जोहार!
(बोंगा टुण्डूः ताना। जोआर–जागार।)		(अनुष्ठान की समाप्ति। मेल–मिलाप।)

6. रोआ पुना/प्रथम रोपनी
अनुष्ठान एवं मंत्रपाठ

रोआ पुना/प्रथम रोपनी

जेठ–आषाढ़ (मई–जून) की प्रथम बर्षा के बाद बीहन के बीज छींटे जाते हैं और करीब बीस दिनों में जब पौधे दो बित्ते तक बड़े हो जाते हैं तब उन्हें स्थानांतरित कर एक बित्ते की दूरी पर रोपने की तैयारी होती है। खेत को रोपनी के लिए तैयार करने के बाद धान और खेतों की रखवाली करनेवाली शक्ति के प्रतीक देवी–देवताओं से पूजा–अर्चना करने का अनुष्ठान किया जाता है। इसमें स्त्रियों की विशेष भूमिका रहती है।

पूजा सामग्री–मड्डुआ, काली उरद, हल्दी रंगा चावल, तपान इलि, धुवन, सिन्दूर, सरसों तेल, आग, दीप, शाल की पत्तियां, दोने पानी और धान के पौधे (गाछी)।

पूजा विधि–कुछ धान के पौधे और दीया थाली में सजे हुए हैं। महिलाएं अन्य सामग्रियों के साथ पूजा स्थल, जो कि खेत के आर–पूरबी कोने में होता है, को जाते हैं। पूजास्थल में पानी छिड़कते हैं। पूरब की ओर मुंह कर पौधों को रोपा जाता है। दोने में पानी उड़ेला जाता है। एक दोने में मड्डुआ और दूसरे उरद के दाने रखे जाते हैं। दीआ जलाया जाता है। शाल की पत्तियों में तीन जगह 'इलिमाया' रखी जाती है। पूजा प्रारंभ होती है–

⊙ सोबेन बोंगाको राः होपोर–पृ. 51–56	⊙ सर्वदेवता उदबोधन–पृ. 51–56
⊙ सानामाङ रेआः नेग लेकाते बोंगा–	⊙ आसन्न अवसर को लक्षित कर संबोधन–

हे सिरमारेन सिङबोंगा	1	हे आकाश के परमेश्वर
ओतेरेन ओतेएंगा		पृथ्वी की धरती माता
तोवा लेका तुरोःकिन		दूध–से उगने वाले
दही लेका हासुरोःकिन।		दही–से डूबने वाले।
आबेन गे मुनुरेनकिन		तुम ही आरंभ के
आबेन गे टुण्डुरेनकिन		तुम ही अन्त के
आबेन गे सुबारेनकिन		तुम ही जड़ के

आबेन गे चुटिरेनकिन।।

तुम ही चोटी के।।

2 आङ चोल्पाङ, तुर चोल्पाङ
बालेःसिंगि तुरतानरे
सामा मोचा, सामा लाइः
जोआर तानाले, गोआरि तानाले।
माराङ बुरू, बुरूबोंगा
माराङ इकिर, इकिरबोंगा
मांड़ां बुरू, देसाउलि
चाण्डि एरा, नागेएरा।।

सुबह, प्रातःकाल
बाल सूर्य के उगने के समय
खाली मुंह, खाली पेट
हम जोहार करते हैं, गुहार करते हैं।
बड़ पहाड़ी, पहाड़ी देव
बड़ा दह, दह देव
माड़ाबरु, देसाउलि
चण्डी देवी, नाग देवी।।

3 बा जायार, जिलु जायार
तोरो कोड़ा, चोड़ेया कोड़ा
बिर माआरा, जोटो माआरा
जोतोगेले जोआरताना।
आतुजानको बुआलजानको
दारूआते दांसिजानको
बिना पाटि, बिना पारकोमरे
पिड़ि कुटुंड़िरे बिर कांदार रे।।

बाहा जाहेर, शिकार जाहेर
तोरो छोरा, चरवाहा छोरा
वन रक्षक, झाड़ रक्षक
सभी को हम जोहार करते हैं।
नदी में जो बहे, पानी में जो डूबे
पेड़ पर से जो गिरे
बिना पटिया, बिन खटिया
मैदान में, वन के भीतर।।

4 सायाद टोटाःजानको
जी सेनोःजानको
हागारे का तालाजानको
किलिरे का मेसाजानको।
आदजानको, सोदजानको
गाड़ा दाःचि, बुरूसेंगेलचि
कुला मोचा चि, बिं लाइः चि
जेतानाः का मुण्डिजानको।।

जिनकी सांस टूट गई
जिनके प्राण निकल गए
बिरादरी में जो सम्मिलित नहीं
खेमे में जो शामिल नहीं।
जो खो गए, अटक गए
नदी के पानी में, पहाड़ी आग में
बाघ के मुंह में, सांप के पेट में
जिनका कुछ पता नहीं चला।

5 मुआ बोंगा जानको
मागाइआ बोंगाजानको
सापासुड़ि जानको
चुड़िन बोंगाजानको।

जो मुआ भूत बन गए
जो मगइया भूत बन गए
जो सापासुड़ि बन गए।
जो चुरिन भूत बन गए।

बुरू चोरादकोरे
लोओर गोंगोकोरे
दारू चेतान रे
बुनुम लातार रे।।

पहाड़ में, झाड़ियों में
नदियों में, घाटियों में
पेड़ों के ऊपर
टीलों के भीतर।।

6 आड़ि जापाःकोरे
डोबा आतोमकोरे
डेरा नामानको
बासा तोलान को।
सिङबोंगाः सामाङरे
ओतेएंगाः कोयोङरे
ने बाबा, एंगा ताबु
ने कोदे एंगा ताबु।।

खेत की मेड़ पर
डोभा के किनारे
डेरा डाले हुए
वास किए हुए।
परमेश्वर के समक्ष
पृथ्वी माता की गोद में
हम इस धान मां को
हम इस मडुआ मां को

7 जिमाजाःइआले, जामाजाःइआले
आपेआः देंगा, आपेआः पोरताबते
काड़कोम डाडोरे साब दाड़िनका
हाइ चाद्लोमरे जापाः दाड़िनका।
आदे लेका, रासुंड़ि लेका
गाड़ांओःका, बुटाओःका
उराए–बाराए बाओःका
लिडु–जोपोद जोओःका।।

जिम्मा देते हैं, सौंपते हैं
तुम्हारी मदद से, तुम्हारे प्रताप से
यह केकड़े की उंगली के सहारे
मछली की पूंछ के सहारे
अदरख की तरह, लहसून की तरह
अंकुरित हो, विस्तृत हो
झबराया हुआ पुष्पित हो
झूमने तक फलित हो।।

8 कोलोम सिं, आकाड़ा सिं रे
सोना सिकुआर, रूपा माराड़ांते
गोः इदीकाले, दुपिल इदीकाले
एनतायोमतेले गोआरि रूआड़ापेआ।।

खलीहान में, अखरा को
सोने की रस्सी, चांदी के बहंगे से
हम इन्हें कन्धे पर, सिर पर ले जाएं
और फिर तुम्हें गुहार करेंगे।।

जोआर! जोआर! जोआर!

जोहार! जोहार! जोहार!

(गोआरि टुण्डुजानचि सुनुम गोपोसोःताना। जोकाजुड़ितेनको सिपिंदुरिताना। ओड़ाः गोमकेः रोआ सिदा जादा। तायोमते सोबेनको रोआताना। रूआड़ा कोःआते ओड़ाःरे गोटा राम्बाड़ा उतु–माण्डि आर तापानको दोड़ोमजादा। साम्पोड़ो को दो सिम उतु बागे केआते सोबेन हेर पुना लेकागे।)

(गुहार की समाप्ति पर स्त्रियां आपस में तेल लगाती हैं, सामान उम्रवाली स्त्रियां सिंदूर लगाती हैं। घर मालिक पहले रोपती है उसके बाद सभी रोपते हैं। घर वापस आकर अदलित उरद की दाल–भात और तपान इलि अर्पित की जाती है। तैयार सामग्रियां, मुर्गे की तरकारी छोड़कर सभी बोआई अनुष्ठान की ही तरह।)

7. काराम बोंगा/करम पूजन

अनुष्ठान एवं मंत्रपाठ

काराम बोंगा/करम पूजन

झारखण्ड सांस्कृतिक क्षेत्र का करम महोत्सव देश में बसन्तोत्सव के रूप में मनाई जाने वाली होली इत्यादि त्योहारों के साथ ही सरहुल (बाहा/जाङकोर/खद्दी) के बाद भादो महीने की एकादशी और उसी के आसपास मनाया जानेवाला दूसरा सबसे बड़ा सांस्कृतिक आयोजन है। भौगोलिक रूप में इसका विस्तार पूरब में आसाम से लेकर पश्चिम में राजस्थान तक और उत्तर में नेपाल से लेकर दक्षिण में छत्तीसगढ़ तक किसी न किसी रूप में देखने को मिलता है। इसके वाह्य ओर आन्तरिक स्वरूपसाम्य को देखकर ही गिरीशचन्द्र महन्ता ने इस पूरे सांस्कृतिक प्रदेश को झूमर देश कहा है। किंतु इस समारोह की सघनता को देखते हुए इस विस्तार के केन्द्र के रूप में झारखण्ड के करम को चिन्हित किया जा सकता है।

इस त्योहार की जड़ों में आदिवासीपन के होते हुए भी इसे इस क्षेत्र का हर मूलवासी समुदाय मनाता है और इस तरह यह महोत्सव इस क्षेत्र की समरसता का सशक्त प्रतीक बन गया है। इसके पीछे मूल कारण है कालक्रम में इस क्षेत्र के आर्थिक जीवन का स्वरूप आगे चलकर कृषि पर आधारित होना। करम कथा (जिसकी चर्चा हम आगे करेंगे) और इसकी व्यावहारिक संश्लिष्टता को ध्यान में रखते हुए यह भी कहा जा सकता है कि सांकेतिक अर्थ में यह उत्सव व्यापार और उद्योग से भी जुड़ा हुआ है। नजदीक से देखा जाय तो साफ पता चलता है कि यह पर्व वर्ष के आरंभ में मनाए जाने वाले सरहुल का ही पूरक पर्व है। सरहुल में सरई (शाल) की डालियों के नीचे अनाज के बीजों को लक्षित कर सिङबोंगा (परमेश्वर) की, अच्छी वर्षा के लिए, प्रार्थना की जाती है तो करमपूजा के अवसर पर अंकुरित बीजों (जावा) को लक्षित कर प्रार्थना की जाती है कि ये अंकुर अच्छी तरह बढ़ें। उनमें कीड़े न लगें। नए स्वस्थ बीज भरें। कहीं–कहीं बीजों की सुरक्षा–प्रार्थना का विस्तार बहनों द्वारा भाइयों के प्रति मंगलकामना के रूप में भी हो गया है। बहनों द्वारा *आपन करम भाइएक धरम की कामना* इसी का द्योतक है। यह ध्यान देने की बात है कि वृहत्तर भारत में इसी भाव को समर्पित रक्षाबंधन का पर्व इसके ठीक पूर्व मनाया जाता है। यह भी ध्यातव्य है कि कृषि पर्व के उपरान्त एक सर्वप्रान्तीय विश्वकर्मा पूजा भी होती है जिसमें मशीन संबंधी औजारों को सामने रखकर सृष्टिकर्ता ब्रम्हा की पूजा होती है। कालान्तर में कहीं–कहीं करमा–धरमा पर आरोपित इसी पूजा ने कर्म–धर्म चर्चा के सूक्ष्म रूप को भी आत्मसात कर लिया है और इस तरह इसका दार्शनिक धरातल विस्तृत होता हुआ दिखाई देता है।

पूजन विधि–

नियत (भादो एकादशी या ग्रामसभा द्वारा निर्णीत) तिथि के एक सप्ताह पहले गांव के चिन्हित आंगन/अखरा के समीप के घरों की कुमारी युवतियां बांस की टोकरियों में बालू–मिट्‌टी भरकर धान, जौ, मकई और गेहूं के अनाज उगने के लिए बो देती हैं। उनमें अंकुर फूटते ही उनपर पानी छिड़ककर उन्हें बढ़ाती हैं। इस दौरान गांव के लोग (प्रमुखतः युवक–युवतियां) रोज शाम को कुछ घंटों के लिए पर्व की तैयारी/प्रतीक्षा में नाच–गान का अभ्यास करते हैं। नियत दिन को सुबह दोपहर तक नजदीक के करम वृक्ष को जिसकी डाली को उस दिन शाम को पूजास्थल पर आयोजित करना है, युवक–युवतियों द्वारा चावल की घुंडी से चिन्हित किया जाता है। उसपर सिन्दूर के तीन टीके लगाए जाते हैं। नए धागे का 'कपड़ा' पहनाया जाता है। शाम के समय युवक–युवतियों के नेतृत्व में गाजे–बाजे के साथ गांववाले उस वृक्ष के पास जाते हैं और उसकी एक डाल सम्मान के साथ नाचते–गाते नियत स्थान पर ले आते हैं और तीन बार परिक्रमा के बाद आरोपित करते हैं। करम डाली के समक्ष अंकुरित बीजों की टोकरियों को रखते हैं। जोहार करते हैं। करमव्रती स्त्री–पुरुष करम डाली की चारों ओर बैठते हैं। गांव का पाहन/चिन्हित कथावाचक पूजा सामग्रियों (पानी, कच्चा धागा, सिंदूर, धुवन, और आग) अक्षत की जांच करता है और करम कथा आरंभ करता है।

कथासार–

करमा और धरमा दो भाई होते हैं। सुखी–सम्पन्न, धन–धान्य से भरे–पूरे। बड़े भाई करमा को एक राजभोज में सम्मिलित होने का अवसर मिलता है तो उसे जीवन में पहली बार एक नई चीज, नमक, के स्वाद का पता होता है। उस स्वाद के वशीभूत वह उसके व्यापार का मन बनाता है। वह अपने छोटे भाई के सामने प्रस्ताव रखता है और उसकी सहमति के बाद व्यापार को निकलता है। महीने भर की विदेश–व्यापार यात्रा के बाद वह कई बैल गाड़ियों में माल लादे हुए वापस आता है। अपने गांव की सीमा पहुंचने पर भाई को संदेश भेजता है ताकि वह उसका उचित स्वागत कर सम्मानपूर्वक उसकी अगुवाई करे। किन्तु उसकी आशा के विपरीत धरमा कहीं दिखाई नहीं दे रहा। उल्टे संदेशवाहक भी उधर ही रह जाता है। करमा दूसरा दूत भेजता है, तीसरा भेजता है, किन्तु वे भी वापस नहीं आते। अपमानित, क्रोध से आग बबूला, तमतमाया हुआ वह स्वयं देखने आता है। देखता है, धरमा सारे लोगों के साथ करम देवता की पूजा अर्चना में लगा हुआ है। करमा की ओर कोई देख भी नहीं रहा। फिर तो क्या था–क्रोध में आपे से बाहर करमा पूजा में बैठे धरमा को पीछे से लात मारता है, सामने आरोपित करम की डाली को उखाड़ फेंकता है और पूजा की सारी सामग्रियों को तितर–बितर कर बड़बड़ाते हुए निकल जाता है और पीछे–पीछे आने वाले उसके भाई धरमा और दूसरे लोगों ने उसे बताना चाहा–करम देवता की पूजा में थोड़ी देरी

हो गई उसे अपमानित करने जैसी कोई बात नहीं थी। छोटे भाई की गलती मानकर कृपया मन शान्त करें। किंतु करमा की नाराजगी नहीं गई। उसने गांव वालों को धरमा का साथ देने का बुरा परिणाम भुगतने की धमकी दे डाली। किंतु बुरे परिणाम धरमा ओर गांववालों पर नहीं खुद करमा पर दिखाई देने लगे। करमदेवता करमा पर नाराज हो गए। उसके खेत सूखने लगे। खड़ी फसल मुर्झाने लगी और उसके खलिहान में एक दाना नहीं भी गिरा। भूखा–प्यासा करमा जंगल जाकर फल तोड़ता, उसमें कीड़े लगे मिलते हैं। जल स्रोत से पानी पीने को झुकता, वहां भी उसे कीड़े–मकोड़े मिलते हैं। अन्त में वह अपनी पत्नी को धरमा के यहां खाने की भीख मांगने को भेजता है। वहां भी उसकी पत्नी के पहुंचने तक सारा खाना समाप्त मिलता है। उसे कहा जाता है कि थोड़ी देर रूको फिर से पानी चढ़ाते हैं। तुम्हारे लिए खाना बनाते हैं। उसी दौरान करमा को झपकी के सपने में एक आवाज सुनाई देती है कि तुमसे नाराज करम देवता अब तुमसे अलग हो गए हैं और जब तक तुम उसे मनाकर वापस नहीं लाते, तुम्हारी दुर्गति बढ़ती ही जाएगी। तुम्हारे बुरे दिनों का अन्त नहीं होगा। इस पर करमा की सुमति जगती है। वह जानना चाहता है करम देवता कहां छिप गए हैं। उसको पता चलता है करम देवता सात समुन्दर पार एक टापू को चले गए हैं। वहीं जाकर अनुनय–विनय और पश्चाताप करने से उन्हें वापस लाया जा सकता है। करमा दूसरी बार घर छोड़ने की तैयारी करता है। अनेक परीक्षाओं से गुजरते हुए वह करम देवता को अपने साथ वापस ले आने में सफल होता है और आंगन में स्थापित करके सबके सामने अपनी गलती स्वीकार करता है। करम देवता की पुनर्वापसी के साथ ही करमा के बुरे दिन बीतने लगते हैं और अच्छे दिन वापस आने लगते हैं। उसके खेतों में फसल लहलहा उठती है और भरे–पूरे खलिहान की संभावनाएं बनने लगती है।

काराम बोंगा

⊙ सोबेन बोंगा को राः होपोर पृ. 51–56

⊙ करम बोंगाः गोआरि–

(पाहांड़ा बोओंगा साम्पोड़ो को लेल केआते उलि साकामते लोटारेआः दाः हिरचि केआते करम बोंगाएः रेआड़ा जाःइआ, आदोआ सुताम रेआः किचिरि तोल जाःइआ, सिंदुरि टीकातेः सुगाड़ा जाःइआ। धुना सोआनाते एनताः टायादको सुगाड़ सोआनते पेरेः जादलोः बोंगाएः एटेःजादा।)

करम मंत्र पाठ

⊙ सर्वदेवता संबोधन पृ. 51–56

⊙ करम देवता को संबोधन–

पाहन पूजा सामग्री को देखकर आम की पत्तियों से लोटे का पानी छिड़क कर करम देवता को स्नान कराता है, नए धागे का 'वस्त्र' पहनाता है, सिंदूर के टीका लगाता है। धुवन की सुगंध से स्थान को भरते हुए पूजा प्रारंभ करता है।

तिसिंदो काराम चांडुः गेल मुसिं हुलाङ	1	आज करम का महीना, ग्यारहवां दिन
एटाः लेकाते................ ई. साल		दूसरे प्रकार से .... महीना....... ई.
..........राज बितार, ...जिला		.... राज्य के अंदर........जिला
............हातु,............टोला रे।		.... ग्राम ....टोला।
.......ताकोआः ओड़ाः राचा रे		.... के घर में
....................ताकोआः आंका रे		.... के आंगन में
मोड़े हागा हातुरेन		पांच भाई गांव में
कुपुल गंगा दिसुमरेन।।		कुटुम्ब–बंधु देश के।।
नेरे आले जामाआकाना	2	हम यहां जमा हैं
नेरे आले हुंडिआकाना		हम यहां एकत्र हैं
काराम राजा जोआरि नांगेन		करम राजा को जोहार करने,
काराम राजा गोआरि नांगेन।		उसे गुहार करने
सामा मोचा, इनिः नांगेन		उसके लिए खाली मुंह
काटाबतानाले इनिः नांगेन		उसके लिए उपवास में
इनिः नांगेन गे नावा किचिरि		उसके लिए नए कपड़े
इनिः नांगेन गे धुना सिंदुरि।।		उसी के लिए धुवन–सिंदूर।।
हे काराम बोंगा आमताङ दो	3	हे करम देवता, उस समय
पुरखा हाड़ाम कारमा दो		हमारे पुरखा करमा को तुम
का उतारगेः सुकुआद मेआ		बिलकुल पसंद नहीं आए
हाड़ादतेः हाड़ाद मोचाद मेआ।		तुम्हें तीखी से तीखी बात सुनाई।
काएः गासाओ केद मेआ		तुम्हें नहीं पहचाना
काएः पुचाओ केद मेआ		तुम्हारी पूछ नहीं हुई
काएः मानातिं केद मेआ		तुम्हें सम्मान नहीं दिया
काएः गोआरिकेद मेआ।।		तुम्हें गुहार नहीं की।।
माः गिड़िकेद मेआएः	4	काट कर गिराया
हुदमा गिड़िकेद मेआएः		बाहर फेंक दिया
तुदगिड़िकेद मेआएः		तुम्हें उखाड़ फेंका
पाटुबगिड़िकेद मेआएः।		खोदकर फेंका।
जावा डालि, चुमान डालि		जावा की टोकरी, चुमावन की डलिया को
फादा केदाएः, पासका केदाएः		उसने लात मारी, ठोकर लगाई

सोसोदाड़ा, काराम दाड़ा
गुरिः दुबिरे गिड़िकेदा।।

भेलवा की डाली, करम की डाली को
उसने गोबरगढ़े में फेंक दिया।।

5 तेगाकेदाएः, चापादकेदाएः
कुडुंसु केदाएः, तिड़िसा केदाएः
हिजुःतान, सेनोः तानरे
राचासाः केदाएः, पिड़िसाः केदाए।
हांड़ाजानाम, हुड़िंजीजानाम
हुलाःगिड़िजाना जी तामाः
हांदिड़िजाना कुड़ाम तामाः
ताइन टायादगे बानोः जाना।।

उसने लात चलाई, रौंद डाला
ठोकर मारा, पैर मारा
आते समय, जाते समय
पेशाब किया, मैला किया।
तुम रुठ गए, मन छोटा हुआ
तुम्हारा जी बिलकुल टूट गया
तुम्हारी छाती दहल गई
तुम्हारे रहने की कोई जगह नहीं बची।।

6 जुआ कारमा, काराम राजा
काम चिना उरूम किःञा
काम सेवा सुसार किःञा
काते काम गासाओ किःञा।
आमाः नागेन ने दिसुम रे
बासीदाः चानाःञ मेतामा
गाड़ादाः जाकेद काम नामेआ
मायाङ किचिरिओम टोण्डोमेआ।।

जाओ करमा, तुमने मुझ करम राजा को
नहीं पहचान पाया।
सेवा–सुश्रुषा नहीं की
मुझे गिना ही नहीं।
तुम्हारे किए इस देश में
बासी पानी की क्या कहूं
कच्चा पानी तक नहीं पाओगे
तुम्हारे कमर के कपड़े में गांठ पड़ेगी।''

7 निमिनाङ काजिकेआते
एएआ गाड़ा पारोमते
आरेआ बुरू दानाङते
सेनोः जानाम नेआते।
उरिः एंगा, मेरोम एंगा
बाबा एंगा, कोदे एंगा
बुरू बोंगा, इकिर बोंगा
चांडि एरा, नागे एरा।।

इतना कहकर
सात नदियों के पार
नौ पहाड़ों के पीछे
तुम यहां से चले गए।
गौ माता, बकरी माता
धान मां, मडुआ मां
पहाड़ी देव, दह देव
चण्डी देवी, नाग देवी

8 तोरो कोड़ा, चोड़ेआ कोड़ा
बिर माआरा, जोटो माआरा
गोंड़ां हांकार, गोंड़ा बोंगा

तोरो छोरा चरवाहा छोरा
वन–रक्षक, झाड़–रक्षक
गोहार देव, गोशाला देव

दुआर उतुर, माराङ बोंगा।
हुडिं माराङ जीउ जन्तु
नाना रोकोम चेंड़ें—चिपुरूब
मुइः सोसोरोद, ड्डुलुः पाम्पालाद
जोतो आमलोःको सेनोः जाना।।

द्वार रक्षक, महादेव।
छोटे—बड़े, जीव—जन्तु
नाना किस्म पंख—पखेरू
चींटी—फतिंगे, ड्डुलु—लितलियां
सभी तुम्हारे साथ चले गए।।

9 सिंगिओ काएः तुरताना
चाण्डुः काएः मुलु ताना
होएओ का सेसेनताना
दाःओ का गामाताना।
काराम राजाआः दिसुम रे
निदा सिंगि नुबाः जाना
रेंगेः तेताङ हासु—रूआते
जीउ जोतोको बालाए जाना।।

सूरज भी नहीं उगता
चांद भी नहीं दिखता
हवा नहीं चलती
पानी नहीं बरसता।
करम राजा के देश में
रात—दिन अंधियारी छा गई
भूख—प्यास, रोग—व्याधि से
सारे जीव परेशान हुए।।

10 कारमा को काजिआइ ताना
करम बोंगा हांड़ांजाना
जालाकार पारोमेः सेनोः जाना
एनाते नेकाबु रिकाताना।
बेगा सेनोःमे गोआरीमे
आउते आउ रूआड़ाइमे
बेगार काराम ने जिनीदरे
का सेसेना मिद चांगाओ नेरे।।

करमा को कह रहे हैं—
करम देवता नाराज हो गए हैं
समुंदर के पास चले गए
इसीलिए हमारा यह बुरा हाल है।
तुम जल्दी जाओ और उसे मनाओ
उसे वापस लाओ
बिना करम देवता के
जीवन एक कदम भी आगे नहीं चलेगा।।"

11 सामा लाइः सामा मोचा
इपाएः गेआ ओड़ाःकोचा
लुपुःलाद उड्डु केआते
सेनोः जानाएः पिचा मेनते।
कुइलाजाना लुपुःलाद
गांगाराओ हुतिगेआ
लोआ जारोम, बाकाः जारोम
एना रेओ को तिजुगेआ।।

खाली मुंह, खाली पेट
उसके घर में कुछ भी नहीं
भूसे की रोटी लेकर
वह निकला करम देवता का पीछा करने।
रोटी कोयले में बदल गई
दाल में घुन लग गए
गूलर के फल, बेर के फल
वहां भी उसे कीड़े मिले।

12

लागोरा गाइ हुआः किःआ
आपिर सादोम फादा किःआ
लाइः रेंगेः, काटा लागाते
तेबाः केदाएः बागा जोगाते।
उयुःन जानाएः काटा सुबारे
मोचा जागारो हायाड़ाजाना
मेद पिरिल–पिरिलताना
कुसुद लेकाएः राःताना।।

दुधारू गाय उसे काटने दौड़ी
पंखराज घोड़े ने लाथ मारी
भूख–प्यास, थके–मांदे
वह वहां मुश्किल से पहुंचा।
वह पैरों पर गिरा
उसके मुंह से आवाज नहीं निकल रही
आंख से आंसू झरझरा रहे
सिसकियां रोक कर रो रहा है।।

13

करम राजा कुलिताना
''चीआ कारमा चिकाजाना
चेनाःचिकाम हिजुआकाना
चिलकान जागारेम आउआकादा?''
''करम राजा, चिनाःञ उदुबामा
नेतागातेगेम लेलनामाकादा
दिसुम रेआः कोनाकोचा
का ओटाःताना आञाः मोचा।।''

करम राजा पूछते हैं–
''क्यों करमा, क्या हुआ
क्या करने आए हो?
कौन–सी बात लाए हो?''
''करम राजा, मैं क्या बताऊं?
तुम यहीं से सबकुछ देख रहे हो
देश का हर कोना
मेरा मुंह खुल नहीं रहा।।''

14

होयो बानोः, दाः बानोः
जी नामोः, जेटे बानोः
आम बेगार, जिनीद बानोः
जीरे जी, कागे नामोः।
बिर–बुरू, ओते–पिड़ि
दारू–सिं, तासाद–रूड़ाः
ओमोन बानोः, बुसाड़ा बानोः
बा बानोः, जो बानोः।।

हवा नहीं, पानी नहीं
प्राणदायी धूप नहीं
तुम्हारे बिना जीवन नहीं
जी में जी नहीं मिलता।
वन–पहाड़, खेत–मैदान
पेड़–पौधे, घास–फूस
उगते नहीं, अंकुरण नहीं
फूल नहीं, फल नहीं।।

15

बान्दा–पुकरि, लोओर–गाड़ा
आंजेदजाना, डुंडाः जाना
जीउ जोतो, हुड़िं–माराङ
पोआ बानो; पोसा बानोः।
राः तानाको, गेराङतानाको
निदा–सिंगी इआमतानाको

बांध–पोखर, नदी–नाले
सुख गए, खंडित हुए
सभी जीव, छोटे–बड़े
उत्पन्न नहीं, बढ़ते नहीं
रो रहे, कलप रहे
दिन–रात रो रहे

एना मेन्तेञ गोआरिताना		इसलिए तुमसे गुहार करता हूं
रूआड़ामे एनाञ आर्जीताना।		लौटने की अर्जी करता हूं।
करम चाण्डुः एकादशी रे	16	करम महीने की एकादशी को
रूआड़ा लेनाएः बिर–बुरूरे		वह वापस आए वन–पहाड़ में
रासिका रासिते ओतेएंगा		खुशी से आनंदित धरती माता
सुगाड़ान जानाएः पिड़िद लेका।		संवर गई चमकीली।
सिंगि तुरोः, चाण्डुः मुलुगाते		पूरब से, पश्चिम से
काटा जाम्बाड़ा, बोओः कुन्दुड़िआते		उत्तर से दक्खिन से
हेलो राम्पि राकाबजाना		हवा–पानी उठ आए
जी ओमोन सिंगि तुरजाना।।		प्राणदायक सूर्य उग आया।।
जीदान होयो सेसेनताना	17	जीवनदायी हवा चल रही है
सिबिल दाः गामाताना		स्वादिष्ट पानी बरस रहा है
आरसालते जी नामोःताना		ज्योतित हो रहा है
जीउ सोबेनको सुसुताएजाना।		सभी जीव स्वस्थ हैं।
दारू–सिं, तासाद–रूड़ाः		पेड़–पौधे, घास–फूस
सुड़ाजाना, मोलाजाना		उग आए, बड़े हुए
उराय–बाराए बा जाना		झबराए हुए फूंल लगे
लिड़ु–जोपोद जो जाना।।		झुकने तक फल लगे।।
जिपिड़–जिपिड़ जीदान होयो	18	हल्की–हल्की प्राणदायी हवा से
बा सोआन ओटाङताना		फूलों की गंध उड़ रही है
लेओन–लेओन जो दाड़ा		झुक–झुककर फलदार डालियां
आमगेको जोआरताना।		तुम्हें जोहार करती हैं।
लोयोङ–पिड़ि गुजाल–गुंजाल		खेत–मैदान हरे–हरे
बान्दा–पुकुरि चेएल–चेपेल		बांध–पोखर छल–छलाते
लोओर–गाड़ा सेकेः–सेकेः		नदी–नाले सनसना कर
सेतोम ताना, पारिड़िताना।।		झर रहे, छलक रहे।।
हाइ–चोके, डुलुः–पाम्पालाद	19	मछली–बेंग, फतिंगे–तितलियां
जोतो जीउ हुड़िङ–माराङ		सभी जीव, छोटे–बड़े
मानोआ होन मानोआ गांड़ां		मानव संतान, मानव संतति ने

लेल दारोमलेद मेआको।		तुम्हारा स्वागत किया।
सामा मोचा, सामा लाइःते		खाली मुहं, खाली पेट
गाजा बाजा, बाजुड़िंआते		गाजा–बाजा बजाकर
हेबे आउकेद मेआको		तुम्हें गोद में ले आए
सिपिं आउकेद मेआको।।		तुम्हें बांहों में ले आए।।
चोः दारोम केद मेआको	20	तुम्हें चूमकर स्वागत किया
चुमान दारोम केद मेआको		चुमावन कर अगुवाई की
ओड़ाः–आंका, ताला राचारे		घर–आंगन, बीच–आंगन
तिंगु केटेः केद मेआको।		तुम्हें मजबूती से खड़ा किया।
गुड़–गोतोम, पान कासाउलि		गुड़–घी, पान–कसैली
तोआ–दुबिला, आदोआ चाउलि		दूध–दूब, अक्षत–चावल
सोना दाः, रूपा दाः		सोना–पानी, रूपा पानी
सोना दुना, रूपा दुना।।		सोना–धुवन, रूपा धुवन।।
हिरचि दारोम केदमेआको	21	पानी छिड़क कर स्वागत किया
कोआंसि दारोम केदमेआको		पानी झिमक कर अगुवाई की
चुड्डः दारोम केदमेआको		अन्न देकर स्वागत किया
तिल दारोम केदमेआको।		पानी बांटकर अगुवाई की
एन लेकागे तिसिं ने हातुरे		इसी तरह आज इस गांव में
..................ताकोआः राचारे		.... के आंगन में
बुरू बोंगा इकिर बोंगा		पहाड़ी देव, दह देव
चांडी एरा, नागे एरा।।		चंडी देवी, नाग देवी।।
सोबेन गेले जोआरापेताना	22	सबको हम जोहार करते हैं
जोतोगेले गोआरिआपेताना		सबको हम गुहार करते हैं
हुड़िं जी आलोपे ताइना		तुम छोटा मन न करना
सुकु रासिकाते ताइनपे।		तुम आनंदित रहना।
दारू–सिं, तासाद–रूड़ाः		पेड़–पौधे, घास–फूस
बान्दा–पुकुरि, लोओर–गाड़ा		बांध–पोखर, नदी–नाले
जोतो जीउ हुड़िङ–माराङ		सभी जीव, छोटे–बड़े
मानोआ होन, मानोआ गांड़ां।।		मानव संतान, मानव संतति।।

23

पोआआकान ताइनकाले
पोसाआकान ताइनकाले
लान्दातान, जागारतान
जिनगानी सेसेनका ताले।
तिसिं आमाः काटा सुबारे
ने काराम दारू सुबारे
सुसुनतान, दुराङतानगे
आङनाम, तुरनामोः काले।।

हमारा संवर्धन हो
हमारा बढ़ोतरी हो
हंसते बतियाते
हमारा जीवन चले
आज तुम्हारे चरणों तले
इस करम वृक्ष के नीचे
नाचते हुए, गाते हुए
हम सुबह का, प्रातःकाल का दर्शन करें।।

जोआर! जोआर! जोआर!
(बोंगा टुण्डु। परसादी हाटिङ)

जोहार! जोहार! जोहार!
(अनुष्ठान समापन। प्रसाद वितरण)

काराम बोंगालोः, जुड़िओः लेकान दुराङ को

करम पूजन से जुड़े हुए कुछ गीत

1

काराम चांडुः मुलुः लेना
काराम ओड़ाः सालबाल
काराम बोंगा को धेआन धोरोमताना
हाइ–जिलु काको जोमताना।।

करम का चांद उग आया
करम देवता के घर पर चहल–पहल है
लोग करम देवता का ध्यान–धर्म करते हैं
वे मांस–मछली नहीं खाते।।

काराम दारू को आगुलेदा
राचा रेको बिद केदा
चुमान सिंदुरि, धुना–धुपकेदा
काराम बोंगा पुंजीः ओमाकोताना।।

लोग करम की डाली ले आए
उसे आंगन में रोपा
सिंदूर दान और धुवन–धूप से उसका चुमावन किया
करम देवता उन्हें पूंजी देता है।।

काटाब कुड़िको हिजुः लेना
चाड़ाद–चुडुद चुड़िन लेका
काराम दारू को दुब बियुरकेदा
लेलोः तानाको चुड़िन लेका।।

उपासिनी स्त्रियाँ आईं
चुरिनों–सी चमकती, दमकती हुई
वे करम डाली के चारों ओर बैठीं
वे चुरिनों–सी लगती हैं।।

काहनी गुरू काजिताना
साबेपेगो काराम कोतो
काराम बोंगा पुंजीः ओमापेआ

कथावाचक गुरू कहते हैं
प्रिय महिलाओ, करम डाली को पकड़ो
करम देवता तुम्हें पूंजी देगा

हातु–टोला को मानातिंताना।।

(इस तरह) लोग गांवों–टीलों में करम मनाते हैं।।

2

ने दिसुम तालारे
जोनोमाकानाबु भाइ
ए भाइ सोंगे को
एला भाइ सोंगे को
आपे आले प्रेमबु तोलेआ।।

इस देश के बीच
हम जन्मे हुए हैं
हे संगी भाइयो
हे संगी साथियो
आओ, हम–तुम प्रेम जोड़ें।।

आबु गेआ हागा जाति
आबु गेआ कुटुम कुपुल
ए भाइ सोंगेको
एला भाइ सोंगेको
दुकु–दुकु मारबु उपदुबा।।

हम ही जात–बिरादर हैं
हम ही कुटुम्ब–बंधु हैं
हे संगी भाइयो
हे संगी साथियो
आओ, हम आपस में दुख–सुख बतियाएं।।

बुरू–पिड़ि, पीटि–पिड़ि
जोआराबु, जागाराबु
ए भाइ सोंगे को
एला भाइ सोंगे को
होटोःरे बिर बा मालाबु बादालाएआ।।

मेले मैदान, बाजार टांड़ में
जोहार कहेंगे, बात करेंगे
हे संगी भाइयो
हे संगी साथियो
हम आपस में वनमाला बदलें।।

3

सोंगोति जानाते
तायोमते पिरिति
तायोमते काएः लेल इरिन जाना
आएः नांगेन जीगे लोताना।।

संग लगने के बाद
उसने प्रीति जोड़ी
उसके बाद दिखाई भी नहीं देती
उसके लिए मेरा जी जलता है।।

डाटा रेः मिसिकेना
तीरे साकोम चुड़ी
इनिः लेलते जी तात्र भुलाओ लेना
आएः नांगेन जीगे लोताना।।

दातों में मिस्सी
हाथों में शंखा–चूड़ी
उसे देख मेरा मन भरता था
उसके लिए मेरा जी जलता है।।

होटोः रे मुंगा माला
रांगा नीले साड़ी

गले में मूंगे की माला
लाल–नील साड़ी

इनिः लेलते कुड़ाम रेआड़ लेना	उसे देख मन को शान्ति मिलती थी
आएः नांगेन जीगे लोताना।।	उसके लिए मेरा जी जलता है।।
होड़ोमोञ जिमा लिःआ	उसे मैंने अपना शरीर जिम्मा दिया था
काजीञ चाबा लिःआ	उसे अपनी जबान दी थी
तायोमते काएः जापाःन जाना	उसके बाद भी वह मेरे पास नहीं आई
आएः नांगेन जीगे लोताना।।	उसके लिए मेरा जी जलता है।।

4

एन हुलाङ होरा रे	उस दिन रास्ते में
काजिलेदाम सुगारे।	प्रिय, तुमने एक बात कही थी।
इना काजि जीरे गुतु जाना	वह बात मन में बिंध गई
एलारे धोनि, इना काजि कागे रिड़िङोः।।	हे प्रिय, वह बात मैं भूल नहीं पाता।।
गुड़ चिरेम जामालेदा	क्या तुमने उसमें गुड़ मिलाया था?
गोतोम चिरेम मेसा लेदा।	क्या तुमने उसमें घी मिलाया था?
इना काजिते जी हो हेड़ेमजाना	उस बात से मेरा मन मीठा हो गया।
एलारे धोनि, इना काजि कागे रिड़िङोः।।	हे प्रिय, वह बात मैं भूल नहीं पाता।।

5

डाःड़ि होरा हाटिआ	डाड़ी के रास्ते पर चलकर
गागारि चाटु दाःम आगु	तुम गगरी से पानी लाने जाती हो
आमाः दो गो छाएला।	हे युवती, तुम्हारे सिंगार का क्या कहना!
निंदा–सिंगि आमदोम नाकिः सुपिदेना	तुम रात–दिन बाल संवारती रहती हो
आमाः दोगो छाएला।।	तुम्हारे सिंगार का क्या कहना!!
लुतुर जापाः साए सुनुपिद	कान के पीछे बंधा तिरछा जूड़ा
चापुकेनाम चापुकेना	तुम उसे बार–बार छूती हो
आमाःदोगो छाएला।	तुम्हारे सिंगार का क्या कहना!
डाड़िदाःरे आमदोम लेपेल उम्बुला	डाड़ी के पानी में तुम अपनी छाया निहारती हो
आमाः दोगो छाएला।।	तुम्हारे सिंगार का क्या कहना!!
सुपिदरेचि रे जीताम	तुम्हारा जी क्या तुम्हारे जूड़े में है?

बा रेचिरे रासिका
आमाः दोगो छाएला
सुपिद दो बाते बिउराकाना
आम दोगो छाएला।।

तुम्हारा आनंद क्या फूलों में है?
तुम्हारे सिंगार का क्या कहना!
तुम्हारा जुड़ा फूलों से घिरा है
तुम्हारे सिंगार का क्या कहना।।

6

ने दिसुम ताला रे
ब्रेथा जोनोम होबालेन
आ हो, आ हो
सामाड़ोम सोमाए सेनोःतान दो।।

इस पृथ्वी पर
हमारा जन्म व्यर्थ हुआ
हे प्रिय, हे प्रिय
हमारा सोने–सा समय चला जा रहा है।।

तीरे मुदाम बोरे बोर
होटोःरे मांदुलि सोर
आ हो, आ हो
ओड़ोः साकोम–सांखा साड़िताना दो।।

हाथ अंगूठियों से भरा
गले में मादूली
हे प्रिय, हे प्रिय
इसके अलावा शंखा–चूड़ी बज रही है।।

कादाला हो दारू लेका
हेलो हेलोम सेनाकादा
आ हो, आ हो
पाड़िआ किचिरि ओटाङतान दो।।

केले के पेड़ की तरह
तुम हिलती हुई चलती हो
हे प्रिय, हे प्रिय
तुम्हारा पाड़िआ कपड़ा उड़ा जा रहा है।।

7

डोड़ो बाओ बा लेना
जिंगा बाओ बा लेना
ओ जुगि चेंड़ें
ओको बारे जीगे सुकुजान?

डोंगरे का फूल भी फूटा
झींगे का फूल भी फूटा
हे जोगी पंछी
तुम्हें कौन सा फूल पसंद आया?

आयुब सिंगि बा जाना
तिकिन सिंगि गोसो जाना
ओ जुगि चेंड़ें
आमो चेंड़ेंम गोसो चाबा जान।।

सांझ को फूल फूटा
दोपहर को मुर्झा गया
हे जोगी पंछी
साथ ही तुम भी मुर्झा गए।।

8

जानोमाकानाबु रे
आधा सोर्गो मोंचोपुर रे
इपाएः तेगे निआ जोनोम सेनोगा
जे दिन ते काल हिजुगा।।

हम पैदा हुए हैं
स्वर्ग मंचपुर की आधी दूरी पर
यह जन्म व्यर्थ ही चला जाएगा
जिस दिन काल आएगा।।

जेतान बोंगा काएः हिजुगा
मुसिङ दिन रे नामोगा नागा
बागेमेआको सोबेन बुरूबोंगा
जे दिन ते काल हिजुगा।।

कोई देवता पास नहीं आएगा
एक दिन धोखा होगा
सारे देवता तुम्हें छोड़ देंगे
जिस दिन काल आएगा।।

एंगा–आपु, हागा–होन
जेताए काको दारान
जेताए काको सेनोगा
जे दिन ते काल हिजुगा।।

मां–बाप, भाई–संतान
कोई पास नहीं आएगा
कोई साथ नहीं जाएगा
जिस दिन काल आएगा।।

9

डिण्डा सोमाए राकाब लेना
फुलाइ तेगेम चाबाजाना।
पोला ताम दोना माइना
निराल साड़ितान।
माइनाम लांदाताने गे।।

जवानी का समय चढ़ आया है
तुम फूली नहीं समातीं।
हे लड़की, तुम्हारा पोला
मधुर बज रहा है।
लड़की, तुम हंस रही हो।।

बोः रेदो सुताम बिंडा
बिंडा चेतान हासा चाटु।
सेन तादाम ना माइना
जिड़िड़ब–जिड़िबतान।
माइनाम लांदा तानेगे।।

सिर पर सूत का नेओठा
नेओठे के ऊपर मिट्टी का घड़ा।
हे लड़की तुम चल रही हो
झनझनाती हुई।
लड़की तुम हंस रही हो।।

मायाङ रेदो नीले साड़ी
साड़ी तादाम ओरे तानगे।
लेलोः तानाम ना माइना

कमर पर नीली साड़ी
पहनी हुई हो घिसरती हुई।
हे लड़की, तुम दिख रही हो

कादाला दारू लेका।
माइनाम लांदा तानेगे।।

केले के पेड़ की तरह।
लड़की, तुम हंस रही हो।।

10

ने जोनोम बारसिङ नांगेन
हिरिति–पिरिति सलाइ तेबु दुराङेआ।
दुराङ तेदो ओकोए पुंजीआकान?
गातिञ ठोरेपे।।

यह जनम दो दिन के लिए है
हम मेल–प्रेम से मिलकर गाएं।
गीत (छिपाने) से कौन धनवान हुआ?
प्रिय, इस बात को सोचो।।

हासा चाटु पोआः जानरे
कुम्बार ताःते कागे सेनोः।
एन लेका ने सोमाए पाओते सेनोःतान
गातिञ ठोरेपे।।

मिट्टी का घड़ा फूट जाने पर
वह कुम्हार के पास वापस नहीं जाता।
उसी तरह यह समय व्यर्थ ही चला जा रहा है।
प्रिय, इस बात को सोचो।।

कांसा–पीताल बादाला नामोः
ने सोमाए कागे नामोः।
एना मेनते सिङबोंगाबु धेआना
गातिञ ठोरेपे।।

कांसा–पीतल बदला जा सकता है
यह समय फिर नहीं मिलेगा।
इसलिए हम परमेश्वर का ध्यान करें
प्रिय, इस बात को सोचो।।

11

कुंइडी रे जाडुआ
जानुमपिड़ि, चिपिड़ि
कारेञ ताइना।
आञदो जेता तेगेञ सेनोगा।
कारेञ ताइना।।

कुंइडी या जाडुआ
जानुमपिड़ि या चिपिड़ि–
मैं कहीं नहीं रहूंगा।
मैं कहीं चला जाऊंगा।
मैं (यहां) नहीं रहूंगा।।

हातु रेदो मुण्डा मेनाइः
बिर रेदो कुला मेनाइः
कारेञ ताइना
आञदो आसाम तेगेञ सेनोगा।
कारेञ ताइना।।

गांव में ग्रामप्रधान है
जंगल में बाघ है–
मैं नहीं रहूंगा।
मैं आसाम चला जाऊंगा।
मैं यहां नहीं रहूंगा।।

12

ने दिसुम रिंगा जाना	इस देश में अकाल आया
हिआतिंते चाबा जाना।	चिंता से घिर गया
दोलाङ गातिञ सेनोः लीलबाड़ी	हे प्रिय, चलो हम नील बगान को चलेंगे
किरिडेआलाङ बुगिन लील साड़ी।।	हम वहां सुंदर नीली साड़ी खरीदेंगे।।
सेनोः आलाङ जुड़ि–जुड़ि	हम एक साथ जाएंगे
गोगे आलाङ ताराउड़ी	कंधे पर तलवार लिए
दोलाङ गातिञ सेनोः लीलबाड़ी	प्रिय, चलो हम नील बगान को चलेंगे
किरिडेआलाङ बुगिन लील साड़ी।।	हम वहां सुंदर नीली साड़ी खरीदेंगे।।
सेनोः आलाङ लीलबाड़ी	हम लील बाड़ी जाएंगे
हागा होन मेनाः भारी	वहां बड़ी संख्या में हमारे भाई–बंधु हैं
दोलाङ गातिञ सेनोः लीलबाड़ी	प्रिय, चलो हम नील बगान जाएंगे
किरिडेआलाङ बुगिन लील साड़ी।।	हम वहां सुंदर नीली साड़ी खरीदेंगे।।

13

ने दिसुम ताला रे	इस पृथ्वी पर
जोनोमाकान आबुरे।	हम पैदा हुए।
रेंगेः–तेताङ दुकु–सुकु	भूख–प्यास, दुख–सुख
जामारे गेआ।।	साथ लगे हैं।।
जेता इमिनाङ पुंजी–पाटी	कितना ही पूंजी–पाटी
कामि–उदामान रेओ	काम–उद्यम से जमा–
इना दो जा बाराबारि	वह हमेशा के लिए
कागे ताइना।।	रहने वाला नहीं।।
चिलका काड़ेबा बा ताना	जिस तरह कास फूटता है
एनका पुंजी हिजुः ताना	उसी तरह पूंजी आती है।
चिलका काड़ेबा उरूडुताना	कास फूल के झड़ने की तरह
एनका पुंजी सेनोःताना।।	पूंजी भी उसी तरह चली जाती है।।

14

गाड़ातेबु केसेदाकाना
बुरूतेबु दानाङाकाना।
तिसिं दोरे आलेगे हिजुःआकाना
चिरे धोन, चिरे चिपे बुगितानगेचि?

हम नदियों से घिरे हुए हैं
हम पहाड़ों से छिपे हुए हैं।
आज तो हम ही आए हैं
हे प्रिय, बोलो, कुशल से तो हो?

आबु दोबु कुपुलताना
मुसिङो रे कापे सेना
तिसिं दोरे आलेगे हिजुःआकाना
चिरे धोन, चिरे चिपे बुगितानगेचि?

हम कुटुंब बंधु हैं (फिर भी)
तु किसी दिन हमारे यहां नहीं जाते
आज तो हम ही आए हैं
प्रिय बोलो, कुशल से तो हो?

15

काराम चांडुः मुलुःलेना
जुड़ि दुमाङ साड़िताना।
दोति दोलाङ, दोति दोलाङ
किता गालाङ होंकाताम सुसुनालाङ।।

करम का चांद उग आया
मांदर की जोड़ी बज रही है।
चलो हम चले, चलो हम चलें–
चटाई बिनना छोड़ो, हम नाच आएं।।

नेका गेआ रेंगेः–तेताङ
नेका गेआ रुआ–राबाङ
दोति दोलाङ, दोति दोलाङ
किता गालाङ होंकाताम सुसुनालाङ।।

भूख–प्यास का अंत नहीं
रोग–व्याधि का अंत नहीं
चलो हम चले, चलो हम चलें–
चटाई बिनना छोड़ो, हम नाच आएं।।

जेगे मेनाः सिंगार पातार
राड़ाआलाङ पोटोम बितार
दोति दोलाङ, दोति दोलाङ
किता गालाङ होंकाताम सुसुनालाङ।।

जो भी साज–सिंगार है
गठरी से निकालेंगे
चलो हम चले, चलो हम चलें–
चटाई बिनना छोड़ो, हम नाच आएं।।

16

ओकोआ बिर रेआः
हेलता रेआः हाण्डुआ?
साजाइन
ओको गाड़ा रेन हाइ–काड़ाकोम??

किस वन के
करील का संधना?
हे सखी
किस नदी के केकड़े और मछलियां??

बिरिनदा हो बिर रेआः हेलता रेआः हाण्डुआ साजाइन, जमुना गाड़ा रेन हाइ–काड़ाकोम।।	वृन्दावन के करील का संधना हे सखी, जमुना नदी के केकड़े और मछलियां।।
मेसालेम, हेरलेम हाइकोरे हाण्डुआ साजाइन, जोमलेकोम हाइ–काड़ाकोम।।	उन्हें मिलाओ, छींटो मछलियों के साथ संधना हे सखी, मछलियों और केकड़ों का आनंद लो।।

17

ओको रेको सुसुनताना जुड़ि दुमाङ साड़िताना। सोंगोति ताञ, सोंगोति ताञ दोरे दोलाङ सुसुन आगुते।।	लोग कहां नाच रहे हैं? मांदर की जोड़ी बज रही है। हे मेरे साथी, मेरे साथी चलो हम नाच आएं।।
होरा रेदो बिर मेनाः बिर रेदो कुलाः मेनाइः। सोंगोति ताञ, सोंगोति ताञ बुचा कापि गोगालाङ मे।।	रास्ते में जंगल है जंगल में बाघ है हे मेरे साथी, मेरे साथी हम अपना पुराना फरसा लेते चलें।।

18

आम गातिन आञदो गातिञ मेददाः जोरोताना रे। गातिञ, आमदो गातिञ काम हिआतिंरे।।	तुम्हारे लिए, हे प्रिय आंखों से आंसू झर रहे हैं। हे प्रिय, तुम्हें इसकी चिंता नहीं है।।
काञ जोमताना गोटादिन जी जुलताना निदा सिंगि गातिञ, आमदो गातिञ काम हिआतिंरे।।	मुझे खाना रुचता नहीं सारा दिन मेरा जी जलता है रात दिन। हे प्रिय, तुम्हें इसकी चिंता नहीं।।
जी ताञ दो हिआतिं दिदि लेका जालातिं।	चिंता से मेरा जी गिद्ध की तरह उड़ता–फिरता है।

गातिञ, ने सोमाए रे नेका हिआतिंरे।।	हे प्रिय, तुम्हें इसकी चिंता नहीं।।
आञाः दो हिआतिं ताइजाना सोबेन दिन गातिञ, सोमाए रे नेका हिआतिंरे।।	मेरा दुख सदा के लिए रह गया हे प्रिय, तुम्हें इसकी चिंता नहीं।।

19

रांची रे डिपु मेनाः आसाम तेको सेनोःताना। दाइगो, इनकुलोःते सेनोः मोनिञा।।	रांची में डिपो है लोग आसाम जा रहे हैं। हे दीदी, मुझे उनके साथ जाने का मन करता है।।
सोबेन होड़ोको जामाजाना लेका हाजिरी होबाजाना। दाइगो, इनकुलोःते सेनोः मोनिञा।।	लोग जमा हुए गिनती हाजिरी हुई। हे दीदी, मुझे उनके साथ जाने का मन करता है।।
गंगा गाड़ा तेबाः लेना लाउका रेको देः जाना। दाइगो, इनकुलोःते सेनोः मोनिञा।।	गंगा नदी आई लोग नाव में चढ़ गए। हे दीदी, मुझे उनके साथ जाने का मन करता है।।
रेलगाड़ी गिदि गिदि गाड़ी रेको देः जाना। दाइगो, इनकुलोःते सेनोः मोनिञा।।	रेलगाड़ी के अन्दर झुण्ड के झुण्ड लोग गाड़ी पर चढ़ गए। हे दीदी, मुझे उनके साथ जाने का मन करता है।।

20

बोओः तामाः रिसा–रिसा सुपिद तादाम रांगा नाचा। निदा सिंगि बामगुतु ताना आम नांगेन जीगे लोओताना।।	सिर घुंघराले बालों भरा जूड़े में लगा लाल 'नाचा' रात दिन तुम हार बिनती हो तुम्हारे लिए मेरा जी जलता है।।
आन्दु तादाम साकोम तादाम लिजाः तादाम रांगा साड़ी। पोलातामदो चिलका साड़िताना	आंदू पहनी हुई, चूड़ियां पहनी हुई लाल साड़ी पहनी हुई तुम्हारा पोला कैसा सुंदर बज रहा है

आम नांगेन जीगे लोताना।।	तुम्हारे लिए मेरा जी जलता है।।

21

ओते रेदो दुदुगार	धरती पर आंधी
सिरिमारे कोंआसि।	आसमान में कुहासा
निमिन दिनाते दाःगे बानोगा	इतने दिनों से पानी नहीं
चि मेनते कागेः गामाएआ??	वर्षा क्यों नहीं आती?
आसाड़–सावनरे	आषाढ़–सावन में
होयो–गामा बानोगा।	वर्षा–पानी नहीं।
भादोर चाण्डुः ओते रोओड़जाना	भादो के महीने में धरती सूख गई।
चि मेनते कागेः गामाएआ??	वर्षा क्यों नहीं आती??
रासोआल काजिताना	कवि रसवाल कहता है
चिलिकातेबु आसुलेना।	हमारा पालन कैसे होगा?
रेंगेः–राबाङ इसुरे भाइ जाला	गरीबी और बीमारी की ज्वाला भयानक है
चि मेनते कागेः गामाएआ??	वर्षा क्यों नहीं आती??

22

बिरतेञ सेनकेना	मैं वन को गया, (देखा)
तोआ बादो आलाआकाना।	वहां दूधिया फूल खिला है।
बा लेलते कुड़ाम रेआड़जाना–	फूल देखकर मन में कंपकंपी हुई–
हाएरेताञ सोमाए सेनोःताना!!	हाय, मेरा समय चला जा रहा है!!
हातु तेञ रूआड़ा लेना	मैं गांव को वापस आया
आकाड़ातेञ राकाब लेना।	नाच–अखरा चढ़ा
दुराङ लेदाञ काको तेलाकेदा	मैंने गीत गाया, कोई उत्तर नहीं मिला
हाएरेताञ सोमाए सेनोःताना!!	हाय, मेरा समय चला जा रहा है!!
बोओः सोबेन पाण्डुजाना	सारा सिर सफेद
डाटा सोबेन बोड़ाजाना।	सारे दांत झड़ गए
जोआ रेपो देआ कुबाजाना	गाल पिचके, पीठ कुबड़ी हुई
हाएरेताञ सोमाए सेनोःताना!!	हाय, मेरा समय चला गया!!

23

ओकोसाः रे होयो लेदा
चिमाए साःरे राम्पि लेदा
गातिञरे, गुड्डु–गुड्डु रिम्बिल साड़िताना।।

चेतानाते होयो लेदा
लाताराते राम्पि लेदा
गातिञरे, गुड्डु–गुड्डु रिम्बिल साड़िताना।।

दे गातिञ चातोमिञमे
दे सांगाञ चोतोरिञमे
गातिञरे, सुरू सुटुञ लुमे चाबातान।।

किधर से हवा चली?
किधर से झड़ी आई?
हे प्रिय, गड़गड़ाकर बादल गरज रहे हैं!!

ऊपर से हवा आई
नीचे से झड़ी आई
हे प्रिय, गड़गड़ाकर बादल गरज रहे हैं!!

आओ प्रिय, छाता दो
आओ प्रिय, छतरी दो
हे प्रिय, मैं बुरी तरह भींग रहा हूं!!

24

आसाम तेलाङ सेनोःरे
काछाड़ तेलाङ बिरिद रे
गातिञ रे, दिदि,–कुड़िद, तुयुको जोजोमा।।

एंगा–आपुको बागेओःआ
हागा–होनको राड़ाओःआ।
गातिञ रे, दिदि,–कुड़िद, तुयुको जोजोमा।।

जेताए काको लेलोःआ
जेताए काको चिनाओःआ
गातिञ रे, दिदि,–कुड़िद, तुयुको जोजोमा।।

अगर हम आसाम जाते हैं
अगर हम कछार जाते हैं
हे प्रिय, हमें गिद्ध–चील और सियार खाएंगे।।

मां–बाप छूट जाएंगे
भाई–बंधु अलग होंगे
हे प्रिय, हमें गिद्ध–चील और सियार खाएंगे।।

कोई दिखाई नहीं देगा
कोई पहचान में न आएंगे।
हे प्रिय, हमें गिद्ध–चील और सियार खाएंगे।।

25

एंगाम–आपुम पारिआ
रांगा तोलोङ पाड़िआ
बाबुआ, निंदा–सिंगि रूतुम साड़िआ।।

एंगाम–आपुम गोएःजान
रांगा रूतु पोआःजान
बाबुआ, जातरा–सेंदेरा सोबेन होंकाजान।।

जब तक मां–बाप हैं
लाल तोलोङ और पाड़िया है।
बबुआ, तुम रात–दिन बांसुरी बजाओगे।।

जब मां–बाप मर गए
लाल बांसुरी फूट गई।
बबुआ, मेला–शिकार सारा समाप्त हो गया।।

26

साआन आगु सेनोः रे	जब लकड़ी लाने जाती हो
साकाम हेगेम बिरिद रे	जब पत्तियां तोड़ने जाती हो
गातिञ रे, होरा–होरा मेददाःम जोरोएआ।।	हे प्रिय, तुम रास्ते–रास्ते आंसू टपकाती हो।।
गातिम दोएः सेनोःजाना	तुम्हारा संगी चला गया
दिकुकोआः दासिनते	दिकुओं के यहां दास बनने
गातिञ रे, होरा–होरा मेददाःम जोरोएआ।।	हे प्रिय, तुम रास्ते–रास्ते आंसू टपकाती हो।।
गातिम दोएः रूआड़ा	तुम्हारा साथी वापस आएगा
मुसिङ दोएः रूआड़ा	किसी दिन जरूर लौटेगा
गातिञरे, मेददाः दोए गोसोः गिड़िमेआ।।	हे प्रिय, वह तुम्हारे आंसू पोंछ डालेगा।।

27

होरातेम सेनाकादा	तुम रास्ते में चली जा रही हो
आयार साःगेम लेलाकादा	आगे की ओर ही देख रही हो
गातिञरे, मिसा काजि हेता रूड़ालेम।।	हे प्रिय, कम से कम एक बार पीछे देखो।।
साआन चिम दुपिलाकादा	सिर पर लकड़ी ली हुई हो क्या?
साकाम चिम सिपिंआकादा	हाथ में पत्तियां धरी हुई हो क्या?
गातिञरे, मिसा काजि हेता रूड़ालेम।।	हे प्रिय, कम से कम एक बार पीछे देखो।।
मिसा काजि हेतालेम	कम से कम एक बार पीछे देखो
पाएलाते टापालेम	अपने आंचल से इशारा करो
गातिञरे, गोटा जी ते आमेञ उकुमा।।	हे प्रिय, मैं तुम्हें अपने जी के अन्दर छिपा लूंगा।

28

आम दोरे सालु सुगा	हे लाल सुग्गा
सोबेन बुरूम लेलाकादा।	तुमने सारे पहाड़ देखे हैं।
सुगारे, आगुलेम सासाङ बा।।	हे सुग्गे, तुम मेरे लिए पीले फूल का देना।।
मिद गाउदिम सेनोगा	तुम एक कोस जाओगे

बार गाउदिम सेनोगा।
सुगारे, आपि गाउदिरे सासाङ बा।।

तुम दो कोस जाओगे।
प्रिय सुग्गे, तीन कोस पर पीला फूल मिलेगा।।

आगु दोरेञ आगु लेदा
सेटेर दोरेञ सेटेर लेदा
सुगारे, गोसोजाना सासाङ बा।।

फूल मैं लाया था
फूल मैंने तोड़ा था
प्रिय सुग्गे, वह फूल मुरझा गया।।

29

कुपुल कोको हिजुः लेना
पेड़ाकोको सेटेर लेना।
माइना, गाण्डु बानोः पाटि बिलाकोम।।

मेहमान पहुंच गए
कुटुंब आ गए
हे बेटी, पीढ़ा नहीं है, चटाई बिछा दो।।

दुबकोको दुब जाना
तिंगुन कोको तिंगुन जाना
माइना, लोटाते दाः ओमाकोम।।

बैठने वाले बैठ गए
खड़े वाले खड़े रहे
हे बेटी, उन्हें लोटे में पानी दो।।

आबुङेनको आबुङेन जाना
हुतुमेनको हुतुमेनजाना।
माइना, दुकु–सुकु सोबेन कुलिकोम।।

धोने वालों ने हाथ–पैर धोया
कुल्ला करने वालों ने कुल्ला किया।
हे बेटी, उन्हें सारा दुख–सुख पूछो।।

30

कुड़ापुरती बारो गांओ
हातु ताबु सेनोःताना
मारे हो, उपारलेनमे सोमासिं मुण्डा।।

कुड़ापूर्ती के बारह गांव
हमारे गांव नीलाम हो रहे हैं
हे सोमा सिंह मुण्डा, तुम बाहर आओ।।

उपारदोञ उपारलेना
पाटाताबु बानोगा
मारे हो, दाड़ाएआबु सिदा रेआः पाटा।।

मैं बाहर आया
हमारे पास पट्टा नहीं है।
हे भाइयो, आओ हम पहले का पट्टा खोजें।।

30

खुंटी को पीटि रे
बांगाला दो बाइआकाना।

खूंटी के बाजार के पास
एक बंगला बना है।

बाबुरे, आपुम दोको तोले इदिकिः।।	हे बबुआ, लोग तुम्हारे बाप को बांध ले गए।।
रिंडि रेदो रिंड़िमे	ऋण लेना है तो ऋण लो
काड़ि रेदो काड़िमे	उधार लेना है तो उधार लो
बाबुरे, आपुम दोको तोल इदिकिः।।	हे बबुआ, लोग तुम्हारे बाप को बांध ले गए।।

31

दाः सोङ दाः साड़ागिर	दाः सोङ के जलप्रपात में
कांचि गाड़ा माराङ इकिर	कांची नदी के गहरे दह में
एला हो, छाएला सान्दु दुमाङ साड़िआ।।	हे भाई, छाएला सान्दु मांदर बजाता है।।
सिदा सिमको रानाःरे	मुर्गे की पहली बांग पर
तायोम माराः एओनरे	मयूर की पिछली बुलाहट पर
एला हो, छाएला सान्दु दुमाङ साड़िआ।।	हे भाई, छाएला सान्दु मांदर बजाता है।।

32

जिकिलाता पिड़िरे	जिकिलाता के मैदान में
मापाः दोरे होबालेन	एक लड़ाई हुई थी
गातिञरे, तेलेंगाको हारातिंजाना।।	हे प्रिय, उस लड़ाई में अंग्रेज हार गए थे।।
इचाः हुड़ाङ घाट रे	इचाः दुड़ाङ की घाटी में
तुपुञ दोरे होबा लेन	तीरों की बौछार हुई थी
गातिञरे, लड़ाकाको डिगिरिकेद।।	हे प्रिय, उस बौछार से लड़ाकू सरदार जीत गए थे।।

8. जोमनावा बोंगा / नावाखानी पूजन

अनुष्ठान एवं मंत्रपाठ

जोमनावा बोंगा/नावाखानी पूजन

नए वर्ष का अन्न प्रथम बार खाने का अनुष्ठान जोमनावा कहलाता है। आनुष्ठानिक रूप में गोड़ाधान और गोंदली (कोदो) ही वर्ष के प्रथम अन्न माने गए हैं। ऐतिहासिक तौर पर यह ठीक भी लगता है। गरमा धान और गेहूं–जौ की परम्परा हाल की है इसलिए प्रथम अन्न के रूप में वे मान्य नहीं। और इसलिए इनकी प्रथम बोआई भी नहीं होती। वस्तुतः जोमनावा एक अवसर है धन्यवाद ज्ञापित करने का उन देवी–देवताओं के प्रति जिनके संरक्षण में वर्ष के कठिन दिनों में ये फसलें पकती हैं। सामान्यतः जेठ (मई–जून) के महीने में खेत में बीहन के बीज डाल देने के बाद लोगों के पास खाने को बहुत कम अनाज रह जाता है ओर उसे बड़ी मित्तव्ययिता के साथ दो तीन महीने तक खींचा जाता है। सावन–भादो (जुलाई–अगस्त) के महीने बड़े कठिन होते हैं। इन्हीं दिनों जब गोड़ा–गोंदली पकते हैं तो लोगों को राहत होती है और वे अपनी कृतज्ञता अर्पित करते हैं उन सभी देवी–देवताओं के प्रति जिनके कृपापूर्वक सहयोग से ये अच्छे दिन देखने को मिले।

विधि–

पके गोड़ाधान और गोंदली के बीड़े घर लाए जाते हैं। उन्हें मीस कर पुआल अलग किया जाता है। गोंदली को भूनकर उसका सत्तू बनाया जाता है और गोड़ा चावल का चिउड़ा उन्हें अलग–अलग भेलवापत्ती के दोनों में देवताओं के अर्पणार्थ रखा जाता है।

पूजन की अन्य सामग्रियां–

धूप, दीप, धुवन, पानी आग, सिंदूर, और भेलवा की पत्तियां।

आराधक पूजा स्थल और सभी सामग्रियों पर पानी छिड़कता है। धुवन जलाता है। दीप जलाता है। सिंदूर के तीन टीके लगाता है। तीन पत्तियों/दोनों पर सत्तू और चिउरा रखता है।

गोआरि–

⊙ सोबेन बौंगा को राः होपोर पृ. 51–56

⊙ एन सोमाएरेआः नेग लेकाते बोंगा–

प्रार्थना–

⊙ सर्व देवता उद्‌बोधन–पृ. 51–56

⊙ आसन्न अवसर पर विशेष संबोधन–

डुगुमुगु नावा चाउडालते	1	डगमग नई डोली में
गुलुगुपु नावा किचिरिते		सुंदर नए कपड़ों में
सिउः हाड़ा, दिउरी गाइलोः		हल बैल, दुधारू गाय
सेलेबोले सेपेड़ेदकोलोः।		नौजवान छोकरों के साथ
सोना सिकुआर, रूपा माराड़ाते		सोने की रस्सी, रूपा की बहंगा से
गोः केआते, दुपिल केआते		कंधे पर, सिर पर लेकर
कुद केआते, कुटुङ केआते		पीठ पर ढोकर
हेबे केआते, हातार केआते।।		गोद में, कमर में लेकर।।
ने बाबा एंगा ताबु	2	इस धान मां को
ने कोदे एंगा ताबु		इस मडुआ मां को हम
सिङबोंगाः सामाङरे		परमेश्वर के समक्ष
ओतेएंगाः कोयोङरे।		धरती माता की गोद में।
जिमा जाःइआले		जिम्मा देते हैं
जापाः जाःइआले		सौंप रहे हैं
हेर केआते, पासिर केआते		छींट कर, बोकर
सी दानाङ, चालुः दानाङरे।।		हल से तोपकर, कुदाल से लेप कर।।
तालापिड़ि रे, जेटे लोलोरे	3	बीच मैदान में, धूप–गर्मी में
जुरूकुण्डुरे, राबाङ–रेआड़ारे		वर्षा में, ठंड में
मानोआहोन, मानोआ गाड़ांको		मानव संतान, मानव संतति ने
हेर पासिर, गिड़ि किःञाको।		हमें छींट दिया, छोड़ दिया।
मेनते आलोकिन हांड़ाओःका		ऐसा सोचकर रूठे नहीं
आलोकिन हुड़िंजीओःका		मन छोटा न करें–
एना आलेले गोआरिकेना		हमने इस तरह प्रार्थना की थी
एना आलेले आर्जीकेना।।		इस तरह अर्जी की थी।।
सा सोमाए, सोना दाः	4	समय आने पर सोना–पानी
माद बिर, माद लांदिराते		बांस–वन, बांस–झुरमुट से
राताङ बुरू चेतानाते		हिमालय पहाड़ से
होयो आउ, राम्पि आउएपे।		हवा चले, वर्षा आए।
बादचोमलेका, टाटीलेका		सबै घास की तरह, टाटी घास की तरह
सेएः लेका, बान्दु लेका		सेएःलता, बान्दु लता की तरह
सिटिलुटि ओमोनोःका		स्वस्थ अंकुरित हो
लिं लों दारूओःका।।		जल्दी–जल्दी बढ़े।।

5

मांद लेका, कादाल लेका
आदे लेका, रासुड़िं लेका
हाराओःका, माताओःका
गांड़ाओःका, बुटाओःका।
बातेगे दालोबोःका
जोतेगे जोपोदोःका
मोयोद् बुटारे मोद टुंकी
सेकेः सेकेः जाङोःका।।

बांस की तरह, केले की तरह
अदरख की तरह, लहसून की तरह
यह बढ़े, पुष्ट हो
अंकुरित हो, विस्तृत हो।
फूल से भरे
फल से लदे
एक ही जड़ में एक टोकरी
झर–झराकर दाने झरें।।

6

दिनमुण्डि तेबाःकोःरे
दिन नेंडा पुराओ कोःरे
तेआरकोःरे, सांइति कोःरे
कोलोम ताला, कांडा ताला।
सोना सिकुआर
रूपा मारांड़ा ते
गोः इदिआले
दुपिल इदिआले।।

समय आने पर
तिथि पूरा होने पर
तैयार होने पर, पकने पर
खलिहान में, घेरे में
सोना–रस्सी से
रूपा–बहंगा से
हम कंधे पर ले जाएंगे
सिर पर ले जाएंगे।।

7

कुलगिआ, होन होपोनते
जोआर रूआड़ापेआले
गोआरि रूआड़ा पेआले
काटा सुबारे तिरूबापेआले।
हेरपुना रे गोआरिलेदपेआ
रोआपुना रे आर्जीलेद पेआ
एनागे तिसिंले जोआर रूआड़ाजादपेआ
तिसिंले गोआरि रूआड़ाजादपेआ।।

पति–पत्नी, बाल–बच्चों सहित
फिर जोहार करेंगे
फिर गुहार करेंगे
चरणों तले झुकेंगे।।
(इस तरह) प्रथम बोआई में हमने प्रार्थना की थी
प्रथम रोपनी में अर्जी की थी।
उसी के अनुसार आज हम फिर जोहार करते हैं
आज हम गुहार करते हैं।।

8

आपेआः देंगा आपेआः पोरताबते
कादाल लेका दारूआकाना
मादलेका बुटाआकाना
सेकेः सेकेः जाङाकाना।
चिमिनुङ आलाए–बालाएते
आपि चाण्डुः तांगिकेआते
नावा गुड्लु, नावा गोड़ा
तेबाःनाम, सेटेरनामाकाना।।

तुम्हारी मदद, तुम्हारी प्रताप से
केले–सा बढ़ा है
बांस की तरह फैले हैं
झनझनाते दाने लगे हैं
इतने कष्ट के बाद
तीन महीने की प्रतीक्षा के बाद
नया मडुआ, नया गोड़ाधान
हम पा सके हैं, ले सके हैं।।

9 आपे नांगेनगे लुपुःआकाना
आपे नांगेनगे ताबेनाकाना
आपेगे सिदाले ओमापेताना
आलेदोले तायोमेन ताना।
ताला राचारे, आतोम चांदाएरे
दिआ सेंगेल सामाङरे
नावा सोसो साकामरे
ओमापे तानाले, तिलापे तानाले।।

तुम्हारे लिए ही पीसा हुआ
तुम्हारे लिए ही कूटा हुआ
तुम्हें ही पहले देते हैं
खुद को पीछे रखते हैं।
बीच आंगन में, छज्जे के किनारे
दीप–अग्नि के समक्ष
नई भेलवा पत्ती में
हम तुम्हें देते हैं, अर्पित करते हैं।।

10 जेएले नाम दाड़िजानाः गे
जेएले सोतोः दाड़िजानाःगे
जोगाओ तादाले मानातिंरे
तिरूब तादाले काटा सुबारे।
तेलाकेपे बुगिन जीते
आताङ केपे रासिका मोनेते
मेनतेले आर्जिताना
मेनतेले गोआरिताना।।

जो हम पा सके
जो हम संजो सके
तुम्हारे सम्मान में रखते हैं
पैरों पर झुकते हैं।
खुशीमन से स्वीकार करो
आनंदित मन से ग्रहण करो
यही हमारी अर्जी है
यही हमारी प्रार्थना है।।

(एन तायोमते आदिङ रे
दिआ जुलोःताना। दुना ओंडोरोःताना।
पुङुः रे दाः। आपिआ इपाएः पुङुःको
पांति रे दोओः ताना। तपान इलि आउ
केआते गोआरिओः ताना।)

इसके बाद आदिङ में (पुरखों के कोने में)
दीया जलाया जाता है। धुवन जलाया
जाता है। दोने में पानी। तीन खाली दोने
रखे जाते हैं और हाथ में तपान इलि
लेकर प्रार्थना की जाती है।

11 लुटकुम हाड़ाम लुटकुम बुड़िआ
रीसा आबा, मादरा आबा
तिसिंदो ने आदिंरे
ने बोंगा कोचारे।
दिसुम सायारकेनको
सिमान तोलकेनको
हातु तुका बाइकेनको
ओड़ाः दुआर तुरूबकेनको।।

लुटकुम बूढ़ा, लुटकुम बुढ़िया
रीसा आबा, मादरा आबा
आज इस घर के अंदर
इस देव कोने में
देश बनाने
सीमा बांधने वाले
गांव–घोंसला बनाने वाले
घर–द्वार टिकाने वाले

(नेताःरे ओड़ाःरेन–खूंटरेन
पुरखाको नुतुमोःका)

(यहां घर और खूंट के
पुर्खों का नाम लिया जाए)

12

डुबालेकान पुडुरे
सोना दाः रूपा दाः
दोड़ोमापेतानाञ ताबु
तेला लेपे, आताङ लेपे।
रेआड़ा गासारकोःपे
बुआल आरेः कोःपे
ती काटा आबुङकोःपे
मोचा डाटा हुतुमकोःपे।।

डुभे–से दोने में और
सोना–पानी, रूपा–पानी
तुम्हारे लिए रखते हैं
तुम इसे स्वीकार करो, ग्रहण करो।
नहा लो, धो लो
ठीक से साफ हो लो
हाथ–पैर धो लो
मुंह–दांत आचमन करो।।

13

ने बोंगा कोचारे
दिआ सेंगेल सामाङरे
मिआद गाण्डुरे दुबकोःपे
मिआद पाटिरे जारूकोःपे।
सामा मोचा, सामा लाइः
जोआरतानाञ, गोआरितानाञ
काटा सुबाञ तिरूबाकादा
तेला लेपे, आताङलेपे।।

इस देव कोने में
अग्नि दीप के समक्ष
एक पीढ़े पर बैठ लो
एक पटिया पर बतिया लो।
खाली मुंह, खाली पेट
हम जोहार करते है, गुहार करते हैं
चरणों पर झुकते हैं
इसे स्वीकार करो, ग्रहण करो।।

14

आङचोलपाङ, तुर चोलपाङ
बालेः सिंगि तुरतानरे
दिउरी गाइ, सिउः हाड़ा
कुलगिआ, होन–होपोनते।
डुगुमुगु चाउडालते
गुलुगुपु नावा किचिरिते
सोना सिकुआर, रूपा मारांड़ाते
गोःकेआते, दुपिल केआते।।

सुबह, प्रातःकाल
बाल सूर्य उगते समय
दुधारू गाय, हल बैल
पति–पत्नी, बाल–बच्चों सहित।
डगमग डोली से
सुंदर नए कपड़े से
सोना–रस्सी, रूपा–बहंगा से
कन्धे से, सिर से ढोकर।।

15

बाबा एंगा, कोदे एंगा
सिङबोंगाः सामाङरे
ओतेएंगाः कोयोङरे
जिमालेन, जापाःलेनाएः।
नायाल गाड़ा बितार रे
डेलका बुरू लातार रे
सी दानाङ लेनाकिन
चालुः तोपा लेनाकिन।।

धान मां, मडुआ मां
सिङबोंगा के समक्ष
धरती मां की गोद में
जिम्मा दी गई, सौंपी गई
हल की नाली में
ढेले के नीचे
ये हल से तोप दी गई थीं
कुदाल से छिपा दी गई थीं।।

तेगा लेनाकिन, चापादलेनाकिन
कुड़ुंसु लेनाकिन, तिड़िंसा लेनाकिन
उल्टा लेनाकिन, पाल्टीलेनाकिन
आड़गोम लेनाकिन, तोपा लेनाकिन।
'बोछोर दिन ओड़ाःरे
सोना लेका, रूपा लेका
जोतोन किःञाको हीरा लेका
तिसिं दो आदाकाड़ा पिड़िरे।।

16 हमें रौंदा गया, लतियाया गया
उछाला गया, लताड़ा गया
उलटा गया, पुल्टा गया
हेंगा से तोप दिया गया।
साल भर घर के भीतर
सोना की तरह, रूपा की तरह
हमें रखा हीरे की तरह
आज एकान्त मैदान में।।

हेरगिड़ि किःञाको
पासिरगिड़ि किःञाको
एना आलोकिन हुड़िंजीओः
एना आलोकिन हांड़ाजीओः।
आबेनाः सिरजान–उपुजान
आबेनाः पोआ पोसा, हारामाता
एना होयोदाः रेगेआ ताबेन
एना जेटे लोलो रेगेआ ताबेन।।

17 हमें छींट दिया
हमें छिटका दिया''
ऐसा सोचकर मन छोटा न करें
रूठामन न हो।
तुम्हारी सृष्टि, तुम्हारी उत्पत्ति
तुम्हारा जमना, बढ़ना
इसी हवा–पानी में है
इसी धूप–गर्मी में है।

काको एदका तादबेना
काको बागड़ाओतादबेना
हातु नांगेन, दिसुम नांगेन
जिनगानी सुगाड़ा नांगेन।
हाड़ां जान रेदोबेन
गोसाजान रेओबेन
सिंगिओ काएः तुरोःआ
चाण्डुःओ काएः मुलुगोआ।।

18 उन्होंने तुम्हारा बुरा नहीं किया
तुम्हें कुछ बिगाड़ा नहीं
गांव के लिए, देश के लिए
सुंदर जीवन के लिए।
अगर तुम रूठ गए
अगर तुम नाराज हुए
सूरज भी नहीं उगेगा
चांद भी नहीं दिखेगा।।

होयो जाकेद का सेसेना
दाः जाकेद काएः गामाएआ
ओते दिसुम नुबागोःआ
जिनीदगे टुण्डुःआ।
मेनतेपे काजिआद किना
मेनतेपे बाकांड़ादकिना
एनाकिन मानातिंजाना
एनाकिन बुजातिंजाना।।

19 हवा तक नहीं चलेगी
पानी तक नहीं बरसेगा
सारी दुनिया अंधकार से भर जाएगी
जीवन समाप्त हो जाएगा।
ऐसा तुमने उन्हें कहा
ऐसा तुमने उन्हें समझाया
उन्होंने यह मान लिया
उन्होंने यह स्वीकार किया।।

20

एनागे जोआर रूआड़ालेका
एनागे गोआरि रूआड़ालेका
आंड़ेः इलि, गुड्डुलु लुपुः
तापान इलि, गोड़ा ताबेन।
दोड़ोमापे तानाले
तिलापे तानाले
तेलाकेपे ताबु
आताङ केपे ताबु।।

उसी के अनुसार फिर जोहार करने को
फिर गुहार करने को
उडेली हुई इलि, कटी हुई गोंदली
तपान इलि, गोडाधान का चिउरा।
हम तुम्हें देते हैं
हम तुम्हें अर्पित करते हैं
इसे स्वीकार करो
इसे ग्रहण करो।।

21

ने मानोआ होनको
ने आबुआः गांड़ाको
इलि माण्डितानाको
हाइ जिलु तानाको।
आबुदो काको ओमाबुताना
आबुदो काको तिलाबुताना
मेनते आलोपे काजीआलेआ
मेनते आलोपे उकुतालेआ।।

यह मानव संतान
हमारी प्रजा
इलि भात खा रहे हैं
मछली भात खा रहे हैं।
हमें नहीं दे रहे
हमें नहीं दे बांट रहे
ऐसी बात न करना
ऐसी शिकायत न करना।।

22

आलेआः कामि उदाम रे
आलेआः दाड़ां दुताम रे
तोद आलोका ताइन
तुगुड़ि आलोका ताइन।
जोमतानरे, नू तानरे
लाइः हासु, बोओः हासु
रूआ झाड़ा, उला झाड़ा
दिः बानोः, देओ बानोगोःका।।

हमारे काम–उद्यम में
हमारी खोज–खबर में
कोई ठेस न हो
कोई ठोकर न हो
खाते समय, पीते समय
पेटदर्द, सिरदर्द
बीमारी–जाड़ा, कै–दस्त
हिचकी न हो, सुरकी न हो।

23

हातु बितार रे, टोला पाड़ारे
पाटि जाड़ाः, पारकोम जाड़ाः
हाए एआङ, हाए आपाङ
राः बानोगोःका, गेराङ बानोगोःका।
बुरू पिड़ि, आकाड़ा तालारे
हागा बितार, कुटुं कुपुलरे
हाड़ाद मोचा आलोका ताइन
हेबेन जागार आलोका ताइन।।

गांव में, टोले–महल्ले में
पटिया–पकड़न, खटिया–जकड़न न हो
हाय मां, हाय बाप
रोना न हो, कलपना न हो।
मेला–मैदान, अखरा–बीच
बिरादरी में, कुटंब बीच
खट्टी बाणी न रहे
कासा बोली न रहे।

24

बुगि गेले पाचाओएका
नापाएगेले पाचाओएका
नापाम रे, कुपुलि रे
बेपेटा रे, कुपुदम रे।
बुगिगे, नापाएगे
मेनतेले उपुदुबका
नेआगेले आर्जीताना
नेआगेले गोआरिताना।।

जोआर! जोआर! जोआर!

(बोंगा टुण्डु। एनताःरेमेनाः होड़ोकोलोः जोआर–जागार।)

हम अच्छी तरह खा–पचा सकें
हम अच्छी तरह पी–पचा सकें
मिलने पर, पूछने पर
भेंट होने पर, बतियाने पर।
सब ठीक है, कुशल है
ऐसा हम बताएं
हम इसकी प्रार्थना करते हैं
इसकी गुहार करते हैं।।

जोहार! जोहार! जोहार!

(अनुष्ठान की समाप्ति। उपस्थित लोगों के बीच मेल–मिलाप)

9. सोओराई बोंगा / सोहराई पूजन

अनुष्ठान एवं मंत्रपाठ

सोओराई बोंगा/सोहराई पूजन

मनुष्य के जीवन में कृषिकर्म के विस्तार के साथ ही इस कर्म में उपयुक्त पशुओं को पालतू बनाने की आवष्यकता हुई और इस तरह गाय–बैल–भैंस, आदमी के सहयोगी बने। सोहराई मनुष्य का पशुओं के प्रति इसी मित्रभाव की स्वीकृति की आनुष्ठानिक अभिव्यक्ति है। कुत्ते, भेड़, बकरी, सूअर, मुर्गी इत्यादि तो पहले से आखेटकाल से ही पालतू बन गए थे, बड़े पशुओं को पालतू बनाने के पीछे कृषि को सरलतम बनाना ही मूल कारण था। इसी क्रम में घोड़े, गधे ओर काड़ा–भैंस भी कृषि कर्म के सहयोगी जानवर चिन्हित हुए। इन्हीं जानवरों को प्रतीक रूप में सम्मानित करने के लिए सोहराई पर्व का विकास हुआ जो कि सामान्यतः कार्तिक अमावश्या के दूसरे दिन मनाया जाता है। इस दिन जानवर प्रतीकात्मक रूप में नहाते–खाते और नाचते–गाते हैं। पशुओं के साथ मित्रवत व्यवहार करके मनुष्य इनके प्रति अपनी कृतज्ञता को ज्ञापित करता है और इनके साथ ही पारस्परिकता बनाए रख सकने की मंगलकामना करता है। मनुष्य और जानवरों के बीच नजदीकी की उपलब्धि को लेकर एक कथा है जो संक्षेप में इस प्रकार है–

कथासार–

सृष्टि के बाद आबादी बढ़ने के साथ आदमी को अतिरिक्त अन्न की आवश्यकता होने लगी। परिणामस्वरूप वह अपने जानवरों से दिन रात काम लेने लगा। दाना–पानी का नाम नहीं, सिर्फ काम और काम। तंग आकर जानवरों ने बगावत करने की ठानी। एक दिन एक महुआ पेड़ की छाया में बैठकर उन्होंने तय किया कि इस आदमी से पिंड छुड़ाने के लिए वे वहां से निकल भागेंगे। महुआ जानवरों की इस योजना को चुपचाप देख रहा था और समय देखकर उसने सारी बात सिङबोंगा (परमेश्वर) को बता दी। महुआ की बात सुनकर सिङबोंगा को चिंता हुई। उसने मनुष्य को बुलवाया और आसन्न संकट के बारे उसे चेताया। उसने सलाह दी कि जानवरों के प्रति किए शोषण और अन्याय के लिए वह पश्चाताप करे और भरपाई के लिए तिथि निर्धारित कर उनका सम्मान करे। उनके साथ मित्रवत व्यवहार करे और भविष्य में उनकी चिंता वैसी ही करे जिस प्रकार वह अपने बारे में करता है। तदनुसार मनुष्यों को समझाने बुझाने के बाद वे मनुष्य के साथ रूकने और उसका सहयोग करने को राजी हो जाते हैं।

सोहराई पर्व इसी की स्मृति में मनाया जाता है।

पूजन विधि–

कार्तिक अमावश्या के तीन दिन पहले से ही हर संध्या को गोहार घर में एक दीया जलाया जाता है। गांव के चरवाहा लड़कों का दल गाजे–बाजे के साथ सोहराई गीत गाता हुआ पूरा गांव घूम जाता है। अमावश्या की रात की परिक्रमा कुछ विशेषता लिए होती है इस अर्थ में कि घरों के गृहस्वामी भी उस कार्यक्रम में सम्मिलित होते हैं। संभव हुआ तो गायक–वादक दल को कुछ खाने पीने को भी मिल सकता है।

दूसरे दिन घर आंगन, विशेषकर गोहार घर की सफाई, लिपाई–पुताई होती है। घर की मालकिन गोहार घर से बाहर तक चावल की घुंडी के घोल से अल्पना आंकती है। दोपहर को नहला–धुलाकर लाए गए मवेशी उस पर से होकर गोहार घर को प्रवेश करते हैं। गोहार घर में मवेशियों के प्रवेश के बाद मालकिन उनके पैरों पर पानी छिड़ककर उनका "पैर धोती" है। दोपहर के खाने में मवेशियों को घास के साथ ही भात और दाल भी होती है। खाने के बाद यथासंभव गीत–संगीत के बीच उनका तेल–सिंदूर और सिंगार–पतार होता है। उन्हें धान की बालियों से बने विभिन्न प्रकार की मालाएं और 'आभूषण' पहनाए जाते हैं। शाम को इस तरह से सजे–धजे मवेशी गांव की गलियों में निकाले जाते हैं और ढोल–नगाड़े की आवाज के बीच उनका उछलना–कूदना शुरू हो जाता है जो घंटा भर तक चालू रहता है। इसके बाद मवेशियों को फिर अपने–अपने गोहार घरों को वापस लाया जाता है।

सोहराई मंत्रपाठ

गोहार घर का देवता महुए की लकड़ी से बनी एक आकृति होता है। महुए के पेड़ की ही मध्यस्थता का परिणाम है कि मनुष्य और मवेशी का मधुर संबंध अबतक कायम है। इसी के सम्मान में महुए के पेड़ को देवत्व प्राप्त हो गया है। गृहस्वामी इस गोरेआ देवता को गोहार घर के प्रवेश द्वार के पास स्थापित करता है। गृहस्वामी द्वारा अंकित अल्पना इस देवता को छूते हुए अंदर जाती है। पूजा सामग्रियों में धूप–दीप, सिंदूर–अक्षत और मुर्गे–मुर्गी और तपान रस (हंड़िया)। घर का मालिक या शामिलात गोहार पूजा की स्थिति में गांव के पाहन की चारों ओर लोग–स्त्री–पुरूष बैठ जाते हैं और पूजा होती है।

⊙ सोबेन बोंगाको राः होपोर–पृ. 51–56	⊙ सर्वदेवता उद्‌बोधन–पृ. 51–56
⊙ गोरेआ बोंगा गोआरि–	⊙ गोरेआ देव को संबोधन–
तिसिंदो सोहराई चाण्डुः–सर्दि हुलाङ **1**	आज सोहराई का महीना, अमावश्या
एटाः लेकाते ....महीना.............दिन	दूसरे हिसाब से................ई
................राज रेआः .... जिला	................राज्य का...............जिला
........हातु ....टोला, ...ताकोआः राचारे	.............ग्राम.............टोला............के आंगन में
मोड़े हागा हातु रेन	पांच भाई गांव के

कुपुल गंगा दिसुम रेन
नेरेले जामाआकाना
नेरेले हुंडिआकाना।।

कुटुम्ब–देश के
हम यहां जमा हैं
हम यहां एकत्र हैं।।

2 सोओराई नेग मानातिं नांगेन
गोरेआ बोंगा सुसार नांगेन
इनिः लोः सातेते
इनिः लोः मिसाते।
आबुके देंगाबु उरिः–गाईको
आबुके गोड़ोमाबु केड़ा–नाउकिको
जोआर नांगेनबु दुबाकाना
गोआरि नांगेनबु जाआरूआकाना।।

सोहराई का नेग मनाने के लिए
गोहार देवता की सेवा में
उसके साथ ही
उसको मिलाकर।
हमें मदद करनेवाले गाय–बैलों को
हमारे सहयोगियों भैंस–काड़ाओं को
जोहार करने यहां बैठे हैं
गुहार करने यहां विराजे है।।

गोरेआ बोंगा गोआरि

गोहार देवता से प्रार्थना

3 दुति सोनोः लिटि–लिटि
बुरूद–बुरूद गुचु पुण्डि
मेद लारि हिचिर लेका
तिंगुआकानाएः सिरमा लेका।
कोकोः डाण्डाः जोम ती रे
चिपुदाकादाएः लेगाती दो
सेनाकादाएः कुबा–कुबा
तेबाः केदाएः मादुकाम सुबा।।

सफेद कपड़ों में
चमकती सफेद मूंछ–दाढ़ी
आंखें बादल–बिजली जैसी
खड़ा है आसमान की तरह।
बांकी छड़ी दाहिने हाथ में
मुट्ठी बंधा बांया हाथ
चलता हुआ झुका–झुका
वह पहुंचा महुआ तले।।

हाड़ाम–

बूढ़ा–

4 ने कुलुपु नुबाःरे
मादुकाम दारू सुबा रे
हायाम–हायाम आयुमोःताना
जेताए काको लेलोःताना।
चिहो आपे ओकोए ताको
कोताःआतेपे हिजुःताना
चिमिन सांगिनपे सेनोःताना

इस अंधेरी रात में
महुआ पेड़ के नीचे
हल्की आवाज सुनाई देती है
(पर) कोई दिखाई नहीं देता।
भाई, तुम कौन हो?
कहां से आते हो?
कितनी दूर जा रहे हो?

नेरे चिनाःपे चिकाताना।।

यहां क्या कर रहे हो?

5

उयुः लुतुराकादापे
रोओड़ो लाचो गेआपे
मेद मुआड़ा मुइतुंगे
दुबाकानापे गोसोआनगे।

कान गिराए हुए
होंठ सूखे हुए
चेहरा उदास
बैठे हो मुर्झाए हुए।।

बाबा एंगाको–

धान मां, मड़ुआ मां और अन्य––

6

आलेदो बाबा एंगा
आलेदो कोदे एंगा
उरिः एंगा, मेरोम एंगा
खिति आर किरसिको।
एकासि पिड़ि, तेरासि बादि
डोंएसा कुकुरा, सुतिआंबाए–कुड्डुम्बाए
सोना नागपुर दिसुमताले
हिरा नागपुर गामाए ताले।।

हम हैं धान माताएं
हम हैं मड़ुआ माताएं
गौ माताएं, बकरी माताएं
खेती और कृषि परिवार।
एकासी और तेरासि का मैदान
डोइसा–खुखरा, सुटियाम्बे–कोराम्बे
सोना नागपुर देश हमारा
हीरा नागपुर धरती हमारी।।

7

बिरतेगे दालोबाकाना
गाड़ातेगे बिउराकाना
ओते पिड़ि गुंजाल–गुंजाल
सोना रूपा ताराल ताराल।
पुराःगे सुकु रासिकागे
लांदातान जागारतानगे
कामि उदाम केदाले
दांड़ा दुताम केदाले।।

वनो से आच्छादित
नदियों से घिरा हुआ
खेत, मैदान हरे–हरे
सोना–रूपा चमकीले।
अत्यंत आनंदित
हंसते बतियाते
हम काम–उद्यम करते थे
खोज–खबर करते थे।।

8

मेनदो ने मानोआ होनको
मेनदो ने मानोआ गांड़ाको
सादाओ केद लेआको
सासाति केद लेआको।
सिंगाड़ाआते, सिमको रागाते
आङ चोलपाङ, तुर चोलपाङ

किन्तु मानव संतान ने
किन्तु मानव संतति ने
हमें दुख पहुंचाया
हमारा शोषण किया।
भोर, मुर्गा–बांग से लेकर
फिर सुबह, सूर्योदय

सामा मोचा, सामा लाइः
सिउःजान, खाराजानाको।।

खाली मुंह, खाली पेट
हल चलाया, पाटा चलाया।।

9 दाल इदि, टुकुब इदि
पादा इदि, पासका इदि
कांड़ा, जाला, सेता, पुसि
एराङ इदि, सेगेद इदि।
जेटे–जारगि, हांड़ेः तारासिङ
सुकु बानोः, जेता मुसिङ
हुडिं जीआकानाले
कुड़ाम हांदिड़िजानाले।।

मारते हुए, पीटते हुए
लतियाते, लताड़ते
अंधा–काना, कुत्ता–बिल्ली–
गरियाते हुए, बकते हुए।
गर्मी–वर्षा, दोपहर अपराह्न
सुख नहीं किसी दिन
हमारा मन छोटा हो गया है
हमारी छाती धंस गई है।।

10 नेलेकागे बाबा एंगा
ने लेकागे कोदेएंगा
खितिताला, किरसिताला
पिड़िसाः–राचादाः, हेआड़ि–पोआड़ि।
बिना आबुङ गासारते
बिना डेबेल कारकाद ते
माण्डि उतु तानाको
जोम नू तानाको।।

इस तरह धान माताएं
इस तरह मडुआ माताएं
खेती बीच, कृषि बीच
मलमूत्र, मैला–कुचैला।
बिना साफ–सफाई
बिना नहाए, मुंह धोए
पका–सिझा रहे हैं
खा–पी रहे हैं।।

11 लोयोङ, गोड़ा–पिड़िरे
कोलोम ओड़ाः–राचारे
बुरूमाकान, दुबाकानरे
थेगा उड्डुङ केदलेआको
चापाद आदेर केद लेआको।
बुल तानाको, बालुतानाको
कुलगिआ आर होन होपोनको
हागा मिसि, बोको बोया
गोपोएः तानाको, मापाःतानाको।।

खेत, टांड–मैदान में
खलिहान–घर में
लेटे हुए, बैठे हुए
लातमार निकाला
लतियाते अंदर किया
मद–मत्त, पागल
पति–पत्नी, बाल–बच्चे
भाई–बहन, बंधु–बिरादर
परस्पर लड़ रहे, झगड़ रहे।।

12 एआ गाड़ा पारोमते
आरेआ बुरू दानाङते
सेनोः गिड़िनतानाले

सात नदियों के पार
नौ पहाड़ों के पीछे
हम चले जा रहे हैं

निरआदेन तानाले।

हम भागे जा रहे हैं।।

हाड़ाम–

बूढ़ा–

13 आहो आपेआः जागार आयुमते
आहो आपेआः बाकांड़ा आयुमते
आञोगेञ हाएकाटजाना
आञोगेञ बाकुआओजाना।
काको उड्डः नामकेदा
काको टोओर नामकेदा
सारतेगेपे सादाओजाना
काते कापे गासाओजाना।।

हे भाई, तुम्हारी बात सुनकर
हे भाई, तुम्हारा बखान सुनकर
मैं भी आश्चर्य में पड़ गया
मैं भी हक्का–बक्का रह गया।
वे सोच नहीं पाए
वे समझ नहीं पाए
तुम सच ही सताए गए हो
तुम सच ही अपमानित हुए हो।।

14 हेता रूआड़ालेपे ताबु
साए रूआड़ालेपे ताबु
आपे बागेताद हातु
आपे राड़ाताद दिसुम।
सिंगिओ काएः तुरताना
चाण्डुःओ काएः मुलुःताना
होयो का सेसेनताना
दाःओ काए गामाताना।।

तुम फिर से देख लो
तुम फिर से निहार लो
अपना छोड़ा हुआ गांव
अपना त्यागा हुआ देश।
सूरज भी नहीं उग रहा
चांद भी नहीं दिख रहा
हवा नहीं चल रही
पानी नहीं बरस रहा।।

15 ओतेरेन जोतो जीउ
दारू–सिं, तासाद–रूड़ाः
लोतानाको, बालेतानाको
राःतानाको, गेराङतानाको।
जागाराकोआञ, बाकांड़ाकोआञ
सिरमा रूआड़ा, सिरमा दुलुमुलरे
रेआड़ा गासार, पारचि पेआको
काटाको आबुङ आदेरपेआ।।

पृथ्वी के सभी जीव
पेड़–पौधे, घास–फूस
जल रहे हैं, झुलस रहे हैं
रो रहे हैं, कलप रहे हैं।
मैं बात करूंगा उनसे
वर्ष की वापसी में, बछर की मोड़ पर
तुम्हें नहलाएंगे, धुलाएंगे
पैर धोकर अन्दर लाएंगे।।

16 गेलबारो बोरोन जोमको ओमापेआ
हिसिबार रोकोमको सिंगारपेआ

बारह प्रकार का खाना देंगे
बाइस किस्म का सिंगार करेंगे

चोःओपेआको, चुमानपेआको		चूमेंगे, चुमाएंगे
काटा सुबारेको जोआरपेआ।		पैरों पर झुकेंगे।।

बाबा एंगा कोदे एंगा को–		धान माताएं मडुआ माताएं–

आमाः जीरेआः दुलाड़ाते	17	तुम्हारे हृदय के प्यार से
आमाः मोचा रेआः सिबिलते		तुम्हारे मुंह के मिठास से
जी राड़ेः जाना आयुमते		मन शान्त हुआ सुनकर
लेबेः बाकांड़ा आतेनते।		कोमल वाणी गुनकर!
हिजुः रूआड़ाजानाको		वे वापस आए
बिरिद रूआड़ाजानाको		वे लौट आए
डी–डुंगुरिकेदाको		गांव–ग्राम बसाए
कामि उदाम तानाको।।		काम–उद्यम में लगे हुए।।
सा–सोमाए, सोना दाः	18	समय पर सोना–पानी
जीदान जेटे, जीदान होयो		जीवनदायक गर्मी, हवा
बुगिलेकागे नापाएगे		सुंदर, सुखद
आङनाम, तुरनामोःताना।		सुबह–प्रातः देख पाते हैं।
एनामेनते तिसिं ने सोराइ आदिं रे		इसलिए आज सोहराई की अमावस्था के दिन
गोरेआ पोंचो जापाःरे		गोहार पंच के समक्ष
बाबा होलोङ कोंडातालारे		धान की घुंडी अंकित अल्पना बीच
दिआ सेंगेल सानामाङरे।।		दीप–अग्नि के समक्ष।।
बाबा एंगा, कोदे एंगा	19	धान मां, मडुआ मां को
उरिःएंगा, मेरोम एंगा		गौ माता, बकरी माता को
खिति आर किरसि को		खेती और कृषि को
आलेआः जीदन जांगिको।		हमारे जीवन रक्षकों को।
सोना दाः, रूपा दाः ते		सोना–पानी, रूपा–पानी से
सोना दुना, रूपा दुनाते		सोना–धुवन, रूपा–धुवन से
आबुङ दारोमाकाद कोआले		हम पैर धोकर स्वागत करते हैं
कोआंसि दारोमाकाद कोआले।।		हम धुवन जलाकर स्वागत करते हैं।।

जेटे जारगि, हांड़ेः तारासिङ	20	गर्मी–वर्षा, कड़ा अपराहन
सिउः जानाले, काराजानाले		इन्हें हल में जोता, पाटा में जोता
दाल इदि केद कोआले		मारते हुए चलाया
टुकुब इदि केद कोआले।		पीटते हुए चलाया।
कांड़ा–जाला, सेता–पुसि		अंधा–काना, कुत्ता–बिल्ली
जुम्बुड़िते, जुम्बुड़िको मेनते		लोभी से लोभी कहकर
एराङइदि केदपेआले		गरियाते हुए चलाया
सिगिद इदि केदपेआले।।		सताते हुए चलाया।।
एना आलोपे हुड़िं जीओःआ	21	उससे तुम मन छोटा न करना
एना आलोपे हांड़ा जीओःआ		उससे तुम रूठा न करना
रासिका जीगे ताबु ताइनपे		तुम प्रसन्न मन से रहना
नेआगे आले गोआरिजादपेआ।		हम इसी की गुहार करते हैं।
आपेआः काटा सुबारे		तुम्हारे पैरों पर
उयुःआकानाले, तिरूबाकादाले		गिरे हैं, झुके हैं
आलोपे कोटागिड़िलेआ		हमें झाड़कर न फेंकना
आलोपे पासकागिड़िलेआ।।		हमें लताड़कर न फेंकना।।
लेम्बेर–लेम्बेर केचाः मोचाते	22	हमारे बिगड़े मुंह से
लांगाड़ा काटा, लुंका ती ते		टूटे पैर, लूले हाथ से
कामि ओंड़ा जानाःको		बिगड़े कामों से
कामि तांड़ा जानाःको		छूटे कर्मों का
साआतिङ केआतेगे		सहते हुए
मानातिङ केआतेगे		मानते हुए
कामिआबु, उदामाबु		हम काम–उद्यम करेंगे
जोपोगाओआबु, जोपोतोनाबु।।		परस्पर सम्पोषण करेंगे।।
आपेतेगे उम्बुलाकाना	23	तुम्ही ने छाया दी है
आपेतेगे चोतोराकाना		तुम्ही ने छतरी दी है
जीदानरेआः सेनहोरा		हमारा जीवन मार्ग
आपेतेगे गोड़ोआकाना।।		तुम्हीं से टिका है।।
जोआर ! जोआर ! जोआर !		जोहार! जोहार! जोहार!

सिमदांड़ें–

मुर्गे की बलि–

24 एला तोबे तिसिं दो
आङचोलपाङ, तुर चोलपाङ
बालेः सिंगि तुरतानरे
सामा मोचा, सामालाइः।
ने–गोरेआ सुबारे
दिआ सेंगेल सामाङरे
काटुः पुंडुःरे सोनादाः
दोआकाना, दोड़ोमाकाना।।

आओ, हे देवताओ, आज
सुबह, प्रातःकाल
बाल सूर्य के उगने के समय
खाली मुंह, भूखे पेट।
गोहारदेव चरणतले
अग्नि–दीप के समक्ष
सुन्दर दोने में सोनापानी
रखा हुआ, अर्पित हुआ।।

25 ती–काटा आबुङकोःपे
मोचा डाटा हुतुमकोःपे
मोयोद गाण्डु, मोयोद चाल्पाःरे
दुबकोःपे, जाआरूकोःपे।
तीरेती सांगोमकेआते
काटा सुबा तिरुबकेआते
जोआरतानाञ, गोआरितानाञ
तेलाःलेपे, आतेनलेपे।।

हाथ पैर धो लो
मुंह आचमन कर लो
एक पीढे, एक कुंदे पर
बैठ लो, बतिया लो।
हाथ में हाथ जोड़े
तुम्हारे चरणों पर झुके हुए
हम तुम्हें जोहार करते हैं
स्वीकार करो, ग्रहण करो।।

26 सिङबोंगा, ओतेएंगा
बुरू बोंगा, इकिर बोंगा
बा एंगा, बुनुम एंगा
नागेएरा, बिंदिएरा।

परमेश्वर, धरती माता
पहाड़ी देव, दह देव
जाहेर की मां, टीले की मां
नाग देवी, बिंदि देवी।

(नेताःरे आपान सिमानरे
बुरू,इकिर,बोंगाको राः जामाओका।)

(यहां अपनी सीमा के
पहाड़ी और दह देवों को सम्बोधित किए जाएं)

बेरेल मायोम बेरेल जिलु
जोमतान, नूतान को
पिंचिआकानिः, गोदोराकानिः
ईमाकानिः, इतिलाकानिः।।

कच्चा खून, कच्चा मांस
खाने वाले, पीने वाले
सुंदर पंखों वाला
कलेजा वाला, चर्बीवाला।।

27 गोंडां बोंगा, गोंड़ा हांकार

गोहार देव, गोहार रक्षक

गाइ गोरेआ, भंइसि गोरेआ
बिरबोंगा, बिर माआरा
तोरो कोड़ा, चोंड़ेआ कोड़ा।
बिआन बोयोन, आराः सांडि
बोंगाआपे तानाञ, दांड़ेंआपे तानाञ
सेके–सेके जोरोतान मायोम
रोलो–रोलो लिंगितान किरूम।।

गौर रक्षक, भैंस रक्षक
वन देवता, वन रक्षक
तोरो छोरा, चरवाहा छोरा।
छरहरा लाल मुर्गा
बलि देते हैं, दान देते हैं
सनसनाकर झरता रक्त
टपटपाकर बहता खून।।

तीते आंजिलिकेते **28**
सार चुटिते, कापि चुटिते
तेलाः कोटोङ लेपे ताबु
आताङ कोटोङ लेपे ताबु।
इचाः पिचाः हापाटिङेपे
जोमलेपे, नू लेपे
सा लेपे, सातेआ लेपे
जाओगे देंगा ओमालेपे।।

हाथ से, अंजलि से
तीर की नोक से, फरसे की नोक से
इसे स्वीकार करो
इसे ग्रहण करो
हिस्सा कर बांट लो
खा लो, पी लो
सुसमय दो, सत्यापित करो
सदा सहयोग दो।।

जोआर! जोआर! जोआर!

जोहार! जोहार! जोहार!

लाद आर तापान दोड़ोम–

रोटी और तपान अर्पण–

गूड़ लाद, गोतोम लाद **29**
दो जादाले, दोड़ोम जादाले
पिताल पुड्ः, रांगा चारिःरे
तापान बाआंडा आंड़ेः इलि।
जोरोते, टिपाःते
हिरचिते, तिरपिते
इचाः–पिचाः जोमलेपे
तिल–हाटिङ नू लेपे।।

गुड़–रोटी, घी–रोटी
रखते हैं, देते हैं
पीतल–दोना, रंगीन दोने में
तपान हाड़ी, उड़ीली–इलि
चुलाकर, टपकाकर
छिटकाकर, झिमकाकर
बांटकर खा लो
मिलकर पी लो।।

नुतुम का टोः जानको **30**
राः का तेबाः जानको
जाओगे मोदरे दुबतानको

नाम छूटे हुओं को
बुला नहीं पाए उन को
बुला कर साथ बैठते हैं

जानाओगे मोदरे जाआरूतानको।
सिंगि तुरोः, सिंगि आयुब
काटा जाम्बाड़ा, बोओः कुन्दुड़ि
सिमान आतोम सोबेन मुलिः
आपेओले गोआरिजाद पेआ।।

सदा साथ बतियाते हैं।
पूरब, पच्छिम
उत्तर, दक्खिन
सीमा के किनारे, सभी ओर के
हम तुम्हें भी गुहार करते हैं।

31 ओते लेआलाइ, सिरमा जुपुजुपु
नाङ–नाङ जुगु–जुगुआते
सिउः हाड़ा, दिउरि गाइ
उरिः एंगा, मेरोम एंगा।
गुपि तानापे, पारचरा तानापे
जाओगे जानाओ, बुगिनो नापाएगे
सुतुः उड्डुङ केदकोआपे
गोंगोर आदेर केदकोआपे।।

धरती जब गीली थी, आसमान झुका हुआ
चिरकाल से, युगों से
हल बैल, दुधारू गाय
गौ माता, बकरी माता को।
तुम चराते हो, ओगरते हो
सदा ही, हमेशा, अच्छी तरह, भली तरह
तुमने चरवाही की
तुमने रखवाली की।।

32 एनकागे ताबु जाओगे जानाओगे
सिरमा रूआड़ा, सिरमा डुगुमुगु
जेटेतानरे, जारगितानरे
राबाङ तानरे, रेआड़ातानरे।
सुतुः उड्डुङकोपे
गोंगोर आदेर कोपे
बेरेल दाः, बेरेल तासाद
जोमतानरे, नू तान रे।।

इसी तरह रोज की तरह
पूरा वर्ष, पूरा वत्सर
धूप में, गर्मी में
जाड़े में, ठंड में
तुम इन्हें ले चलो
तुम इन्हें ले आओ
नया पानी, नई घास
खाते समय, पीते समय।।

33 दिः–देओ बानोगोःका
आड़िरे, पिड़िरे, गोड़ारे, बेड़ारे
बिररे, बुरूरे, चोरादरे, टोनाङरे
आतिङतानरे, गुपिनतानरे।
हुआङ चोगा बानोगोःका
तोद हाड़ाः बानोगोःका
कुला चांकि बानोगोःका
बिं सोदोर बानोगोःका।।

अटकना, सुरकना न रहे
खेत में, मैदान में गोड़ा में, घाटी में
वन में, पहाड़ पर, पतरा में, टोंगरी में
चरते हुए, चुगते हुए
गड्ढा–खोंच न रहे
ठेस–बंधन न रहे
बाघ का आक्रमण न रहे
सांप का दंश न रहे।।

34 आदजान, आड़ाःजानरे

खो जाने, गुम जाने पर

बागेजान, पोचोजानरे
दारू सुबा, सिंसुबा
आङनाम, तुरनामोःकाको।
आड़िरे, बुनुमरे
टापा इनुङ काको
गुसा इनुङकाको
हारसांडाकाको।।

छूट जाने, बिछुड़ जाने पर
पेड़ के नीचे, वृक्ष के नीचे
वे सुबह को दिखें, प्रातः को दिखे।
मेड़ पर, टीले पर
वे खेलते हुए मिलें
वे कूदते हुए मिलें
वे उछलते हुए मिलें।।

डूरलेका, गेरेआ लेका 35
सिमलेका, सुकुरिलेका
पुतु–पुतु, गुदु–गुदु
पोआओःकाको पोसाओकाको।
ए हिसि आरांड़ा
आरे हिसि मारांड़ां
तिंगुआकान ताइआकानको
तुरूबाकान ताइनका।।

तीतर की तरह, गोरैआ की तरह
कुक्कुट की तरह, सूकर की तरह
असंख्य, अनगिनत
ये बढ़ें, विकसित हों।
सात कोरी जुए
नौ कोरी बहंगे
खड़े–खड़े बने रहें
तैयार, बने रहें।।

जोआर! जोआर! जोआर!

जोहार! जोहार! जोहार!

सुटाम दोड़ोम–

शिरांश अर्पण–

सिङबोंगा, ओतेएंगा 36
बुरूबोंगा, इकिरबोंगा
चांडी एरा, नागेएरा
गोंड़ां हांकार, गोंड़ा बोंगा।

परमेश्वर, धरती माता
पहाड़ी देवता, दह देवता
चंडी देवी, नाग देवी
गोहार हांकार, गोहार देव।

(नेताः रे आपानाः बुरू, इकिर बोंगाको रागोःका)

(यहां अपने पहाड़ी एवं दह देवताओं को सम्बोधित करें।)

गाइगोरेआ, भंइसि गोरेआ 37
बिरबोंगा, बिर माआरा
उरिः गुपि तोरोकोड़ा
मेरोम पासार चोंड़ेआकोड़ा।।

गौ–रक्षक देव, भैंस–रक्षक देव
वन–देव, वन–रक्षक
मवेशी–रक्षक, तोरो छोरा
बकरी–पालक चरवाहा छोरा।।

38 ने गोरेआ साकि रे
दिआ सेंगेल सामाङरे
बोओः सुटाम बितार सालाम
दोआपे, दोड़ोमापे तानाञ।
कागेआ ने मानोआ होनको
माराङलेकान आराःसांडी
बोंगाआद बुआको, दोड़ोमाद बुआको
बोओः सुटाम, बितार सालाम।।

गोहार देव की साक्षी में
अग्नि–दीप के समक्ष
शिरांश, अंतरांश
हम रखते हैं, अर्पित करते है।
''नहीं, भाई, मानव संतान ने
एक बड़ा–स मुर्गा
बलि में दिया, दान में दिया
किन्तु शिरांश, अंतरांश।।

39 कायाको ओमादबुआ
कायाको तिलादबुआ
आबुदो बोओः बारि होनाङ
होड़ोमोदो आकोगे होनाङ।
मेनते आलोपे कुलिलेआ
मेनते आलोपे जागारलेआ
आपे सिदाले ओमापेताना
आलेदोले तायोमेनताना।।

हमें खाने को नहीं दिया
बांट कर नहीं दिया
हमें तो सिर्फ सिर चाहिए
शरीर उनके लिए।
इस तरह तुम न कहना
इस तरह हमें ना बोलना
तुम्हें ही पहले देते हैं
खुद को पीछे करते हैं।।

40 जोमतान, नूतानरे
लाइः हासु, बोओः हासु
रूआ–राबाङ, उला–झाड़ा
दिः बानोः, देओ बानोगोःका।
बुरूपिड़ि, आकाड़ा ताला
साएमेद, कोरसेल मेद
हागा बितार, कुपुल कुटुं रे
रे–राड़ा आलोका ताइन।।

खाते समय, पीते समय
पेट दर्द, सिर दर्द
बीमारी–ठंडे, कै–दस्त
हिचकी न हो, सरकी न हो।
मेला–मैदान, अखरा–बीच
बुरी नजर, कुटिल दृष्टि
बिरादरी में, कुटंब बीच
रे–राड़, अपशब्द न रहे।।

41 बुगिनगे, नापाएगे
जोम–नू पाचाओएकाले
लांदातान, जागारतान
आङनामोः, तुरनामोःकाले।

अच्छा ही, सहज ही
हम खा–पचा सकें
हंसते हुए, बतियाते हुए
हम सुबह–प्रातः देख सकें।।

जोआर ! जोआर ! जोआर !

जोहार! जोहार! जोहार

आदिं रे तापान दोड़ोम–

लुटकुम हाड़ाम, लुटकुम बुड़िआ 42
रीसा मुण्डा, मादरा मुण्डा
तिसिंदो ने आदिङ रे
ने बोगोंगा कोचारे

(नेताः रे ओड़ाःरेन हातुरेन हाड़ाम–
बुड़िआको रागोःका)

आपेताबु दिसुम सायारकेनको 43
आपेताबु सिमान तोलकेनको
आपेताबु हातु बाइकेनको
ओड़ाः दुआर तिंगुकेनको।।

डुबालेकान काटुः पुडुःरे 44
सोना दाः, रूपा दाः
दोआकाना, दोड़ोमाकाना
ती–काटा आबुङकोःपे।
मोचा–डाटा हुतुम कोःपे
ने बोओंगा कोचा रे
दिआ सेंगेल सामाङरे
दुबकोःपे, जाआरूकोःपे।।

सामा मोचा, सामा लाइः 45
जोआर तानाञ, गोआरितानाञ
जोआरताञ तेलालेपे
गोआरिताञ आयुमलेपे।
सिरमा जुपुजुपु, ओते लेआलाइ
जुगु–जुगु पारिआरे
उरिः एंगा, मेरोम एंगा
बाबा एंगा, कोदे एंगा।।

हांड़ाजान सोमाएरे 46
हुड़िंजीजान दिपिलिरे

घर के अंदर तपान अर्पण–

लुटकुम बूढ़ा, लुटकुम बुढ़िया
रीसा मुण्डा, मादरा मुण्डा
आज इस आदिं में
इस देव स्थल में।

(यहां घर के, गांव के पूर्वजों–
पुर्खों को संबोधित किया जाए।)

तुम देश चलाने वाले
तुम सीमा बांधने वाले
तुम गांव बसाने वाले
घर–द्वार खड़ा करने वाले।।

डुभा जैसे सुंदर दोने में
सोना–पानी, रूपा–पानी
पानी रखा है, अर्पित है
तुम हाथ–पैर धो लो
मुंह–दांत आचमन कर लो
इस देव स्थल पर
अग्नि–दीप के समक्ष
तुम बैठ लो, बतिया लो।।

खाली मुंह, भूखे पेट
हम जोहार करते हैं, गुहार करते हैं
हमारा गोहार स्वीकार करो
हमारी गुहार सुन लो।
झुका आसमान, गीली धरती
युगों पहले
गौ माता, बकरी माता
धान मां, मडुआ मां।।

इनके रूठ जाने पर
मन छोटा हो जाने पर

ने सोमोएरे, ने सार्दिरे
निर गिड़िन तानरे।
सिङबोंगा ताबुदाङ
हाड़ाम होड़ो ताबुदाङ
मादुकाम दारू साकि सानामाङ
जागार–बाकांड़ा लेदपेआ।।

इसी समय, इसी अमावश्या को
जब वे भाग रहे थे।
परमेश्वर ने ही
तुम्हारे पुरखे ने ही
महुआ वृक्ष की साक्षी में
तुम्हें समझाया था।

47 रूआड़ा सिरमा दिन नेंडारे
डेबेल गासार पेआको
आबुङ आदेरपेआको
चोः पेआको, चुमाड़ापेआको।
काटा सुबारेको जोआरपेआ
आपेगे एंगा, आपेगे आपु
मोनेमोनेगेको गोआरिपेआ
मेनतेः जागार बाइकेदकोआ।।

आगामी वर्ष नियत दिन को
वे तुम्हें नहलाएंगे–धुलाएंगे
पैर धोकर अन्दर लाएंगे
चुमेंगे, चुमावन करके।
चरणों पर जोहार करेंगे
तुम्ही माता, तुम्ही पिता
इस तरह मन में मनाएंगे''
इस तरह उसने तुम्हें समझाया।।

48 एनातेको रूआड़ाजाना
ताइनतानाको, थाम्बाओताना
कामितानाको, उदामतानाको
जी राड़ेःगे ताइनतानाको
एना मेनते तिसिंदो
ने सोराइ सादिरे
उरिः एंगा, मेरोम एंगा
बाबा एंगा, कोदे एंगा।।

तभी वे वापस आए
ये ठहरे हैं, टिके हैं
काम करते हैं, उद्यम करते हैं
शान्ति से रहते हैं।
इसीलिए आज
सोहराई की अमावश्या को
गौमाता, बकरी माता
धान मां, महुआ मां।।

49 डेबेल–गासार केदकोआले
आबुङ आदेरकेदकोआले
चोःकेदकोआले
चुमाड़ाकेदकोआले
बारो बोरोन जोम–नू
सोलो रोकोम साम्पोड़ा
दुना सिंदुरि, बाबा बा
ओमाकाद कोआले, चेदादकोआले।।

नहला–धुलाकर आए हैं
पैर धोकर लाए हैं
उन्हें चुम्मा दिया
अंश चुमावन दिया।
बारह प्रकार का खान–पान
सोलह तरह का सिंगार
धुवन, सिंदूर, धान मौलि
इन्हें दिया, अर्जित किया।।

50

सुकुतेको सुसुनताना
रासिकातेको दांसिनताना
दिरेन तानाको, दोमोङेनताना
टेबेनतानाको, चोलाङेनताना।
आबुआः होनको गांड़ांको
चानाःको नेएगताना
काको जागारादबुआ
काको ओमाद बुआ।।

खुशी से नाच रहे हैं
आनंद से डेग रहे हैं
चमक है, दमक रहे हैं
थिरक रहे हैं, उछल रहे हैं।
"हमारी संतान, हमारे बच्चे
कौन–सा नेग कर रहे हैं
हमें पूछा तक नहीं
कुछ दिया नहीं।।

51

आपे नांगेन उतु–मांडि
आपे नांगेन तापान इलि
दो जादाले, दोड़ोमजादाले
जोमलेपे, नूर लेपेताबु।
आले जोमतान, नूतान रे
दिः बानोः देओ बानोगोः का
लाइः हासु बानोगोःका
बोओः हासु बानोगोःका।।

तुम्हारे लिए भात–दाल
तुम्हारे लिए तपान इलि
रख रहे हैं अर्पण कर रहे
उसे खा लो, पी लो।
हमारे खाते–पीते समय
हिचकी न हो, सरकी न हो
पेट दर्द न हो
सिर दर्द न हो।।

52

उला–झाड़ा बानोगोः का
रूआ–राबाङ बानोगोः का
बुगिनले जोम पाचाओएका
नापाएले नू पाचाओएका
लान्दातान, जागारतानगे
आङ नामोःकाले, तुरनामोः काले।।

कै–दस्त न हो,
जाड़ा–बीमारी न हो
हम अच्छी तरह खा–पचा सकें
अच्छी तरह पी–पचा सकें
हंसते हुए, बतियाते हुए
हम सुबह प्रातः देख सकें।।

जोआर! जोआर! जोआर!

जोहार! जोहार! जोहार!

53

चेतान टोला हागारेनको
लातार टोला किलिरेनको
पाउनिको, परजाको
सिमान आतोम कुपुलरेनको।
आपेओले गोआरिजादपेआ
आपेओले जोआरजादपेआ

ऊपर टोला के बंधु–देवो
नीचे टोला के गोतिया देवताओ
आश्रितों के, प्रजाओं के देवताओ
सीमा के, मेहमानो के देवताओ।
सबको हम जोहार करते हैं
सबको गुहार करते हैं

एला नेरे जुड़ि–जुड़ि
एला नेरे पान्ति–पान्ति।।

आओ यहां संगति में
विराजो यहां पंक्ति में।।

54

ने पापाड़ा गाण्डुरे
ने जिंतु पाटिरे
दुबकोःपे, जारूकोःपे
जोमलेपे, नूलेपे।
''आको दोको पुराःजाना
आबुदोबु हुड़िंजाना
मेनते आलोबु काजीका
मेनते आलोबु ओनमानेका।।

इस पापाड़ा–पीढ़े पर
इस जिंतु–पटिया पर
बैठ लो, बतिया लो
खा लो, पी लो।
''उन्होंने अधिक लिया
हमें कम ही दिया''
इस तह हम न कहें
इस तरह हम न सोचें।।

55

तुड़ुंसिदाः दाः लेकागे
जोरोते, टिपाःते
हिरचिते, तिरपिते
सोबेनगेबु टोगोःका।
जेएबु नामकेदाःगे
जेएबु टोः जानाः रेगे
जोगाओ तालेआबु मानातिंरे
काने–काने काटा सुबा।।

तुलसी–पानी की तरह
टिपकाकर–चुलाकर
झिमकाकर–छिड़काकर
हम सभी भागी बने।
जो मिला उसी को
जो पाया उसी को
मानकर हमें स्वीकारो
रखो अपने चरणों पर।।

जोआर ! जोआर ! जोआर !

जोहार! जोहार! जोहार!

सोओराई दुराङको

सोहराई गीत

1

दांड़ा–दांड़ातेले हिजुः
कुलि–कुलि तेले सेटेर
चिमिन रेआ गोरेआ दुआर ?
आहिरा हो
चिमिन रेआ गोंडा रे दुआर।।

खोजते हुए हम आ रहे हैं
पूछते हुए हम पहुंच रहे हैं
गोरेया मां का घर कितनी दूर है?
अहिरा हो,
कितनी दूर है गोहार घर ?

गोरेआ दुआर रेआः
तुड़ुसि चाउरा हो

गोरेया के दरवाजे पर है
तुलसी का चबूतरा

दिआ बाती गोंड़ा सानामाङ	गोहार घर के दरवाजे पर दीया–बाती।
आहिरा हो,	आहिरा हो
दिआ बाती गोंड़ा सानामाङ।।	गोहार घर के दरवाजे पर दीया–बाती।।
गोआरि गा गोरेआ	हे गोरेया मां
जोआर गा लछमी	हमारी गुहार स्वीकारो
आमाः होनको आले जोआरामतान	हम तुम्हारे बच्चे, तुम्हें जोहार करते हैं
आहिरा हो,	अहिरा हे,
आमाः गांड़ाको आले जोआरामतान।।	हम तुम्हारी संतान तुम्हें जोहार करते हैं।

2

डिगिमिगि–डिगिमिगि	डिगिमिगि–डिगिमिगि
बाजांड़ा हो साड़िआ	वाद्य बजते हैं
ओकोए नांगेन बाजांड़ा साड़िआ?	किसके लिए वाद्य बजते हैं?
आहिरा हो,	अहिरा हे
चिमाए नांगेन कारताल साड़िआ??	किसके लिए वाद्य बजते हैं?
गेलबार चांडुः रे	बारह महीने में
गोरेआको सेबाइआ	गोरेया मां की सेवा में
इनिः नांगेन बाजांड़ा साड़िआ।	उनके लिए ही वाद्य बजते हैं।
आहिरा हो,	अहिरा हे
इनिः नांगेन कारताल साड़िआ।।	उनके लिए ही वाद्य बजते हैं।।
सिंगि आयुब जागोआर	दिन–रात का जागरण
बालेः सिंगि गोआरि	सुबह को नमन
तारा सिंगि बान्दाना सुसुन	दोपहर के बाद बांधना नाच।
आहिरा हो,	अहिरा हे
तारा सिंगि बान्दाना सुसुन।।	दोपहर के बाद बांधना नाच।।

3

गंगारेम रेआड़ाकेन	तुम गंगा में नहाए
जमुनारेम ओयारेकेन	तुम जमुना में तैरे
देलाञ सुनुम लेमा दिरिं किन	आओ तुम्हारे सींगों पर तेल लगा दूं।

आहिरा हो,	अहिरा हे,
देलाञ सुनुम लेमा तारानकिन।।	आओ तुम्हारे कंधों पर तेल लगा दूं।।
ओको दिरिं रेहोम आगुइ	तुम किस सींग पर लोगे?
सुनुम–सिंदुरि हो	तेल और सिंदूर
ओको दिरिं रेहो बा माला	किस सींग पर लोगे, फूलों की माला?
आहिरा हो	अहिरा हे,
ओको दिरिं रेहो बा माला।।	किस सींग पर लोगे , फूलों की माला??
सोना दिरिं रेहोम आगुइ	सोने के सींग पर लोगे
सुनुम–सिंदुरि हो	तेल और सिंदूर
रूपा दिरिं रेहो बा माला	रूपे के सींग पर फूलों की माला।
आहिरा हो	आहिरा हे,
रूपा दिरिं रेहो बा माला।।	रूपे के सींग पर फूलों की माला।।
इसु पुराः आलोम दाउड़ि	तुम अधिक न दौड़ना
इसु पुराः आलोम निर	तुम अधिक न भागना
उयुगोःआ तामाः हो सिंगार	तुम्हारा सिंगार गिर जाएगा।
आहिरा हो	अहिरा हे,
उरूड्डआ तामाः हो पातार।।	तुम्हारा पतार झड़ जाएगा।।

4

आम नागेन गे चुइहोन	तुम्हारे लिए ही, हे बछड़े
सुनुम–सिंदुरि हो	तेल और सिंदूर
आम नागेन गे हो बा माला	तुम्हारे लिए ही फूल माला।
आहिरा हे,	अहिरा हे,
आम नागेनगे हो बा माला।।	तुम्हारे लिए ही फूल माला।।
आम नागेन गे हो चुइहोन	तुम्हारे लिए ही, हे बछड़ा
दिसुम आखाड़ा हो	नाच का अखड़ा
आम नागेन गे हो बाजांड़ा	तुम्हारे लिए ही गाना–बजाना।
अहिरा हो	अहिरा हे,
आम नागेन गे हो करताल।।	तुम्हारे लिए ही करताल।।
आम नागेन गे हो चुइहोन	तुम्हारे लिए ही , हे बछड़े

उतु हो राम्बाड़ा
आम नांगेन गे हो दुलाड़ा
अहिरा हो,
आम नांगेन गे हो सुगाड़ा।।

उरद की दाल
तुम्हारे लिए ही हमारा प्यार।
अहिरा हे
तुम्हारे लिए ही सिंगार।।

5

दासाञ चाण्डुः चानाबारे
सोओराई चाण्डुः तेनेबाःरे
ओड़ेआ कोबु कुलाको जागार।
आहिरा हो
ओड़ेआ कोबु कुलाको जागार।।

दशहरा महीने के अन्त में
सोहराई महीने के पहुंचने पर
हम टोकरी वालों को बात भेजेंगे।
अहिरा हो
हम टोकरी वालों को बात भेजेंगे।।

बाइआलेपे हागा को
बोंगा दाउड़ाः हो
चुमाड़ाते हाड़ा–गाइ–चुइहोनको।
आहिरा हो
चुमाड़ाते हाड़ा–गाइ–चुइहोनको।।

हे भाइयो, हमारे लिए बना देना
पूजा करने को दउरा
बैल–गाय–बछड़ों के चुमावन के लिए।
अहिरा हे
बैल–गाय–बछड़ों के चुमावन के लिए।

दासाञ चाण्डुः चानाबारे
सोओराई चाण्डुः तेनेबाः रे
कुम्बार होनकोबु कुलाको जागार।
आहिरा हो
कुम्बार होनको कुलाको जागार।।

दशहरा महीने के अन्त में
सोहराई महीने के पहुंचने पर
हम कुम्हारों को बात भेजेंगे।
अहिरा हो
हम कुम्हारों को बात भेजेंगे।।

बाइआलेपे हागाको हो
दिरिका टाटी हो
चुमाड़ाते गोरेआ एंगा।
आहिरा हो
चुमाड़ाते गोरेआ एंगा।।

भाइयो, हमारे लिए बना देना
दिरखा और टाटी
गोरेआ मां के चुमावन के लिए।
अहिरा हे
गोरेआ मां के चुमावन के लिए।।

दासाञ चाण्डुः चानाबरे
सोओराई चाण्डुः तेनेबाःरे
तिलि होनकोबु कुलाको जागार।
आहिरा हो

दशहरा महीने के अन्त में
सोहराई महीने के पहुंचने पर
हम तेलियों को बात भेजेंगे।
अहिरा हो

तिलि होनकोबु कुलाको जागार।।	हम तेलियों को बात भेजेंगे।।

लेनालेपे हागा को	भाइयो, हमारे लिए पेर देना
मानि सुनुम, राई सुनुम	सरसों और राई का तेल
सुगाड़ाते हाड़ा–गाइ–चुइहोनको	बैल–गाय–बछड़ों के सिंगार के लिए।
आहिरा हो	अहिरा हे
सुगाड़ाते हाड़ा–गाइ–चुइहोनको।।	बैल–गाय–बछड़ों के सिंगार के लिए।।

6

ओकोए गे रेआड़ाकेना	कौन नहाया
चिमाएगे ओयार केना	कौन तैरा
गंगा दो पोण्डेआकाना।	गंगा का पानी गंदला गया है।
आहिरा हो	अहिरा हे
जमुना दो माएलाकाना।।	यमुना का पानी मएला गया है।।

गाइ होनको रेआड़ाकेन	गाएं नहाई थी
चुइहोनको ओयारकेन	बछड़े तैरे थे
गंगा दो पोण्डेआकाना।	गंगा का पानी गंदला गया है।
आहिरा हो	अहिरा हे
जमुना दो पोण्डेआकाना।।	यमुना का पानी मएला गया है।।

दिरिं तेको हेलोकेदा	उन्होंने सींगों से हेलकाया
काटातेको रूकुकेदा	उन्होंने पैरों से हिलाया
गंगा दो पोण्डेआकाना।	गंगा का पानी गंदला गया है।
आहिरा हो	अहिरा हे
जमुना दो माएलाआकाना।।	यमुना का पानी मएला गया है।।

7

उरिः गुपि बुगिना चि	बैल चराना अच्छा है या
मेरोम गुपि बुगिना हो	बकरी चराना अच्छा है
मादुकाम पिड़ि तेको निरेगेआ।	वे महुए के मैदान की ओर भागते हं।
अहिरा हो	अहिरा हे
साराजोम बेड़ा तेको दाउड़ि गेआ।।	वे सखुए की सपाट की ओर दौड़ते हैं।।

मादुकाम पिड़ि तेको निरे
सारजोम बादि तेको दाउड़ि
मादुकाम होरो कुड़ि एराङताना।
अहिरा हो
सारजोम जांगि कोड़ा सेगेदताना।।

वे महुए की मैदान की ओर भागते हैं
वे सखुए की सपाट की ओर दौड़ते हैं
वहां महुआ ओगरनेवाली गाली दे रही है।
अहिरा हे
वहां सखुआ ओगरने वाला झगड़ा करता है।।

होरो कुड़ि एराङताना
जांगि कोड़ा सेगेदताना
जाति पातिते होएः एराङताना।
अहिरा हो
किलि मिलि तेहोए सेगेदताना।।

महुआ ओगरनेवाली औरत गाली देती है
सखुआ ओगरनेवाला झगड़ा करता है
वह जात–पात की गाली देता है।
अहिरा हे
वह किलि–गोत्र की गाली देता है।।

8

आपे नांगेन गेहो तोआ
आपे नांगेन गेहो ताबेन
आपे नांगेन गेहो इलि–मांडि।
अहिरा हो
आपे नांगेन गेहो लेटे मांडि।।

तुम्हारे लिए ही दूध
तुम्हारे लिए ही चिउड़ा
तुम्हारे लिए ही मदिरा–भात।
अहिरा हे
तुम्हारे लिए ही मदिरा–भात।।

आपे नांगेन गुड़–गोतोम
आपे नांगे दुलाड़–सेतोम
आपे नांगेन गेहो चाटु–लुण्डिः।
अहिरा हो
आपे नांगेन गेहो चाटु–लुण्डिः।।

तुम्हारे लिए ही गुड़ और घी
तुम्हारे लिए ही प्यार का उमड़ना
तुम्हाने लिए ही हांडी–कलछुल।
अहिरा हे
तुम्हारे लिए ही हांडी–कलछुल।।

आपे नांगेन सिंदुरि–सुनुम
आपे नांगेन बा–माला
आपे नांगेन गे सुसुन आकाड़ा।
अहिरा हो
आपे नांगेनगे सुसुन आकाड़ा।।

तुम्हरे लिए ही सिंदूर–तेल
तुम्हारे लिए ही फूल की माला
तुम्हारे लिए ही नाच अखड़ा।
अहिरा हे
तुम्हारे लिए ही नाच अखड़ा।।

10. एन पुना/प्रथम मिसाई
अनुष्ठान एवं मंत्रपाठ

एन पुना/प्रथम मिसाई

अगहन महीने के आते–आते खेतों में धान पकते ही लोग खलिहान छीलते हैं और उसपर बबूल कांटे की डाल पत्थर से दबा देते हैं जो यह संकेत देता है कि यह एक पवित्र स्थान है यहां मलमूत्र और जूठन त्यागना मना है। खलिहान को गोबर से लीपने के बाद खेतों से काटे हुए धान के बीड़ों को उसके किनारे–किनारे सहेजते हैं। बीच की जगह दौंरी लगाने और मवेशियों द्वारा मीसने के लिए छोड़ी जाती है। एक नियत दिन को मिसाई आरंभ करने का अनुष्ठान किया जाता है। यह सुनिश्चित करने के लिए कि मीसे हुए धान के बीज पूरे आएं। इसके लिए यह अत्यंत आवश्यक है कि इस काम के सहयोगी रहे देवी–देवताओं का आशीर्वाद प्राप्त हो। उन अन्न संरक्षक देवी–देवताओं को अनुनय–विनय कर जोहार–नमस्कार करना और कृतज्ञता ज्ञापन करना ही इस अनुष्ठान का मुख्य उद्‌देश्य हैं।

तैयारी–

अनुष्ठान के दिन भोर को (मुर्गे के बांग देने के पहले ही, किसी दूसरे व्यक्ति द्वारा पानी व्यवहृत किए जाने के पहले ही) प्रमुख आराधक (सामन्यतया गृहस्वामी) पानी लाता है और खलिहान में रखता है। सुबह नहा–धोकर वह पूजा की सामग्रियां सहेजता है।

सामग्रियां–

पानी, तुलसी की पत्तियां, दीया, आग, सिंदूर, नया धागा, गुलांची के फूल, तपान इलि, दोने और बलि देने को सफेद, लाल और मिश्रित रंगों के मुर्गे या उसके प्रतीक के रूप में तीन अण्डे।

पूजन विधि–

पुजारी तुलसी पानी से धान के बीड़ों सहित सारे खलिहान को छिड़कता है। पूजा स्थान पर धान का बीड़ा खड़ा करता है और उसके सामने पूजा की सारी सामग्रियों को रखता है। धागे से लोटे और बीड़ों को जोड़ता है। दीया प्रज्वलित करता है। धूप जलाता है। दोने में पानी उड़ेलता है। पानी से खुद को छिड़ककर 'मुर्गों' को छिड़कता है। जमीन पर सिंदूर के तीन टीके लगाता है। गुलांची के फूल धान के बीड़ों पर रखता है। एक फूल अपने दाहिने कान पर खोंसता है। सिंदूर के टीकों के सामने अक्षत के दाने रखता है। उनपर मुर्गों को चराता है और उनकी बलि देता है। उसके बाद दोने में तपान इलि उड़ेलकर प्रार्थना करता है:

⊙ सोबेन बोंगा को राः होयोर–पृ. 51–56

⊙ ने सोमाए रेआः नेएग लेकाते बोंगा–

⊙ सर्वदेवता उद्‌बोधन–पृ. 51–56

⊙ आसन्न अवसर को लक्षित कर विशेष संबोधन–

सिरमारेन सिङबोंगा ओतेरेन ओतेएंगा तोआ लेका तुरोःकिन दही लेका हासुरोःकिन। आबेनगे मुनुरेनकिन आबेनगे टुण्डुरेनकिन जुगू–जुगू जीदाकानकिन जानाओ–जानाओ ताइनाकानकिन।।	1	आकाश के परमेश्वर पृथ्वी के धरती मां दूध–से उगने वाले दही–से डुबने वाले। तुम ही आदि के तुम ही अन्त के युग–युग जीवन्त सदा के लिए स्थापित।।
तिसिं ने कोलोम ताला निमतुं ने कोंडा तालारे गोआरि जाद बेनाले जोआर जाद बेनाले। माराङ बुरू, बुरू बोंगा हुडिङः इकिर, इकिर बोंगा माड़ां बुरू, देसाउलि चाण्डी एरा, नागेएरा।।	2	आज इस खलिहान के बीच अभी इस घेरे के भीतर हम तुमसे गुहार करते हैं हम तुम्हें जोहार करते हैं। बड़ पहाड़ी के पहाड़ी देव छोटे दह के दह देव माडाबुरु देसाउलि चंडी देवी, नाग देवी।।
बा जायार, जिलु जायार तोरो कोड़ा, चोंड़ेआ कोड़ा बिर माआरा, जोटो माआरा सोबेनगेले गोआरिजादपेआ।	3	बाहा जाहेर, शिकार जाहेर तोरो छोरा, चरवाहा छोरा वन–रक्षक, झाड़–रक्षक हम सबसे गुहार करते हैं।।
(नेताःरे बोंगाओःतान सिमानरेन बुरू, इकिर,चाण्डी बोंगाको रागोःका।)		(यहां अपनी सीमा के पहाड़ी देव दहदेव,चंडी देवी को संबोधित किया जाए)
आमताङ हेर पुनातानरे रोआ पुनातानरे हेर चाटाः तानरे बिद चाटाःतान रे। जोआरलेद पेआले गोआरिलेद पेआले	4	पिछली बार प्रथम बोआई के समय प्रथम रोपनी के समय प्रथम बोआई के समय प्रथम बीज छींटने के समय। हमने तुम्हें जोहार किया था तुमसे गुहार करती थीं

जोड़ाती केनाले
बोओः तिरूबकेनाले।।

हाथ जोड़ा था
सिर झुकाया था।।

"ने बाबा एंगा ताबु
ने कोदे एंगा ताबु
आपेआः देंगाते ताबु
आपेआः गोड़ोमते ताबु।
सिङबोंगाः सामाङरे
ओते एंगाः कोयोङरे
जिमाजाःइआले ताबु
जापाः जाःइआलो ताबु।।

5 "इस धान मां को
इस मडुआ मां को
तुम्हारी मदद से
तुम्हारे सहयोग से
परमेश्वर के समक्ष
धरती मां की गोद में
हम जिम्मा देते हैं
इसे सौंपते हैं।।

आपेगे होरोइपे ताबु
आपेगे जांगीपे ताबु
सा सोमाए, सोनादाः
जी नामोः जेटे जेटेएपे
जीदान होयो राम्पीपे
बुगिनगे हारा माताओःका
सुगाड़ागे बा–जोओःका।।

6 तुम इसकी रक्षा करना
इसकी रखवाली करना
सुसमय, सोना पानी भेजो
प्राणदायी धूप भेजो
प्राणदायी हवा भेजो
ये अच्छी तरह बढ़ें
अच्छी तरह फूले–फलें।।

मेनतेले गोआरि केना
मेनतेले आर्जीकेना
आलेआः काजिपे आयुमकेदा
आलेआः गोआरिपे आतेनकेदा।
एना गोआरि रूआड़ागे
एना जोआर रूआड़ागे
नेरेले दुबाकाना
नेरेले जारूआकाना।।

7 इस तरह हमने गुहार की
इस तरह हमने प्रार्थना की
तुमने हमारी बात सुनी
हमारी प्रार्थना स्वीकारी।
उसी का धन्यवाद करने
उसी को ज्ञापित करने
हम यहां बैठे हैं
हम यहां एकत्र हैं।।

तिसिं दो कोलोमसिं रे
तिसिं दो आकाड़ा सिं रे
सोना सिकुआरते
रूपा माराड़ांते।
गोः आउ केदाले
कुटुं आउकेदाले

8 आज इस खलिहान को
आज इस अखरा को
सोना–रस्सी से
रूपा–बहंगा से
हम कंधे पर ले आए हैं
हम पीठ पर ले आए हैं

बाबा एंगा, कोदे एंगा
कोलोम ताला, कोंडा ताला।।

धान मां, मडुआ मां
खलिहान के बीच, घेरे के बीच।।

9 पांतिरेकिन दुबाकाना
जालाङरेकिन जारूआकाना
साड़गिलेका तिरिंआकाना
डांडाः ओड़ाः गांजाओआकाना।
बाबा होलोङ आकाड़ाताला
कोदे होलोङ कोंडाताला
सिङबोंगाः सामाङरे
ओतेएंगाः कोयोङरे।।

ये पंक्ति में बैठे हैं
ये पंक्ति में स्थापित हैं
प्रपात की तरह तहों में
''घर'' की तरह सजे हुए
धान की पुंडी के अखरा में
महुए की घुंडी के घेरे में
परमेश्वर के समक्ष
धरती मां की गोद में।।

10 तुड़ि सुताम, बांदु बायारते
नोसोर हाड़ागु कोःपे ताबु
होपोर जापाःकोपे ताबु
दुब–जारूकोःपे ताबु।
सोनादाः, रूपा दाः
सोना दुना, रूपा दुना
दोड़ोमापे तानाले
आताङ दारोमापे तानाले।।

तुड़ी के धागे से, बांदु की रस्सी से
तुम सरककर आओ
तुम नजदीक आओ
तुम बैठ लो, बतिया लो।
सोना–पानी, रूपा–पानी
सोना–धुवन, रूपा–धुवन
तुम्हारे लिए रखते हैं,
तुम्हारे लिए धरते हैं।।

11 रेआड़ा गासारकोःपे ताबु
ती काटा आबुङकोःपे ताबु
मोचा डाटा हुतुम कोःपे ताबु
पारचि आमिंकोःपे ताबु।
झालिआकान, गोदोराकानको
ईमाकान, इतिराकानको
पिंआड़ा–पोंयोड़ पुण्डि सांडि
बिआन–बोयोन आराः सांडि।।

नहा लो, धो लो
हाथ पैर धो लो
मुंह–दांत आचमन कर लो
स्वच्छ–पवित्र हो लो।
चूड़ादार, झालरदार
कलेजी वाले, चर्बी वाले
स्वच्छ–सफेद मुर्गा
बढ़ा हुआ लाल मुर्गा।।

12 तिंजार–तोंजोर मालि सांडि
सिङबोंगाः सामाङरे
ओतेएंगाः कोयोङरे
बोंगाआपे, दोड़ोमापेतानाले।
सेकेः–सेकेः जोरोतान मायोम

झालरदार मिश्रित मुर्गा
परमेश्वर के समक्ष
धरती माता की गोद में
हम बलि देते हैं, अर्पण करते हैं।
सनसनाकर टपकता लहू

रोलो–रोलो लिंगितान किरूम
सार चुटिते, कापि चुटिते
तेलाजोमकोःपे, आताङजोमकोःपे।।

झरझराकर बहता रक्त
तीर की नोंक से, फरसे की नोंक से
तुम इसे ग्रहण करो।।

13 इरतान, गेदतानरे
गोःआउतान, दुपिलतानरे
गोदजानाःको, टोट्राःजानाःको
उरूडुजानाःको, गासारजानाःको।
एनतानरे, कोटातानरे
गुमतानरे, आतुरतानरे
टेबजानाःको, चोलाङजानाःको
पांडिलजानाःको, पासिरजानाःको।।

काटते समय, रेतते समय
कंधे से, सिर से लाते समय
जो छिनग गया, टूट गया
जो झड़ गया, जो गिर गया।
मीसते हुए, झाड़ते हुए
फटकते हुए, उड़ियाते हुए
जो छिटक गया, फेंका गया
जो दूर गिरा, जो पसर गया।।

14 डोंएस आते, कुकुर आते
सुतिआम्बा आते, कुडुम्बा आते
सोना सिकुआरते, रूपा मारांड़ाते
गोः रूआड़ा, कुटुं रूआड़ाएपे।
लुकु जोनोःते, माद हाटाःते
जिर आउइपे, टापा आउइपे
पाराए लेका, पुतामलेका
हालाङ आउ, नुदाम आउइपे।।

डोंएसा से, खुखरा से
सुतियाम्बे से, कोराम्बे से
सोने की रस्सी से, रूपा बहंगे से
कंधे पर, पीठ पर, तुम वापस ले जाओ।
लुकु झाडू से, बांस के सूप से
झाड़ कर लाना, बुहारकर लाना
पेरवा की तरह, पंडुक की तरह
खोज कर लाओ, बीछ कर लाओ।।

15 डिमिनिरे, पोटोमरे
हाटाः–टुंकिरे, सेल–पाटिरे
गितिल लेका, साकिदोःका
दाः लेका बिडिसिरोःका।
पारिड़िआकान ताइनका
पुटुड़िआकान ताइनका
ओड़ाः आदिंरे, कोटा बितारंरे
दोआकान ताइनका, दोतोआकानताइनका।।

डिमनी मे, मोरा में
सूप–टोकरी में, ओखली–पटिया मे
बालू की तरह जमे
पानी की तरह झरे।
छलछलाता रहे
बंधा हुआ रहे
घर–आदिं में, कोठे के भीतर
रखा हुआ रहे, बिठाया हुआ रहे।।

16 हागानिः, कुपुलनिः
कोंएनिः, तेंगोमनिः
मिआद हुलाः कुदिते
मिद चाटाः दालिते।

भाई बन्धु
भिखारी, भिक्षुक
एक टूटे खुदी से
एक टुकड़े दाल से।

लाइः पेरेःको जोमेका
जीपेरेः नामेका
आलेआः ओड़ाः राचा आते
आलेआः आंका राचा आते।।

भर पेट खा सके
मन भर पाएं
हमारे घर आंगन से
हमारे घर द्वार से।।

17 लाइःपेरेःको ओमादबुआ
मेनतेको उकुताका
जीपेरेःको चेदाआबुका
मेनतेको चारचाएका।
सुकुतेको रूआड़ाका
रासिकातेको आचुरका
लांदातान, जागारतानगे
होराको रेंड़ेः इदीका।।

"भर पेट खिलाया"
ऐसी बात करें
"मन भर बांटा!"
ऐसी चर्चा करें।
वे खुश होकर लौटें
आनंदित वापस जाएं
हंसते, बतियाते
रास्ते को गुंजायमान करते।।

जोआर! जोआर! जोआर!

जोहार! जोहार! जोहार!

तापान इलि दोड़ोम गोआरि–

18 सामा मोचा, सामा लाइः
चाउलिलेना, कोसोंड़ालेना
पापाड़ा चुकाःरे, नावा बाआंडारे
आकिद लेना, हाउरलेना।
तापान इलि, मुनु इलि
दोड़ोमापे तानाले ताबु
जोरोआपेतानाले ताबु
टिपागापे तानाले तालु।।

तपान इलि अर्पण प्रार्थना–

खाली मुंह, भूखे पेट
चावल बना था, कोसड़ा बना था
पापड़ा की चुक्कड़ में, नए घड़े में
उठाया गया था, रखा गया था।
तपान इलि, शुद्ध इलि
हम अर्पित कर रहे हैं
हम गिरा रहे हैं
हम टपका रहे हैं।।

19 हिरचि हाटिं नू लेपे
तिलहाटिं जेम्बेदलेपे
एनागेले गोआरिताना
एनागेले आरजीताना।
(आपिसा रे दुल चाबाओःका)

तुम झिमककर पी लो
बांटकर चूस लो
हम यही प्रार्थना करते हैं
हम यही अर्जी करते हें।
(तीन बार में इलि को ढालकर खत्म करना चाहिए)

20 सिंगितुरोः, चाण्डुः मुलुः
काटा जाम्बाड़ा, बोओः कुंदुड़ि
सिमान आतोम, सोबेन मुलि

पूरब के, पश्चिम के
उत्तर के, दक्खिन के
सीमा किनारे के, सब तरफ के

कुपुलरेनको, कुटुं रेनको।
बुरूबोंगा, इकिर बोंगा
माड़ांबुरू, देसाउलि
बा जायार, जिलु जायार
चांडी एरा, नागेएरा।।

कुटुंब के, बंधु के।
पहाड़ी देव, दह देव
माड़ाबुरू, देसाउलि
बाहा जाहेर, शिकार जाहेर
चंडी देवी, नाग देवी।।

21

राः का तेबाःजानको
नुतुम का टोः जानको
सोबेन गेले आरजीजादपेआ
जोतो गेले गोआरिजादपेआ।
''एला आबुदो कालुः गिड़िचि
एला आबुदो राचाजोःचि
टुण्डुरेको राःजादबुआ
तायोम रेको एलाजादबुआ।।''

नहीं बुला पाने वाले को
जिनके नाम नहीं लिए जा सके
हम सबसे प्रार्थना करते हैं
सबको गुहार करते हैं।
''क्या हम पत्तल फेंकने वाले है?
क्या हम झाडू लगाने वाले हैं?
हमें सबसे अन्त में बुला रहे हैं
हमें सबसे आखिर में याद करते हैं।।''

22

मेनते आलोपे उड्डुगेआ
मेनते आलोपे ओनमानेआ
बोओः आलोपे तिरूबेआ
लुतुर आलोपे उयुगेआ।
काले बागेतादपेआ ताबु
काले पोचोतादपेआ ताबु
एला नेरे जुड़ी–जुड़ी
एला नेरे पान्ति–पान्ति।।

इस तरह न सोचना
इस तरह न अनुमानना
सिर न झुकाओ
कान न गिराओ।
हमने तुम्हें नहीं छोड़ा है
तुम्हें नहीं भूला है
आओ, यहां एक संग
आओ, यहां पांति–पांति।।

23

दुबकोःपे, जारूकोःपे
इचाः–पिचाः जोमलेपे
तिलहाटिं नू लेपे
मानातिंरे जोगाओ तालेपे।

बैठ लो, बतिया लो
चुनकर खा लो
बांट कर पी लो
हमारा मान रख लो।

जोआर! जोआर! जोआर!

जोहार! जोहार! जोहार

(सिम बोओः एनताःरेगे चाउलिजाङलोः चारपाकेआते दोड़ोमोःताना। दिआ जुंडि रूआड़ाओःताना। बोओः सुटाम आपिताःरे चुड्डः केआते गोआरिओःताना।)

(मुर्गे का शिरांश वहीं चावल के साथ पत्तियों में सिझाकर अर्पित होता है। दीया फिर ज्वलित होता है। शिरांश तीन जगह बांटकर प्रार्थना की जाती है)

माराङ बुरू, बुरूबोंगा	**24**	बड़े पहाड़ का पहाड़ी देव
माराङ इकिर, इकिर बोंगा		बड़े दह का दह देव
माड़ां बुरू, देसाउलि		मांडाबुरू, देसाउलि
बा जायार, जिलु जायार।		बा जाहेर, शिकार जाहेर।
चाण्डी एरा, नागे एरा		चंडी देवी, नाग देवी
तोरो कोड़ा, चोंड़ेआ कोड़ा		तोरो छोरा, चरवाहा छोरा
बिर माआरा, जोटो माआरा		बन–रक्षक, पहाड़–रक्षक
मुआ–मागाइआ, सापासुड़ि।।		मुआ मगाइया, सापासुड़ि।।
बाबा होलोङ आकाड़ा ताला	**25**	चावल घुंडी के अखरा के बीच
कोदे होलोङ कोंडा ताला		मडुआ घुंडी के घेरे के बीच
दिआ सेंगेल सामाङरे		अग्नि–दीप के समक्ष
जोआर तानाञ, गोआरि तानाञ।		जोहार करते हैं, गुहार करते हैं।
बोओः सुटाम, बितार सालाम		शिरांश, अंतरांश
दोआपे तानाञ, दोड़ोमापे तानाञ		रख रहे हैं, धर रहे हैं
इचाः–पिचाः जोमलेपे ताबु		मिलकर खा लो
तिलहाटिं नू लेपेताबु।।		बांटकर पी लो।।
हेला ने मानोआहोनको	**26**	इस मानव संतान ने
हेला ने मानोआ गांड़ांको		इस मानव संतति ने
मापाराङ–मापाराङ सांडिको		बड़े–बड़े मुर्गों की बलि दी
बोंगाआकादबुआको, दांड़ेआकादबुआको।		इनको पूजा, इन्हें दान दिया।
बोओः सुटाम, बितार सालाम		अब इनका शिरांश अन्तरांश
काबु लेलाना, काबु जोमाना		हमने नहीं देखा, नहीं खाया
मेनते आलोपे काजिआलेआ		इस तरह न कहना
आलोपे ताबु उकुतालेआ।।		इस तरह न बोलना।।
आपेगे सिदाले ओमापेताना	**27**	हम तुम्हें ही पहले देते हैं
आलेदोले तायोमेनताना		हम खुद को पीछे करते हैं
चुडुः–हाटिं जोमलेपे ताबु		मिलकर खा लो
तिलहाटिं नू लेपेताबु।		बांटकर पी लो।
आपे जोम सारेः तादाःगे		तुम्हारा खाया, बचा हुआ ही
आपे नाब सारेः तादाःगे		तुम्हारा पीया, बचा हुआ ही
आलेदोले चुडु–हाटिङेआ		हम बांटकर खाएंगे

आलेदोले तिल हाटिङेआ।।

हम मिलकर पीएंगे।।

जोमतानरे, नूतानरे 28
दिः देओः बानोगोःका
उला–झाड़ा बानोगोःका
लाइः हासु, बोओः हासु बानोगोःका।
पाटी जाड़ाः बानोगोःका
पारकोम जाड़ाः बानोगोःका
हाय एआङ, हाय आपाङ
राः रूम्बुल बानोगोःका।।

खाते समय, पीते समय
हिचकी–सरकी न हो
कै–दस्त न हो
पेट–दर्द न हो, सर दर्द न हो।
पटिया–पकड़न न हो
खटिया–जकड़न न हो
हाय मां, हाय बाप।
रोना–धोना न हो।।

बुगिनगे, 29
नापाएगे
जोम पाचाओएकाले
नू पाचाओएकाले।।

अच्छी तरह
सानंद ही
हम खा–पचा सकें
हम पी–पचा सकें।।

जोआर! जोआर! जोआर!

जोहार! जोहार! जोहार!

(दोड़ोम सारेः तापान आर सुटाम एनताःरेगे जोम चाबाओःताना। मांडि–उतु तेआरजानचि आदिङरे तपान आर माण्डि–उतु दोड़ोमोःताना।)

(अर्पण के बाद शेष तपान और वहीं खा लिया जाता है। भात–तरकारी तैयार होने पर तपान और भात–तरकारी अर्पित होती है।)

साम्पोड़ो–

दिआ, दुना–सेंगेल, काटुः पुड्डुः, तापान, माण्डि–उतु।

सामग्री–

दीया, धुवन–आग, दोना, तपान, भात–तरकारी।

(दिआ जुंडिकेआते साकाम चेतानरे जोगाओःताना। दुना रापागोःताना। काटुः पुड्डुःरे दाः दोड़ोमोःताना। मिआद पुड्डुःरे माण्डि आर मिआद पुड्डुः रे उतु दोड़ोमोःताना। आपिआ पुड्डुः पान्तिरे माण्डाओःताना। मिआद पुड्डुःरे तापान आगुकेआते गोआरिओःताना।)

(दीया प्रज्ज्वलित कर पत्ती के ऊपर रखा जाता है। धुवन जलाया जाता है। दोने में पानी रखा जाता है। एक दोने में भात और एक में तरकारी रखी जाती है। तीन दोने एक पंक्ति में रखे जाते हैं। एक दोने में तपान लेकर प्रार्थना की जाती है।)

लुटकुम हाड़ाम, लुटकुम बुड़िआ 30
रीसा आबा, मादरा आबा
तिसिंदो ने नेएग रे
तिसिंदो न बोंगाकोचारे।
दिसुम सायारकेनको
सिमान तोलकेनको
हातु तुका बाइकेनको
ओड़ाः दुआर तिंगुकेनको।।

लुटुकुम बूढ़ा, लुटुकुम बूढ़िया
रीसा आबा, मादरा आबा
आज इस नेग में
आज इस देवस्थल पर।
देश तैयार करने वाले
सीमा बांधने वाले
गांव–घोंसला बनाने वाले
घर–द्वार खड़ा करने वाले।।

(नेताःरे ओड़ाःरेन, खूंटरेन जामाओड़ाः रेन हाड़ाम होड़ोको नुतुमोःका।)

(यहां पर घर के, खूंट के पूर्वजों के नाम लिए जाएं।)

डुबालेकान काटुः पुड़ुःरे 31
सोना दाः, रूपा दाः
दोआपे, दोड़ोमापे तानाले
काटा सुबारेले जोआरापेताना।
ती–काटा आबुंकोःपे
मोचा–डाटा हुतुमकोःपे
रेआड़ा गासार कोःपेताबु
पारचि आमिं कोःपेताबु।।

डुभा–जैसे सुंदर दोने में
सोना–पानी, रूपा–पानी,
हम तुम्हारे लिए रखते हैं
चरणों पर जोहार करते हैं।
हाथ–पैर धो लो
मुंह–दांत आचमन कर लो
नहा–धो लो
स्वच्छ–पवित्र हो लो।।

ने बोंगा कोचा रे 32
दिआ सेंगेल सामाङरे
मिआद गाण्डु, मिआद चाल्पारे
दुबकोःपे, जारूकोःपे।
सामा मोचा, सामा लाइः
जोआर तानाञ, गोआरि तानाञ
जोआर ताञ तेलालेपे
गोआरिताञ आतेनलेपे।।

इस देव स्थल को
अग्नि–दीप के समक्ष
एक पीढा, एक कुंदे पर
बैठ लो, बतिया लो।
खाली मुंह, भूखे पेट
हम जोहार करते हैं, गुहार करते हैं
हमारा जोहार स्वीकार करो
हमारी गुहार ग्रहण करो।।

हेर पुना, रोआ पुनारे 33
जोआर केनाले, गोआरिकेनाले
बुगिनगे हाराओःका
पुराःगे माताओःका
उराए–बाराए बाओःका

प्रथम बोआई, प्रथम रोपनी के समय
हमने जोहार किया था, प्रार्थना की थी
"अच्छी तरह बढ़े
पूरी तरह पुष्ट हो।
झबराया हुआ फूले

लिड़ु–जोपोद जोओःका
मिआद जाङरे मोड़ेहिसि
सेकेः सेकेः जाङोःका।।

झुका हुआ फले
एक बीज से, एक सौ बीज
झरझराकर गिरे।।

34 तिसिं आपेआः देंगाते ताबु
तिसिं आपेआः गोड़ामते ताबु
कोलोम तालारे, कोंडातालारे
आउनामाकाना, राकाबनामाकाना।
साड़ागि लेका तिरिंआकाना
डांडाः ओड़ाः गोंजाओआकाना
एन पुना तानाले ताबु
कोलोमसिं तानाले ताबु।।

आज तुम्हारी मदद से
आज तुम्हारे सहयोग से
खलिहान के बीच में
लाया हुआ है, पहुंचा हुआ है।
प्रपात की तरह तहों में रखा
घर की तरह गंजा हुआ
हम प्रथम मिसाई कर रहे हैं
हम खलिहान पूजा कर रहे हैं।।

35 आबुआः होनको, आबुआः गांड़ाको
चिनाःको चिकाताना
काको जामाजादबुआ
काको ओमादबुआ।
मेनते आलोपे उकुतालेआ
आलोपे ताबु चारचालेआ
आपेगे सिदाले ओमापेताना
आलेदोले तायोमेनताना।।

हमारे बच्चे, हमारे शिशु
क्या कर रहे हैं
हमें साथ नहीं कर रहे हैं
हमें नहीं दे रहे।
इस तरह न शिकायत करो
इस तरह न चर्चा करो
हम तुम्हें ही पहले देते हैं
हम खुद से पीछे रहते हैं।।

36 आपे नांगेन मांडि–उतु
आपे नांगेन तापान इलि
दो जादाले, दोड़ोमजादाले
जोमलेपे, नाब लेपेताबु।
आले जोमतान, नूतान रे
दिः बानोः, देओ बानोगोःका
लाइः हासु बानोगोःका
बोओः हासु बानोगोःका।।

तुम्हारे लिए भात–तरकारी
तुम्हारे लिए तपान इलि
हम रख रहे हैं, धर रहे हैं
तुम इसे खा लो, पी लो।
हमारे खाने पीने के समय
हिचकी–सरकी न हो
पेट–दर्द न हो
सिर–दर्द न रहे।।

37 उला–झाड़ा बानोगोःका
रूआ–राबाङ बानोगोःका
बुगिनले जोम पाचाओएका
नापाएले नू पाचाओएका।

कै–दस्त न हो
ज्वर–जाड़ा न हो
हम ठीक से खा–पचा सकें
हम ठीक से पी–पचा सकें।

लान्दातान, जागारतानगे
आङनामोःकाले, तुरनामोःकाले।।

हंसते–बतियाते
हम सुबह–प्रातः देख सकें।।

जोआर! जोआर! जोआर!

जोहार! जोहार! जोहार!

(तिलकेन पुड़ुः रे ओड़ोः मिसा तापान आउकेआते गोआरिओःताना।)

(बांटने वाले दोने में फिर एक बार तपान इलि की प्रार्थना की जाती है।)

38
चेतान टोला हागारेनको
लातार टोला किलिरेनको
पाउनिरेनको, पारजारेनको
सिमानरेन, कुपुलरेनको।
आपेओले जोआरजादपेआ
आपेओले गोआरिजादपेआ
एला नेरे जुड़ी–जुड़ी
एला नेरे पान्ति–पान्ति।।

हे ऊपर टोला के भाइयों के देवताओ
नीचे टोला के सगोत्रियो के देवताओ
आश्रितो के देवताओ, प्रजाओं के देवताओ
सीमा के देवताओ, बंधुओं के देवताओ।
हम तुम्हें भी जोहार करते हैं
हम तुम्हें भी गुहार करते हैं
आओ एक–संगत में
आओ एक पांति में।।

39
दुबसांगिकोःपे ताबु
जाआरू सांगिकोःपे ताबु
तिल हाटिं जोमलेपेताबु
हिरचि हाटिं नू लेपेताबु।

हमारे साथ बैठ लो
हमारे साथ बतिया लो
मिल कर खा लो
बांट कर खा लो।

जोआर ! जोआर ! जोआर !

जोहार! जोहार! जोहार!

(पुड़ुः आतोमनोःरे दोड़ोमोःताना। बोंगा टुण्डु आर दांउरि एनेटेः।)

(दोना थोड़ा किनारे रखा जाता है। अनुष्ठान की समाप्ति और दंउरि प्रारंभ।)

11. माराङ्बुरू बोंगा/बड़पहाड़ी पूजन

अनुष्ठान एवं मंत्रपाठ

माराङबुरू बोंगा/बड़पहाड़ी पूजन

बुरू बोंगा कृषि कर्म से संबंधित अंतिम सर्वाधिक महत्व का अनुष्ठान है। इस अवसर पर पहाड़ी देवता के साथ–साथ उन सभी देवताओं का स्मरण और धन्यवाद ज्ञापन किया जाता है जो कृषि की सफलता में सहयोगी होते हैं। बुरूबोंगा का नेतृत्व स्वाभाविक है क्योंकि वह बादलों से पानी खींच कर उसे किसान के खेतों तक पहुंचाता है। वही जंगलों से खाद ले आता है। वह जंगली जानवरों का रक्षक–पालक भी है। आखेट में सफलता दिलाने वाला है। आदमी को और क्या चाहिए? इसीलिए कुछ समुदायों (जैसे कि संताल) में माराङ बुरू (बड़ पहाड़ी) खुद परमेश्वर है। इसी अर्थ में वह महादेव शिव कहे जाते हैं। इस तरह बड़ पहाड़ी का उच्चतम और विस्तृततम साक्षात स्वरूप हिमालय है और कदाचित इसीलिए मुण्डा समुदाय के लोग प्राण त्यागने के अंतिम क्षणों तक माराङ बुरू (राताङ बुरू–हिमालय) को अपनी नजरों के सामने रखने की लालसा में दक्षिण की तरफ सिर करके मृतक को दफनाते हैं। वैसे व्यवहार में यह सिर्फ मानने की बात है। किसी–किसी गांव का माराङ बुरू एक छोटा–मोटा टीला मात्र होता है। उन गांववालों की आस्था में वही उनका हिमालय होता है। पानी के संरक्षक के रूप में मुण्डा समुदाय के अवचेतन में पहाड़ का चित्र सृष्टि के आदिकाल से ही बना हुआ लगता है। वर्षा ऋतु में बादलों को रोककर और गर्मियों में बर्फ पिघलकर पानी उपलब्ध कराना पहाड़ों की उदारता से ही संभव है। जब कभी अनावृष्टि होती है तो माना जाता है कि पहाड़ कंजूसी कर रहा है, पानी को कसकर पकड़े हुए है। इसलिए उसकी पकड़ ढीली करने के लिए एक नाटकीय अनुष्ठान करते हैं, पहाड़ पर से बड़े–बड़े पत्थर लुढ़काते हैं ताकि उसकी पकड़ थोड़ी ढीली हो। ध्यानाकर्षण के इस नाटाक में कुछ अपशब्द भी कहे जाते हैं ताकि देवता अपना काम ठीक से नही करने को लेकर थोड़ा शर्मिंदगी महसूस करे। इसी नाटक का एक दूसरा स्वरूप भी है कि समाज व्यवहार के विपरीत अपवाद स्वरूप गांव की स्त्रियां पुरूषों के कपड़े पहनकर हल चलाती हैं। इस तरह पहाड़ की परमदेव पद प्राप्ति नितांत स्वाभाविक लगती है। बुरू उत्सव के अवसर पर उसका धन्यवाद का पात्र होना आसानी से समझा जा सकता है।

पूजा सामग्री–

धूप, दीप, सिन्दूर, अक्षत, इलि रस, भपाई रोटी, कोकड़ोचोः फूल, लामाः फल, खेर घास, फाड़ी हुई लकड़ी, आग, पानी, लाल मुर्गा या उसका प्रतीक अण्डा, दोने।

पूजा स्थल गोबर से लीपा हुआ है। फाड़ी हुई लकड़ी पर लामाः फल, रोटियां, कोकड़ोचोः फूल और खेर घास रख दी जाती है। दोने में पानी लेकर पाहन चारों दिशाओं को नमस्कार करता है और उसके बाद पूजा आरंभ होती है:

⊙ सोबेन बोंगा को राः होपोर–पृ. 51–56		⊙ सर्वदेवता उद्‌बोधन–पृ. 51–56
⊙ बुरू रेन बोंगाको नांगेन गोआरि–		⊙ आसन्न अवसर को लक्षित कर विशेष संबोधन–
सिरमारेन सिङबोंगा	1	आकाश के परमेश्वर
ओतेरेन ओते एंगा		पृथ्वी की धरती माता
बुरूबोंगा, इकिरबोंगा		पहाड़ी देव, दह देव
नागेएरा, बिंदि एरा।		नाग देवी, बिंदि देवी।
लोयोङ पिड़ि होरोकेनको		हमारा खेत–मैदान ओगरनेवाले
खिति किरसि जांगिकेनको		हमारी खेती–कृषि के रखवाले
जोआर नांगेन ले दुबाकाना		तुम्हें जोहार करने को हम बैठे हैं
गोआरि नांगेन ले जारूआकाना।।		गुहार करने को हम एकत्र हैं।।
आपेआः उदुब होराते	2	तुम्हारे कहे अनुसार
आपेआः चुण्डुल डारेते		तुम्हारे निर्देश अनुसार
बाबा एंगा, कोदे एंगा		धान मां, मडुआ मां को
हेर चाटाः, बिद चाटाःरे।		बोते रोपते समय।
डुगुमुगु चाउडालते		डगमग डोली में
गुलुगुपु नावा किचिरिते		सुंदर नए कपड़ों में
सिउः हाड़ा, दिउरी गाइलोः		हल बैल, गौ माता के साथ
गोःकेआते, दुपिल केआते।।		कंधे पर, सिर पर लिए हुए।।
सिङबोंगाः सामाङरे	3	"सिङबोंगा के समक्ष
ओतेएंगाः कोयोङ रे		धरती माता की गोद में
जीमा जाःइआले		इसे देते हैं
जापाः जाःइआले।		इसे सौंपते हैं।
ताला पिड़ि, जेटे लोलोरे		बीच मैदान, धूप–गर्मी में
जुरूकुण्डू रेआड़ारे, राबाङ		भारी वर्षा, जाड़ा में
मानोआ होन मानोआ गांड़ांको		मानव संतान, मानव संतति ने
हेरगिड़ि, पासिर गिड़िकिःञाको।।		हमें छींट दिया, फेंक दिया।।"

4 मेनते आलोकाए: हांड़ांओ:का
आलोकाए: हुड़िंजीओ:का
बुगिनगे: हारा–माताओ:का
सुगाड़ागे: बा–जोओ:का
मादबिर, माद लांदिराते
राताङबुरू चेतानाते
जीदान दा:, सिबिल दा:
गामा आउइपे, रामपि आउइपे।।

इस तरह दुखी न हों
छोटा मन न हो
अच्छी तरह बढ़े–पुष्ट हो
अच्छी तरह फले–फूले।
बांस वन, बांस झुरमुट से
हिमालय के ऊपर से
प्राणदायक पानी, स्वादिष्ट पानी
बरसाकर लाओ, बहाकर लाओ।।

5 आदे लेका, रांसुड़ि लेका
गांड़ाओ:का, बुटाओ:का
कादाल लेका, माइल लेका
सेले बोले दारू:का।
उराए–बाराए बाओ:का
लिड्डु जोपोद जोओ:का
सेके:–सेके: जाडो:का
मेनतेले गोआरिकेना।।

अदरख की तरह, लहसून की तरह
बढ़े, विस्तृत हो,
केले की तरह, माइल की तरह
शीघ्रातिशीघ्र बढ़े।
झबराया हुआ फूले
झुका हुआ फले
झनझनाते बीज झड़ें
इस तरह हमने प्रार्थना की थी।।

(दुना ओंडोर)

(नेता: रे आपाना: सिमानरेन बुरू, इकिर, चांडी आर नागे बोंगाको रागो:का।)

(धुवन अर्पण)

(यहां अपनी सीमा के बड़ पहाड़ी देवता, दह देवता नाग देवी, चंडी देवी को बुलाया जाए।)

6 रा: का तेबा: जानको
नुतुम का टो: जानको
हुड़िं जी आलोपे ताइना
रासिका जी गे ताइनपे।
मोयोद गाण्डु, मोयोद चालपा:रे
दुबतान को, जाआरू तानको
सोबेनगेले जोआरापे ताना
जोतो गेले गोआरिआपे ताना।।

जिन्हें बुलाया जा नहीं सका
जिनका नाम लिया जा नहीं सका
तुम छोटा मन न करना
सानंद ही रहना।
एक पीढ़ा, एक कुंदे में
बैठने वालो, बतियाने वालो
सभी को हम जोहार करते हैं
सबको हम गुहार करते हैं।।

7 ओमापेतानाले, चेदापेतानाले ताबु
चु: हाटिं, चुड्डु: हाटिं

तुम्हें देते हैं, तुम्हारे बीच बांटते हैं
थोड़ा–थोड़ा सबको

जोमलेपे ताबु, नू लेपेताबु।
पिंचिआकानिः, गोदोराकानिः
ईमते, इतिलते पेरेःआकानिः
सेंगेल लेकान आराः साण्डि
बोंगाआपेतानाले, दाड़ेंआपेतानाले।।

खा लो, पी लो।
पंखों वाला, झालर वाला
कलेजी वाला, चर्बी वाला
आग सा लाल मुर्गा
पूजते हैं, बलि देते हैं।।

8 जोरोतान मायोम, लिंगितान किरूम
साआर चुटिते, कापि चुटिते
तेला जोमकोः ताबुपे
आताङ जोमकोः ताबुपे।।

टपकता हुआ खून, झरता हुआ लहू
तीर की नोंक से, फरसे की नोंक से
तुम स्वीकार कर लो
तुम ग्रहण कर लो।।

जोआर! जोआर! जोआर!

जोहार! जोहार! जोहार!

तापान दोड़ोम–

तपान अर्पण–

(आपिआ चा मोड़ेआ पुड़ुः पान्ति रे माडाओःताना। सोबेन पुड़ुःकोरे तापान जोरो नोः केदचि गोआरिओःताना।)

(तीन या पांच दोने/पंक्ति में रखे जाते हैं। सभी में थोड़ी तापान इलि ढाल कर प्रार्थना की जाती है।)

9 माराङ बुरू, रिचि बुरू
सुकान बुरू, सांडिबुरू
सिलि बुरू, पाड़ासिबुरू
मुड़हर बुरू, जगन्नाथ बुरू।
साइल राकाब, डोम्बारी बुरू
सिंबुआबुरू, बिचा बुरू
कुलाबुरू, तुड़ाम बुरू
कोराङबुरू, बाड़ान्दा बुरू।।

बड़ पहाड़ी, रिचि बुरू
सुकान बुरू, सांडी बुरू
सिल्ली पहाड़, पड़ासी बुरू
मुडहर पहाड़, जगन्नाथ पहाड़
राइल राकाब, डोम्बारी पहाड़
सिंबुआ पहाड़, बिचा पहाड़
कुला बुरू, तुड़ाम बुरू
कोराड़ बुरू, बाड़ान्दा बुरू।।

10 हुंडरू इकिर, जोन्हा इकिर
आरांड़ा इकिर, दाःसोङ इकिर
बान्दु इकिर, नाचाल इकिर
गागारि इकिर, पांगुरा इकिर।
बा जायार, जिलु जायार
चाण्डी एरा, नागे एरा

हुंडरू इकिर, जोन्हा इकिर
आरांड़ा इकिर, दाःसोङ इकिर
बान्दु इकिर, नाचाल इकिर
गागारि इकिर, पांगुरा इकिर।
बाहा जाहेर, शिकार जाहेर
चंडी देवी, नाग देवी

तोरो कोड़ा, चोंड़ेआ कोड़ा
बिर माआरा, जोटो माआरा।।

तोरो छोरा, चारवाहा छोरा
वन रक्षक, झाड़ रक्षक।।

ताला पिड़िरे, आतोम सिमानरे
बिर कान्दार, लोओर गोंगोररे
सी तानरे, चालुःतानरे
कामितानरे, उदामतानरे।
सी लाआः जाना, चालुः लाआःजाना
माः पारोमजाना, चोपा आदेरजाना
उरतानरे, पाटुबतानरे
माटा–सेराली सिद तानरे।।

11
बीच मैदान, सीमान्त में
वन पहाड़, नदी घाटी में
जोतते हुए, कोड़ते हुए
काम करते, उद्यम करते।
जोत से बाहर हुआ, कोड़ से बाहर हुआ
काट कर पार हुआ, साफ कर पार हुआ
कोड़ते हुए, उखाड़ते हुए
माठा–कटई चुनते हुए।।

सेंदेरातान, कारेंगातानरे
गाड़ा–डोड़ा, लोओर–सोकोड़ाते
हाइ साब, काड़ाकोम ओटाःरे
का उडुः तेबाः, का टोओर नामते।
आपे माण्डि–उतुतानरे
आपे जोम–नूतानरे
रूडुआकान, दुडुमाकानरे
आपे दुब–जाआरू सोमाएरे।।

12
शिकार करते, आखेट में
गड्ढा–डोड़ा, नदी–नालों में
मछली पकड़ते, केकड़ा उटकते समय
बिना विचारे, अनजाने में।
तुम्हारे रांधते–बतियाते समय
तुम्हारे खाते–पीते समय
आराम करते, सोते में
तुम्हारे बैठते–बतियाते समय।।

सोंकोटोकेद पेआले
बालाएकेदपेआले
कागेपे डाउलजाना
कागेपे माजाजाना।
एनामेनते तिसिंदो
बुरू चाण्डुः, बालेः मुलुःरे
बालेः सिंगि तुरतानरे
सामा मोचा, सामा लाइः।।

13
हमने तुम्हें कष्ट दिया
परेशान किया
तुम्हें असुविधा हुई
तुम्हें नाराज किया।
इसीलिए आज
बुरू के महीने, बाल शुक्ल पक्ष में
बाल सूर्य के उगते समय
खाली मुंह, भूखे पेट।।

तीरे ती सांगोमकेआते
काटा सुबा तिरूबकेआते
जोआरतानाले, गोआरितानाले
आयुमलेपे, आतेनलेपे।

14
जोड़ा हाथ किए हुए
चरणों पर झुके हुए
हम जोहार करते हैं, गुहार करते हैं
हमारी प्रार्थना सुन लो, गुन लो।

तापान दोड़ोम–

तपान अर्पण–

15 इरतान गेदतानरे
गोः आउतान, दुपिल आउतानरे
टोंए जानाःको, टोटाःजानाःको
का हालाङ टोःजानाःको।
कोलोमसिं, आकाड़ासिंरे
एनतान रे, आतुरतानरे
पांडिलजान, पासिरजानाःको
टेबजान, चोलाङजानाःको।।

फसल काटते–उठाते हुए
कंधे पर, सिर पर ढोते हुए
जो टूट गया, जो टुनक गया
जो उठाया नहीं जा सका।
खलिहान, अखरा में
मीसते हुए, उड़ियाते हुए
जो छिटक गया, बिगा गया
उचक गया, अलग हुआ।।

16 सिंजुगाड़ा जापाः आते
राताङबुरू चेतानाआते
एकासि पिड़ि, तिरासि बादिआते
डोंएसा आते, कुकुरा आते।
सुतिआम्बा, कुड्डुम्बा आते
सोना सिकुआर, रूपा मारांड़ाआते
गोः आउकेदाले, कुटुंआउकेदाले।।

सिंधु नदी किनारे से
हिमालय के ऊपर से
एकासि मैदान, तिरासि खेत दोन से
डोंएसा से, खुकरा से
सुतिआम्बा से, कोराम्बे से
सोने की रस्सी से, रूपा की बहंगा से
हम कंधे पर, पीठ पर ले आए।।

17 डाकि–टुंकि सेएलरे
पोटोमरे, चाटाकारे
दाःलेका बिड़िसिराकाना
गितिललेका ताकिदाकाना।
एनागे ताबु तिसिंदो
गुंगु आटिकिर, सारजोम साकाम
ओयों लाद, दापालाकाना
दोआपे तानाले, दोड़ोमापे तानाले।।

ढाकि टोकरी, ओखल में
मोरामें, छटका में
पानी की तरह टिका है
बालू की तरह ठहरा है।
वही आज, प्रिय देवताओ
गुंगु–आटिकिर और शाल पत्ती में
तैयार रोटी रखी है
तुम्हें देते हैं, अर्पित करते हैं।।

18 जोम नू लेपे ताबु
मिसाते जामा–जामाते
रासिका सांगिकोआबु
एनाले आर्जीताना ताबु।
आको दोको पुराःन जाना
आबु दोबु हुडिं जाना
एना आलोबु हांड़ाओःका

इसे खा लो, पी लो
एक साथ मिलकर
हम सब आनंदित हों
हमारी यही अर्जी है।
''उन्होंने अपने लिए अधिक रखा
हमारे लिए कम हुआ''
ऐसा न कहना

एना आलोबु गोसाओःका।।		ऐसा गुस्सा न करना।।
जे नामजानाः रेगे जे बु टोःजानाः रेगे जोगाओताःबु मानातिंरे तिरूबापे तानाले सानामाङरे।।	19	जो भी मिला उसी पर जो प्राप्त हुआ उसी पर संतोष करो, सम्मान में इसी की हम प्रार्थना करते हैं।।
जोआर! जोआर! जोआर!		जोहार! जोहार! जोहार।
पुङुः दोड़ोम ओड़ोः गोआरि—		**दोना अर्पण और प्रार्थना—**
हेला आबुआ होन गांड़ाको चानाःको नेएगताना जोमतानाको, नू तानाको आबु दो काको ओमाबुताना। मेनते आलोपे काजिआलेआ मेनते आलोपे उकुतालेआ आपेगे सिदाले ओमापेताना आलेदोले तायोमेनताना।।	20	"हमारे बाल—बच्चे कौन—सा नेग कर रहे हैं खा रहे हैं, पी रहे हैं हमें कुछ नहीं दे रहे हैं।" हमें इस तरह न कहना इस तरह शिकायत न करना तुम्हें ही पहले देते हैं अपने को पीछे करते हैं।।
नावा चुकाः, नावा बाआंडा सामा मोचा आकिदाकान तापान रासे, चेएल—चेपेल जोरोआपेतानाले, टिपागापेतानाले। चुङुः हाटिं जोम लेपेताबु तिलहाटिं नू लेपे ताबु बालेः होनको, लिंडुङ गांड़ाको इदिआकोपे, सेटेराकोपे।।	21	नए चुक्का, नए घड़े में खाली मुंह तैयार तपान रस छलछलाता गिरा रहे, टिपका रहे हैं। मिल कर खा लो बांट कर पी लो बाल बच्चों के लिए लेते जाओ, धरते जाओ।।
का सेटेर जानको का तेबाः जानको रांगा चारिः पिताल पुङुःरे इदिआकोपे, सेटेराकोपे।।	22	जो नहीं पहुंच सके जो नहीं आ सके लाल तिल्ली, पीतल दोनों से लेते जाओ, धरते जाओ।।
जोआर! जोआर! जोआर!		जोहार! जोहार! जोहार

ओड़ोः तापान आउकेआते गोआरि–		तपान अर्पण, प्रार्थना–
रीसा मुण्डा, मादरा मुण्डा	23	रीसा मुण्डा, मदरा मुण्डा
रूदु मुण्डा, कोनता मुण्डा		रुदु मुण्डा, कोनता मुण्डा
सिंगराय माड़ाकी, बिनराय माड़ाकी		सिंगराय मानाकी, बिनराय मानाकी
काटे सरदार, टेंगा सरदार।		काटे सरदार, टेंगा सरकार।
दुखन साय, रोतोन साय		दुखन साय, रोतोन साय
तिलका माझी, सिदुकानू		तिलका मांझी, सिदुकानू
रितुइगोंडाइ, जोगेन गोंडाइ		रितुईगोंडाइ, जोगेन गोंडाइ
बुधु बीर, गंगा नारायण।।		बुधु बीर, गंगा नारायण।।
दुव जामाकोःपे	24	तुम साथ बैठ लो
जारू गोड़ोमकोःपे		तुम मिलकर बतिया लो
चुः हाटिं, चुड्डः हाटिं कोःपे		आपस में बांट लो
हिरचि हाटिं, तिरपि हाटिं।		छिड़क कर, झिमकर।
बिरसा मुण्डा, गया मुण्डा		बिरसा मुण्डा, गया मुण्डा
डोंका मुण्डा, माझिया मुण्डा		डोंका मुण्डा, माझिया मुण्डा
भरमी मुण्डा, बालु मुण्डा		भरमी मुण्डा, बालु मुण्डा
साअंड़े मुण्डा, बिरसिं मुण्डा।।		साअंड़े मुण्डा, बिरसिं मुण्डा।।
करमी दाइ, माकि दाइ	25	करमी दाइ, माकि दाइ
सिनगी दाइ, साति दाइ		सिनगी दाइ, साति दाइ
रिंकी दाइ, चमकी दाइ		रिंकी दाइ, चमकी दाइ
नागी दाइ, सदकिर दाइ।		नागी दाइ, दसकिर दाइ।
सिमान चतुर, हातु बितार		चारों दिशाओं में गांव के बीच
दारूआते, दांसिजानको		पेड़ों से गिरे हुए
हाकानजान, डेगान जानको		आत्महन्ता, आत्मघाती
डोबेजान, डाबुराजानको।।		डूबे हुए, ढहे हुए।।
कुला चांकि, बिं सोदोराते	26	बाघ के आक्रमण से, सांप के दंश से
बाए बाराड़ा, तोद तुगुड़िते		विक्षिप्त हुए, ठोकर खाए
कामि नाला, उदाम नालारे		काम के समय, उद्यम के समय
चाबाजान, टुंडुजानकाको।।		खतम हुए, अवसान हुए।।
बुनुम उंडुरे, दारू सुबारे		दीमक के टीले में, पेड़ के नीचे

दिरि टुकुबरे, साम्पाड़ातिरे जेतारेगे मेनाःपेआ सोबेनले गोआरिजादपेआ।।		चट्टान में, चौराहे में जहां कहीं भी हो– हम सबको गुहार करते हैं।।
सिंगितुरोः, चाण्डुः मुलुः काटा जाम्बाड़ा, बोओः कुन्दुड़ि सिमान आतोम, कुपुल बोंगाको आपेओले गोआरिजादपेआ। बुरूबोंगा, इकिर बोंगा चांडी एरा, नागे एरा तोरो कोड़ा, चोड़ेआकोड़ा बिर माआरा, जोटो माआरा।।	**27**	पूरब, पश्चिम उत्तर, दक्खिन सीमान्त के बन्धु देवताओं हम तुम्हें भी गुहार करते हैं। पहाड़ी देव, दह देव चंडी देवी, नाग देवी तोरो छोरा, चरवाहा छोरा वन–रक्षक, झाड़–रक्षक।।
आपेओपे होरो देंगाकेना आपेओपे लेल गोड़ोमकेना एला नेरे जुड़ि–जुड़ि मार ताबु पांति–पांति। जोमतान, नूतान रे लाइः हासु, बोओः हासु रूआ–राबाङ, उला झाड़ा दिः बानोःगो, रूयुद बानोगोःका।।	**28**	तुमने भी साथ दिया था तुमने भी संग दिया था आओ यहां संग–संग आओ यहां पांति में। खाते–पीते समय पेट दर्द, सिर दर्द ज्वर–जाड़ा, कै–दस्त हिचकी न हो, रूलाई न हो।।
हातु बितारंरे, टोला–पाड़ारे पाटि जाड़ाः, पारकोम जाड़ाः हाय एआङ, हाय आपाङ राः बानोगोः, रूयुद बानोगोःका। बुरू पिड़ि, आकाड़ाताला साए मेद, कोरसेल मेद हागा बितार, कुटुं कुपुलरे रेः राआड़ा आलोकाताइन।।	**29**	गांव के बीच, टोला–महल्ला में पटिया पकड़न, खटिया जकड़न हाय मां, हाय बाप रोना न हो, कलपना न हो। मेला मैदान, अखरा बीच टेढ़ी नजर, बुरी नजर बिरादरी में, घर बीच अपशब्द न हो।।
बुगिन गे, नापाएगे जोम नू, पाचाओएकाले लान्दातान, जागारतानगे आङ नामोः, तुरनामोःकाले।	**30**	अच्छा ही, सानंद ही हम खा पी, पचा सकें हंसते–बतियाते हम सुबह–प्रातः देख सकें।

सा सोमाए सोनादाः	समय पर सोना पानी
सिं बुरू, माद लांदिराते	पहाड़ के ऊपर से, बांस झुरमुट से
राताङ बुरू चेतानाते	हिमालय के ऊपर से
गामा आउइपे, राम्पि आउइपे।।	बरसाकर लाओ, बहाकर लाओ।।
31 सिंगि तुरोः, सिंगि आयुबाते	पूरब से, पश्चिम से
काटा जाम्बाड़ा, बोओः कुंदुड़िआते	उत्तर से, दक्खिन से
जीदान होयो सेसेनका	प्राणदायी हवा चले
जी राड़ेःले नामेका।	हम मन की शान्ति पा सकें।
रोकोम हिता, रोकोम रानु	अनेक प्रकार के बीज–औषधि
दारू सिं, तासाद रूड़ाः	पेड़–पौधे, घास–फूस
जोतो जिउ, हुड़िं–माराङ	सभी जीव, छोटे–बड़े
जी बुगिले ताइनका।।	हम सब स्वस्थ रहें।।
32 बिर बुरू ओते पिड़ि	वन–पहाड़, खेत–मैदान
बान्दा पुकुरि, लोओर गाड़ा	बांध–पोखर, नदी–घाटी
हारिआनगे गुंजाल–गुंजाल	हरा–भरा, घना–पूरा
पारचिआनगे चेएल–चेपेल।	स्वच्छ छल–छलाता।
जोतो हागा कुपुल–कुटुंरे	सभी भाई बन्धु
जोतो जीउ हुड़िं माराङ	सभी जीव छोटे–बड़े
नामजोम दाड़िआकाले	हम कमा–खा सकें
उदामजोम दाड़िआकाले।।	हम उद्यम कर सकें।।
जोआर! जोआर! जोआर!	जोहार! जोहार! जोहार!
(बोंगा टुण्डु। सांगि सुसुन एनेटेः।)	(अनुष्ठान समाप्ति। सामुहिक नृत्य आरंभ।)

बुरू/मागे लोः जुड़िओः दुराङको

1

सिरिमारेन सिङबोंगा
आमाः तेगेञ उम्बुलाना
आमाः तेगेञ उम्बलाना, हाएरी हाए।।
आमगेहो एंगा–आपु
आमाः तेगेञ चोतोराना
आमाः तेगेञ चोतोराना, हाएरी हाए।।

ने ओते–दिसुम दो
आमगेहो बाइतादा
आमगेहो बाइतादा, हाएरी हाए।।
ने सिरमा–रिम्बिल दो
आमगेहो बाडुइतादा
आमगेहो बाडुइतादा, हाएरी हाए।।

आम गेहो बाइतादा
पाटि लेका बिलाकाना
पाटि लेका बिलाकाना, हाएरी हाए।।
आमगेहो बाडुइतादा
डुबा लेका हारूबाकाना
डुबा लेका हारूबाकाना, हाएरी हाए।।

2

कुंडामरे सालांदिरे
ओको होड़ो गोड़े तिंगुआकाना
ओको होड़ो गोड़े तिंगुआकाना।।
कुंडामरे, सालांदिरे
चिमाए प्रजा गोड़े जापागाकाना
चिमाए प्रजा गोड़े जापागाकाना।।

लेलि लेलि दो गोड़े
लुखि आर लछमी किं तिंगुआकाना
लुलिख आर लछमी किं तिंगुआकाना।
चिनाईः चिनाइः दो गोड़े

पहाड़पूजन से संबंधित कुछ गीत

1

आकाश के परमेश्वर
तुमसे मुझे छाया मिली है
तुमसे मुझे छाया मिली है।
तुम ही हमारे माता–पिता हो
तुम ही से मुझे छतरी मिली है
तुम ही से मुझे छतरी मिली है।।

इस धरती और देश को
तुम ही ने बनाया है
तुम ही ने बनाया है।।
इस आकाश और आसमान को
तुम ही ने सिरजा है
तुम ही ने सिरजा है।।

तुम्ही ने बनाया है
चटाई की तरह बिछा है
चटाई की तरह बिछा है।।
तुम ही ने सिरजा है
डूभा की तरह औंधा है
डूभा की तरह औंधा है।।

2

पिछवारे में पीड़ पर
कौन आदमी खड़ा है?
कौन आदमी खड़ा है?
पिछवारे में, पीड़ पर
कौन प्रजा सटी है?
कौन प्रजा सटी है।।

हमने देखा, हमने पाया
लखी और लक्ष्मी खड़ी हैं
लखी और लक्ष्मी खड़ी हैं।।
हमने पहचाना, हमने पाया

खिति आर किरसि किं जापागाकाना	खेती और कृषि सटी है
खिति आर किरसि किं जापागाकाना।।	खेती और कृषि सटी है।।
राबाङ ताना, रेआड़ाताना	जाड़ा है, ठंड है
लुखि आर आर लछमीकिन एला बोलोबेन	हे लखी और लक्ष्मी अंदर आओ
लुखि आर आर लछमीकिन एला बोलोबेन।।	हे लखी और लक्ष्मी अंदर आओ।।
राबाङ ताना, रेआड़ाताना	जाड़ा है, ठंड है
खिति आर किरसि किं एला सोड़ोबेन	हे खेती और कृषि तुम भीतर आओ
खिति आर किरसि किं एला सोड़ोबेन।।	हे खेती और कृषि तुम भीतर आओ।।
आबेनाःगे ओड़ाः—दुआर	तुम्हारा ही घर—द्वार है
लुखि आर लछमीकिं एला बोलोबेन	हे लखी और लक्ष्मी आंदर आओ
लुखि आर लछमीकिं एला बोलोबेन	लखी और लक्ष्मी अंदर आओ।।
आबेनाःगे ओड़ाः—लुंडिः	तुम्हारा ही हांडी—बर्तन है
खिति आर किरसि किं एला सोड़ोबेन	हे खेती और कृषि भीतर आओ
खिति आर किरसि किं एला सोड़ोबेन।।	हे खेती और कृषि भीतर आओ।।
जोनोम कोरोम दिपिलारेम	जन्म—कर्म के सयम
अंगीकारतादा दोम	तुमने अंगीकार किया है
अंगीकारतादा, हाएरी हाए।।	तुमने अंगीकार किया है।।
आमाः नुतुम भोगोमान	तुम्हारा नाम हे भगवान
निदा—सिंगिञ आगुइआ	मै रात—दिन लेता रहूंगा
निदा सिंगिञ आगुइआ, हाएरी हाए।।	मैं रात—दिन लेता रहूंगा।।
मेद—लुतुर, काटा—ती	आंख—कान, पैर—हाथ
मू—मोचाम बाइताःञा	नाक—मुंह तुमने बनाए
मू—मोचाम बाइताःञा, हाएरी हाए।।	नाक—मुंह तुमने बनाए।।
मेहनातिकेनाम भोगोमान	तुमने मेहनत की है भगवान
चिमिने—चिमिनेगे	कितनी—कितनी मेहनत
चिमिने चिमिनेगे, हाएरी हाए।।	कितनी—कितनी मेहनत।।
उम्बुलिञमे, चातोमिञमे	तुम मुझे छाया दो, छतरी दो
आलोगेहोम बागेञा	मुझे कभी न छोड़ना
आलोगेहोम बागेञा, हाएरी हाए।।	मुझे कभी न छोड़ना।।
हिराञमे, कोयोगिञमे	तुम मुझे देखो, भालो

आलोगेहोम राड़ाञा	मुझे कभी न त्यागना
आलोगेहोम राड़ाञा, हाएरी हाए।।	मुझे कभी न त्यागना।।

4

सिंगि तुरोः होरा रे	पूरब की ओर
ओको होड़ो सी ताना, दुदुगारताना	कौन हल चला रहा है, धूल उड़ रही है
ओको होड़ो सी ताना, दुदुगारताना।।	कौन हल चला रहा है, धूल उड़ रही है।।
चांडुः मुलु डारे रे	पश्चिम की ओर
चिमाए प्रजा खाराताना, कोंआसिताना	कौन प्रजाजन खारा चला रहा है, कुहासा छाया है
चिमाए प्रजा खाराताना, कोंआसिताना।।	कौन प्रजाजन खारा चला रहा है, कुहासा छाया है।।
सिंगि तुरोः होरारे	पूरब की ओर
सिंगिबोंगा सी ताना, दुदुगारताना	सूरज देवता हल चला रहे हैं, धूल उड़ रही है
सिंगिबोंगा सी ताना, दुदुगारताना।।	सूरज देवता हल चला रहे हैं, धूल उड़ रही है।।
चांडुः मुलु डारे रे	पश्चिम की ओर
चांडुः देवता खाराताना, कोंआसिताना	चांद देवता खारा चला रहे हैं, कुहासा छाया है
चांडुः देवता खाराताना, कोंआसिताना।।	चांद देवता खारा चला रहे हैं, कुहासा छाया है।।
देलातिबु जोआरिआ	चलो हम जोहार करें
सिंगिबोंगा सी ताना, दुदुगारताना	सूरज देवता हल चले रहा है, धूल उड़ रही है
सिंगि बोंगा सी ताना, दुदुगारताना।।	सूरज देवता हल चला रहे है, धूल उड़ रही है।।
मारे तिबु गोआरिआ	चलो हम गुहार करें
चांडुः देवता खाराताना, कोंआसिताना	चांद देवता खारा चला रहे हैं, कुहासा छाया है
चांडुः देवता खाराताना, कोंआसिताना।।	चांद देवता खारा चला रहे हैं, कुहासा छाया है।।

5

बिङको इकिर तालारे	सर्प–दह के बीच
ओको होड़ो गोड़े रूतइः ओरोडे़	कौन आदमी बांसुरी बजा रहा है
ओको होड़ो गोड़े रूतइः ओरोडे़।।	कौन आदमी बांसुरी बजा रहा है।।
तायान जोबेला लातार रे	मकर जोभी के बीच
चिमाए प्रजा गोड़े रांगाएः बानामे	कौन प्रजाजन सारंगी बजा रहा है
चिमाए प्रजा गोड़े रांगाएः बानामे।।	कौन प्रजाजन सारंगी बजा रहा है।।
बिंको इकिर तालारे	सर्प–दह के बीच
इकिर बोंगा गोड़े रूतुइः ओरोडे़	दह देवता बांसुरी बजा रहे हैं
इकिर बोंगा गोड़े रूतुइः ओरोडे़।।	दह देवता बांसुरी बजा रहे हैं।।

तायान जोबेला लातार रे	मकर जोभी के नीचे
नागे एरा गोड़े रांगाएः बानामे	नाग देवी सारंगी बजा रही हैं
नागे एरा गोड़े रांगाएः बानामे।।	नाग देवी सारंगी बजा रही हैं।।
दोला तिबु लेलेलिआ	चलो हम देख आएं
इकिर बोंगा गोड़े रूतुइः ओरोडे	दह देवता बांसुरी बजा रहे हैं
इकिर बोंगा गोड़े रूतुइः ओरोडे।।	दह देवता बांसुरी बजा रहे हैं।।
दोलातिबु चिना लिआ	चलो हम पहचान आएं
नागे एरा गोड़े रांगाएः बानामे	नाग देवी सारंगी बजा रही हैं
नागे एरा गोड़े रांगाएः बानामे।।	नाग देवी सारंगी बजा रही हैं।।
आले दोले लेलेकेना	हम देख आए
इकिर बोंगा गोड़े रूतइः ओरोडे	दह देवता बांसुरी बजा रहे हैं
इकिर बोंगा गोड़े रूतइः ओरोडे।।	दह देवता बांसुरी बजा रहे हैं।।
आले दोले चिनाकेना	हम पहचान आए
नागे एरा गोड़े रांगाएः बानामे	नाग देवी सारंगी बजा रही हैं
नागे एरा गोड़े रांगाएः बानामे।।	नाग देवी सारंगी बजा रही हैं।।

6

कुचा–कुचा कुन्दूरूम	टेढ़ा–मेढ़ा कुंदरू
कुचा कोटोङ तादिञा	तुमने मुझे घेर लिया है
कुचा कोटोङ तादिञा, हाएरी हाए।।	तुमने मुझे घेर लिया है।।
नाड़ि–तांड़ि पालांडुम	लरंगों में फैला पलांडु
नाड़ि एसेदतादिञा	तुमने मुझे बांध दिया है
नाड़ि एसेदतादिञ, हाएरी हाए।।	तुमने मुझे बांध दिया है।।
ओकोएआः काजितेम	किसके कहने पर
कुचा कोटोङतादिञा	तुमने मुझे घेर लिया है
कुचा कोटोङतादिञा, हाएरी हाए।।	तुमने मुझे घेर लिया है।।
चिमाएआः बाकांड़ाते	किसके बोलने पर
नाड़ि एसेदतादिञा	तुमने मुझे बांध दिया है
नाड़ि एसेदतादिञा, हाएरी हाए।।	तुमने मुझे बांध दिया है।।
जीगे देराङ सुकुजानाम	तुम्हारा मन लग गया है
कुचा कोटोङतादिञा	इसीलिए तुमने मुझे घेर लिया है

कुचा कोटोङ तादिञा, हाएरी हाए।।	तुमने मुझे घेर लिया है।।
कुड़ाम देराङ रेआड़ाजाना	तुम्हारी छाती को षांति मिली है
नाड़ि एसेदतादिञा	इसीलिए तुमने मुझे बांध लिया है
नाड़ि एसेदतादिञा, हाएरी हाए।।	तुमने मुझे बांध लिया है।।

7

सायोब–सिपाइ हिजुः लेना	साहब का सिपाही आया
केंओंरेकेन, केंओंरेकेना, गा	क्योंरे, क्योंरे कहता है
केंओंरेकेन, केंओंरेकेना।।	क्योंरें, क्योंरे कहता है।।
दिकु–दरवान सेटेर लेना	दिकुका दरबान आया
चलोरेकेन, चलोरेकेना, गा	चलो रे, चलो रे कहता है
चलोरेकेन, चलोरेकेना।।	चलो रे, चलो रे कहता है।।
केओः चि नाएः नामताना	क्या वह 'केओः' खोज रहा है
केंओंरेकेन, केंओंरेकेना, गा	वह क्यों रे, क्यों रे कहता है
केंओंरेकेन, केंओंरेकेना।।	वह क्यों रे, क्यों रे कहता है।।
चाला चिनाएः खोजारतान	क्या वह 'चाला' ढूंढ रहा है?
चलोरेकेन, चलोरेकेना, गा	वह चलोरे, चलोरे कहता है
चालोरेकेन, चलोरेकेना।।	वह चलोरे, चलोरे कहता है।।
केओःगेगा होपोराइपे	उसे 'केओः' ही ला दो
केंओंरेकेन, केंओंरेकेना गा	वह क्यों रे, क्यों रे कहता है
केंओंरेकेन, केंओंरेकेना।।	वह क्यों रे, क्यों रे कहता है।।
चालागेगा जापागाइपे	उसे 'चाला' पहुंचा दो
चलोरेकेन, चलोरेकेना, गा	वह चलो रे, चलो रे कहता है
चलोरेकेन, चलोरेकेना।।	वह चलो रे, चलो रे कहता है।।

8

राबाङताना, रेआड़ाताना	जाड़ा है, ठंडा है
राबाङतेदो गाञ एकेलाताना, गा	हे मां, मैं जाड़े से कांप रहा हूं
राबाङतेदो गाञ एकेलाताना।।	मैं जाड़े से कांप रहा हूं।
जेटेताना, लोलोताना	धूप है, गर्मी है
जेटेतेदो गाञ तायुरेताना, गा	हे पिता, मैं धूप से चकरा रहा हूं
जेटेतेदो गाञ तायुरताना।।	हे पिता, मैं धूप से चकरा रहा हूं।।

मुसिं–बारसिं साआतिं लेमे	एक–दो दिन सह लो
मिंडि कामाड़ाञ किरिङामेआ, गा	बेटा, हम तुम्हें भेड़–कम्बल खरीद देंगे
मिंडि कामाड़ाञ किरिङामेआ।।	बेटा, हम तुम्हें भेड़–कम्बल खरीद देंगे।।
बारसिं पेमा जीलाःलेमे	दो–तीन दिन धैर्य रखो
जुगि धुंसुञ केजाआमेआ, गा	बेटा, हम तुम्हें जोगी का धूंस जुगाड़ कर देंगे
जुगि धुंसुञ केजाआमेआ।।	बेटा, हम तुम्हें जोगी का धूंस जुगाड़ कर देंगे।।
किरिङाञ किरिङाञ दो	खरीदना ही है तो
कुडुम्बाहतु कामाड़ां किरिङञमे	मां, मुझे कुडुम्बाहातु का कम्बल खरीद दो
कुडुम्बाहातु कामाड़ां किरिङाञमे।।	मां, मुझे कुडुम्बाहातु का कम्बल खरीद दो।।
केजाआञ केजाआञदो	जुगाड़ना ही है तो
सारागाटि दुंसू दो केजाआञमे	मों, मेरे लिए शेरघाटी का धूंस जुगा दो
सारागाटि दुंसू दो केजाआञमे।।	मां मेरे लिए शेरघाटी का धूंस जुगा दो।।

9

हाए राबाङ राबाङ	हाय जाड़ा, हे जाड़ा
जू सेनोःमे	तुम चले जाओ
राबाङ, जू सेनोःमे।	हे जाड़ा, तुम चले जाओ।
हाए रेआड़ा, रेआड़ा	हाय ठंड, हे ठंड
जू बिरिदमे	तुम उठ जाओ
रेआड़ा, जू बिरिदमे।।	हे ठंड, तुम उठ जाओ।।
जू राबाङ सेनोःमे	हे जाड़ा तुम चले जाओ
बेपारी को ताः	व्यापारियों के पास
राबाङ, बेपारी को ताः।	हे जाड़ा, व्यापारियों के पास।।
जू रेआड़ा बिरिदमे	हे ठंड, तुम उठ जाओ
लादेनाको ताः	लदनियों के पास
रेआड़ा, लादेनाको ताः।।	हे ठंड, लदनियों के पास।।
बेपारी को ताः राबाङ	हे जाड़ा, व्यापारियों के पास
जुड़ि कामाड़ा	जोड़ा कम्बल होगा
राबाङ, जुड़ि कामाड़ा।	हे जाड़ा, जोड़ा कम्बल।।
लादेनाको ताः रेआड़ा	हे ठंड, लदनियों के पास
जोता बारकी	बरखियों का बंडल

रेआड़ा, जोता बारकी।।

हे ठंड, बरखियों का बंडल।।

10

चिपाएपेगा चिपाएपे
चिपा साला इलि
चिपा साला इलि।।
चालाएपेगा चालाएपे
चाला साला जागाड़ां
चाला साला जागाड़ां।।

बनाओ, बनाओ
बचाई हुई इलि
बचाई हुई इलि।।
छानो, छानो
जुगाई हुई ताड़ी
जुगाई हुई ताड़ी।।

चिपा दोले चिपाएआ
चिपानारी गोड़े बुलेताना
चिपानारी गोड़े बुलेताना।।
चाला दोले चालाएआ
चालानारी गोड़े तुलेताना
चालानारी गोड़े तुलेताना।।

हम बनाएंगे जरूर
किंतु बनाने वाली ही नशे में है
बनाने वाली ही नशे में हैं।।
हम छानेंगे जरूर
किंतु छाननेवाली ही नशे में है
छाननेवाली ही नशे में है।।

चिपानारीः बुलेताना
आंड़ेः तेहो ओमालेपे
आंड़ेः तेहो ओमालेपे।।
चालानारीः तुलेताना
मायातेगे चेदालेपे
मायातेगे चेदालेपे।।

बनानेवाली ही नशे में हैं
(तो) हमें उंडेल कर ही दो,
हमें उंडेल कर ही दो।।
छाननेवाली ही नशे में है
(तो) हमें माया समेत ही दो
हमें 'माया' समेत ही दो।।

11

डाड़ीदाः दो चेऐल–चेपेल
मारति गातिञ मार दाः बुराः लेम, दो
मारति गातिञ मार दाः बुराः लेम।।
तोआ बा दो ताराल–ताराल
मारति सांगाञ मार बा पेटेः लेम, दो
मारति सांगाञ मार बा पेटेः लेम।।

डाड़ी का पानी छलछला रहा है
हे प्रिय, उसका पानी भर लाओ
प्रिय, उसका पानी भर लाओ।।
दूधिया फूल फूट आया है
हे प्रिय, फूल डाल तोड़ लाओ
प्रिय, फूल की डाल तोड़ लाओ।।

हेलोताना, पोंडेताना
मारति गातिञ मार दाः बुराः लेम, दो
मारित गातिञ मार दाः बुराः लेम।।

हिल रहा है, गंदला रहा है
हे प्रिय, पानी भर लाओ
प्रिय, पानी भर लाओ।।

गोसोताना, माएलाताना
मारति सांगाञ मार बा पेटेः लेम, दो
मारति सांगाञ मार बा पेटेः लेम।।

12

जोजो चुटि किंकोड़ो
दुतिः तेङताना दो
दुतिः तेङताना दो हाएरी हाए।
मादुकाम सुबा बाड़ेजा पियुङ
कालगाएः बादिताना
कालगाएः बादिताना दो, हाएरी हाए।।

दुति तेङतेङते
तीः तेङ तादा दो
तीः तेङ तादा दो, हाएरी हाए।
कालगा बादि बादिते
काटाएः बादितादा दो
काटाएः बादितादा दो, हाएरी हाए।।

मेदगेताएः बानोः लेका
तीः तेङ तादा दो
तीः तेङ तादा दो, हाएरी हाए।
सेंड़ा ते ताएः बानोः लेका
काटाएः बादितादा दो
काटाएः बादितादा दो, हाएरी हाए।।

13

ओकोरे लिपि रे लिपि
ओड़ा लाङदो लिपि
ओड़ाः लाङ।
चिमाएरे लिपिरे लिपि
रोसोम लाङदो लिपि
रोसोम लाङ।

डेलका बुरू रे लिपि

मुर्झा रहा है, सूख रहा है
हे प्रिय, फूल की डाल तोड़लाओ
प्रिय, फूल की डाल तोड़लाओ।।

इमली पेड़ की चोटी पर बैठा किंकोड़ो पंक्षी
धोती बिन रहा है
धोती बिन रहा है, हाय रे हाय।
महुआ पेड़ तले बैठा पियुङ पंछी
कलगा बांध रहा है
कलगा बांध रहा है, हाय रे हाय।।

धोती बिनते–बिनते
उसने अपने हाथ बिन दिए
अपने हाथ बिन दिए, हाय रे हाय।
कलगा बांधते–बांधते
उसने अपने पैर बांध दिए
अपने पैर बांध दिए, हाय रे हाय।।

जैसे कि उसकी आंखें न हों
उसने अपने हाथ बिन दिए
अपने हाथ बिन दिए, हाय रे हाय।
जैसे कि उसको बुद्धि न हो
उसने अपने पैर बांध दिए
अपने पैर बांध दिए, हाय रे हाय।।

कहां हैं, हे लिपि, हे लिपि
हमारा घर, हे लिपि हे लिपि
हमारा घर।
कहां है, हे लिपि, हे लिपि
हमारी झोपड़ी, हे लिपि
हमारी झोपड़ी।

ढेलों की ढेर पर, हे लिपि,

ओड़ा लाङदो लिपि
ओड़ाः लाङ।
नायाल गाड़ारे लिपि
रोसोम लाङदो लिपि
रोसोम लाङ।।

तिकिन सिंगि दो लिपि
गामालेदा लिपि
गामालेदा।
तारासिं सिंगिदो लिपि
राम्पिलेदा दो लिपि
राम्पिलेदा।।

डेलका बुरू दो लिपि
लेआङजाना लिपि
लेआङ जान।
नायाल गाड़ा दो लिपि
चाड़ाङ जाना लिपि
चाड़ाङजान।।

हमारा घर, हे लिपि
हमारा घर।
हल की नाली में, हे लिपि
हमारी झोपडी, हे लिपि
हमारी झोपड़ी।।

दोपहर को, हे लिपि
पानी बरसा, हे लिपि
पानी बरसा।
अपराहन को, हे लिपि
झड़ी आई, हे लिपि
झड़ी आई।।

ढेलों की ढेर, हे लिपि
गल गई, हे लिपि
गल गई।
हल की नाली, हे लिपि
भर गई, हे लिपि
भर गई।।

14

लुतुर जापाः साए सुनुपिद
लिंगिताना चिगो जोरोताना
लिंगिताना चिगो जोरोताना।
मायाङपेरेः लुमाम किचिरि
ओरेताना चिगो तिसारेताना
ओरेताना चिगो तिसारेताना।।

एंगाम बाड़े मेनाइः सुमुङ
लिंगिताना चिगो जोरोताना
लिंगिताना चिगो जोरोताना
आपु बाड़े मेनाइः सुमुङ
ओरेताना चिगो तिसारेताना
ओरेताना चिगो तिसारेताना।।

कान के पीछे तिरछा जूड़ा
(तेल) बह रहा है, टपक रहा है
बह रहा है, टपक रहा है।
भर–कमर रेशम की साड़ी
घिसर रही है, फैल रही है
घिसर रही है, फैल रही है।।

जब तक तुम्हारी मां है
बह रहा है, टपक रहा है
बह रहा है, टपक रहा है।
जब तक तुम्हारा बाप है
(साड़ी) घिसर रही है, फैल रही है
घिसर रही है, फैल रही है।।

एंगाम बाड़े बांगाइः जानरे
मेददाःम जोरोएआ
मेददाःम जोरोएआ।
आपुम बाड़े बांगाइः जानरे
बालबालेम टिपागे
बालबालेम टिपागे।।

जब तुम्हारी मां नहीं होगी
तुम आंसू बहाओगी
तुम आंसू बहाओगी।
जब तुम्हारा बाप नहीं होगा
तुम पसीना टपकाओगी
पसीना टपकाओगी।।

नेआ मिसाञ हिआतिंआ
मेददाःम जोरोएआ
मेददाःम जोरोएआ।
नेआ मिसाञ चाकातिंआ
बालबालेम टिपागे
बालबालेम टिपागे।।

मुझे इसकी चिंता होती है
तुम आंसू बहाओगी
आंसू बहाओगी।
मुझे इसका दुख होता है
तुम पसीना टपकाओगी
पसीना टपकाओगी।।

15

एंगाञकिङ आपुञकिङ
सोना काजि गा इतु तुकाञबेन
सोना काजि गा इतु तुकाञबेन।
हागाञकिङ बारेञ किङ
रूपा बाकांड़ा गा सारि तुकाञबेन
रूपा बाकांड़ा गा सारि तुकाञबेन।।

हे मेरी मां, मेरे बाप
मुझे सोने–सी बात सिखा जाओ
सोने–सी बात सिखा जाओ।
हे मेरे भाई, मेरे बिरादर
रूपा–सा बखान बता जाओ
रूखा–सा बखान बता जाओ।।

मारे बाबू, मारे बाछा
काड़ाबा डाण्डिरे साबे दाड़िन मे
काड़ाबा डाण्डिरे साबे दाड़िन मे।
मारे बिटि, मारे माइआँ
सेएल कुटिरे गा, जापाः दाड़िन मे
सेएल कुटिरे गा, जापाः दाड़िन मे।।

हे बाबू, हे बच्चे
तुम हल की मूठ पकड़े रहना
हल की मूठ पकड़े रहना।
हे बेटी, हे लड़की
तुम ओखल के किनारे खड़ी रहना
ओखल के किनारे खड़ी रहना।।

काड़ाबा डाण्डिञ साब केना
काड़ाबा डाण्डिदो गा बिउरेताना
काड़ाबा डाण्डि दो गा बिउरेताना।
सेएल कुटिञ जापाः केना
सेएल कुटि दो गा सेकोरेताना
सेएल कुटि दो गा सेकोरेताना।।

मैंने हल की मूठ पकड़ी
हल की मूठ घूम रही है
हल की मूठ घूम रही है।
ओखल के किनारे खड़ी थी
ओखल का किनारा खिसक रहा है
ओखल का किनारा खिसक रहा है।।

काड़ाबा डाण्डि बिउर लेका
आमो बिउरेन मे गा
आमो बिउरेन मे।
सेएल कुटि सेकोर लेका
आमो सेकोरेन मे गा
आमो सेकोरेन मे।।

हल की मूठ घूमने जैसा
प्रिय तुम भी घूमो
तुम भी घूमो।
ओखल का किनारा खिसकने जैसा
प्रिय, तुम भी खिसको
तुम भी खिसको।।

16

बुलतानाञ, बुलतानाञ
बाबा बा तेञ बुलेताना गा
बाबा बा तेञ बुलेताना।
तुलतानाञ तुलतानाञ
तालि जो तेञ तुलेताना गा
तालि जो तेञ तुलेताना।।

नशा आ रहा है, मुझे नशा आ रहा है
धान के फूल से मुझे नशा आ रहा है
धान के फूल से मुझे नशा आ रहा है।
बेहोशी आ रही है, मुझे बेहोशी आ रही है
ताड़ के फूल से मुझे बेहोशी आ रही है
ताड़ के फूल से मुझे बेहोशी आ रही है।।

मिदे पुडुः मेनजालोः
बार पुडुःञ नू तादाञ बुलेताना गा
बार पुडुःञ नू तादाञ बुलेताना।
मिद डुबा मेनजालोः
बार डुबाञ जेंबेदतादाञ तुलेताना गा
बार डुबाञ जेंबेदतादाञ तुलेताना।।

एक दोना कहते हुए
दो दोना पी गया, मुझे नशा आ रहा है
दो दोना पी गया, मुझे नशा आ रहा है।
एक डुभा कहकर
दो डुभा पी गया, मुझे बेहोशी आ रही है
दो डुभा पी गया, मुझे बेहोशी आ रही है।।

निआ मिसाञ हिआतिंआ
बार पुडुःञ नू तादाञ बुलेताना गा
बार पुडुःञ नू तादाञ बुलेताना।
निआ मिसाञ चाकातिंआ
बार डुबाञ जेंबेदतादाञ तुलेताना गा
बार डुबाञ जेंबेदतादाञ तुलेताना।।

कभी इसकी चिंता होती है कि
दो दोना पी गया, मुझे नशा आ रहा है
दो दोना पी गया, मुझे नशा आ रहा है।
मुझे कभी इसका दुख होता है कि
दो डूभा पी गया, मुझे बेहोशी आ रही है
दो डुभा पी गया, मुझे बेहोशी आ रही है।।

17

निरतानाएः, निरतानाएः
दिरि लिण्डा गोड़े निरेताना
दिरि लिण्डा गोड़े निरेताना।
होजोर तानाएः, होजोर तानाएः
साकाम आएरा गोड़े होजोरताना

भाग रही है, भाग रही है
पत्थर लिण्डा (मछली) भाग रही है
पत्थर लिण्डा भाग रही है।
फुदक रही है, फुदक रही है
पत्ता–आएरा (मछली) फुदक रही है

साकाम आएरा गोड़े होजोरताना।।	पत्ता–आएरा फुदक रही है।।
निरतानाएः, निरतानाएः	भाग रही है, भाग रही है
ओकोए बोरोतेः निरेताना गा	किसके डर से भाग रही है?
ओकोए बोरोतेः निरेताना।	किसके डर से भाग रही है?
होजोर तानाएः, होजोर तानाएः	फुदक रही है, फुदक रही है
चिमाए चिरितेः होजोरताना गा	किसके भय से फुदक रही है
चिमाए चिरितेः होजोरताना।।	किसके भय से फुदक रही है??
निरतानाएः, निरतानाएः	भाग रही है, भाग रही है
बुरू पोटोः बोरोते निरताना गा	'पहाड़ी पोटोः के डर से भाग रही है
बुरू पोटोः बोरोते निरताना।	'पहाड़ी पोटोः' के डर से भाग रही है।
होजोर तानाएः, होजोर तानाएः	फुदक रही है, फुदक रही है
बेड़ा चुरचु चिरितेः होजोर ताना गा	घाटी 'चुरचु' के भय से फुदक रही है
बेड़ा चुरचु चिरितेः होजोर ताना।।	घाटी 'चुरचु' के भय से फुदक रही है।।
निरतानाएः, निरतानाएः	भाग रही है, भाग रही है
बिंको इकिरतेः निरताना गा	सांपों की गहराई को भाग रही है
बिंको इकिरतेः निरताना।	सांपों की गहराई को भाग रही है।
होजोर तानाएः, होजोर तानाएः	फुदक रही है, फुदक रही है
तायानको माण्डोआतेः होजोरतानाएः गा	मगरों के दह को फुदक रही है
तायानको माण्डोआतेः होजोरतानाएः।।	मगरों के दह को फुदक रही है।।

18

सिरिरेन होड़ोको	सिरि को लोग
माण्डि काको जोजोमा	भात नहीं खाते
माण्डि काको जोजोमा, हाएरी हाए।	भात नहीं खाते, हाय, हाय।
पारगाना रेन परजा को	परगना के प्रजाजन
इलि काको नूनूआ	इलि नहीं पीते
इलि काको नूनूआ, हाएरी हाए।।	इलि नहीं पीते, हाय, हाय।।
माण्डि काको जोजोमा	भात नहीं खाते
चाउलि तेगे सोंआ कोपे	इन्हें चावल ही नाप दो
चाउलि तेगे सोंआ कोपे, हाएरी हाए।	चावल ही नाप दो, हाय, हाय।
इलि काको नूनूआ	ये इलि नहीं पीते

मायातेगे चुगाकोपे
मायातेगे चुगाकोपे, हाएरी हाए।।

उन्हें माया ही बांट दो
उन्हें माया ही बांट दो, हाय, हाय।।

आको गेको माण्डि जोमका
चउलि तेगे सोंआकोपे
चउलि तेगे सोंआकोपे, हाएरी हाए।
आको गेको चिपा जोमका
माया तेगे चुगाकोपे
माया तेगे चुगाकोपे, हाएरी हाए।

वे स्वयं ही पका खाएं
उन्हें चावल ही नाप दो
चावल ही नाप दो, हाय, हाय।
वे खुद ही छानकर पीएं
उन्हें माया ही बांट दो
उन्हें माया ही बांट दो, हाय, हाय।।

19

सुकान बुरू होरा दो
जिजिलाद गेआ दो
जिजिलाद गेआ दो, हाएरी हाए।
माराःसिलि डारे दो
बोबोरोड़ गेआ दो
बोबोरोड़ गेआ दो, हाएरी हाए।।

सुकान पहाड़ का रास्ता
फिसलन भरा है
फिसलन भरा है,।
माराःसिलि की डगर
चिकनाई भरी है
चिकनाई भरी है।।

सुनुम चिको दुलेतादा
जिजिलाद गेआ दो
जिजिलाद गेआ दो, हाएरी हाए।
गोतोम चिको पासिराकादा
बोबोरोड़ गेआ दो
बोबोरोड़ गेआ दो, हाएरी हाए।।

क्या लोगों ने तेल डाल दिया है?
फिसलन भरा है
फिसलन भरा है।
क्या लोगों ने घी छिड़क दिया है?
चिकनाई भरी है
चिकनाई भरी है।।

दोला तिबु लेलकोआ
जिजिलाद गेआ दो
जिजिलाद गेआ दो, हाएरी हाए।
गोतोम चिको पासिराकादा
बोबोरोड़ गेआ दो
बोबोरोड़ गेआ दो, हाएरी हाए।।

चलो हम देख आएं
फिसलन भरा है
फिसलन भरा है।
चलो हम पहचान आएं
चिकनाई भरी है
चिकनाई भरी है।।

20

बिरदो बिरदो लोताना
बुरूदो बुरूदो बालेताना

सारा जंगल जल रहा है
सारा पहाड़ जल रहा है

बाइजोम मेआ चुटुहोन रूता तुरूड़ि
बाइजोम मेआ चुटुहोन रूता तुरूड़ि।।
गाड़ादो गाड़ादो नांजेदताना
नाइदो नाइदो रोओड़ताना
बाइजोम मेआ काड़ाकोम दिरि कापाटा
बाइजोम मेआ काड़ाकोम दिरि कापाटा।।

प्रिय चूहा, तुम शीशम के खोड़र में अपना खोंता बनाना।
प्रिय चूहा, तुम शीशम के खोड़र में अपना खोंता बनाना।।
सारी नदियां सूख रही है
सारे स्रोत सूख रहे हैं
प्रिय केकड़ा, तुम अपने लिए पत्थर का कपाट बनाना
प्रिय केकड़ा, तुम अपने लिए पत्थर का कपाट बनाना।।

साबेताम गेआको
रोम्बोदताम गेआको
बाइजोम मेआ चुटुहोन रूता तुरूड़ि
बाइजोम मेआ चुटुहोन रूता तुरूड़ि।।
लादेताम गेआको
रापाःताम गेआको
बाइजोम मेआ काड़ाकोम दिरि कापाटा
बाइजोम मेआ काड़ाकोम दिरि कापाटा।।

वे तुम्हें पकड़ न लें
वे तुम्हें दबोच न लें
प्रिय चूहा, तुम शीशम के खोड़र में अपना खोंता बनाना
प्रिय चूहा, तुम शीशम के खोड़र में अपना खोंता बनाना।।
वे तुम्हें पका न लें
वे तुम्हें भून न लें
प्रिय केकड़ा, तुम अपने लिए पत्थर का कपाट बनाना
प्रिय केकड़ा, तुम अपने लिए पत्थर का कपाट बनाना।।

21

लिपि जा डोंएसा को होराते
लिपि जाम डुगुर–डुगुरा
लिपि जाम डुगुर–डुगुरा, हाएरी हाए।।
सिराएः जा कुकुरा को डारेते
सिराएः जा केण्डेम केचेरा
सिराएः जा केण्डेम केचेरा, हाएरी हाए।।

हे लिपि, डोंएसा के रास्ते में
हे लिपि, तुम दौड़ती जा रही हो
हे लिपि, तुम डुगुर–डुगुर दौड़ती जा रही हो।
हे सिराएः, तुम खुखरा के डगर में
हे सिराएः, तुम फुदकती हुई जा रही हो
हे सिराएः, तुम फुदकती हुई जा रही हो।।

लिपि जा मानिजाङ नांगेनगे
लिपि जाम डुगुर–डुगुरा
लिपि जाम डुगुर–डुगुरा, हाएरी हाए।।
सिराएः जा राइजाङ नांगेनगे
सिराएः जा केण्डेम केचेरा
सिराएः जा केण्डेम केचेरा, हाएरी हाए।।
लिपि जा होनको नांगेनगे
लिपि जाम डुगुर–डुगुरा
लिपि जाम डुगुर–डुगुरा, हाएरी हाए।।
सिराएः जा गाड़ां को नांगेनगे
सिराएः जाम केण्डेम केचेरा

हे लिपि, सरसों के बीज के लिए
हे लिपि, तुम दौड़ती हुई जा रही हो
हे लिपि, तुम डुगुर–डुगुर दौड़ती जा रही हो।।
हे सिराएः, तुम राई के बीज के लिए
हे सिराएः, तुम फुदकती हुई जा रही हो
हे सिराएः, तुम फुदकती हुई जा रही हो।।
हे लिपि, तुम अपने बच्चों के लिए
हे लिपि, तुम दौड़ती हुई जा रही हो
हे लिपि, तुम दौड़ती हुई जा रही हो।।
हे सिराएः, तुम अपनी संतान के लिए
हे सिराएः, तुम फुदकती हुई जा रही हो

सिराएः जाम केण्डेम केचेरा, हाएरी हाए।।

हे सिराएः, तुम फुदकती हुई जा रही हो।।

22

निकुःदो रेदो निकुःदो रेदो
आगामारि कोचिको गेओन गेओना
आगामारि कोचिको गेओन गेओना।
निकुःदो रेदो निकुःदो रेदो
दारोमदाः कोचिको लेपालाड़िआ
दारोमदाः कोचिको लेपालाड़िआ।।

ये (पंछी), ये (पंछी)
क्या ये घाटो पंछी हैं, ये झुण्ड में उड़ रहे हैं?
क्या ये घाटो पंछी हैं, ये झुण्ड में उड़ रहे हैं?
ये (पंछी), ये (पंछी)
क्या ये पानी पंछी हैं, लपलपा रहे हैं ?
क्या ये पानी पंछी हैं, ये लपलपा रहे हैं??

उदुबाकोपे उदुबाकोपे
जोजो को जुम्बलाए, उदुबाकोपे
जोजो को जुम्बलाए, उदुबाकोपे।।
चुण्डुलाकोपे चुण्डुलाकोपे
उलिको आम्बराए चुण्डुलाकोपे
उलिको आम्बराए चुण्डुलाकोपे।।

बता दो, उन्हें बता दो
उन्हें ईमली का झुरमुट बता दो
उन्हें ईमली का झुरमुट बता दो।।
उन्हें दिखा दो, उन्हें दिखा दो
उन्हें आम की अमराई दिखा दो
उन्हें आम की अमराई दिखा दो।।

काको सुकुजान, काको सुकुजान
जोजो को जुम्बलाए काको सुकुजान
काको नापाएजान, काको नापाएजान
उलिको आम्बराए काको नापाएजान
उलिको आम्बराए काको नापाएजान।।

उन्हें पसंद नहीं आया, पसंद नहीं आया
ईमली का झुरमुट उन्हें पसंद नहीं आया
ईमली का झुरमुट उन्हें पसंद नहीं आया।।
उन्हें अच्छी नहीं लगा, अच्छी नहीं लगी
आम की अमराई उन्हें अच्छी नहीं लगी।।

23

डुलुः जा पाम्पालाद
ओकोएआः ओड़ाः जाम बाइताना गा
ओकोएआः ओड़ाः जाम बाइताना, हाएरी हाए।।
डुलुः जा पाम्पालाद
चिमाएआः रोसोम जाम बाडुइताना गा
चिमाएआः रोसोम जाम बाडुइताना, हाएरी हाए।।

प्रिय फतिंगा, प्रिय तितली
तुम किसका घर बना रहे हो?
तुम किसका घर बना रहे हो??
प्रिय फतिंगा, प्रिय तितली
तुम किसकी झोपड़ी बना रहे हो?
तुम किसकी झोपड़ी बना रहे हो??

डुलुः जा पाम्पालाद
सिङबोंगाः ओड़ाः जाम बाइताना गा
सिङबोंगाः ओड़ाः जाम बाइताना, हाएरी हाए।।
डुलुः जा पाम्पालाद

प्रिय फतिंगा, प्रिय तितली
तुम सिङबोंगा का घर बना रहे हो
तुम सिङबोंगा का घर बना रहे हो।।
प्रिय फतिंगा, प्रिय तितली

माराङ देवताः रोसोम जाम बाडुइताना गा
माराङ देवताः रोसोम जाम बाडुइताना, हाएरी हाए।।

तुम माराङ देवता की झोपड़ी बना रहे हो।
तुम माराङ देवता की झोपड़ी बना रहे हो।

बेगार पाचिरिते
सिङबोंगाः ओड़ाः जाम बाइताना गा
सिङबोंगाः ओड़ाः जाम बाइताना, हाएरी हाए।।
बेगार साड़िमाते
माराङ देवताः रोसोम जाम बाडुताना गा
माराङ देवताः रोसोम जाम बाडुइताना,हाएरी हाए।।

बिना दीवार के
तुम सिङबोंगा का घर बना रहे हो
तुम सिङबोंगा का घर बना रहे हो।।
बिना छप्पर के तुम
तुम माराङ देवता की झोपड़ी बना रहे हो।।
तुम माराङ देवता की झोपड़ी बना रहे हो।।

24

बुरू रे बुरू रे मानि दो
बेड़ा रे बेड़ा रे राइ
लिमाङा–लोमोङ मानि दो
किदार–कोदोरा राइ।।

पहाड़ पर पहाड़, सरसों लगा है
घाटी पर घाटी, राई लगी है
झूमता सा सरसों
लहकती सी राई।।

ओकोएगे हेरे लेदा मानि दो
चिमाएगे पासिर लेदा राइ
मुण्डा कोगे हेरे लेदा मानिदो
संताकोगे पासिर लेदा राइ।।

सरसों, किसने छींटा है
राई किसने बोयी है?
सरसों, मुण्डाओं ने छींटा है
सरसों, संतालों ने बोयी है।।

सिदे लेगे मोनिञा मानि दो
टोटाः लेगे सानाञा राइ
लिमाङा–लोमोङ मानि दो
किदार–कोदोरा राइ।।

सरसों तोड़ने का मन करता है
राई, टूंगने को जी करता है
झूमता सा सरसों
लहकती सी राई।।

आलो रेपे सिदेआ मानि दो
आलो रेपे टोटाःएआ राइ
तीरे मुदाम गोनोङते मानिदो
काटारे पोला सातिते राइ।।

प्रिय, सरसों को न तोड़ना
प्रिय, राई को न टूंगना
हाथ की अंगुठी देकर खरीदा हुआ यह सरसों
पैर का पोला देकर लाई हुई यह राई।।

25

बुरू दोको बुरू चाबाकेदा माइ
आमदो माइ काम जुड़िजान
जातारा दोको जातारा चाबाकेदा माइ

सारे मेले लग गए, हे लड़की
परन्तु तुम्हारी जोड़ी नहीं लगी
सारे जतरा समाप्त हुए, हे लड़की

आमदो माइ काम जोतान जान।।

आमाःते हुपुड़िङ को ना माइ
आमाःते मापाराङको
सोबेन को जुड़ि जाना माइ
सोबेन को जोता जान।।

पर तुम्हारी जोत नहीं लगी।।

तुमसे छोटियों की
तुमसे बड़ियों की
सबकी जोड़ी लग गई, हे लड़की
सबकी जोत लग गई।।

26

होरा हेसाः दो सालु
ओकोए रोआ लेदा
डारे बाड़े दो सालु
चिमाए पोआ लेदा।।

रास्ते के पीपल को, हे प्रिय
किसने रोपा?
डगर के बड़ को, हे प्रिय
किसने लगाया?

होरा हेसाः दो सालु
गातिम रोआ लेदा
डारे बाड़े दो सालु
सांगाम पोआ लेदा।।

रास्ते के पीपल को, हे प्रिय
तुम्हारे साथी ने रोपा
डगर के बड़ को, हे प्रिय
तुम्हारे संगी ने लगाया।।

तारा कोतो दो सालु
हातु ताला रेआ
तारा दाड़ा दो सालु
दिसुम ताला रे।।

उसकी एक डाल, हे प्रिय
गांव के बीच फैली है
इसकी एक शाखा, हे प्रिय
देश के बीच।।

तारा कोतो रे सालु
सादोम तोलाकाना
तारा दाड़ा रे सालु
पाइकि नेओड़ाकाना।।

एक डाल पर, हे प्रिय
घोड़ा बंधा हुआ है
एक शाखा के नीचे
पाइका नर्तक बंधा है।।

27

राबाङतान रेदो बोले रेआड़ातान रेदो
मारे होज बोलोआरे कुदा सुड़ा
राबाङतान रेदो बोले रेआड़ातान रेदो
मारे होज सोड़ोआरे बारूसुड़ा।।

जाड़ा के समय, ठंड के समय
हे प्रिय जामून–कोंपल, मैं अंदर आऊंगा
जाड़ा के समय, ठंड के समय
हे प्रिय कुसुम–कोंपल, मैं भीतर आऊंगा।।

मारे होञ बोलोआरे कुदा सुड़ा
डुबा लेकान सुपिद ते उकुञ मेहो
मारे होञ सोड़ोआरे बारू सुड़ा
जिरपि–जालाङ पाएलाते दानाङिञ मेहो।।

प्रिय जामून–कोंपल, मैं भीतर आऊंगा
अपने डूभा–से खोंपा से मुझे छिपाना
प्रिय कुसुम–कोंपल, मैं भीतर आऊंगा
अपने चौड़े आंचल से मुझे ढांपना।।

28

माराङ गाड़ा चिरपि लेका माइनाम
बिजिर–बिजारा माइना
हुड़िङ गाड़ा आएरा लेका माइनाम
बिआन–बोयोना माइना।।

बड़ी नदी की पोंठी मछली की तरह, हे लड़की
तुम चमकती हो, हे लड़की
छोटी नदी की आयरा मछली की तरह, हे लड़की
तुम दमकती हो, हे लड़की।।

एंगाम मेनाइः सुमुङ गे माइनाम
बिजिर–बिजिरा माइना
आपुम मेनाइः पारिआ गे माइनाम
बिआन–बोयोना माइना।।

जबतक तुम्हारी मां है, हे लड़की
तुम चमकती हो, हे लड़की
जबतक तुम्हारा बाप है, हे लड़की
तुम दमकती हो, हे लड़की।।

एंगाम बाड़े गोएः जानरे माइनाम
दिकु कामिड़िना माइना
आपुम बाड़े सेरजानरे माइनाम
सारगा टेकाड़िना माइना।।

तुम्हारी मां के मर जाने पर, हे लड़की
तुम दिकु के घर नौकरानी रहोगी, हे लड़की
तुम्हारे बाप के गल जाने पर, हे लड़की
किसी सराक के यहां चाकरी करोगी, हे लड़की।।

29

बुरू को माइदिरे
ओको बुरू माराङा
भुंइआर को माइदिरे
चिमाए भुंइआर चेताना?

पहाड़ों के बीच
कौन–सा पहाड़ सबसे बड़ा है
भुंइहारों के बीच
कौन–सबसे ऊपर?

बुरूको माइदिरे
माराङ बुरू माराङा
भुंइआर को माइदिरे
गितु साए चेताना।।

पहाड़ों के बीच
माराङ बुरू सबसे बड़ा
भुंइहारों के बीच
गितुसाय सबसे ऊपर।।

माराङ बुरू बुरू केआते
सोबेनको बुरूएआ
गितु साए काजि केआते

माराङ बुरू मनाने के बाद
सभी मेले मनाए जाते हैं
गितु साय के कहने के बाद

सोबेन को काजिआ।।

सब कोई कहते हैं।।

30

बुरूआते हाड़ागुन कोहो सोन्दारी
नाराआते नोसोरेनको
सेके–सेके हाड़ागुनकोहो सोन्दारी
रोलो–रोलो नोसोरेन को।।

पहाड़ पर से उतरनेवाले, हे सोन्दारी
घाटी से उतरने वाले
'सेके–सेके' आवाज करते उतरनेवाले
'रोलो–रोलो' आवाज के साथ उतरनेवाले।।

तुला तेको तुलाबुलुङा सोन्दारी
गाण्डा तेको गाण्डा रांसुड़िं
पुण्डि राम्बाड़ा रूतु तेकोआहो सोन्दारी
डिंजा डिंबु डोले तेकोआ।।

तुला से ये नमक तौलते हैं, हे सोन्दारी
गणना से ये लहसून बेचते हैं।
सफेद उरद की बांसुरीवाले, हे सोन्दारी
डिम्बू का फल डुलाने वाले।।

31

सिसिपिड़ि लोताना मनाजू
नोकोरेलाङ आतिंआ मनाजू
तिलाइ बादि बालेताना पाराएलू
चिमाए रेलाङ गुसामा।।

सिसिपिड़ि का मैदान जल रहा है, हे मैना
हम कहां दाना चुगेंगे, हे मैना?
तिलाय बादी की सपाट जल रही है, हे पेरवा
हम कहां दाना चरेंगे??

तारा पिड़ि लोतानरे मनाजू
तारा रेलाङ आतिंआ मनाजू
तारा बेड़ा बालेतानरे पाराएलू
ताराबेड़ा रेलाङ गुसामा।।

जब एक तरफ जलता है, हे मैना
हम दूसरी तरफ चुगेंगे, हे मैना
जब एक ओर आग लगी हो, हे पेरवा
हम दूसरी ओर चरेंगे।।

32

मारना माइ डिंडा सुनुमुङ
मारना माइ सुसुनान मे
मारना माइ डांगुआ सुनुमुङ
मारना माइ कारामान में।।

जबतक तुम कुंवारी हो, हे लड़की
जाओ, खूब नाचो
जबतक तुम अनव्याही हो, हे लड़की
जाओ, तुम खूब डेगो।।

मारना माइको गोङ केमाते
सांगिनातेम लेल कोयोगा
मारना माइको चाल केमाते
जिलिंआतेम चिना आतेना।।

व्याह में दे देने के बाद
तुम दूर से देखा करोगी
शादी में दे देने के बाद
तुम दूर से सुना करोगी।।

33

मुण्डाकोरे हिसि आरांड़।	मुण्डाओं के यहां बीस जुए (हल–बैल)
सिंगिदोबु सिउः कामिआ	दिन को हम हल चलाएंगे
सांता कोरे दुमाङ दांगिड़ि	संतालों के यहां मादर–युवतियां
निदा दोबु सुसुन कारामा।।	रात को हम नाच करेंगे।।
सिंगि दोबु सिउः कामिआ	दिनको हम हल चलाएंगे
कामिआको मेताबुआ	लोग हमें कर्मठ कहेंगे
निदादोबु सुसुन कारामा	रात को हम नाच करेंगे
रासिकाको मेता बुआ।।	लोग हमें रसिक कहेंगे।।

34

राजा गोरोब दो	राजा की तरह गर्व करना
आलोरेम गोरोबा	प्रिय तुम गर्व न करना
भुंइआरी नाबाब दो	भुंइहार की नवाबी
आलोरेम नाबाबा।।	प्रिय तुम नवाबी न करना।।
आलोरेम गोरोबा	प्रिय, तुम गर्व न करना
लांडिआको मेतामा	लोग तुम्हें आलसी कहेंगे।
आलोरेम नाबाबा	प्रिय, तुम नवाबी न करना
पोआड़िको मेतामा।।	लोग तुम्हें गंदा कहेंगे।।

35

इलि बुल जाना चिबु रानुबुल जाना	इलि के नशे से या दवा के नशे से
ने जोजो सुबा रेबु बिउरेन ताना	हम इस इमली पेड़ के नीचे घूम रहे हैं
इलिबुल जाना चिबु रानु बुल जाना	इलि के नशे से या दवा के नशे से
ने उलि सुबारेबु सेकोरेन ताना।।	इम इस आम पेड़ के नीचे खिसक रहे हैं।
इलि बुल कागे बोले रानु बुल कागे	इलि का नशा भी नहीं, दवा का नशा भी नहीं
बिउरेन मोनेगेबु बिउरेनताना	घूमना है इसलिए घूम रहे हैं
इलिबुल कागे बोले रानुबुल कागे	इलि का नशा भी नहीं, दवा का नशा भी नहीं
सेकोरेन मोनेगेबु सेकोरेन ताना।।	खिसकना है इसलिए खिसक रहे हैं।।

36

सोना लेकान दिसुमा लिपि	सोना–सा देश, हे लिपि

ओकोरेम लेलादा लिपि
रूपा लेकान गामाएआ कारे
चिमाए रेम चिनादा कारे।।

सोना लेकान दिसुमा लिपि
डोंएसा रेम लेलादा लिपि
रूपा लेकान गामाएआ कारे
कुकुरा रेम चिनादा कारे।।

सोना लेकान दिसुमा लिपि
बिउरतानाया लिपि
रूपा लेकान गामाएआ कारे
सेकोर तानाया कारे।।

बिउर तानाया लिपि
चारेका लेकाया लिपि
सेकोर तानाया कारे
रेमटा लेकाया कारे।।

तुमने कहां देखा?
रूपा–सी धरती, हे कारे
तुमने कहां पहचानी?

सोने–सा देश, हे लिपि
तुमने डोंएसा में देखा
रूपा–सी धरती, हे कारे
तुमने खुखरा में पहचानी।।

सोने–सा देश, हे लिपि
घूम रहा है, हे लिपि
रूपा–सी धरती, हे कारे
खिसक रही है, हे कारे।।

घूम रहा है, हे लिपि
चरखा की तरह, हे लिपि
खिसक रही है, हे कारे
'रेमटा' की तरह, हे कारे।।

37

सोमाए बारि होम
दिले दोंगोबा
नुसाड़ा पारिआ होम
लाडे–चाडेआ।।

सोमाए सेनोःजान
देआम कुबाजान
नुसाड़ा बिरिदजान
जोआम रेपोजान।।

देआम कुबाजान
जोजो लेकागे
जोआम रेपोजान
सोसो लेकागे।।

जबतक समय है
तुम्हारा चमकना–दमकना है
जबतक जवानी है
तुम्हारा लहकना–दहकना है।।

समय चला गया
तुम्हारे गाल पिचक गए
जवानी चली गई
तुम्हारी पीठ झुक गई।।

तुम्हारी पीठ झुक गई
इमली की तरह।
तुम्हारे गाल पिचक गए
भेलवा की तरह।।

38

उकु लाङा चिहोम दानाङ लाङा
कादाल कान्दि लेकामं सुपिद तादा
उकु लाङा चिहोम दानाङ लाङा
गंगा गाड़ा लेकाम पाएला तादा।।

प्रिय, क्या तुम हमें छिपाओगी या ढांपोगी
प्रिय, तुमने केला खांदी–सा खोंपा बांधा है?
प्रिय, क्या तुम हमें छिपाओगी या ढांपोगी
प्रिय, तुमने गंगा नदी–सा आंचल फैलाया है।

उकुओ कागे बोले, दानाङो कागे
सुपिद मेनेगेहोञ सुपिद तादा।
उकुओ कागे बोले, दानाङो कागे
पाएला मेनेगेहोञ पाएला तादा।।

छिपाने के लिए भी नहीं, ढांपने के लिए भी नहीं
बांधने को ही खोंपा बांधा है
छिपाने के लिए भी नहीं, ढांपने के लिए भी नहीं
फैलाने को ही आंचल फैलाया है।।

40

हाए रेंगेः रेंगेः
पोटोम ताले बानोगा
हाए राबाङ राबाङ
पाटि ताले बानोः।।

हे भूख, हे भूख
हमारे पास मोरा नहीं।
हे जाड़ा, हे जाड़ा
हमारे पास पटिया नहीं है।

जू रेंगेः रेंगेः
बेपारी को ओड़ाःते
जू राबाङ राबाङ
लादेना को रोसोमते।।

जाओ हे भूख
व्यापारियो के पास।
जाओ हे भूख
लदनियों के पास।।

बेपारी को ओड़ाःरे
जुड़ि कामाड़ा।
लादेना को रोसोमरे
जोता पिचुड़ि।।

व्यापारियों के घर में
जोड़ा कम्बल।
लदनियों की यहां
जोड़ी पिछौड़ी।।

41

रासिका जाओ रासिका
रासिका काम उडुङोः
छाएला जाओ छाएला
छाएला काम पायारोः।।

हे रसिक, पहले का रसिक
हे रसिक, तुम नहीं निकलते
हे छैला, पहले का छैला
हे छैला, तुम नहीं दिखते।।

रासिका रिचि तोनोल चि
रासिकाम तोलेना जाना चि

हे रसिक, तुम बाज के बंधन से
बंध गए हो क्या?

छाएला बेसेरा नेओड़ा चि
बेसेराम नेओड़ान जानाचि।।

रासिका रिचि तोनोल दो
रासिका कोटा गिड़िनमें
छाएला बेसरा नेओड़ा दो
छाएला हिरचि गिड़िन मे।।

हे छैला, तुम बेसरा के जकड़न से
जकड़ गए हो क्या?

हे रसिक, बाज के बंधन को
हे रसिक, तुम तोड़ डालो
हे छैला, बेसरा का जकड़न
हे छैला, तुम झाड़ फेंको।।

जिनीद सोनोतोः नेगको / व्यक्ति संस्कार अनुष्ठान

1. सुताम तोल बोंगा / सूत्र बंधन (गर्भ स्थिरीकरण) मंत्र

अनुष्ठान एवं मंत्रपाठ

सुताम तोल बोंगा/सूत्र बंधन (गर्भ स्थिरीकरण) मंत्र

विवाहिता स्त्री के गर्भ ठहरने का एहसास हो जाने पर भ्रूण के रूप में पल रहा शिशु ठीक से बढ़े और उसे सही संस्कार मिलें इसके लिए यह सुनिश्चित किया जाता है कि भावी माता की दिनचर्या सामान्य हो। वह कोई भारी सामान न उठाए और उसका मन तनाव विहीन हो। कहते हैं गर्भस्थ शिशु पर माता के शारीरिक और मानसिक क्रिया कलापों का प्रभाव पड़ता है। उसके नहाने–धोने, खाने–पीने से लेकर उसके सोचने–विचारने और चिंतन–मनन के सारे संस्कार उसके अन्दर पल रहे शिशु को मिलते हैं। कहते हैं बाल्मीकि आश्रम में रह रही गर्भवती सीता की आकांक्षाओं का ही प्रताप था कि उसके अन्दर पल रहे लव–कुश अपने पिता से भी अधिक तेजस्वी निकले। इसी को सुनिश्चित करने के लिए सुतामतोल (सूत्रबंधन) का अनुष्ठान किया जाता है।

नियत विधि से घर–आंगन की विशेष सफाई–लिपाई–पुताई की जाती है। घर की अग्रज महिलाओं में से कोई अल्पना आंकती है और उसके सामने पूरब की ओर मुंह करके नए वस्त्रों में गर्भवती महिला पीढ़े पर बैठती है। उसके सामने होती है पूजा सामग्रियां–धूप, दीप, अक्षत, सिंदूर, और लोटे में पानी। दाहिनी ओर पाहन और उसका सहयोगी उत्तर की ओर मुंह करके पूजा आरंभ करते हैं।

⊙ सोबेन बोंगा को राः होपोर–पृ. 51–56

⊙ सानामाङ रेआः नेएग लेकाते बोंगा–

तिसिं दो ....चाण्डुः,..........हुलाङ 1
सायोब को लेकाते ....चाण्डुः.........दिलाङ......
साल ....राज बितार.......जिला...........हातुरे
........ताकोआः राचारे
मोड़ेहागा हातु रेन
कुपुल गंगा दिसुमरेन
नेरेले जामाआकाना
नेरेले हुण्डिआकाना।।

⊙ सर्वदेवता उदबोधन–पृ. 51–56

⊙ विशेष अवसर का संबोधन–

आज...............महीना...............दिन
दूसरे शब्दों में......महीना.......दिन........साल
.........राज्यांतरगत........जिला.........गांव में
............................के आंगन में
गांव के पांच भाई
देश के कुटुंब बंधु
हम यहां जमा हैं
हम यहां एकत्र हैं।।

आमताङ निकिनाः आड़ांदिइम्ताङ
निकिनाः कोड़ान्दि इम्ताङ
निकिन जुड़िओः इम्ताङ
निकिन जोताओ इम्ताङ
निकिन पोआ–पोसाओःका
निकिन हारा–बुरूओः का
मेनतेले आरजि केना
मेनतेले गोआरिकेना।।

2

पिछली बार इनके विवाह के समय
इनकी शादी के अवसर पर
इनकी जोड़ी जब लगी थी
इनको जब जोता गया था।
इनकी वृद्धि हो, वंश बढ़े
ये बढ़ें–पलें, ऊंचाई पाएं–
इस तरह हमने अर्जी की थी
इस तरह गुहार की थी।।

आरजि तालेपे आयुमकेदा
गोआरि तालेपे आतेन केदा
आपेआः पेड़ेःते
आपेआः पोरताबते
चेतान लारि गुले गुले
लातार लारि आलाए बालाए।।
सोना दाः गामा केदा
रूपा लांदिर रांपि केदा।।

3

हमारी अर्जी तुमने सुनी
हमारी प्रार्थना तुमने गुनी
तुम्हारी शक्ति से
तुम्हारे प्रताप से
ऊपरी बादल के उमड़–घुमड़ से
निचली बादल के अपने पानी से
सोना–पानी की वर्षा हुई
रूपा–पानी की झड़ी लगी।।

.... आर ......ताकिनाः किमिन
.... आः ओड़ाः होड़ो ....
होड़ोमोकोरेः मेनाःइआ
होन सानाङ लोः मेनाःइआ।
आपे सोबेन बोंगाको तागाते
आपे जोतो देवता को तागाते
आले नेआले आर्जीताना
आले नेआले गोआरिताना।।

4

.... और ...... की बधू
.... की पत्नी
शरीर से भारी है
संतान की इच्छुक है।
तुम सभी देवताओं से
तुम सभी देवों से
हम अर्जी करते हैं
हम सभी गुहार करते हैं।।

ने कुड़िहोनाः सानाङ
आले सोबेनकोआः आसाराएः
थीराकान ताइनोः का
टेकाओआकान ताइनोःका।
ने पोटोमताद कुड़िहोनाः
ने बान्दिताद किमिनहोनाः
होड़ोमो बुगिगे ताइनोःका
जी नापाएगे ताइनोःका।।

5

इस स्त्री की इच्छा
हम सभी की आशा
स्थिर बनी रहे
टिकी हुई रहे।
पोटली बांधी हुए इस लड़की का
मोरी बांधी हुई यह बहू का
शरीर स्वस्थ रहे
मन सानंद रहे।।

6 निःआ जोम नू
निआः उड़ुः–उइहार
हाराओःतान होनताः
माताओःतान गांड़ाताः।
बुगिते तेबागोःका
नापाएते सेटेरोःका
एंगा आर होन बारानकिन
बुगिगेकिन ताइनोःका।।

इसका खाना–पीना
इसका सोचना–विचारना
बढ़ते हुए बच्चे तक
पलती हुई संतान तक
ठीक से पहुंचे
आनंदपूर्वक जाए
माता और बच्चा दोनों
अच्छी तरह बढ़ें।।

7 कोड़ाहोनको मादरा लेका
रूदन लेका, कोंता लेका
सिंगराय लेका, बिन्दराय लेका
बिरसा लेका, गया लेका।
ओते हासा नांगेन तिंगुकेनको
जोनोम दिसुम बानचाओकेनको
जेताए काको बोरोएको
जेताए काको चिरिआको।।

लड़का हो तो मदरा की तरह
रूदन की तरह, कोनता की तरह
सिंगराय की तरह, बिन्दराय की तरह
बिरसा की तरह, गया की तरह।
जो धरती और माटी के लिए खड़े हुए
जनमभूमि को बचाने वाले थे
जो किसी से नहीं डरते थे
किसी से भय नहीं करते थे।

8 कुड़िहोन प्यारी, माकि लेका
फूलो लेका, झानो लेका
पाएला पाटे बाइलेदको
एरा सेन्देरा एटेः लेदको।
जेता लेका होयो दुदुगार रे
जां लेका कोंआसि रे
तिंगु दाड़िन लेकानिः
जापाः दाड़िन लेकानिः।।

लड़की हो तो माकी जैसी
फूलो जैसी, झानो जैसी
जिन्होंने आंचल कसकर बांधकर
जनी शिकार की परम्परा शुरू की।
कितनी ही आंधी–तूफान में
कितना ही कुहासे में
खड़ी हो सके
स्थिर हो सके।।

9 लोयोङ पिड़ि बाइकेनको
बुरू बुरू होनोरकेनको
इनकुलेका इनिः हाराओःका
इनकुलेका इनिः माताओःका।
इनिलोः आलेओ सोबेन
इनिःलोः आलेओ जोतो
बुगिगेले ताइनोःका
नापाए गेले जुगुइका।।

खेत–मैदान बनाने वाले
वन–पहाड़ घूमने वाले
वह उनकी तरह बढ़े
वह उनकी तरह पले।
उसके साथ हम सभी
उसके साथ हम जो हैं
स्वस्थ रहे
सानंद रहें।।

सा सोमाए बुगिगे ताइन 10
रेंगेः राबाङ आलोका ताइन
रोग व्याधि आलोका ताइन।
हागा–कुपुलरे दुलाड़ा
पाउनि–पारजारे सुगाड़ा
आलेरे पेरेःआकान ताइन
आलेरे पारिड़िआकान ताइन।।

जोआर! जोआर! जोआर!

(पाआंडा सासाङदाःरे
तुपुआकान मिआद सुताम
होड़ोमोरे मेनाईः कुड़िहोनाः
लेंगा तीरे तोल जाःइआ।
कुड़ि होन सोबेनकोएः जोआर केदकोआ
सोबेनकोएः मानातिं जादकोआ।।)

(चुमाड़ा, जोआर–जागार।)

ऋतुएं ठीक रहे
भूख–जाड़ा न रहे
रोग–व्याधि न रहे।
आश्रित प्रजा में मेल,
भाई बंधुओं में प्रेम
हमारे बीच भरा रहे
हमारे बीच छलकता रहे।।

जोहार! जोहार! जोहार!

(पाहन हल्दी पानी में
भिंगोया हुआ एक धागा
गर्भवती महिला की
बाईं कलाई में बांधता है।
महिला अपने जोहार से
कृतज्ञता ज्ञापित करती है।।)

(चुमावन, मिलना–जुलना।)

2. जोनोम आर नुतुम साकि बोंगा/ जन्म और नामकरण मंत्र

अनुष्ठान एवं मंत्रपाठ

जोनोम आर नुतुम साकि बोंगा/
जन्म और नामकरण मंत्र

किसी घर में नया जन्म–लड़का या लड़की का–शुभ और सौभाग्याशाली माना गया है। सबसे पहले माता को बधाई दी जाती है और उसके सुस्वास्थ्य की कामना की जाती है। फिर भी प्रारंभ मे 5 दिन अशुचि माने जाते हैं। बच्चे के साथ ही माता का भी 'नया जन्म' होता है। उसका शरीर अत्यंत ही नाजुक होता है। बच्चा और जच्चा दोनों पर बड़ी सावधानी की नजर रखी जाती है। बच्चे का नई दुनिया में स्थानांतरण और माता के अपने पुराने शरीर की स्थिति में वापस जाना कठिन कार्य होते हैं। इन कार्यों में अनुभवी, प्रौढ़ स्त्रियां बड़ी मददगार होती हैं।

नियत दिन को नारता (छठी) का आयोजन होता है। नहलाई–धुली माता नए कपड़ों में आंगन में बने अल्पना के ऊपर बच्चे को गोद में लेकर पीढ़े पर पूरब की ओर मुंह किए हुए बैठती है। सामने पूजा की सामग्री–धूप, दीप, अक्षत, सिन्दूर, फूल–पत्तियां और पानी––होती है। पूजा सामग्रियों की जांच के बाद पाहन और उसके सहयोगी मंत्रपाठ आरंभ करते हैं:

⊙सोबेन बोंगाको राः होपोर–पृ. 51–56	⊙ सर्वदेवता उद्‌बोधन–पृ. 51–56
⊙नुतुम साकि लेकाते बोंगा–	⊙ जन्म–नामकरण संस्कार पर विशिष्ट संबोधन
तिसिं दो .....चाण्डुः ......हुलाङ 1 एटाः लेकाते....चाण्डुः....हुलाङ....साल ....राज बितार.....हातु........टोला ....आर .....ताकिनाः राचा रे।	आज ...... महीन .... दिन दूसरे शब्दों में.....महीना... दिन....वर्ष ...राज्य.... जिला.... ग्राम ....टोला ....और .... के आंगन में।
मोड़े हागा हातुरेन कुपुल गंगा दिसुम रेन नेरेले जामाआकाना नेरेले हुंडिआकाना।	पांच भाई गांव के कुटुंब बंधु देश के हम यहां जमा हैं हम यहां एकत्र हैं।।

होनकोड़ा ताकिन..........	**2**	उनका पुत्र...........
होन किमिन ताकिन........		उनकी बहु..........
इनकिन आड़ान्दिओःतान इमताङ		उनके विवाह के समय
इनकिन जुड़िओःतान सोमाए।		उनके परिणय के अवसर पर
आदे लेका रासुंड़ि लेका		अदरख की तरह, लहसुन की तरह
मादलेका, कादाललेका		बांस की तरह, केले की तरह
गांड़ओःकाकिन, बुटाओःकाकिन		ये वृद्धि पाएं, ये ऋद्धि पाएं
पोआओःकाकिन, पोसाओःकाकिन।।		ये बढ़ें, ये पलें।।
आकिनाः ओड़ाःरे–दुआररे	**3**	इनके घर–द्वार पर
इनकिनाः राचारे–आंकारे		इनके आंगन–प्रांगण में
सोना गुगुरा, रूपा टांइड़ि		सोने का घुंघरू, रूपा की शहनाई
साड़िआकान, रूम्बुलाकाना ताइनका।		बजता रहे, गूंजती रहे।
जिनीद रेआः जांगिरे		जीवन के रास्ते में
दुनिया रेआः दाउड़िरे		दुनिया की दौड़ में
चेतान तेकिन राकाबका		ये ऊपर को जाएं
जुगू–जुगूकिन जीदोःका।।		ये युग–युग जीएं।।
मेनतेबु आर्जीकेना	**4**	इस तरह हमने अर्जी की थी
मेनतेबु गोआरिकेना		इस तरह हमन प्रार्थना की थी
सिङबोंगा, ओतेएंगा		परमेश्वर, धरतीमाता
बुरूबोंगा, इकिरबोंगा।		पहाड़ी देव, दह देव।।
नागे एरा, चाण्डी एरा		नाग देवी, चण्डी देवी
बा जायार, जिलु जायार		सरहुल जाहेर, शिकार जाहेर
आयुमकेदापे, आतेनकेदापे		तुमने प्रार्थना सुनी, तुमने गुहार स्वीकारी
सायादादलेआपे, सार्तेयादलेआपे।।		तुमने स्वीकृति दी, तुमने सत्यापित की।।
सोना दाःपे गामाआदलेआ	**5**	तुमने सोने की वर्षा की
रूपा दाःपे पासिराद लेआ		तुमने रूपा की वृष्टि की
सोनागे ओमोन जाना		सोना ही उग आया
रूपा गे बुसाड़ा जाना।		रूपा ही अंकुरित हुए।
सोनागेले हालाङजाना		हमारे हाथ सोना ही लगा है
होड़ो रूपरे ने होन		मानव रूप में यह बच्चा
रूपा गेले तुसाङ नामाना		हमारे हाथ रूपा ही लगा है
मानोआ रूप रे ने गांड़ां।।		मनुष्य रूप में यह संतान।।

........आः कोयोङ रे	6	.....................की गोद में
...................गुंगुदरे		.....................की बांह में
राःतान, लान्दातान		रोता हुआ, हंसता हुआ
ओंड़ानतान, कोटानतान।		उफड़ता, छटपटाता हुआ
बालेः होन बोंगा लेकान		छोटा बच्चा देव–सा
लिंडुङहोन देवता लेकान		शिशु बच्चा देवता–सा
सामाड़ोम लेकाएः ओमोनाकान		सोने–सा उगा है
सिंगि लेकाएः तुराकाना।।		सूरज सा उदित है।।
निआः ओमोन होराते	7	इसके आगमन के रास्ते
निआः जोनामोः नाताते		इसके जनमने के नाते
आरे चाण्डुः रेआ हुमुते		नौ महीने के मैल से
गेल चाण्डुः रेआः नोलादते।		दस महीने की स्याह से।
जी–होड़ोमोको हीन लेना		हमारा मन–शरीर हीन था
ओड़ाः–दुआरको हिलाङलेना		हमारा घर–द्वारा दूषित था
काटा–ती को लोसोद लेना		हाथ–पैर कीचड़ सने
देआ तारानको तोरोएः लेना।।		पीठ–कंधा राख भरे।।
मानि सुनुम, राई सासाङते	8	सरसों तेल, राई–हल्दी से
जागाड़ा–इलि, काटा रांगाते		शुद्ध मदिरा से, पैर रंगने से
डेबेल राकाब केद किनाले		हमने इन्हें नहलाया है
रेआड़ा आमिंकेद किनाले।		हमने इन्हें शुद्ध किया है।
तिसिं एन रोग दुकुको सोबेन		आज यह रोग–दुख
तिसिं एन हिलाङ–हेन्दोको जोतो		आज वह सारा लांछन
गंगा रेले आतु गिड़िकेदा		हमने गंगा में बहा दिया
समुन्दर रेले बुआल गिड़िकेदा।।		हमने सागर में डुबा दिया।।
होड़ोमो नोलाद पार्चिजाना	9	शरीर का स्याह साफ हुआ
तारान तोरोएः आमिंजाना		कंधे की राख धुल गई
काटा दुड़ा कोटाबजाना		पैर की धूल झड़ गई
तालका लोसोद चापिजाना।		तलवे का कीचड़ साफ हुआ।
ने ओड़ाः, ने रोसोमरे		इस घर, इस झोपड़ी में
ने खूंट, ने गुस्टिरे		इस खूंट, इस गोष्ठी में
जेतान हिलाङ बानोःआ		कोई कलंक नहीं है
जेतान हेन्दो बानोःआ।।		कोई लांछन नही है।।

10

जां ताः, जेता ताःरे
जाएताः, जेताए ताःरे
नेआ काजि बिरिद रेदो
नेआ बाकांड़ा राकाब रेदो।
सोबेनाः बुगिगेआ
सोबेनाः नापाएगेआ
मेनतेबु काजीआ
मेनतेबु उदुबेआ।।

कहीं, किसी जगह
किसी के यहां, किसी के घर
यह बात अगर उठे
यह शिकायत अगर आए।
सब कुछ ठीक है
सबकुछ स्वस्थ है
ऐसा हम कहें
ऐसा हम बताएं।।

(सुनुम आर आदोआ चाउलि हाटिंओः ताना।)

(तेल वितरण, अक्षत वितरण)

11

सिङबोंगाः उम्बुलरे
ओतेएंगाः कोयोङरे
सेंगेल बोंगाः सामाङरे
उलि साकाम साकिरे।
ने होनाः नारता होराते
ने होनाः छठी नाताते
सोबेनले बुगि रूआड़ाओःताना
जोतोले नापाए नाचुरोःताना।।

परमेश्वर की छाया में
धरतीमाता की गोद में
अग्निदेव के समक्ष
आम पत्तियों की साक्षी में।
इस बच्चे के नारता के नाम पर
इस बच्चे की छठी के नाते
हम सभी शुद्ध हो रहे हैं
हम सभी पवित्र हो रहे हैं।।

12

बालेः ओपाद, बालेः दाड़ा
नावा होन, नावा गांड़ां
हारा राकाबोःकाए
माता राकाबोःकाएः।
कुदा उम्बुल लेका
बारू उम्बुल लेका
हेसाः चातोम लेका
बाड़े चोतोर लेका।।

नई डाल, नई शाखा
नया बच्चा, नया अंकुर
यह आगे बढ़े
यह वृद्धि हो पाए।
जामुन की छाया की तरह
कुसुम की छाया की तरह
पीपल की छाता की तरह
बड़ की छतरी की तरह।।

13

हिद पाण्डु, रूता पाण्डु
पाण्डुआकानेः ताइनका
सिं सारजोम दारू लेका
तिंगुआकानेः ताइनका।
सोबेन होड़ोको उम्बुलोःका
सोबेन जीउको चोतोरोःका

हिद का पाण्डुपन, शीशम का पाण्डुपन
उनका पाण्डुपन यह पाए
ऊंचे शाल के वृक्ष की तरह
यह हमेशा खड़ा रहे।
सभी लोग छाया पाएं
सभी जीव छतरी पाएं

निआः नुतुम सालांगिओःका
निआः चिना चेतानोःका।।

इसका नाम ऊंचा हो
इसकी पहचान ऊपर जाए।।

14 मुण्डा होन चि कुलाहोन
मेने काजि सार्तेओःका
सान्ताहोन चि निलिहोन
मेने बाकांड़ा केटेगोःका।
आलेआः आर्जी
आयुमेपे ताबु
आलेआः गोआरि
आतेनेपे ताबु।।

मुण्डा का बच्चा, बाघ का बच्चा
वाली कहावत सत्यापित हो
संताल का बच्चा, बर्रे का बच्चा
वाली कहावत सच निकले।
हमारी अर्जी
कृपाकर सुन लो
हमारी गुहार तुम
दयाकर मान लो।।

15 बुगिनगे, नापाएगे
जिनगानी सेसेनका
लांदातान, जागारतानगे
आङनामोः, तुरनामोःकाले।
सिबिलदाः गामाएका
जीदन सिंगि तुरोःका
जीराड़ेः होयो सेसेनका
जोतो बुगिनगेले ताइनका।।

शुभ ही, मंगल ही
हमारा जीवन चले
हंसते हुए, बतियाते हुए
हम सुबह देखें, प्रातः देखें।
स्वादिष्ट पानी बरसे
जीवनदायी सूरज उगे
शांतिदायक हवा चले
हम सभी स्वस्थ रहें।।

जोआर! जोआर! जोआर!
(आदोआ चाउलि हेरोःताना।)

जोहार! जोहार! जोहार!
(अक्षत दान)

नुतुम साकि

नामकरण

1 हे सिरमारेन सिङबोंगा
ओतेरेन ओतेएंगा
बुरूबोंगा, इकिरबोंगा
ओड़ाःरेन हाड़ाम होड़ोको।
तिसिं जाकेद दो ने होन
नाआः जाकेद दो ने गांड़ां
हेबे होरातेगे चिनालेना
हातार नातातेगे चुण्डुललेना।।

हे आकाश के परमेश्वर
पृथ्वी की धरती माता
पहाड़ी देव, दह देव
घर के पुरखे पूर्वज।
आज तक यह बच्चा
अबतक यह संतान
गोद के रास्ते ही पहचाना जाता था
बांह के नाते ही जाना जाता था।।

2 हाराओःतान ने होन
माताओःतान ने गांड़ांताले
दुड़ारे इनुं लेकाएः बाइओःताना
गितिलरे एनेः लेकाएः माराङोःताना।
सिमको हार लेकाएः तेआरोःताना
मेरोमको गुपि लेकाएः बाइओःताना
जोआर इतुइ लेकाएः हाराओःताना
जागार सारि लेकाएः माताओःताना।।

बढ़ता हुआ यह बच्चा
पलता हुआ यह शिशु
धूल में खेलने–सा बन रहा
बालू में कूदने–सा बड़ा हो रहा।
मुर्गी भगाने–सा तैयार हो रहा
बकरी चराने जैसा बन रहा
'जोहार' सीखने–सा बढ़ रहा
बात बतियाने जैसा पुष्ट हो रहा।।

3 बोंगा लेकान ने होनताले
देवता लेकान ने गांड़ांताले
लेल उरूमीकाले मेनते
चिना उरूमीकाले मेनेते।
ने होन हेबे देंगा नागेन
ने गांड़ां गुंगुद गोड़ोम नागेन
तुपु साकिओः तानाएः तिसिं
तापाः साकिओः तानाएः तिसिं।।

देव–सा हमारा यह बच्चा
देवता–सा हमारा शिशु
हम उसे पहचान पाएं इसलिए
हम उसे जान पाएं इसलिए
इस बच्चे को गोद लेने में सहायता करने
इस शिशु को बांह में लेने में मदद करने
इसका 'तुपु' साक्षी खड़ा कर रहे हैं
इसका 'तापाः' साक्षी निश्चित कर रहे हैं।

4 जोनोम लेकाते ......
साकि लेकाते ....
नुतमुले जापाः जादा
साकिले तापाः जादा।
नाः दो निः एंगातेआः कोयोङाते
कुमातेआः कोयोङतेः चालाङगानका
नाःदो निः आपुतेआः हेबेआते
साकितेआः हेबेतेः उडारेनका।।

जन्म के अनुसार........
साक्षी के अनुसार......
हम यह नाम जोड़ रहे हैं
हम यह साक्षी बांध रहे हैं।
अब यह अपनी मां की गोद से
मामा की गोद को जा रहा है
अब यह अपने पिता की बांह से
मीता की बांह को जा रहा है।।

5 कुमाते लेकागे हागाको ताला
निः लेल चिनाओःका
साकिते लेकागे कुपुलको ताला
निः लेल उरूमोःका।
कादाल लेकाए हाराओःका
मादलेकाएः माताओःका
राताङबुरू लेकाएः सालांगिओःका
जालाकार लेकाएः इकिरोःका।।

मामा की ही तरह भाईयों के बीच
वह पहचान में आए
मीता की ही तरह कुटुंबों के बीच
वह देखने में आए।
केले की तरह वह बढ़े
बांस की तरह वह पले
वह हिमालय की तरह ऊंचा हो
वह जलाकार की तरह गहरा हो।।

निआः दुड़ा इनुङरे
निआः एनेः हासा रे
जेतान चुबाः आलोका ताइन
जेतान राबाः आलोका ताइन।
निआः कामि–उदामरे
निआः दांड़ा–दुतामरे
जेतान तोद आलोका ताइन
जेतान तुगुड़ि आलोका ताइन।।

6 इसके धूल में खेलने में
इसके मिट्टी में कूदने में
कोई चुभन न हो
कोई गड़न न हो
इसके काम–उद्यम में
इसकी खोज–खबर में
कोई ठेस न रहे
कोई ठोकर न रहे।।

आपे उदुबताद होराते
आपे चुण्डुलताद डारेते
ने होनले नुतुमजाःइआ
ने गांड़ांले साकिजाःइआ।
निः आपे रेले जिमाजाःइआ
निः आपे रेले जापाः जाःइआ
बुगिते होरोइपे ताबु
नापाएते जांगीपे ताबु।।

7 तुम्हारे बताए रास्ते के अनुसार
तुम्हारे कहे डगर के अनुसार
हम इस बच्चे का नामकरण कर रहे हैं
इम इस शिशु का मितान बना रहे हैं।
हम इसे तुम्हें सौंपते हैं
हम इसे तुमसे जोड़ते हैं
इसको तुम सुरक्षा देना
इसकी तुम देख भाल करना।।

रूआ राबाङते बांचाओइपे
तोद तुगुड़िरे बांचाओइपे
नाजोम नजारिते बांचाओइपे
हिसिंगा चेण्टाआते बांचाओइपे।
जांरे एसेकारे इनुङतानरे
जेतारे एकलारे एनेःतानरे
आलो ताबुपे बोतोड़िआ
आलो ताबुपे बोतोरिआ।।

8 इसे रोग–व्याधि से बचाना
इसे ठेस–ठोकर से बचाना
लोगों की बुरी नजर से बचाना
लोगों की ईर्ष्या–द्वेष से बचाना।
जब वह अकेले में कहीं खेलता रहे
जब वह अकेले कहीं कूदता रहे
तुम उसे डराना नहीं
तुम उसे भय न दिखाना।।

निः नागेन तोआ ताबेन
निः नागेन दाः माण्डि
तेआराकान ताइनका
इसिनाकान ताइनका।
तिरिल–तारोब, कुदा–उलि
हेसाः–बाड़े, बा–जो को
लिडुआकान ताइनोःका
जोपोदाकान ताइनोःका।।

9 इसके लिए दूध–चिउरा
इसके लिए माड़–भात
हमेशा बना रहे
सर्वदा तैयार रहे।
केंदू–चिरौंजी, जामुन–आम
पीपल–बड़, फूल–फल
फूलों से लदा रहे
फलों से झुका रहे।।

आपे सोबेन बोंगाको तागाते
आपे सोबेन देवताको तागाते
आपे हाड़ाम होड़ोको तागाते
आपे पुरखा प्रजाको तागाते।
आले नेआगेले आर्जीताना
आले नेआगेले गोआरिताना
आलेआः आर्जी सारतेओःका
आलेआः गोआरि मानातिंओःका।।

जोआर ! जोआर ! जोआर !

(चाउलि जाङ हेरोः ताना। एन तायोमते हागा–कुपुलकोलोः जोपोआर।)

तुम सभी देवताओं से
तुम सभी देवों से
सभी बूढ़े–बुजुर्गों से
तुम पुरखे–पूर्वजों से
हम यही अर्जी करते हैं
हम यही गुहार करते हैं
हमारी अर्जी स्वीकृत हो
हमारी गुहार मान ली जाए।।

जोहार ! जोहार ! जोहार !

(अक्षत दान। तदनंतर भाई–बन्धुओं का आपस में मिलना–जुलना)

3. तुकुइः–लुतुर बोंगा / कनबेधी संस्कार

अनुष्ठान एवं मंत्रपाठ

तुकुइः—लुतुर बोंगा/कनबेधी संस्कार

जैसे—जैसे बच्चा बड़ा होता जाता है, सामाजीकरण की दिशा में उसका महत्व बढ़ता जाता है। बच्चे की कनबेधी ऐसा ही एक महत्वपूर्ण अवसर होता है जब उसके कानों को छेदकर उनमें एक जोड़ी कनौसियाँ पहना दी जाती है। वस्तुतः कनबेधी के पहले तक बच्चे की गिनती एक सामाजिक जीव के रूप में नहीं की जाती। इसका प्रमाण है कि यदि कनबेधी के पहले किसी बच्चे की मृत्यु हो जाती है तो उसे सामाजिक रूप से चिन्हित कब्रगाह में दफनाया नहीं जाता। उसे अलग ही किसी बड़े पेड़ के नीचे दफन कर दिया जाता है। उसी तरह उसकी "छाया वापसी" भी नहीं की जाती जिसके अनुसार किसी आदमी की आत्मा उस परिवार के पूर्वजों के साथ रहने के लिए मृत्यु के उपरान्त घर वापस बुलायी जाती है।

बच्चे का यह संस्कार 2—5 वर्ष के अन्दर जाड़े के महीनों में किया जाता है उन दिनों बच्चे के कानों के छिद जाने से उसके घाव बढ़ जाने का डर नहीं रहता। विशेष परिस्थिति में यह अनुष्ठान विलम्बित भी किया जा सकता है किन्तु उसके विवाह के पहले तो यह काम होना ही है। कनबेधी, विवाह और मृत्यु व्यक्ति के सबसे महत्वपूर्ण संस्कार होते हैं।

नियत तिथि को घर—आंगन की सफाई और लिपाई—पुताई की जाती है। मेहमान, विशेषकर बच्चे के मामाघर के लोग, और पास—पड़ोस विरादरी के लोग आंगन की चारों ओर बैठते हैं। एकाध मेहमानदल गाजे—बाजे के साथ भी आ सकते हैं। चावल की घुंडी से एक अल्पना आंकी जाती है। उसके सामने माता या मां लगनेवाली एक महिला बच्चे को गोद में लेकर पूरब की ओर मुंह किए हुए बैठती है। पाहन और उसके सहयोगी पूजा सामग्रियों (धूप, दीप, अक्षत, सिंदूर और फूल—पत्तियां) की जांच पड़ताल करते हुए मां—बच्चे की दाहिनी ओर उत्तर की ओर मुंह किए हुए बैठते हैं और पूजा आरंभ होती है—

⊙ सोबेन बोंगा को राःहोपोर—पृ. 51—56	⊙ सर्वदेवता उदबोधन—पृ. 51—56
⊙ नामताङरेआः नेग लेकाते बोंगा—	⊙ जन्म—नामकरण संस्कार पर विशिष्ट संबोधन

तिसिंदो ...चाण्डुः ... हुलाङ	1	आज ..... महीना ..... दिन
एटाः लेकाते...चाण्डु ...दिलाङ		दूसरे शब्दों में......महीना .....दिन
..... राज बितार ...जिला		..... राज्य के अंदर ......जिला
..... हातु .....टोला।		...... ग्राम ....टोला
.......ताकिनाः राचारे		.... के आंगन में
...... ताकिनाः आंकारे		.... के प्रांगण में।
मोड़े हागाले जामाआकाना		हम पांच भाई जमा हैं

कुपुल गंगाले हुंडिआकाना।।

हम कुटुम्ब मेहमान एकत्र हैं।।

2

जिलिमिलि माण्डोआरे
उम्बुलाकान जामडा लातार
बाबा एंगा, कोदे एंगा
उरिः एंगा, मेरोमे एंगा।
बाले ओपाद, बालेः दाड़ा
नावा होन, नावा गांड़ां
तुकुइः लुतुर होरा ते
जाति आदेर नाताते।।

झिलमिल मंडप में
छायादार छादन के नीचे
धान मां, महुआ मां के समक्ष
गौ माता, बकरी मां के सामने
नई शाखा, नई डाल
नई संतान, नई संतति
कनबेधी के नाम से
सामाजीकरण के नाते।।

3

जीदन सेन होरा रे
मानोआ गोट तालारे
तिसिं दोले तिंगुजाःइआ
तिसिं दोले जापाः जाःइआ
हागा कुपुलते, पाउनि परजाते।
टाका—पाएसा, सोना रूपाते
बाबा एंगाते, कोदे एंगाते
उरिः एंगाते, मेरोम एंगाते।।

जीवन के रास्ते में
मानव समुदाय के बीच
इस बच्चे को खड़ा कर रहे
इस संतति को प्रस्तुत कर रहे
भाई—बन्धु, आश्रित प्रजा मिलकर
रूपया—पैसा, सोना—रूपा से
धान मां, मडुआ मां की मदद से
गौ माता, बकरी मां के सहयोग से।।

4

सोतोः जाःइआले
सिंगार जाःइआले
जांगि जाःइआले
जापांगा जाःइआले।
ने पूंजी, ने पाआटा
आदे लेका गांड़ांओःका
रासुड़िं लेका बुटाओःका।।

सुष्ठि करते हैं
श्रृंगारित करते हैं
खड़ा करते हैं
सहयोग करते हैं
यह पूंजी, यह सम्पत्ति
अदरख की तरह बढ़े
लहसून—सा विस्तृत हो।।

5

दाः लेका बिड़िसिरोःका
गितिल लेका ताकिंदोःका
निआः ओड़ाः, निआः रोसोम
दिरि लेका थीरोःका।
कुपुलनिः, कुटुमनिः
कोंएनिः, तेंगोमनिः
निआः ओड़ाः—दुआराते

पानी की तरह बहे
बालू की तरह जमे
इसके घर, इसकी झोंपड़ी
पत्थर की तरह स्थिर रहे
कुटुम्ब—मेहमान
भिक्षुक—याचक
इसके घर—द्वार से

निआः आंका–राचाआते।।		इसके घर–आंगन से।।
सामा आलोको रूआड़ाका	6	खाली हाथ न लौटें
इपाएः आलोको आचुरका		छूछे हाथ वापस न जाएं
बोतोएः बोण्डोलरे		'बोतोएः' की छोर पर
पाएला आंचोड़ोरे।		पहनावे के आंचल में।
टोंडोम जोमकाको		वे बांध कर ले सकें
पोटोम जोमकाको		वे पोटली बना सकें
कुद इदीकाको		ढोकर ले जा सकें
कुटुं इदीकाको।।		लादकर ले जा सकें।।
हेआ फालना हातुरेनिः	7	हां भाई, फलाने गांव के
हेआ फालना होड़ोगेदाङ		हां भाई, फलाने के घर
लाइः पेरेःए ओमादबुआ		भरपेट खाना मिला
जोम पेरेःए नामादबुआ।		मन भर सम्मान मिला।
मेनतेको उकुताएका		इस तरह लोग बात करें
मेनतेको चारचाएका		इस तरह चर्चा करे
सुकु तेको दुड्डुमोःका		वे सानंद सो सकें
बुगितेको आङनामोःका।।		वे सुहानी सुबह देखें।।
(बा दोड़ोम, दुना ओंडोर)		**(पुष्प अर्पण, धुवन अर्पण)**
आमताङ छटि नारतारे	8	पिछली बार छठी के समय
साकी सुनुम गोसोःरे		साक्षी तेल लगाने के समय
आर्जीलेद पेआले		हमने अर्जी की थी
गोआरिलेद पेआले।		हमने गुहार लगाई थी
सिङबोंगा, ओतेएंगा		परमेश्वर, धरतीमाता को
बुरूबोंगा, इकिरबोंगा		पहाड़ी देवता, दह देव को
मांड़ां बुरू, देसाउलि		माड़ाबुरु, देसाउलि को
चाण्डी एरा, नागे एरा।।		चंडी देवी, नाग देवी को।।
बा जायार, जिलु जायार	9	बाहा जाहेर, शिकार जाहेर को
तोरो कोड़ा, चोड़ेआ कोड़ा		तोरो छोरा, चरवाहा छोरा को
बिर माआरा, जोटो माआरा		वन–रक्षक, झाड़–रक्षक को
माराङबोंगा, काराम बोंगा।		महादेव, करम देवता को

गोंड़ां हांकार, गोंड़ां बोंगा
माराङ बाड़ान्दा, हुड़िं बाड़ान्दा
आदिं बोंगा, पुरखा बोंगा
जोतो गेले गोआरिलेद पेआ।।

गोहार देव, गोशाला देव को
बड़ा बाड़ान्दा, छोटा बाड़ान्दा
गृहदेवों, पूर्वज देवों को
सभी से हमने गुहार की थी।।

10 हाड़ाद सुकु लेका
मेएर मुनगा लेका
हेबेन तिरिल लेका
हेआरि सोसो लेका।
हाराओः काएः
माताओः काएः
बुगिन होड़ो मेनते
दिसुमरेः उमिओःका।।

तीते कद्दू की तरह
तीते मुनगा की तरह
कासे केंदू की तरह
बेस्वाद भेलवा की तरह
यह संतान बढ़े
यह संतति विस्तार पाए
अच्छे आदमी की तरह
वह देश में नामित हो।।

11 कुदा उम्बुल लेका
बारू उम्बुल लेका
धरतीरेन जोतो जिउ
नी तेको उम्बुलोःका।
हिद पाण्डु, रूता पाण्डु
पाण्डुआकानेः ताइनका
सिं सारजोम बारकादलेका
सिदुमरेः तिंगुआकान का।।

जामुन की छाया की तरह
कुसुम की छाया की तरह
धरती के सभी जीव
इससे छाया पाएं।
पेसार, शीशम का पाण्डुपन
उनके पाण्डुपन वह पाए
विशाल शाल की मजबूती से
वह देश में खड़ा रहे।।

12 मुण्डा होन चि कुलाहोन
मेने काजि सारतेओःका
सान्ता होन चि निलिहोन
मेने बाकांड़ां केटेगोःका।
आलेआः आरजि
आलेआः गोआरि
आयुम केदापे
आतेन केदापे।।

मुण्डा का बच्चा बाघ का बच्चा
यह कहावत सच हो
संताल का बच्चा बर्रे का बच्चा
यह कथन सत्यापित हो।
हमारी प्रार्थना
हमारी गुहार
तुमने सुन ली
तुमने मान ली।।

13 हारा राकाब जानाएः
माता सांगोम जानाएः
काड़ाबा डांडिरेः साबेनजाना

यह बच्चा बड़ा हुआ
सौष्ठव को प्राप्त हुआ
उसने हल की मूठ पकड़ ली

सेएल कुटिरेः जापाःनजाना।
हातु बितार रे निआः काजि
टोला पाड़ा रे निआः बाकांड़ा
सोबेनको पातिआका
जोतोका गोनोङेका।।

ओखली के पास खड़ा होना सीखा
गांव के भीतर इसकी बात
टोला–पाड़ा में इसका कहना
सब कोई मानें
सब विश्वास करें।।

14 जीउ जोतो हुड़िं माराङ
दारू–सिं, तासाद–रूड़ाः
पोआकानको ताइनका
पोसाआकानको ताइनका।
जीदान दाःए गामाएका
जीदन सिंगिः तुरोःका
जीराड़ेः होयो सेसेनका
जोतो बुगिनगेले ताइनोःका।।

सभी जीव, छोटे–बड़े
पेड़–पौधे, घास–फूस
सभी बढ़ते रहें
सभी विस्तार पाएं।
जीवनदायक पानी बरसे
जीवनदायक सूर्य उगे
शान्तिदायी हवा चले
हम सभी स्वस्थ रहें।।

15 सिंगि–चाण्डुः बुगिकिन ताइन
इपिल–रिंबिल बुगिको ताइन
सा–सोमाए बुगिका ताइन
होयो–दाः बुगिका ताइन।
बीर–बुरू बुगिका ताइन
दारू–सिं बुगिका ताइन
गाड़ा–नाइ बुगिका ताइन
बान्दा–पुकुरि बुगिका ताइन।।

सूरज–चांद स्वस्थ रहें
तारे–आसमान स्वस्थ रहें
ऋतुएं ठीक रहें
हवा–पानी ठीक रहें।
वन–पहाड़ ठीक रहे
पेड़–पौधे ठीक रहें
नदी–स्रोत ठीक रहें
बांध–पोखर ठीक रहे।।

16 ओते–हासा बुगिका ताइन
सारा–हिता बुगिका ताइन
खिति एंगा बुगिका ताइन
किरसि एंगा बुगिका ताइन।
बाबा एंगा बुगिका ताइन
कोदे एंगा बुगिका ताइन
उरिः एंगा बुगिको ताइन
मेरोम एंगा बुगिको ताइन।।

धरती–माटी ठीक रहे
खाद–बीज ठीक रहे
खेती मां ठीक रहे
कृषि मां ठीक रहे
धान मां ठीक रहे
मडुआ मां ठीक रहे
गौमाता ठीक रहे
बकरी मा ठीक रहे।।

17 चेंड़ें चिपुरूद बुगिको ताइन
जीउ जंतु बुगिको ताइन

पंख–पखेरू स्वस्थ रहें
जीव–जन्तु स्वस्थ रहें

आपिरतानको बुगिको ताइन
ओटाङतानको बुगिको ताइन।
टुडांङतानको बुगिको ताइन
उगुराकानको बुगिको ताइन
ओयारतानको बुगिको ताइन
उनुमतानको बुगिको ताइन।।

उड़ने वाले स्वस्थ रहें
विचरने वाले स्वस्थ रहें
रेंगने वाले स्वस्थ रहें
छिपे हुए स्वस्थ रहें
तैरने वाले स्वस्थ रहें
डुबकी वाले स्वस्थ रहें।।

आले तालाआते हिसिंगा–चेण्टा 18
आले तालाआले खींसि–लोभ
हादते हादोःका
तुदते तुदोःका।
आले तालारे हागा दुलाड़ा
आले तालारे कुपुल सुगाड़ा
बाइआकान ताइनोःका
थीराकान ताइनोःका।।

हमारे बीच से ईर्ष्या–द्वेष
हमारे बीच से क्रोध–लोभ
बिलकुल कट जाए
बिलकुल उखड़ जाए।
हमारे बीच भाई का प्रेम
हमारे बीच बन्धु का प्रेम
हमेशा बना रहे
हमेशा स्थिर रहे।।

आलेते ओकोआले पारका दाड़िआ 19
एना पेड़ेः आले नामोःका
आलेते ओकोआले तोरसाद दाड़िआ
एना दाड़ि आए बेटाएका।
आलेते ओकोआ काले पारका दाड़िआ
आपानते ओकोआ काले तोरसाद दाड़िआ
एना साआतिंपेड़ेः आले नामेका
एना जीलाःदाड़ि आले बेटाएका।।

हम जो दूर कर सकें
वह शक्ति हमें मिले
हम जो घसका सकें
वह क्षमता हम पाएं
हमसे जो दूर न हो सके
हमसे जो न हट सके
उसे हम सह सकें
उसे हम बह सकें।।

आले तालाआते रोग–दुकु 20
आले तालाआते मारी–विपत्ति
पारकाआकान ताइन
तोरसादाकान ताइन।
आपे सोबेन बोंगाको तागाते
आपे जोतो देवताको सागाते
आले नेआले आर्जीताना
आले नेआले गोआरिताना।।
जोआर ! जोआर ! जोआर !
(चाउलि हेर, चुमांड़ा)

हमारे बीच से रोग–दुख
हमारे बीच से मारी–विपत्ति
हमेशा दूर रहे
हमेशा अलग रहे।
तुम सभी देवताओं से
तुम सभी देवों से
हम यही अर्जी करते हैं
हम यही गुहार करते हैं।।
जोहार! जोहार! जोहार!
(अक्षत दान, चुमावन)

4. आड़ान्दि बोंगा/विवाह संस्कार

अनुष्ठान एवं मंत्रपाठ

आड़ान्दि बोंगा/विवाह संस्कार

सृष्टि प्रक्रिया को कायम रखने और आगे बढ़ाने के लिए परमेश्वर ने सारी सृष्टि में विवाह की व्यवस्था की। प्राणियों के बीच तो हम यह बात देखते ही हैं, प्राणी–इतर अवयवों में भी इसका प्रतीक–विस्तार हुआ है। यथा जल वृष्टि के लिए सूर्य/आसमान के साथ धरती का विवाह। मनुष्यों में विवाह व्यवस्था इसी ईश्वरीय योजना का एक अंग है। आदिवासी समाज में सामान्यतया वयस्कता प्राप्त करने के बाद ही आदमी विवाहित जीवन में प्रवेश करता है, जब उसे घर–द्वार चलाने की पात्रता हासिल होती है। लड़के के लिए हल–जूआ बनाने आना और लड़की के लिए चटाई बिनने आना विवाह की सामान्य शर्तें होती है। आवश्यक शर्तों में यह भी है कि लड़का–लड़की एक ही समुदाय किन्तु अलग–अलग किलि (गोत्र) के हों। लड़का–लड़की साधारणतः अपने परिचय के दायरे के ही होते हैं और एक–दूसरे की पसन्द के होते हैं, किन्तु परिवार का समर्थन भी प्राप्त करना आवश्यक होता है।

इन दो व्यक्तियों/घरों/परिवारों को मिलाने की इस पूरी प्रक्रिया में मध्यस्थता करनेवाले (अगुआ) की भूमिका अत्यन्त ही महत्त्वपूर्ण होती है। आरंभ से अंत तक इस आयोजन का सफल समापन बहुत हद तक इसी अगुआ के समन्वय–सामर्थ्य पर निर्भर करता है। विवाह के विभिन्न वैधिक/आनुष्ठानिक चरणों––लड़की देखने, लड़का देखने, वधूमूल्य–निर्धारण करने इत्यादि में शकुन/अपशकुन–विचार से लेकर व्यवधानों को दूर करने में उसकी भूमिका सर्वाधिक महत्त्व की होती है। अगुआ के नेतृत्व में जब दोनों पक्षों के लोग आश्वस्त हो जाते हैं कि प्रस्तावित विवाह–संबंध को आगे बढ़ाया जा सकता है तो उसकी नियमितीकरण की प्रक्रिया शुरू की जाती है। इस प्रक्रिया के तीन मुख्य चरण होते हैं–लड़की (कन्या) देखना, लड़का (वर) देखना और विवाह।

लड़की (कन्या) देखना

अगुआ के साथ वरपक्ष के कुछ (5–7–9) जानकार/अनुभवी लोग जिनमें बिरादरी और कुटुम्ब के लोग होते हैं, तेल पूजन के बाद लड़की के घर जाते हैं। वहां पहुंचने पर स्वागत–सत्कार के बाद औपचारिक बातचीत शुरू होती है जिसे इस तरह प्रस्तुत किया जा सकता है :

कन्या पक्ष : प्रिय मेहमानो, ऐसे तो हमें हाट–बाजार में और रास्ता चलते भेंट होने पर एक दूसरे के कुशल–मंगल का पता चल ही जाता है किन्तु आज आपलोगों का इस

तरह अचानक लाठी–डंडा लेकर आ जाना हमें आश्चर्य में डाल रहा है। जरूर कोई प्रयोजन होगा। कृपया बताएं।

वर पक्ष : नहीं, प्रिय मेहमानो, डरने जैसी कोई बात नहीं है। दरअसल हमलोग शिकार को निकले हुए हैं। इसी क्रम में जंगल में हमारे तीर से घायल एक हिरनी का पीछा करते–करते हम आपके गांव तक आ गए हैं।

कन्या पक्ष : घायल हिरनी? (अपने लोगों की तरफ मुखातिब होकर) अरे सुनते हो भाई! ये घायल हिरनी कहते हैं! किसी ने देखा? जवाब मिलता है–नहीं हमने नहीं देखा। यहां कोई हिरनी नहीं आयी।

वर पक्ष : नहीं, यह कैसे हो सकता है! हमने तो उसे इधर ही भागते हुए देखा है।

कन्या पक्ष : अरे कोई जाकर देखो, हमारे गोहार में बकरियों के साथ घुस तो नहीं गई है यह हिरनी।

एक आदमी गोहार देखने के नाम पर घर के अन्दर जाता है और थोड़ी देर के बाद भावी दुल्हिन को बीच में लिए हुए उसकी सहेलियां, जिनमें एकाध नाते में दादी लगनेवाली औरतें भी होती हैं, एक कतार में निकलती हैं और पंक्ति में बैठे बिरादरी के लोगों और नए मेहमानो को बारी–बारी से जोहार करती हुई आगे बढ़ती हैं। इसी बीच लंगड़ाती चल रही प्रौढ़ स्त्री को इंगित कर हंसी–मजाक स्वीकार्य रिश्तावाले नए मेहमान परिहास की भाषा में कहते हैं–'हां, हां, वही! उसी को हमारा तीर लगा है, अब भी लंगड़ा रही है! ठहाकों के बीच कोई एक कहता है–अगर वही है तो उसे ठीक से चिन्हित करना चाहिए। रस्सी से बांधना चाहिए।

इसी बीच सबको जोहार करने की औपचारिकता समाप्त होती है और भावी दुल्हिन और उसकी एक सहेली लोटे में पानी और साथ में थाली लिए मेहमानों के पैर धोने को आती है। वर पक्ष में से एक बुजुर्ग कहता है–"भाइयो, यही मौका है इस हिरनी को बांधने का। "किधर है फलना, लड़के का मामा?" तदुपरान्त लड़के का मामा या उसका समकक्ष संबंधी अपना पैर धुलाता है और आशीर्वाद स्वरूप एक साड़ी लड़की को उढ़ाता है। उसके बाद शेष सारे मेहमानों के पैर धोए जाते हैं। दोनों पक्षों के लोग एक–दूसरे को जोहार करते हैं। चूना–तम्बाकू से लेकर खान–पान होने तक एक दूसरे के साथ होते हैं। इसी बीच अगुआ की देख–रेख में वर देखने की तिथि निर्धारित होती है और उसी दिन फिर मिलने के निर्णय के साथ मेहमानों को विदा किया जाता है।

लड़का (वर) देखना

निर्धारित तिथि को लड़की देखने के समय की ही तरह तेल पूजन के उपरान्त लड़की दल अगुआ' के नेतृत्व में लड़की के घर से सूर्योदय के पहले ही प्रस्थान करता है। लड़के का घर पहुंचने पर वहां उनका औपचारिक स्वागत होता है और बैठने को जगह देने के बाद जलपान दिया जाता है। जलपान के बाद चूना–तम्बाकु के बीच ही वरपक्ष की ओर से एक आदमी निवेदन करता है और आने का प्रयोजन पूछता है। लड़कीवालों की ओर से जवाब करीब–करीब इस प्रकार होता है:

कन्या पक्ष : मेहमानो, हमारे इस तरह से अचानक आने का कारण है कि नदी के किनारे हमने कद्दू और कोंहड़े की खेती की है। इधर कुछ दिनों से हमने पाया कि एक अरना काड़ा अपने सींग से घेरा तोड़कर हमारे खेत में घुस रहा है और फसल चर जा रहा है। दौड़ाने पर वह इधर ही भाग जाता है। आज हम उसी के पंजों का पीछा करते हुए यहां तक पहुंच आए हैं।

वर पक्ष : ''घेरा तोड़नेवाला अरना काड़ा?''

कन्या पक्ष : ''हां, बड़े सींगोंवाला ही होगा क्योंकि बगल के कुछ आड़–मेड़ो तक को उसने धंसा दिया है।''

वर पक्ष : ''अरे देखो कोई। हमारे काड़ाओं में से कोई ऐसा कर रहा है क्या?''

कन्या पक्ष : ''हां, हां, हम देखने पर अवश्य ही पहचान लेंगे।''

वर पक्ष : ''(बिरादरी के लोगों की तरफ मुखातिब होकर) अरे जाओ, देखो, किस काड़े की ये लोग बात कर रहे हैं।''

तदनन्तर गोहारघर देखने के नाम पर एक आदमी घर के अन्दर प्रवेश करता है और थोड़ी देर के बाद भावी दुल्हे को बीच में किए हुए उसके साथियों सहित बाहर निकलता है। साथ में एक–दो मजाकिया बुजुर्ग लोग भी होते हैं। पंक्ति में बैठे हुए ग्रामवासियों और मेहमानों को जोहार करते हुए आगे बढ़ते हैं। बाहर लाए हुए 'काड़ाओं' में एक 'बूढ़ा काड़ा' अपने सींग हिलाकर हड़बड़ाने का नाटक करता है। नवागन्तुक मेहमानों में से एक हो–हो करते हुए बोल उठता है–''हां, हां, यही है।'' इसी का काम है। दूसरा हामी भरता है–हां, हां इसके सींगों को देखने से ऐसा ही लगता है।'' इसी तरह की हंसी–ठहाकों के बीच जोहार की औपचारिकता समाप्त होती है और भावी दुल्हा अपने एक साथी के साथ सबके बीच बैठ जाता है। ''अगर यही वह काड़ा है तो उसे एक मजबूत रस्सी से बांधना चाहिए।'' कहते हुए लड़की का मामा या उसके समकक्ष का संबंधी लड़के को एक धोती उढ़ाता है। लड़का उठकर फिर एक बार कृतज्ञता–ज्ञापन के रूप में सबको जोहार करता है।

इसके बाद की प्रक्रिया 'दर–दाम' करने की होती है। दोनों तरफ के लोग अलग–अलग बैठ जाते हैं और अगुआ प्रतीकों पर आधारित उनकी बातचीत को आगे बढ़ाता है। शाल की पत्तियों से 'हल–बैल' और कचनार/आसन के बीजों से 'रूपयों के प्रतीक बनाकर लड़की वालों की तरफ से वधूमूल्य के रूप में सामान्यतया एक जोड़ा बैल, कुछ कपड़ों और रुपयों का प्रस्ताव आता है। प्रस्ताव पाकर वरपक्ष 'आनंदित' होने का नाटक करता है–''यह तो अत्यंत ही शुभ शकुन की बात है कि हमें ऐसे लोग नए मेहमानों के रूप में मिल रहे हैं जो न केवल लड़की देंगे वरन् साथ में ये सारी चीजें भी देंगे।'' वे नए मेहमानों के 'बड़प्पन' की प्रशंसा करते हुए एक मुद्रा घटाकर यह कहते हुए कि जब देना ही चाहते हैं तो नाममात्र को एक रूपया स्वीकार करते हैं। शेष चीजें उधर ही काम में लाई जाएं। प्रस्ताव की डलिया लड़कीवालों की तरफ वापस जाती है। प्रस्तावित सारी चीजें जैसी की तैसी वापस लाकर लड़कीवाले 'आश्चर्य' प्रकट करते हैं–––कैसे लोगों से पल्ला पड़ा। इतने कंजूस! हमारी बेटी का मूल्य मात्र एक रुपया आंकते हैं। और कुछ देना नहीं चाहते।'' वे अगुआ को 'डांट फटकार' कर फिर वापस करते हैं और

लड़केवालों को समझने के लिए कहते हैं। अगुआ लड़कावालों को बताता है कि लड़कीवाले उतनी सारी चीजें 'वधुमूल्य' के रूप में पाना चाहते हैं न कि लड़की के साथ देना। अगुआ उन्हें बताता है कि बेटी के चले जाने से जो क्षति होगी उसकी पूर्ति के रूप में यह मूल्य मांगा जा रहा है। इसतरह से आपसी संवाद की 'गलतफहमियों' को दूर किया जाता है और अन्ततः वधूमल्य कुछ रुपयों और कपड़ों के रूप में तय होता है। इसके बाद दोनों तरफ की सुविधाओं और परम्पराओं को देखते हुए विवाह का दिन तय करते हैं और उसके साथ यथायोग्य खान–पान के बाद नए मेहमानों को विदा किया जाता है।

लड़की देखने और लड़का देखने की दोनों यात्राओं मे शकुन–दर्शनों पर ध्यान रखा जाता है। वैसे तो सारी यात्रा के दौरान देखी गई घटनाओं पर नजर रखी जाती है किन्तु दोनों गांव की सीमाओं के भीतर देखी गई घटनाओं पर विशेष ध्यान दिया जाता है। शुभ–अशुभ संकेतों का संक्षिप्त व्यौरा नीचे दिया जाता है :

शुभ संकेत :

1. गाय का बछड़े को दूध पिलाना।
2. किसी स्त्री द्वारा पानी भरा घड़ा सिर पर लिए चलना।
3. किसी खूंखार जंगली (बाघ, सांप) जानवर का रास्ता बिना काटे अपने ही रास्ते में चले जाना।
4. चिड़ियो का मिलन–कलरव।

अशुभ संकेत :

1. गाय से बिछुड़े बछड़े की आवाज।
2. किसी स्त्री द्वारा खाली घड़ा सिर/कमर पर लिए चलना।
3. किसी खूंखार जानवर द्वारा रास्ता रोकना या अपने शिकार को धर–दबोचना।
4. किसी के द्वारा पेड़ काटे जाने की आवाज।

दोनों पक्षों द्वारा देखे गए शकुन/अपशकुनों पर गणना विचार 'मधूमूल्य निर्धारण' के पहले ही होता है। शुभ शकुनों पर खुशी का इजहार किया जाता है और अपशकुनों के कुप्रभावों को दूर करने के तरीकों पर विचार किया जाता है। नए संबंध पर उभयपक्षों की सकारात्मक दृष्टि होने पर शकुन–अपशकुन विश्लेषण भी सकारात्मकता की ओर निर्दिष्ट होते हैं। किन्तु अत्यंत ही भयावह संकेतों द्वारा अपशकुन दर्शन होने पर संबंध वार्ता टूट भी सकती है। यथा सामान्य स्थितियों में किसी पेड़ की डाली का अचानक टूट जाना या किसी बड़े जानवर (हाथी, बाघ, सांप) द्वारा रास्ता रोकना या अपने शिकार को धर–दबोचना, इत्यादि।

विवाह की तैयारी में नियत तिथि के एक महीना पहले से दोनों पक्षों की ओर से निमंत्रण–संदेश अपने संबंधियों को भेजे जाते हैं। हल्दी में रंगे चावल के दाने सुपारी के साथ शालपत्र में लपेटकर दिए जाते हैं। निमंत्रण–संदेश में मण्डपाच्छादन, हल्दी–तेल, बारात प्रस्थान/आगमन एवं विवाह की तिथियां सम्मिलित होती हैं।

तैयारी–

मण्डपाच्छादन :

निश्चित तिथि को सुबह गांव के पुरुष नजदीक के जंगल से शाल की डालियां ले आते हैं और विवाह मंडप छाते हैं। मंडप में पूजास्थल (विवाह–वेदी) के चार खूंटे वर–कन्या के बहनोई द्वारा आरोपित होते हैं। वहीं वेदी के बीच के खूंटे से लगाकर महुआ, बांस, भेलवा और ओतरों की लताएं (सभी दीर्घजीवन, समृद्धि और शुचिता के प्रतीक) बांधता है। वेदी का निर्माण एवं अल्पना द्वारा उसकी सजावट दो कुमारी लड़कियों द्वारा सम्पन्न होता है।

मण्डपाच्छादन का काम पूरा होने पर इस समय काम में लगे सभी को हंडिया पीने को दी जाती है।

हल्दी तेल :

विवाह–वेदी को सजानेवाली लड़कियां वर/कन्या को तेल मिश्रित हल्दी लगाती हैं और आनेवाले शुभ अवसर के लिए उसे मानसिक रूप से स्थिर करती हैं। 'स्थिर' इसलिए कि इसके बाद वर/कन्या को घर से बाहर निकलने की मनाही होती है। अगर वह निकलता/निकलती भी है तो कोई न कोई साथ होता है।

आड़ान्दि बोंगा

बोओर ओड़ाःरे : कोनेआ आगु सेनोः सिदा माण्डोआ बोंगा–

(बोओर साः रेनको कोनेआ आउको साम्पाड़ोआकाना। एन सिदारे बोओराः सासाङ सुनुम होबा चुकाओकाना। माण्डोआरे बोओंगा साम्पोड़ोको–
बारिआ चुकाःकिनरे बाबा, राम्बाड़ा, दिआ, सेंगेल, दाः, धुना, सिंदुरि, आदोआ सुताम–जोगाओआकाना।

विवाह मंत्र

वर के घर परः कन्या लाने के लिए निकलने के पहले मंडप पूजा–

(वर पक्ष के लोग कन्या लाने के लिए जाने को तैयार हैं। इसके पहले वर का हल्दी तेल हो चुका है। मंडप में पूजा सामग्री–
दो चुक्कड़ों में धान, उरद, दीया, आग, पानी, अक्षत, सिन्दूर, कच्चा धागा आदि–रखी हुई हैं।

बोओर बाबू माण्डोआरेः दुबाकाना।

वर बाबू मंडप में बैठा हुआ है।

पांआड़ा उलिसाकाम चोमपाते दाः हिरचि लेआते बोंगाको आर दुबाकान होड़ोकोएः ''रेआड़ा जादकोआ। दिआएः जुलजादा। बोंगाको नावा लिजाः (आदोआ सुताम) एः ओमाकोताना। सिंगार जादकोआएः—बोंगाको नागेन आपिआ आर ओड़ाः बोंगा को (हाड़ाम होड़ोको) नागेन मोंड़ेआ टिकाते। बोंगा टायादरे सुगाड़ा सोआन पेरेगाकानोः का मेनते धुनाएः रापाः जादा। बोंगा एटेगोः ताना।

पाहन आम की पत्तियों से पानी छिड़क कर देवताओं और बैठे हुए लोगों को 'स्नान' कराता है। दीप जलाता है। देवताओं को 'नए वस्त्र' (कच्चा धागा) देता है। उनका शृंगार करता है—देवताओं के लिए तीन और पुर्खों के लिए पांच लकीरें खींचता है। पूजा स्थल सुगन्धित हो इसलिए वह धुवन जलाता है। पूजा आरंभ होती है।

⊙ सोबेन बोंगाको राःहोपोर—

⊙ सर्वदेवता संबोधन—

1 हे सिरमारेन सिङबोंगा
ओतेरेन ओते एंगा
तोआ लेका तुरोःकिन
दहि लेका हासुरोःकिन।
आबेनगे मुनु रेनकिन
ओबेनगे टुण्डु रेनकिन
आबेनगे सुबा रेनकिन
आबेनगे चुटिरेनकिन।।

हे आकाश के परमश्वेर
पृथ्वी की धरती मां
दूध—सा उगनेवाले
दही—सा डूबनेवाले।
तुमही आदि के हो
तुमही अन्त के हो
तुमही मूल के हो
तुमही चोटी के हो।।

2 जोनोमाते हानसाः रेनकिन
गोनोएः आते परोमरेनकिन
जूग जूग जीदोःकिन
जानाओ, जानाओ ताइनोःकिन।
होयोरे जी ओओमकिन
दाः रे मायोम सीरजाओकिन
सिरमा रे गुयु तूरुबकिन
ओतेरे हिता पारचाओकिन।।

जन्म से उस पार के हो
मृत्यु से उस पार के हो
युग—युग जीवन्त
सदा से स्थापित।
हवा में प्राण देनेवाले
पानी में खून के सृजनहार
आकाश में घर बनानेवाले
धरती में बीज बोनेवाले।।

3 आले आबेनाः होनको नागेन
आले आबेनाः गांड़ाको नागेन

अपनी सन्तान के लिए
अपनी अवलाद के लिए

दाः बितार उकुआकान
जालाकार बितार दानाङाकान।
हाइ दुताम, काड़ाकोम दुताम
होरो दुताम, लेण्डाद दुताम
ओते बेन बाइकेदा
धरतीबेन बाडुइकेदा।।

पानी के नीचे छिपी (धरती)
समुंदर के नीचे दबी (पृथ्वी)।
मछली को दूत बना, केकड़े को दूत बना
कछुआ को दूत बना, केंचुआ को दूत बना
तुमने उस (पृथ्वी) का निर्माण किया
तुमने उस (धरती) का सृजन किया।।

सिंगि तुरोंः, चाण्डुः मुलुः 4
काटा जाम्बाड़ा, बोओः कुन्दुड़ि
आबेनाः कोयोङरे, आबेनाः सिपिंरे
आबेनाःगे सिरजान, आबेनाःगे उपुजान।
जिलिमिलि ओते
लिबिलिबि सिरमा
पाटि लेका बिलाकाना
डुबा लेका हारूबाकाना।।

पूर्व दिशा, पश्चिम दिशा
उत्तर दिशा, दक्षिण दिशा
तुम्हारी गोदी में, तुम्हारी अंजलि में
तुम्हारा ही सृजन, तुम्हारी ही उत्पत्ति।
झिलमिलाती धरती
लिबलिबाता आसमान
चटाई की तरह बिछी हुई
डूभा की तरह औंधा हआ।।

ओते चेतान टुण्डाङतानिः 5
लाता बितार उगुराकानिः
होयोरे आपिर ओटाङतानिः
दाःबितार ओयारतानिः।
जोम–नू ओओमकिन
दाः–तासाद हाआटिंकिन
ऊम्बुलकिन, चाआतोमकिन
होओरोकिन, जाआंगिकिन।।

जमीन पर रेंगनेवाले को
खोह में छिपे हुए को
हवा में उड़नेवाले को
पानी में तैरनेवाले को।
दाना–पानी देनेवाले
घास–पानी देनेवाले
छाया देनेवाले, छतरी देनेवाले
रखवाली करनेवाले, सुरक्षा देनेवाले।।

तारा निदा, तारा सिगिं 6
सेताः सिंगाड़ा, तिकिन तारासिं
कामि सोमाए तोओलकिन
रुडुन सोमाए ठाआराओकिन।
सिंगि–चाण्डुः, इपिल–रिम्बिल
रोकोम हिता, रेएद–रानु
आनाः मानाः जो सिबिल
दिरि–दारू, तासाद–रूड़ाः।।

आधा समय रात, आधा समय दिन
सुबह, शाम, दोपहर, अपराह्न
काम का समय बांधनेवाले
आराम का समय ठहरानेवाले।
सूरज–चांद, तारे–आसमान
विभिन्न बीज, जड़ी–बूटियां
किस्म–किस्म के स्वादिष्ट फल
पत्थर–पेड़, घास–फूस।।

सिरजाओआकादलेआबेन	7	तुमने हमारे लिए बनाए
उपुजानाकादलेआबेन		तुमने हमारे लिए उपजाए
सोतोःआकादलेआबेन		तुमने हमारे लिए जुगाए
सांगोमाकादलेआबेन।		तुमने हमारे लिए संजोए।
गुडुलु, सारजोम, माद, मादुकाम		गोंदली, सखुआ, बांस, महुआ
बाड़े, सेकेरेः, कादाला, काराम		बड़, सीधा, केला, करम
सोसोदारू सुबा सानामाङ		भेलवा पेड़ के नीचे
अखंड बिर–बुरु–दानाङ।।		अखंड वन–पहाड़ के बीच।।
लुटुकुम हाड़ाम लुटुकुम बुड़िआ	8	लुटकुम बूढ़ा, लुटकुम बुढ़िया
एनेटेः कुलगिआकिन		प्रारंभ के पति–पत्नी
आलेआः सिदा पुरखाकिन		हमारे प्रथम पुरखों को
आलेआः जाओ हाड़ामकिन।		हमारे आदि पूर्वजों को।
डुमाङ हासाते, आंजिलि दाःते		मिट्टी के ढेले से, अंजलि पानी से
होड़ोमो हुमुते, मोलोङबालबालते		शरीर के मैल से, माथे के पसीने से
बाइकेदकिनाबेन		तुमने उन्हें बनाया
बाडुइकेदकिनाबेन।।		तुमने उन्हें गढ़ा।।
चुकाः बांडा दाःते	9	कलश के पानी से
उलि साकाम चोम्पाते		आम पत्तियों के गुच्छे से
हिरचिकेदकिनाबेन		तुमने उन्हें झिमकाया
तिरपिकेदकिनाबेन।		तुमने उन्हें छिड़काया।
एन हासा होड़ोमोरे		उस मिट्टी के शरीर में
एन रोओड़ो मुटुरे		उस सूखी लकड़ी में
जी बेन ओमकेदा		तुमने जीवन डाला
सायादबेन आदेरकेदा।।		तुमने प्राण फूंके।।
मानोआ, होन, मानोआ गांड़ा	10	हे मानव संतति, हे मानव संतान
जू तात्र दुलाड़ाकिन		जाओ मेरे प्यारे, जाओ मेरे दुलारे
नेः ताबेन काड़ाबा डांड़ि		यह रही हल की मूठ
हेनेः ताबेन सेएल कुटि।		यह रहा ओखल स्थल।
साब दाड़िनबेन ताबु		इसे तुम ठीक से पकड़ो
जापाः दाड़िनबेन ताबु		इसे तुम ठीक से जकड़ो
सीबेन, चालुइबेन		जोतो तुम, कोड़ो तुम

रूडुङेबेन, सेटेःएबेन।।

कुटो तुम, छांटो तुम।।

 नी ताबेन उरिः एंगा
हिनिः ताबेन मेरोम एंगा
नी नेरे बाबा एंगा
हिनिः एनरे कोदे एंगा।
जीदन होरो गोओड़ोमको
तोआ माण्डि ओओमको
लेलकोबेन, हिराकोबेन
जोगाओकोबेन, जोतोनकोबेन।।

11
यह रही गौ माता
यह रही बकरी माता
यह यहां धान माता
यह यहां कोदो माता।
यही जीवन के रक्षक
यही दूध–भात देनेवाले
इन्हें तुम देखो, निहारो
इन्हें तुम जुगाओ, सम्भालो।।

कुरूमुटु कामिबेन
बालबालदाः जोरोएबेन
हेर चाटाः, बिद चाटाः
नामेआबेन हाटाः हाटाः।
दाः लेका बिड़िसिरोगा
गितिल लेका ताकिदोगा
टुंकिरे, सेएलरे
पोटोमरे, चाटाकारे।।

12
मेहनत करो
पसीना बहाओ
बुनो, रोपो
भरपूर पाओ।
पानी की तरह थमे
बालू की तरह जमे
टोकरी में, ओखली में
मोरे में, डिमनी में।।

मेद पेरेःबेन लेलेआ
लाइ पेरेः बेन जोमेआ
मेनतेबेन काजिकेदा
मेनतेबेन बाकांड़ाकेदा।
जू मानोआ होनकिन
जू मानोआ गांड़ाकिन
मांदुकाम बा लेकागे
कुइंडि जो लेकागे।।

13
आंख भर कर देखोगे
भरपेट खाओगे–
यही तुमने उनसे कहा
यही तुमने उन्हें बताया।
जाओ मानव संतान
जाओ मानव संतति
महुआ के फूल की तरह
डोरी के फल की तरह।।

पाआःगे, पोओःगे
पोआओःबेन, पोसाओःबेन
लेपालाड़ी बाड़ेलेका
गोटा दिसुम दालोबेबेन।
हेर पुना, रोआ पुना

14
फूलो, फलो तुम
पलो, बढ़ो तुम
विस्तृत बट–वृक्ष की तरह
सारी पृथ्वी पर छा जाओ।
प्रथम बोआई, प्रथम रोपनी

एन पुना, जोम नावा
बा–बुरू, बाताउलिरे
आड़ान्दिरे, कोड़ान्दिरे।।

प्रथम दंवनी, नवा खानी
सरहुल, बुरू, बाताउलि के दिन
विवाह में, शादी में।।

15 ने सारजोम सुबारे
दिआ सेंगेल सामाङरे
जोआरबेन, गोआरिबेन
मेनतेबेन काजिकेदा।
आबेनाः उदुब होराते
आबेनाः चुण्डुल डारेते
तिसिंड ने..........हातु रे
......तोकोआः राचा रे।।

इस साल वृक्ष के नीचे
दीआ और अग्नि के समक्ष
तुम जोहार करो, गुहार करो–
इस तरह तुमने उन्हें कहा।
तुम्हारे बताए रास्ते पर
तुम्हारे इंगित मार्ग पर
आज इस...........गांव में
आज.........के आंगन में।।

16 जिलिमिलि माण्डोआरे
उम्बुलान जामडा लातार रे
मोड़े हागा तालारे
कुपुल गंगा जापाःरे।
जोतोगे जोम्बोर–जुड़ि
तीरे ती सांगोम केआते
काटा सुबा तिरूब केआते
जोआरतानाले, गोआरितानाले।।

झिलमिल करते मंडप में
छायादार छादन के नीचे
पांच भाइयों के बीच
कुटुम्ब–बंधुओं के समक्ष।
हम सभी मिल–जुलकर
हम सभी हाथ जोड़कर
तुम्हारे पैरों पर झुके हुए
तुम्हें जोहार करते हैं, गुहार करते हैं।।

17 ने तुड़ि सुतामते
ने बादि बायारते
नोसोर हाड़ागुकोःबेन
होपोरजापाःकोःबेन।
ने.......हातु सिमानरेन
माराङ बुरू, हुड़िङ बुरू
माराङ इकिर, हुड़िङ इकिर
मांडा बुरू, देसाउलि।।

इस सूत के धागे से
इस बंधन रस्सी से
पास उतर आओ
नजदीक खिसक आओ।
इस.....गांव की सीमा के
बड़े पहाड़, छोटे पहाड़
बड़े जलाशय, छोटे जलाशय
माड़ा पहाड़, देसाउलि देव।।

18 नागे एरा, बिन्दी एरा
चांडि एरा, जायार एरा
तोरो कोड़ा, चोंड़ेआकोड़ा
बिर माआरा, जोटो माआरा।

नाग देवी, बिन्दी देवी
चंडी देवी, जाहेर देवी
तोरो छोरा, चोड़ेया छोरा
वन माहरा, जोटो माहरा।

एएआ गाड़ा पारोमरेनको
आरेया बुरू दानाङरेनको
राः का तेबाःजानको
नुतुम का टोःजानको।।

सात नदियों के उस पार के
नौ पहाड़ों के उस पार के
जिन्हें हम बुला नहीं पा रहे
जिन्हें हम न्योत नहीं पा रहे।

19

हुड़िङ जी ओलोपे ताइना
हांड़ा जी ओलोपे ताइना
सोबेनगेले जोआरापेताना
जोतोगेले गोआरिपेतना।
कोदे होलोङ कोंडाताला
बाबा होलोङ माण्डोआताला
पिताल पुड़ुः, रांगा चारिः
जिलिबजिलिब दिआ सेंगेल।।

तुम ह्रदय छोटा ना करो
तुम मन में नाराज न रहो
हम सबको जोहार करते हैं
हम सबको गुहार करते हैं।
महुआ–आटे के घेरे में
चावल–आटे के मंडप में
पीतल का दोना, रंगीन तिल्ली
झिलमिल करती दीया–बत्ती।।

20

दोआकाना, दोड़ोमाकाना
सोना दाः, रूपा धुना
हिरचि दारोमतानाले
आतार दारोमतानाले।
सेन दुताम, कुपुल होरा
सेन दाराड़ा, हागा डारे
हाराकान कोड़ाहोन.........
माताआकान कुड़िहोन.....।।

रखा हुआ, धरा हुआ
सोना–पानी, रूपा धुवन
स्वागत में छिड़कते हैं
अगुआई में जला रहे।
खोज–खबर, संबंध–मार्ग
पूछ–ताछ, बंधु–डगर
बढ़ा हुआ लड़का......
बढ़ी हुई लड़की......।।

21

जीदान जुड़ि जुड़ि रे
इनकिन कुलगिआ बाआइरे
मोद तोआब साउड़िते
बारिआ ओड़ाः दाआबरे।
ने कुपुल जोड़ाओरे
ने कुटुम जानापाःरे
मिद गाण्डुः मिद पान्ति
इनकिन दुबरे, जारूरे।।

उनकी जोड़ी जोड़ने में
उन्हें दम्पत्ति बनाने में
एक मुट्ठी खेर से
दो घर छाने में।
इस संबंध को जोड़ने में
इस कुटुंब को बांधने में
एक पीढ़े में, एक पान्ति में
इन्हें बैठाने में, इन्हें जुटाने में।।

22

का बुगिनाः मेनाः रेदो
का नापाएआः मेनाःरेदो

अगर कुछ भी अशुभ हो
अगर कुछ भी अपशकुन हो

कु:ते, चा हाचु:ते		खांसकर या छींककर
जेता रोकोम साड़ाते।		किसी प्रकार की आवाज से।
लेलेआ:ले लेलेका		द्रष्टव्य हम देखें
आयुमेआ:ले आयुमेका–		श्रव्य हम सुनें–
मेनतेले गोआरिकेना		इस तरह हमने प्रार्थना की थी
मेनतेले बिनतीकेना।।		इस तरह हमने विनती की थी।।
आलेआ: सेन होरा रे	23	हमारे चलने के रास्ते में
आलेआ: सेन डारे रे		हमारे निकलने की डगर पर
सोबेना: बुगिनगे		सब कुछ शुभ रहा
जोतोगे नापाएगे।		सब कुछ सफल रहा।
दिन मुडि तेबा: जाना		निर्धारित दिन पहुंच गया है
बोछोर नेण्डा सेटेरजाना		सुनिश्चित घड़ी आ गई है
मोड़े हागा इदिकेकोआते		पांच भाइयों को लेकर
कुपुल गंगा गारकाकेकोआते।।		कुटुंब–बंधु को साथ कर।।
जूग–जूग जीदान जुड़ि	24	युग–युग की जीवन जोड़ी
सेले बोले नावा किमिन		नवयुवती, नई बहू
सुतु: आउले सेनो:ताना		ले आने हम जा रहे हैं
गोंगोर आउले बिरिदताना।		साथ लाने हम जा रहे हैं।
आलेआ: सेन होरा रे		हमारे जाने के रास्ते में
आलेआ: सेन डारे रे		हमारे चलने की डगर में
लाइ: हासु आलोका ताइन		कोई पेट दर्द न हो
बोओ: हासु आलोका ताइन।।		कोई सिर दर्द न हो।।
रुआ–राबाङ आलोका ताइन	25	कोई ज्वार–जाड़ा न रहे
उला–झाड़ा आलोका तइान		कोई कै–दस्त न रहे
हुआङ–चोगा आलोका ताइन		कोई गड्ढा–खोंचा न हरे
तोद–तुगुड़ि आलोका ताइन।		कोई ठेस–ठोकर न रहे।
लांदातान, जागारतानगे		हंसते–बतियाते ही
सुसुनतान, दुराङतानगे		नाचते गाते ही
सेन तेबा: नामेकाले		हम वहां पहुंच पाएं
सेटेर तिउ: नामेकाले।।		हम वहां जा पाएं।।

................सिमान बुरू बोंगा	**26**	...............गावं के पहाड़ी देवता
माराङ इकिर, हुड़िङ इकिर		बड़ा जलाशय, छोटा जलाशय,
नागे एरा, बिन्दी एरा		नाग देवी, बिन्दि देवी
चांडि एरा, जायार एरा।।		चंडी देवी, जाहेर देवी।।
कुपुलते, कुटुमते		बंधुओं, कुटुम्बों के साथ
पाउनिते, पारजाते		आश्रितों के साथ, प्रजाजनों के साथ
लेलदारोम, लेकाको		लोग हमारा स्वागत करें
आतेनदारोम लेकाको।।		लोग हमारी अगुआई करें।
माराङ हानार, हुड़िङ हानार	**27**	बड़ी सास, छोटी सास
लान्दातान, जागारतानगे		हंसते हुए, बतियाते हुए
हिरचि दारोमलेकाको		पानी छिड़क कर अगुआई करें
आबुङ दारोमलेकाको।		पैर धोकर स्वागत करें।
चोः दारोमलेकाको		चूमकर स्वागत करें
चुमान दारोमलेकाको		चुमावन कर स्वागत करें
हेबे दारोमलेकाको		गोद लेकर स्वागत करें
हातार दारोमलेकाको।।		गले लगाकर स्वागत करें।।
सिङबोंगाः उम्बुलरे	**28**	परमेश्वर की छाया में
ओते एंगाआः कायोङरे		धरती मां की गोद में
मोंड़े हागा सानामाङरे		पांच भाइयों के समक्ष
कुपुल गंगा जानापाःरे।		कुटुंब–बंधुओं के समक्ष।
ने आड़ान्दि नेएगताले		विवाह का यह अनुष्ठान
ने कोड़ान्दि नेएगताले		शादी का यह दस्तूर
बुगिगे पारोमोःका		अच्छी तरह बीते
सुगाड़ागे सांगोमोःका।।		शुभ सम्पन्न हो।।
एदकान काजि रेएदरे	**29**	बुरी बात जड़ में
काबुगिन काजि बुटारे		अशुभ बात मूल में
हादते हादोःका		जड़ से कट जाए
तुदते तुदोःका।		समूल उखड़ जाए।
आले तालाआते हिसिंगा–चेण्टा		हमारे बीच से ईर्ष्या द्वेष
आले तालाआते हिलाङ–हेन्दो		हमारे बीच से घृणा भाव

आतुगिड़ि बुआल गिड़िओःका
ओटाङगिड़ि–दोपालिगिड़िओःका।।

बहकर चला जाए
उड़कर चला जाए।।

जोआर! जोआर! जोआर! (बा दोड़ोम)

जोहार! जोहार! जोहार! (पुष्प दान)

(माण्डोआ बोंगा तायोमते बोओर उलि
साकि जोमेः सेनोःताना आर एंनतेआतेगे
कोनेआः हातुतेः उडुडोःताना)

(मंडप पूजा के बाद दुल्हा 'आम्र साक्षी' के
लिए जाता है और उधर ही से कन्या के
गांव जाने के लिए निकल जाता है।)

कोनेआः ओड़ाःरे बोओर दारोम

कन्या के घर वर का स्वागत

(कोनेआः एंगा–आपुकिन बोओर बाबुकिन दुब
तालाताःइया। कोनेआः आपु बोओराः जोमसाःरे)

(कन्या के माता–पिता वर बाबू को बीच में बैठाए हुए
हैं। कन्या का पिता वर की दाहिनी ओर।)

30

हे सिरमारेन सिंङबोंगा
ओतेरेन ओतेएंगा
ओबेनाः उम्बुल लातारेरे
आबेनाः कोयोङ चेतानरे!
.....सिमान, ...सिमान
सिंगितुरोः चाण्डुः मुलुः
काटा जाम्बाड़ा, बोओः कुन्दुड़ि
जेएगे बोंगा मेनाःपेआ।।

हे आकाश के परमेश्वर
पृथ्वी की धरती मां
तुम्हारी छाया तले
तुम्हारी गोद के ऊपर।
...... गांव की सीमा के
पूरब दिशा, पश्चिम दिशा
उत्तर दिशा, दक्षिण दिशा
जो भी देवता रहते हैं।।

31

बुरु बोंगा, इकिर बोंगा
मांडा बुरू, देसाउलि
बा जायार, जिलु जायार
चाण्डि एरा, नागे एरा।
सामामोचा, सामालाइः
सेंगेल सानामाङ, दाःसानामाङ
जोआर तानाले, गोआरितानाले
आयुमलेपे, आतेनलेपे।।

पहाड़ी देवता, जल देवता,
मांडा पहाड़, देसाउलि देव
सरहुल जाहेर, शिकार जाहेर
चंदी देवी, नाग देवी।
खाली मुंह, खाली पेट
अग्नि के समक्ष, जल के समक्ष
हम जोहार करते हैं, हम गुहार करते हैं
हमारी बात सुनो, हमारी बात गुनो।।

32

तिसिं आबु हातु बितारेरे
तिसिं आबु ओड़ाः–राचारे

आज हमारे गांव में
आज हमारे घर–आंगन में

नावा होड़ो, नावा सेपेड़ेद
दुबाकानाएः, जारूआकानाए।
मोड़े हागा इदिकेआते
कुपुल गंगा सुतुःकेआते
लोगोनेः ओमलेना
दिन नेण्डाएः तोललेना।।

नया आदमी, एक नौजवान
बैठा हुआ है, आगत है।
पांच भाइयों को लेकर
कुटुम्ब–बंधुओं को साथ कर
उसे लगन दिया गया था
उसे समय दिया गया था।।

33 एन हुलाङ एन दिलाङ
हागा तालारे, कुपुल जापाः रे
उलिदाःते, बेःदाःते
ने मोचा जागारते।
जीदन जुड़िलिङ ओमामेआ
होनकुड़िलिङ जिमाआमेआ
मेनतेलिं हारातिंआकाना
मेनेतेलि हुमानिंआकाना।।

उस समय, उस दिन
भाइयों के बीच, कुटुम्बों के बीच
लार पानी से, जीभ पानी से
इस मुंह की जुबान से।
जीवन–जोड़ी देंगे–ऐसा कहकर
अपनी बेटी सौंपेंगे–ऐसा कहकर
भाइयो, हम हारे हुए हैं
भाइयो, हम हीन हुए हैं।।

34 एना मेनते तिसिङदो
एना नांगेन तिसिङदो
मोड़ेहागा सोंगे रे
कुपुलगंगा साते रे।
काजि ओमलेन एन होड़ो
जबान चेदलेन एन परजा
तेबागाकानएः माण्डोआ ताला
सेटेराकानाएः जामाड़ा लातार।।

इसलिए आज तो
अतएव आज तो
पांच भाइयों के संग
कुटुम्ब–बंधुओं के साथ।
बात दिया हुआ वह आदमी
जबान दिया हुआ वह प्रजाजन
पहुंचा हुआ है, मंडप के बीच
आया हुआ है, छादन तले।।

35 हेला ने सेपेड़ेद दो
हेला ने नावा होड़ो दो
होड़ोको आगुकेआतेः हिजुः आकाना
परजाको आगुकेआःते सेटेराकाना।
बाबा एंगा, कोदे एंगा
उरिः एंगा मेरोम एंगा
सोबेनेः इदिकोआचि
जोतोएः सुतुःकोआचि।।

भाइयो, यह नौजवान
भाइयो, यह नया आदमी
भाइयों को लेकर आया हुआ है
प्रजा को लेकर पहुंचा हुआ है।
धान मां, मडुआ मां
गौमाता, बकरी मां
क्या वह सबको ले आएगा?
क्या वह सबको अगवाएगा?

36 बोरो चि बोरसा चि
कुम्बुडु चि जुम्बुड़ि चि
मेतेनते काबु उडुःइया
मेनते काबु ओनमानेआ।
हातु जुड़ि हातु मेनते
ओड़ाः जुड़ि ओड़ाः मेनते
एंगा जुड़ि एंगा मेनते
आपु जुड़ि आपु मेनते।।

भय की बात, या भरोसे की बात
चोरी की बात, या लोभ की बात
ऐसा हम न सोचें
ऐसा हम न विचारें।
गांव का जोड़ा गांव
घर का जोड़ा घर
मां की जोड़ी मां
बाप का जोड़ा बाप।।

37 हागाजुड़ि हागा मेनते
कुपुलजुड़ि कुपुल मेनते
आकिनो जुड़ि, आबुओ जुड़ि
कोतेम लेलेआ एनतेगे जुड़ि।
उलि किरिआलिं किरिआकाना
सासाङ सुतामलिं तोलाकाना
ने नेग आउरि परामोः जाकेद
ने आङान्दि आउरि सांगोमोः जाकेद।।

भाई का जोड़ी भाई
कुटुंब का जोड़ा कुटुंब
उसकी भी जोड़ी, हमारी भी जोड़ी
जिधर देखो जोड़ी ही जोड़ी।
हम आम की कसम खाए हुए हैं
हम हल्दी की धागा बांधे हुए हैं
जब तक यह नेग समाप्त नहीं होता
जब तक यह विवाह सम्पन्न नहीं होता।।

38 माण्डि उतु कालिं जोओमा
बासि दाः कालिं नूइआ
कालिं दुब हापेआकानोःआ
कालिं दुड्डुम हापेआकानोःआ।।

हम खाना नहीं खाएंगे
हम पानी नहीं पीएंगे
हम चुप नहीं रहेंगे
हम सोए नहीं रहेंगे।।

जोआर! जोआर! जोआर! (बा दोड़ोम)

जोहार! जोहार! जोहार (पुष्प दान)

कोनेआ उडुङ

कन्या को बाहर ले आना

(कोनेआ माण्डोआरेः उडुडोःताना। दाः हिपिरचि। बा बापादाला। कुड़िहोन कोड़ाहोनाः जोम साःरे दुबोःताना। कोनेआः एंगा–आपुकिं बा दोड़ोम नांगेन बाकिं ओमोःताना)

(कन्या मंडप में लाई जाती है। पानी छिड़क कर परस्पर स्वागत। माला आदान–प्रदान। कन्या वर की दाईं ओर बैठाई जाती है। कन्या के माता–पिता को पुष्पांजलि के लिए फूल दिए जाते हैं।)

39 हे सिरमारेन सिङबोंगा
ओतेरेन आते एंगा

हे आकाश के परमेश्वर
पृथ्वी की धरती मां

बुरु बोंगा, इकिर बोंगा
नागे एरा, बिन्दि एरा।
चांडि एरा, जायार एरा
सीमानरेन सिमान बोंगाको
हातुरेन हातु बोंगाको
ओड़ाःरेन ओड़ाः बोंगाको।।

पहाड़ी देव, दह देव
नाग देवी, बिन्दी देवी।
चंडी देवी, जाहेर देवी
सीमान के सीमा देवता
गांव के ग्राम देवता
घर के गृह देवता।।

40 आलिङदो ने कुड़िहोनाः
जोनोम एंगा, जोनोम आपु
तिसिङ ओपेआः उम्बुलरे
सामा मोचा सामा लाइः।
मोड़े हागा तालारे
कुपुल–गंगा जापाःरे
जोआरतानालिङ
गोआरितानालिङ।।

हम इस लड़की के
जन्मदाता मां–बाप
आज तुम्हारी छाया में
खाली मुंह, भूखे पेट।
पांच भाइयों के बीच
कुटुंब–बंधुओं के समक्ष
जोहार करते हैं
गुहार करते हैं।।

41 आलिंआः कुड़िहोनाः
जीदन जुड़ि, जीदन सोंगे
.... बाबू माण्डोआ ताला
तेबाःआकानाएः, सेटेराकानाएः।
आलिङदो एंगा–आपुकिङ
गाराआकानालिङ, गेराआकानालिङ
सिंगि लेका, चाण्डुःलेका
तोलाकानालिङ लुमाम लेका।।

हमारी बेटी का
जीवन जोड़ी, जीवन संगी
.............बाबू मंडप के बीच
पहुंचा हुआ है, आया हुआ है।
हम तो मां–बाप
ग्रहित हैं, ग्रसित हैं
सूरज की तरह, चांद की तरह
बंधे हैं, रेशम की तरह।।

42 आपेगे मोड़े हागाते
ओपेगे कुपुल गंगाते
तिः पारोमतालिङ एनाङ
चुलु राकाबतालिङ एनाङ।
उड़ुः केटेःआकादालिङ
मोने ठानाओआकादाालिङ
नेएगे आउरि पारोमोःते
नेएगे आउरि सांगोमोःते।।

तुम ही पांच भाई मिलकर
तुम ही कुटुंब–बंधु मिलकर
हमें पार कर सकोगे
हमारा उद्धार कर सकोगे।
हमने निश्चय कर लिया है
हमने मन में ठान लिया है
नेग जब तक पार नहीं होता
अनुष्ठान सम्पन्न नहीं होता।।

माण्डिओ कालिङ जोमेआ 43
दाःओ कालिङ नूइआ
कालिङ दुब हापेना
कालिङ दुडुम हापेना।।

हम खाना नहीं खाएंगे
हम पानी नहीं पिएंगे
हम थीर नहीं रहेंगे
हम सोए नहीं रहेंगे।।

जोआर! जोआर! जोआर! (बा दोड़ोम)

जोहार! जोजार! जोहार! (पुष्प दान)

बोओराः कानाजि

(बोओराःकानाजि कोनेआ नांगेन। चिनाः मेनतेः हिजुआःकाना मेनेआः। बोओर बाएः ओमोः ताना।)

वर का कथन

(वर का कथन कन्या के लिए। वह क्यों आया है उसका खुलासा। वर को पुष्पांजलि के लिए फूल दिया जाता है।)

आञ दो............हातुरेनिः 44
इसु सांगिन दिसुम रेनिः
एंगा किरिआ जोम केआते
उलि साकि जोम केआते।
मोड़े हागा आगुकेआते
कुपुल गंगा गारकाकेआते
सिङबोंगा गोआरिकिःआते
बुरु बोंगा जोआरकिःआते।।

मैं हूं..........गांव का
बहुत दूर देश का
मां की कसम खाकर
आम को साक्षी बनाकर।
पांच भाइयों को लेकर
कुटुम्ब–बंधुओं को साथ कर
परमेश्वर को गुहार कर
पहाड़ी देव को जोहार कर।।

दांड़ा दुताम, सेन होराते 45
कुपुल कुलि–कुलिकेआते
तेबाःतादाञ आपे ओड़ाः।
सेटेराकानाञ आपे राचा।
सामामोचा, सामा लाइः
रेंगेः–तेताङ जीलाः केआते
तिंगुआकानाञ जुगिलेका
दुबाकानाञ कोंए लका।।

खोज–खबर चलने के रास्ते
कुटुम्बों को पूछते–पूछते
मैं पहुंचा हूं आपके घर
मैं आया हूं तुम्हारे आंगन।
खाली मुंह, खाली पेट
भूख–प्यास सह कर
खड़ा हूं जोगी की तरह
बैठा हूं भिखारी की तरह।।

काञ नामताना हाति–सादोम 46
काञ नामताना टाका–सिका
काञ नामताना बाबा–चाउलि

मैं नहीं खोजता हाथी–घोड़ा
मैं नहीं खोजता रुपया–पैसा
मैं नहीं चाहता धान–चावल

काञ नामताना सोना–रूपा।
दिसुम जीदान पीटिआते
कुपुल–गंगा तालाआते
आमगे साला नामाकाना
आमगे पिति नामाकाना।।

मैं नहीं मांगता सोना–चांदी।
जीवन–जहान के बाजार से
कुटुंब–बंधुओं के बीच से
तुम्हीं चुन ली गई हो
तुम्हीं खोज ली गई हो।।

47

कुपुल कुलगिआन होराते
जीदन जुड़ि मेनते
मिद किआ सिंदुरि
बार थाड़ी सासाङ।
आम नांगेनगे जोगाओआकाना
आम नांगेनगे जोतोनाकाना
आचोंड़ो रे ने तेलाएःमे
पाएला रे ने पोटोमेमे।।

पति–पत्नी कहलाने के लिए
जीवन–जोड़ी कहलाने के लिए
एक किया सिन्दूर
दो थाली हल्दी।
तुम्हारे लिए ही रखा है
तुम्हारे लिए ही जुगाया है
उसे तुम आंचल में स्वीकारो
उसे तुम पल्लू में बांधो।।

48

मोलोड पेरेःञ टिकातामा
जोआ पेरेःञ गोसोःतामा
मोड़ेहागा, कुपुल गंगा
काजीकाको जी बिताराते।।

आओ माथे पर टीका भर दूं
आओ, गालों पर उसे मल दूं
पांच भाई, कुटुंब–बंधु
साक्षी बनें सब मिलकर।।

जोआर! जोआर! जोआर! (बा दोड़ोम)

जोहार! जोहार! जोहार! (पुष्प दान)

कोनेआः काजि रूनुआड़ा

कन्या का प्रत्युत्तर

(कोनेआ बाएः ओमोःताना)

(कन्या को फूल दिया जाता है)

49

सारतेगे आमाः काजिदो
सारतेगे आमाः जागारदो
जुलतान सेंगेल एड़ेगोःलेका
लोओतान जी राड़ेगोःलेका।
टोओरजानाम, आटाकारजानाम
जीदन जुड़िम दांड़ाताना
सोंगे सोंगोति, कुलगिआ पान्ति

सचमुच तुम्हारी बात
सत्य ही तुम्हारा कथन
धधकती आग बुझने जैसा
जलता जी ठंढाने जैसा।
लगता है, मालूम है
जीवन–जोड़ी खोज रहे हो
साथी–संगी अपने साथ

आञ इदिम हिजुःआकाना।।

मुझे लेने आए हो।।

50 मेनदो जोनोम एंगाः कोयोङाते
कोरोम आपुआः उम्बुलाते
बुरू बोंगा, इकिर बोंगाआते
पिड़ि–कुटुंड़ि, बिर–बुरूआते।
डांड़िदाः, सुद दागाते
सोंगेको, गातिकोआते
हिगाड़ाउतारजाःञाम,
पारका उतारजाःञाम।।

किन्तु जन्मदाता की गोद से
कर्म–पिता के प्यार से
पहाड़ी देव, जल देव से
मैदान, वन पहाड़ से।
डाड़ी से, स्रोत से
संगियों से, साथियों से
मुझे बिलकुल अलग कर रहे हो
मुझे बिलकुल विलग कर रहे हो।।

51 एना जीरेञ दुकुताना
कुड़ाम बितारेञ इआमताना
नेआ चिलकाम सोतोगेआ
नेआ चिलकाम सांगोमेआ।।

इसका मुझे मन में दुख है
इसका मुझे हृदय में शोक है
इसे कैसे बांधोगे
इसे कैसे संभालोगे??

जोआर! जोआर! जोआर! (बा दोड़ोम)

जोहार! जोहार! जोहार! (पुष्पदान)

बोओराः जागार रूनुआड़ा

वर का प्रत्युत्तर

(बोओर बाएः ओमोःताना)

(वर को फूल दिया जाता है।)

52 आमाः उडुः बुगिनगेआ
आमाः जागार सारतेगेआ
मेनदो काजि आयुमलेम
जागार ताञ सुआंड़ालेम।
................हातु एआङको
लुमाम लेकान साकिंबुड़िआको
मायाङो लिडुजाना ताको
काटाओ पेटेःजाना ताको।।

तुम्हारा सोचना ठीक ही है
तुम्हारा कहना ठीक ही है
किन्तु मेरी बात सुन लो
कथन का श्रवण करो।
...........गांव की माताएं
रेशम–सी दादियां
उनकी कमर झुक गई हैं
उनके पैर टूट गए हैं।।

53 हिद पाण्डुजानाको
रूता पाण्डुजानाको
आपिआ बोओःजानाको

पेशार की तरह बाल पक गए
शीशम की तरह बाल पंडरा गए
तीन सिरोंवाले हो गए

आपिआ काटाजानाको।
हिजुःतान इमताङरे
सेन एटेः दिपिलारे
कुलिकेटेः किःञाको
जागार बापाद किःञाको।।

तीन पैरोंवाले हो गए।
घर से निकलते समय
घर से चलते समय
उन्होंने मुझसे पूछा था
उन्होंने मुझसे कहा था।

54 ओड़ाः–दुआर बागे केआते
एंगा हातार राड़ाकेआते
ओकोते बाबुम सेनोःताना
चिमाएते बेटाम बिरिदताना।
मोद बालेः बालेःआते
मोद लिंडुङ लिंडुङाते
हाराकेद मेआले बाबु
माताकेद मेआले बेटा।।

घर–द्वार छोड़कर
माता का बंधन तोड़कर
बाबू तुम कहां जा रहे हो
बेटे तुम कहां जा रहे हो?
जब से तुम बालक थे
जब से तुम छोटे थे
हमने तुम्हें बड़ा किया
हमने तुम्हें जवान किया।।

55 तिसिं ताला पिड़िरे
ने उलि सुबा रे
बागे जादलेआम, बाबु
राड़ाजाद लेआम बेटा।
चिकानाःम हांड़ाजानाःतेचि
चिकानाःले गुनाकेदाःतेचि–
मेनतेको कुलिञताना
मेनतेको मेताञताना।।

आज बीच मैदान में
इस आम के तले
बाबू, तुम हमें छोड़ जा रहे हो
बेटे, तुम हमें तोड़ जा रहे हो।
क्या हमने तुम्हें नाराज किया?
क्या हमने कोई गुनाह किया?
इस तरह मुझसे पूछने लगे
इस तरह मुझसे कहने लगे।।

56 काञ बागेजादपेआ, गा
काञ राड़ाजादोपेआ, गा
मोंडे हागा इदिकेकोआते
कुपुल गंगा गारकाकेकोआते।
आपे जोगाओ–जोतोननिः
आपे सुसार–बासारनिः
गातिञ गाति आउलीआ
सोंगोतिञ सुतुः आउलीआ।।

माताओ, मैं तुम्हें नहीं छोड़ रहा
माताओ, मैं तुम्हें नहीं त्याग रहा
पांच भाइयों को लेकर
कुटुंब–बंधुओं को साथ कर।
तुम्हारी सेवा करनेवाली
तुम्हारी सुश्रुषा करनेवाली
एक संगिनी को लाने जा रहा हूं
एक साथिनी को लाने जा रहा हूं।।

57 मेनतेञ काजिआकादकोआ

इस तरह उन्हें कह दिया है

मेनतेञ बाकांड़ाकादकोआ		इस तरह उन्हें वचन दिया है
होसोड़ो काञ जागारताना		मैं असत्य नहीं कह रहा
चाकाद काञ बाकांड़ाताना।		मैं तुम्हें छका नहीं रहा।
नाआः दोले टोओरकेःमा		अब हमें पता चला
निमताङले मुण्डिकेःमा		अब हमें मालूम हुआ
जीदन जूड़िम नामाना		तुमने जीवन–जोड़ी पा ली है
गाति–सोंगोतिम पिचाआना।।		तुमने साथी–संगिनी देख ली है।।
ओड़ाः बदला, हातु बदला	58	घर के बदले, गांव के बदले
एंगा बदला, आपु बदला		मां के बदले, बाप के बदले
नामानाम दिसुम बदला		तुमने पा लिया है देश के बदले
बागेजादलेआम जोतोन बदला।		छोड़ रहे हो हमें जतन के बदले।
मेनतेको काजिआञताना		इस तरह लोग कहने लगे
मेनतेको बाकांड़ाञताना		इस तरह लोग बोलने लगे
इआमतानाको, गेराङतानाको		रोने लगे, सिसकने लगे
नुरानतानाको, ताबागेनतानाको।।		कलपने लगे, बिलखने लगे।।
सेंगेल बोंगाः सानामाङरे	59	अग्नि देवता के सामने
हागा कुपुल तालारे		कुटुंब बंधु के बीच
एंगा किरिआञ जोमजादा		मां की कसम खाता हूं
उलि किरिआञ नाबजादा।		आम की कसम खाता हूं।
बालेः सिंगि तुरतानलो		क़ल सूर्य उगने तक
आपेआः नावा किमिनलोः		तुम्हारी नई बहू के साथ
मोड़े हागा–कुपुल को		पांच भाइयों के साथ
गाजा–बाजा बाजुडिंआलोः।।		गाजे–बाजे के साथ।।
लेल दारोमपे, चिना दारोमपे	60	तुम हमारी राह देखना, पहचान रखना
चोः तेआःको, चुमान तेआःको		चुमावन की सामग्री, स्वागत के सामान
सोतोः ताड़ाएपे, सांगोम ताड़ाएपे		जुटाते रहना, संजोते रहना
तेआराकानोःपे साम्पोड़ोआकानोःपे।		तैयार रहना, संपरे रहना।
जुदि काञ तिःआउकीरे		यदि मैं नहीं ले`आया
जुदि काञ सुतुः आउकीरे		यदि साथ नहीं लाया
हातु सिमान काञ चापादेआ		गांव की सीमा में पैर नहीं रखूंगा
ओड़ाः दुआर काञ बोलोआ।।		घर के दरवाजे में प्रवेश नहीं करूंगा।।

मेनतञे काजिआकादकोआ	61	इस तरह मैंने कह दिया है
मेनतेञ बाकांड़ाआकादकोआ		इस तरह मैंने बोल दिया है
मोड़े हागा ताला रे		पांच भाइयों के बीच
कुपुल गंगा जापाःरे।		कुटुंब बंधुओं के बीच।
दिआ सेंगेल सामाङरे		दीप–अग्नि के समक्ष
सारजोम दारू सुबारे		शालवृक्ष के तले
काञ हिड़िजादमेआ गा		मैं तुम्हें ठग नहीं रहा हूं
काञ हिगाड़जादमेआ गा।।		मैं तुम्हे अलगा नहीं रहा हूं।।
हातु जुड़ि हातुञ नामामताना	62	गांव के बदले गांव दिला रहा हूं
एंगा जुड़ि एंगाञ होपोरामताना		मां के बदले मां दिला रहा हूं
आपुजुड़ि आपुञ तिंगुआमताना		पिता के बदले पिता खड़ा कर रहा हूं
कुपुल जुड़ि कुपुलेञ दुबामताना।		कुटुंब के बदले कुटुंब बैठा रहा हूं।
एला लेंगा तीरे हिजुःमें		आओ मेरी बाईं ओर बैठो
सार सुपिद लेनेमे		जूड़े में तीर बांधो
कापि पाटे जापाःएमे		कमर में फरसा छांदो
जीदन होरा आञलोः सेनेमे।		मेरे संग चलो जीवन के रास्ते।।
जोआर! जोआर! जोआर! (बा दोड़ोम)		जोहार! जोहार! जोहार!

कोनेआः हानाटि		**कन्या की हठ**
(कोनेआ बाएः ओमोःताना)		(कन्या के हाथ में फूल दिया जाता है।)
आहो, आमाः काजि चीनी मिसिरी	63	प्रिय तुम्हारी बात चीनी, मिसरी सी
गूडुआनगे, गोतोमानगे		गुड़ की तरह, घी की तरह
जीताञ गेओल–गेओलताना		मन में गुदगुदी होती है
कोते हेड़ेम, कोते हाड़ादताना।		किधर मीठी, किधर खट्टी।
ओड़ाः दुआर साम्बाड़ाओ मेनते		घर–द्वार संभालने के लिए
हातु–दिसुम टेएकाओ मेनते		गांव–देश टिकाने के लिए
जिनगानी सुगाड़ाओः मेनते		सुन्दर जीवन के लिए
लांदा–रासिका ताइन मेनते।।		हंसी–खुशी जीने के लिए।।
ताइनो इतु, सेनो जुगुतु	64	रहना–चलना सीखना होगा

दुब–तिंगुनो इतुले एनाङ
जागार–जापागारो इतुले एनाङ
कामि–उदमो मुण्डिले एनाङ।
जी बितारातेञ जागारामताना
जुदि आञाः काजिम मानातिंताना
तोबे रेदोञ सेना आमलोः
कारेदो काञाःताना।।

बैठना–उठना सीखना होगा
बोलना–बतियाना सीखना होगा
काम–उद्यम सीखना होगा।
जी के भीतर से बोल रही हूं
यदि मेरी बात मानोगे
मैं तुम्हारे साथ चलूंगी
नहीं तो तुम्हारे साथ नहीं चलती।।

65 जुदिम बालूःरे, जुदिम बुलोःरे
सिउ–चालु कामाःरे
कामि–उदाम कामाःरे
जोजोम बारिम नानामरे।
काजि हुड़िङ ओंड़ाजानरे
कामि बातिरि तांड़ाजानरे
साएमेद, कोरसेल मेदिञरे
रेः राआड़, हाड़ाद मोचाञरे।।

यदि तुम पागल हुए, शराबी हुए
जोतने–कोड़ने में मन नहीं
काम–उद्यम से भागोगे
सिर्फ खाने को चाहोगे।
बात थोड़ी बिगड़ने पर
काम कोई खराब होने पर
टेढ़ी नजर, कड़ी नजर
गाली गलौज करोगे।।

66 तेगाञरेम, चापादिञ रेम
पादाञरेम, पासाकाञरेम
डाण्डाःञरेम, सोटाञरेम
दालिञरेम, रूञरेम।
आञ बेगार, कुलिकिञाते
पीटि–बुरूम सेनोःरे
तालानिदा, आदिङ निदा
खोदोड़ो–खेंदोड़ोम काजिआञरे।।

ठोकर मारोगे, रौंदोगे
पैर चलाओगे, लात मारोगे
डंडा चलाओगे, सोंटा मारोगे
मुझे मारोगे, पीटोगे।
मुझे बिना बताए
बाजार–मेला जाओगे
आधी रात, अंधेरी रात
मुझसे बक–झक करोगे।।

67 हिरूमिञरेम, गोड़ोमिञरेम
काञ सेना आमाः लेंगा ती
एनका रेदो जू रूआड़ामे
हिजुःलेन होरा सोबेमे।।

मुझे सौतन, सहपत्नी बनाओगे
मैं तुम्हारी बाईं ओर नहीं जाऊंगी।
उस तरह रहोगे तो जाओ वापस जाओ
जिधर से आए हो, वही रास्ता पकड़ो।।

जोआर! जोआर! जोआर! (बा दोड़ोम)

जोहार! जोहार! जोहार! (पुष्प दान)

बोओराः काजि रूनुआड़ा
(बोओर बाएः ओमोःताना)

वर की पुनरुक्ति
(वर के हाथ में फूल)

68 ओहो, आमाः काजि कांडा सारलेका
ईम सुरूदरेञ तुञ जाना
इकिर रे दिरि तेरकेदलेका
जी बिताररे ताम्बारूबजाना।
पिड़ि–कुटुंड़ि कामि उदामाते
ओड़ाः–राचाञ रूआड़ाकोःरे
लान्दा दारोम, जागार दारोमिञमे
लोटा दाः ओम दारोमिञमे।।

प्रिय, तुम्हारा कहना तीखा तीर
सीधे हृदय में ही जा लगा
दह में पत्थर फेंकने की तरह
मन के भीतर तक चला गया।
काम–उद्यम के बाद
घर–आंगन वापस आने पर
हंसकर–बतियाकर मेरा स्वागत करना
लोटा–पानी से मेरा स्वागत करना।।

69 आमाःगे ओड़ाः–दुआर
आमाःगे तुकु–डिंकि
आमाःगे चाटु–लुण्डिः
आमाःगे बोंगा–बुरू।
एआङ ताको, आबा ताको
सुसारकोम, जोतोनकोम
कुपुलनिः, कुटुमनिः
हागानिः, बोयानिः।।

तुम्हारा ही घर–द्वार
तुम्हारी ही मूसल–ढेंकी
तुम्हारे ही हांड़ी–बर्तन
तुम्हारे ही देवी–देवता।
माताओं की, पिताओं की
तुम सुश्रुषा, जतन करना
कुटुम्ब जो आएं, बंधु जो आएं
भाई जो आएं, बिरादर जो आएं।।

70 बिलाकोम पाटि पारकोम
चुना–तामाकु ओमाकोम
लोलोदाः, बासिदाः
ओम दारोम, तिल दारोमकोम।
आञ बेगार कुलि किञाते
पीटि–पिड़ि, बुरू–पिड़ि
सुसुन आकाड़ा, जारूओड़ाः
कुपुलोः आलोम सेनोः हापेना।।

उन्हें चटाई–खाट बिछा देना
उन्हें चूना–तम्बाकू देना
गरम पानी, बासी पानी
देकर, बांटकर स्वागत करना।
मुझे पूछे बिना
बाजार–मैदान, मेला–ठेला
नाच–अखरा, मिलने–जुलने
मेहमानी, चुपके से न जाना।।

71 रिंड़िकाड़ि आलोम आउआ
एटाः दुआराते आलोम आउआ
जेता सोंकाटो टोगोःरेदो

ऋण–उधार न लेना
दूसरे के घर से न लेना
कोई संकट आने पर

बारानकिंतेलाङ लेल दारोमेआ।
एला हिजुः मे लेंगातीरे
उयुःनालाङ एंगा काटारे
तिः बिरिदतालांकाएः कोयोङरे
चुलुतालाङकाए जीदन जांगिरे।।

दोनो मिलकर करेंगे सामना।
आओ बैठो मेरी बाई ओर
झुकें हम माता के चरणों पर
वह हमें गोद में उठाए
जीवन की सीढ़ी पर हमें चढ़ाए।।

जोआर! जोआर! जोआर! (बा दोड़ोम)

जोहार! जोहार! जोहार! (पुष्प दान)

कोनेआ–बोओर बारानाकिंआः गोआरि

कन्या–वर दोनों की प्रार्थना

कुड़िहोन बोओराः लेंगा तीरे, होपोरेनताना। बारानकिं जोमती तिपिरिङ केआतेकिङ गोआरितानाः (बाकिङ ओमोःताना।)

कन्या वर की बाईं ओर आती है। दोनों हाथ एक–दूसरे के ऊपर किए हुए प्रार्थना करते हैं: (उन्हें फूल दिया जाता है।)

72 हे सिरमारेन सिंडबोंगा
ओतेरेन ओतेएंगा
.........हातु सिमान
बुरू बोंगा इकिर बोंगा।
मांडा बुरू, देसाउलि
चांडि एरा, नागे एरा
बा जायार, जिलु जायार
तोरोकोड़ा, चोंड़ेया कोड़ा।।

हे आकाश के परमेश्वर
पृथ्वी की धरती मां
........गांव की सीमा के
पहाड़ी देवता, जल देवता।
माड़ा पहाड़, देसाउलि देव
चंडी देवी, नाग देवी
सरहुल जाहेर, शिकार जाहेर
तोरो छोकड़ा, चरवाहा छोरा।।

73 तिसिङ आपेआः उम्बुलरे
दिआ सेंगेल समाङरे
मोड़े हागा ताला रे
कुपुल गंगा जापाःरे।
जोआरतानालिङ, गोआरितानालिङ
जुड़िरेलिङ दुबाकाना
पांति रेलिङ जारूआकाना
जुड़िन नांगेन, जोतान नांगेन।।

आज तुम्हारी छाया में
दीप अग्नि के समक्ष
पांच भाइयों के बीच
कुटुंब–बंधुओं के पास।
हम जोहार करते हैं, गुहार करते हैं
जोड़ी में बैठे हैं
पंक्ति में बैठे हैं
जुड़ने के लिए, जुतने के लिए।।

74 काजि लिङ तोलकेदा

बात हमने तय की

जागारलिङ रोओदकेदा
मोदमुलि सेनेरेआः
मोदमुलि चाण्डाङेरेआः।
जोआराइतानालिङ जोनोमएंगा
नामेकालिङ आएआः देंगा
मिआद आंचोड़ोरे उम्बुलेनरेआः
पेड़ेः एः हाटिङतालिङका।।

बचन हमने बांधा
एक दिशा में चलने को
एक दिशा में बढ़ने को।
जन्मदातृ माता को जोहार करते हैं
हमें उसका प्रोत्साहन मिले
अपने आंचल की छाया में रहने का
बल वह हमें बांट दे।।

जोआर! जोआर! जोआर! (बा दोड़ोम)

जोहार! जोहार! जोहार! (पुष्प दान)

एंगाआः गोआरि

(कोनेआ–बोओरकिनाः ती तिपिरिं।
तारामुण्डि आदोआ सुताम तोलबिउरोःताना।
तारा मुण्डि एंगाआः तीरे। एंगाआः तीरे बा
ओमोःताना।)

मां की प्रार्थना

(कन्या–वर के हाथ एक दूसरे के ऊपर।
धागे की एक छोर से दोनों हाथ बांधे जाते
हैं। दूसरा छोर मां के हाथ में। मां के हाथ
में फूल दिया जाता है।)

75 हे सिरमारेन सिंङबोंगा
ओतेरेन ओते एंगा
...........हातु सिमान
बुरु बोंगा, इकिर बोंगा।
मांडा बुरू देसाउलि
चांडि एरा, नागे एरा
बा जायार, जिलु जायार
तोरोकोड़ा, चोड़ेआ कोड़ा।।

हे आकाश के परमेश्वर
पृथ्वी की धरती मां
...............गांव की सीमा के
पहाड़ी देवता, जल देवता।
मांडा पर्वत, देसाउलि देव
चंडी देवी, नाग देवी
सरहुल जाहेर, शिकार जाहेर
तोरो छोकड़ा, चरवाहा छोरा।।

76 तिसिङ आपेआः उम्बुलरे
दिआ सेंगेल सामाङरे
मोंड़े हागा तालारे
कुपुल गंगा जापाःरे।
सामा मोचा, सामा लाइः
जोआरतानाञ, गोआरितानाञ
जोआरताञाः तेलालेपे

आज तुम्हारी छाया में
दीप–अग्नि के समक्ष
पांच भाइयों के बीच
कुटुंब–बंधुओं के पास।
खाली मुंह, खाली पेट
हम जोहार करते हैं, गुहार करते हैं
हमारा जोहार स्वीकार करो

गोआरि ताआः आतेनलेपे।।

हमारी गुहार पर ध्यान दो।।

सिदा दो आआः हाताररे 77
मिआद कुड़िहोनबु लेलाना
तिसिंदो सेनदुताम हागाको
तिसिङदो सेन दाराड़ा कुपुलको।
आपेआः पोरताबते, आपेआः देंगाते
आआः ओचोंड़ोरे, आआः हातारे
मिआद कोड़ाहोन, मिआद कुड़िहोन
पान्तिरेकिन दुब जारूआकाना।।

पहले तो हमारी गोद में
एक लड़की तुम देखते थे
आज भाइयों की खोज से
आज कुटुंबों की खबर से।
तुम्हारे प्रताप, तुम्हारे सहयोग से
मेरे आंचल में, मेरे पल्लू में
एक लड़का, एक लड़की
पंक्ति में बैठे हैं, जोड़ी में विराजे हैं।।

हाराजानाकिन, माताजानकिन 78
जीदन जुड़िनरेआः
गाति–सोंगोति पान्तिनरेआ
काजिकिनगोटाकेदा, बाकांड़ाकिन रोओदकेदा।
आआः आंचोड़ोते, आदोआ सुतामते
बाबालेकाकिन बांदिनजाना
लुमाम लेकाकिन तोलेनजाना
मोयोद जी कुड़ामेनजाना।।

ये बढ़े, ये पले
जीवन भर जुड़े रहने को
इन्होंने बात पक्की की
इन्होंने वचन तय किया।
मेरे आंचल से, कच्चे धागे से
धान की तरह बंध गए
रेशम की तरह छंद गए
एक मन–प्राण हो गए।।

मार ताबु हागा कुपुलको 79
आपेआः पेड़ेःगे, आपेआः बोरसागे
ने कोड़ाहोन–कुड़िहोन ताबु
तिःराकाब, चुलुराकाबताकिनाबु।।

आओ हे कुटुंब बंधुओ
तुम्हारा ही बल, तुम्हारा ही भरोसा
इस लड़के, इस लड़की को
हम पकड़कर खड़ा करें, प्रोत्साहन दें।।

जोआर! जोआर! जोआर! (बा दोड़ोम)

जोहार! जोहार! जोहार! (पुष्प दान)

सिंदुरि राकाब

(बारान साःरेआः सिंदुरि होपोराकाना। कोनेआ बोओरकिन दुब–दापारोमाकाना। कोड़ाहोनाः सिंदुरि कोड़ाहोनसाः आर कुड़िहोनाः सिंदुरि कोड़ाहोनसाः हिसाओःताना। तालारे मिआद

सिंदूर दान

(दोनों तरफ का सिंदूर पास ही रखा हुआ है। वर और कन्या एक दूसरे के सामने बैठे हुए हैं। वर पक्ष का सिंदूर कन्या की तरफ और कन्या पक्ष का सिंदूर वर की

सारजोम साकाम दोआकाना। एनरे बारानसाः रेआः सिंदुरि चुःउड्डुङेताना।) कोड़ाहोन मेनजादाः

निमिन माराङ रिम्बिल लातार 80
जिलिं–चाकार ओतेचेतान
चिमिन होऽ कुलिकेना
चिमिन होऽ कुदुमकेना।
जी होन मोद चोकोएःलेकान
हासा होड़ोमो हुडिं लेकान
आहो आमरेगो जापाःजाना
आहो, आमरेगे जुड़ाःजाना।।

मिद किआ सिंदुरि 81
बार थाड़ि सासाङ
आम नांगेनगेऽ जोगाओलेदा
आम नांगेनगेऽ जोतोनलेदा।
तिसिंदो जी होड़ोमो सोबेन
तिसिंदो जे मेनाः सोबेन
आमगेऽ ओमामताना
आमगेऽ जिमामताना।।

(कोड़ाहोन कुड़िहोनके मोलोङरे आपिसाःएः टिकाजाःइआ। एन सोमाए टिकाइ पिचिद दुबाकान हागा कुपुलको 'सिङबोंगा गोआरि हो गोआरि' मेनते आपिसाको काजिजादा। एन आयोमते कुड़िहोनो कोड़ाहोनके एना काजिः काजिआइताना आर आपिसा मोलोङरेः टिकाजाःइआ! हागा कुपुलको 'सिङबोंगा गोआरि हो गोआरि' मेनते आपिसाको काजिजादा। कोनेआ–बोओरकिनाः किचिर आचोंड़ोकिन टोंडोमोः ताना। मेड़ेदसाकोम/ रूपाबेरा बापादालाओःताना।)

ओर खिसकाया जाता है। उसमें दोनों तरफ का सिंदूर उंडेला जाता है) वर की उक्तिः

इतने विस्तृत आसमान के नीचे
लंबी–चौड़ी धरती के ऊपर
मैं कितना पूछता फिरा
मैं कितना जांचता फिरा।
मेरा छोटा–सा मन
मेरा छोटा–सा शरीर
तुम्हीं से जा लगा
तुम्हीं से जा मिला।।

एक कीया सिंदूर
दो थाली हल्दी
मैंने तुम्हारे लिए जुगाया था
मैंने तुम्हारे लिए संजोया था।
आज अपना मन–प्राण सर्वस्व
आज जो भी मेरा है
मैं तुम्हें सौंपता हूं।
मैं तुम्हारे आगे करता हूं।।

(वर कन्या के मस्तक पर तीन बार टीका लगाता है। उस समय टीका लगाने के साथ ही सारे लोग एक साथ 'सिङबोंगा गोहारि हो गोहारि' तीन बार उच्चरित करते हैं। इसके बाद कन्या के उपर्युक्त मंत्रोच्चार के साथ वर को तीन बार टीका लगाती है। कुटुंब–बिरादरी के लोग 'सिङबोंगा गोआरि हो गोआरि' एक साथ तीन बार उच्चारित करते हैं। कन्या–वर के वस्त्रों के आंचल बांध दिए जाते हैं। लोहे/चांदी के कड़े का आपस में आदान–प्रदान करते हैं।

बाबाआता गुम–सेनबिउर

(कोनेआ हाटाः साबकेआतेः तिंगुआकाना। तायोमरे बोओर तिंगुआकाना। कोनेआः हुड़िं हागाते कोनेआके आताएः चुगाइताना। बोओर–कोनेआ गुम जालोः जोमसाःआते माण्डोआकिन सेन बिउरजादा। मिसा पुराओकेचि कोनेआ रिद–दिरिचेतानरे आपिताः चुः आकान चाउलि–पैसा–बाएः कुंडुसु उयुःजादा। नेआ कामि आपिसा रिकाओःताना। एन तायोमते कोनेआ बोओरकिन आपान–आपान टायाद रेकिन दुब रूआड़ाताना। हागा–कुपुल कोरे आदोआ चाउलि हाटिडोःताना। बुगिन सानाङ)

धान लावा फटकना–परिक्रमा

कन्या सुपली पकड़े खड़ी है। उसके पीछे वर खड़ा है। कन्या का छोटा भाई कन्या के सुपली में लावा गिरा देता है। वर–कन्या लावा झारते हुए दाहिने से बाईं ओर मंडप की चारों ओर घूमते हैं। फेरा पूरी करने के बाद कन्या शील–पत्थर पर रखे हुए चावल और पैसे को पैर से गिरा देती है। तीन बार उपर्युक्त कार्य करते हैं। उसके बाद वर–कन्या अपने–अपने स्थान पर जाकर बैठ जाते हैं। कुटुंब–बन्धुओं के बीच अक्षत वितरण किया जाता है। आशीर्वाद)

82

हे सिरमारेन सिङबोंगा
ओतेरेन ओतेएंगा
तोआ लेका तुरोःकिन
दाहि लेका हसुरोःकिन।
आबेनगे मुनुरेकिन
आबेनगे टुण्डुरेनकिन
आबेनगे सुबारेनकिन
आबेनगे चुटिरेनकिन।।

हे आकाश के परमेश्वर
पृथ्वी की धरती मां
दूध से उगनेवाले
दही से डूबनेवाले।
तुम ही आदि के हो
तुम ही अन्त के हो
तुम ही मूल के हो
तुम ही चोटी के हो।।

83

जोनोमाते हानसाःरेनकिन
गोनोएःआते पारोमरेनकिन
जूगु–जूगु जीदाकानकिन
जानाओ–जानाओ ताइआकानकिन।
होयोरे जी ओओमकिन
दाःरे मायोम सीरजाओकिन
सिरमारे गुयु तूरूबकिन
ओतेरे हिता परचाओकिन।।

जन्म के उस पार के हो
मृत्यु के उस पार के हो
युगों तक जीवंत
युगों तक स्थापित।
हवा में प्राण भरनेवाले
पानी में लहू सिरजनेवाले
आकाश में घर बनानेवाले
धरती पर बीज बोनेवाले।।

84 आले आबेनाः होनेका नागेन
आले आबेनाः गाड़ाको नागेन
दाः बितार उकुआकान
जालाकार बितार दानाङकाना।
हाइ दुताम, काड़ाकोम दुताम
होरो दुताम, लेण्डाद दुताम
ओतेबेन बाइकेदा
धरतीबेन बाडुइकेदा।।

हम बच्चों के लिए
हम संतान के लिए
पानी के भीतर छिपी हुई धरती
जल के अन्दर दबी हुई पृथ्वी।
मछली को, केकड़े को दूत बनाकर
कछुए–केंचुए को दूत बनाकर
तुमने धरती का निर्माण किया
तुमने धरती का गठन किया।।

85 सिंगितुरो, चाण्डुमुलुः
काटा जाम्बाड़ा, बोओः कुन्दुड़ि
आबेनाः कोयोङरे, आबेनाः सिपिंरे
आबेनाःगे सिरजान, आबेनाःगे उपुजान।
जिलिमिलि ओते
लिबिलिबि सिरमा
पाटि लेका बिलाकाना
डुबा लेका हारूबाकाना।।

पूरब दिशा, पश्चिम दिशा
उत्तर दिशा, दक्षिण दिशा
तुम्हारी गोद में, तुम्हारे आंचल में
तुम्हारा सृजन, तुम्हारी उत्पत्ति।
झिलमिल धरती
फैला हुआ आसमान
चटाई की तरह बिछी हुई
कटोरे की तरह औंधी हुई।।

86 ओतेचेतान टुण्डाङतानिः
लाता बितार उगुराकानिः
होयोरे आपिर–ओटाङतानिः
दाःबितार ओयारतानिः।
जोम–नू ओओमकिन
दाः–तासाद हाआटिंकिन
ऊंबुलकिन, चाआतोमकिन
होओरोकिन, जाआंगिकिन।।

जमीन पर रेंगनेवाले को
खोह में छिपे हुए को
हवा में उड़ने–विचरनेवाले को
पानी में तैरनेवाले को।
सबको खिलाने–पिलानेवाले
घास–पानी बांटनेवाले
छाया देनेवाले, छतरी देनेवाले
ओगरनेवाले, रखवाली करनेवाले।।

87 तारा निंदा, तारा सिंगि
सेताः सिंगाड़ा, तिकिन तारासिं
कामि सोमाए तोओलकिन
रूडुन सोमाए ठाआराओकिन।
सिंगि चाण्डुः, इपिल–रिम्बिल
रोकोम हिता, रेएद–रानु

आधा समय दिन, आधा समय रात
सुबह–शाम, दोपहर–अपराह्न
काम का समय बांधनेवाले
आराम का समय ठहरानेवाले।
सूरज–चांद, तारे–आसमान
किस्म–किस्म की जड़ी–बूटियाँ

आनाः–मानाः जो सिबिल दिरि–दारू तासाद–रूड़ाः।।		नाना प्रकार के स्वादिष्ट फल पत्थर–पेड़, घास–फूल।।
सिरजाओआकादलेआबेन उपुजानाकादलेआबेन सोतोः आकादलेआबेन सांगोमाकादलेआबेन। बुरू बोंगा, इकिर बोंगा मांड़ा बुरू, देसाउलि नागे एरा, बिंदि एरा चांडि एरा, जायार एरा।।	88	तुमने हमारे लिए सिरजा हमारे लिए उत्पन्न किया सबको सरिया कर रखा है सबको संभाल कर रखा है। पहाड़ी देवता, जल देवता माड़ा देव, देसाउलि देव नागिन देवी, बिन्दी देवी चंडी देवी, जाहेर–देवी।।
दिसुमरेन दिसुम बोंगाको सिमानरेन सिमान बोंगाको हातुरेन हातु बोंगाको ओड़ाःरेन ओड़ाः बोंगाको। लुटकुम हाड़ाम, लुटकुम बुड़िआ रिसा मुण्डा, मादरा मुण्डा बिरसा मुण्डा, गया मुण्डा सिनगी दाइ, माकि दाइ।।	89	देश के देश देवता सीमा के सीमा देवता गांव के ग्राम देवता घर के गृह देवता। लुटकुम बूढ़ा, लुटकुम बुढ़िया रिसा मुंडा, मदरा मुंडा बिरसा मंडा, गया मुंडा सिनगी दइ, माकि दइ।।
ओड़ोःगे नुतुम का तेबाःजानको चुण्डुलते का टोःजानको सोबेनले गोआरिजादपेआ सोबेनले बिनतीजादपेआ। तिसिंदो मिद तोआब साउड़िते तिसिंदो मिद दुंबा मादते बारिआ ओड़ाःकिनले दाबजादा बारिआ रोसोमकिनले तुरूबजादा।।	90	और भी अनगिनत देवगण और भी अचिन्हित देवगण हम सबको गुहारते हैं हम सबके सामने विनत हैं। आज एक मुट्ठी खेर से आज एक गुच्छे बांस से दो घर हम छा रहे हैं दो झोंपड़ियां बना रहे हैं।।
ने ओड़ाःकिन ताले न रोसोमकिन ताले जाओगे तिंगुआकानका ताइन	91	ये घर हमारे ये झोंपड़ियां हमारी हमेशा खड़ी रहें

जाओगे टेकाओआकानका ताइन।
तिसिंदो मोड़े हागाको ताला
तिसिंदो कुपुल–गंगाको जापाः
ने हापानुम–सेपेड़ेदकिन
ने कोनेआ–बोओरकिन।।

हमेशा स्थिर रहें।
आज पांच भाइयो के बीच
आज कुटुम्बों के समक्ष
इस युवक और युवती को
इस कन्या और वर को।।

92

तिसिंदो आरांड़ालातार
तिसिंदो दिरि चेतान
जोड़ाजाद किनाले
तिंगुजाद किनाले।
निकिनाः ने तोनोल
निकिनाः ने सापाब
जूगु–जूगु ताइनोःका
दिरि लेका थीरोःका।।

आज जूए के नीचे
आज पत्थर के ऊपर
हम इन्हें जोड़ते हैं
हम इन्हें बांधते हैं।
इनका यह बंधन
इनका यह पकड़न
युगों तक बना रहे
पत्थर की तरह स्थिर रहे।।

93

तिसिंआते मिआद होरा
तिसिंआते मिआद डारे
निकिन सेन होराएका
निकिन सेन डारेएका।
निकिनाः सेन होरारे
निकिनाः सेन डारेरे
तोद आलो ताइनका
तुगुड़ि आलो ताइनका।।

आज से एक रास्ता
आज से एक दिशा
ये चलना शुरू करें
ये उठना आरंभ करें।
इनके चलने के रास्ते में
इनके निकलने की डगर पर
कोई ठेस न हो
कोई ठोकर न हो।।

94

सान किं आगुरे
साकाम कि हेःरे
कुला चांकि आलोका ताइन
बिं सोदोर ओलोका ताइन।
दुकुरे, सुकुरे
रेंगेःरे राबाङरे
मिद जीआकानकाकिन
मिद कुड़ामाकानकाकिन।।

जब ये लकड़ी लाने जाएं
जब ये पत्ती चुराने जाएं
इन्हें बाघ का डर न रहे
इन्हें सांप का भय न रहे।
सुख में, दुख में
भूख में, प्यास में
ये एक प्राण होकर रहें
ये एक हृदय होकर रहें।।

.... आर	**95**	.... और ....
सिंगि आर चाण्डुःकिन		सूरज और चांद की तरह
होयो आर दाःकिन		हवा और पानी की तरह
कुलगिआओःतानाबेन तिसिं।		तुम पति–पत्नी हो।
मोनेकेटेः, जी ठानाओ		निश्चय मन से, संकल्प प्राण से
कुरूमुटु मोलों बालबाल		परिश्रम करो, पसीना बहाओ
मिसाते कामि उदामबेन		तुम एक साथ काम–उद्यम करो
मिसाते दांड़ा दुतामबेन।।		तुम एक साथ कमाओ–खाओ।।
दिरि लातार काड़ाकोम	**96**	पत्थर के नीचे केकड़ा
लोसोद बितार हाइहोन		कादो के भीतर मछली
गाड़ारेबेन नामिरे		नदी में पाओ यदि
बान्दारेबेन भेटाइरे।		बांध में मिले यदि।
मिद होड़ो बोओःसाः		तुम में से एक सिर की तरफ
मि होड़ो चादलोमसाः		तुम में से एक पूंछ की तरफ
मिसाते साबीबेन		तुम उसे एक साथ पकड़ो
मिसाते ओताइबेन।।		तुम उसे एक साथ धरो।।
मिआदपाटि, मिआद पारकोमरे	**97**	एक चटाई, एक खाट पर
मिआद गाण्डु, मिआदचाल्पाःरे		एक पीढ़ा, एक तखते पर
दुबबेन, जारूबेन		तुम साथ बैठो, बतियाओ
लापान्दाबेन, जापागारबेन।		तुम परस्पर हंसों–बोलो।
बुरू पिड़ि, पीटि पिड़ि		मेला–टांड़, बाजार–हाट
मिसाते सेनोः–हिजुःबेन		तुम एक साथ आओ–जाओ
मिसाते किरिं–आकिरिंबेन		तुम एक साथ खरीदो–बेचो
मिसाते गोः गोनोङबेन।।		तुम एक साथ दर–दाम करो।।
मिद तेबेन सेनाकानरे	**98**	एक साथ चलते हुए
मिद रेबेन दुबाकानरे		एक साथ बैठे हुए
जाए को लेलकेबेन रे		जब कोई तुम्हें देखे
जेताएको चिनाकेबेन रे।		जब कोई तुम्हें पहचाने।
हेएआ आकिनगे		हां भाई, वही दोनों हैं
हेएआ कुलगिआगे–		हां भाई, पति–पत्नी हैं–

मेनतेको काजीका		इसी तरह लोग कहें
मेनतेको बाकांड़ाएका।।		इसी तरह लोग बोलें।।
लाइः हासुरे, बोओः हासुरे	99	पेट दर्द में, सिर दर्द में
जी दुकुरे, होड़ोमो पोएरे		मन दुखी, देह रुग्न हो तो
कुपुलिआलोबेन गियुगोःआ		एक दूसरे को पूछने में लज्जा न करना
कुपुदुम आलोबेन सोरोमोःआ।		आपस में पूछने में शर्म न करना।
बाबा एंगा, कोदे एंगा		धान मां, मड़ुआ मां
उरि एंगा, मेरोम एंगा		गौ माता, बकरी माता
आबेनलोःको डोराएका		तुम्हारे साथ डेरा डालें
आबेनलोः को बासाएका।।		तुम्हारे साथ वास करें।।
कुपुलनिः कुटुमनिः	100	कुटुम्ब जो आएं, बंधु जो आएं
कोएनिः तेंगोमनिः		मांगने जो आएं, याचने जो आएं
आबेनाः ओड़ाः–दुआराते		तुम्हारे घर से, द्वार से
आबेनाः आंका–राचाआते।		तुम्हारे आंगन घेरे से।
सामा आलोको रूआड़ाका		खाली हाथ लौट न जाए
इपाएःआलोको आचुरका		छूछे हाथ वापस न जाएं
सोबेनको सुकुआबेनका		तुमसे सब खुश रहें
सोबेनको नापाएआबेनका।।		सबको तुम पसन्द आओ।।
आड़िरेआः कादाला लेका	101	आड़ पर के केले की तरह
कुंडिरेआः मादलेका		मेड़ पर के बांस की तरह
आदे लेका, रासुंड़ि लेका		अदरख की तरह, लहसून की तरह
गांडाओःबेन, बुटाओःबेन।		तुम वृद्धि पाओ, विस्तार पाओ।
आबेनाः ओड़ाःरे, आबेनाः राचारे		तुम्हारे घर, तुम्हारे आंगन में
सोना गुगुरा, रूपा टाइंड़ि		सोने का घूंघरू, चांदी की शहनाई
साड़िआकान ताइनका		हमेशा बजता रहे
रुम्बुलाकान ताइनका।।		हमेशा गूंजती रहे।।
दुनिया रेआः दाउड़िरे	102	दुनिया की दौड़ में
जिनीद रेआः जांगि रे		जीवन की चढ़ान में
चेतान तेगे राकाबबेन		तुम ऊपर को उठते रहो

जूग जोरोङ जीदोःबेन।
जीउ–जनतु, बुगिको ताइन
चेंडे चिपरूब बुगिको ताइन
दारू सिं, बुगिका ताइन
तासादरूड़ाः बुगिनका ताइन।।

तुम युग–युग जीते रहो।
जीव–जन्तु स्वस्थ रहें
पंछी–पखेरू स्वस्थ रहें
घास–फूस, स्वस्थ रहें
पेड़, पोधे स्वस्थ रहें।।

होयोदाः बुगिगेका ताइन 103
ओतेहासा बुगिनगेका ताइन
रेएद रानुबुगिनगेका ताइन
सा सोमोए बुगिनगेका ताइन।
आबेनलोः आले हागा सोबेन
ओबेनलोः आले कुपुल सोबेन
सोबेन बुगिगेबु ताइनका।।

हवा–पानी ठीक रहे
धरती–मिट्टी ठीक रहे
जड़ी–बूटी ठीक रहे
ऋतु क्रम ठीक रहे।
तुम्हारे साथ हम–सभी बंधु
तुम्हारे साथ हम सभी कुटुंब
हम सभी कुशल रहें।।

नेरे हिजुःआकान बोंगाकोआते 104
नेरे सेटेराकान देवताकोआते
ओड़ाःरेन हाड़ाम होड़ोकोआते
रोसोम रेन पुर्खा प्रजाकोआते।
मोड़े हागा हातुरेन
कुपुल गंगा दिसुमरेन
नेआगेले सानाङताना
नेआगेले आसराएःताना।।

यहां आए हुए देवताओं से
यहां आए हुए देवियों से
घर के बड़े–बूढ़ों से
घर के पूरखे–पूर्वजों से।
हम पांच भाई गांव के
हम कुटुंब–बंधु देश के
यही शुभ कामना करते हैं
यही शुभेक्षा करते हैं।।

(सांगिते सिङबोंगा गोआरि हो गोआरि, मेनजालोः चाउलिजाङ हेरोःताना। एन तायोमते कोनेआ–बोओरकिन एंगा–आपु, हागा–कुपुलकोकिन जोआराकोताना। सुमदि भेंट। एन तोयोमते चुमाड़ा।)

('सिङबोंगा गोआरि हो गोआरि' समवेत उच्चरित होता है और साथ ही अक्षत दान। वर–कन्या, माता–पिता और कुटुंब–बंधुओं को जोहार करते हैं। समधि भेंट। चुमावन।)

आड़ान्दि दुराङ को

विवाह गीत

एंगामेको चुमाड़ादो 1
आपुमेको चुमाड़ादो

तुम्हारी माताओं का चुमावन
अपने पिताओं का चुमावन

सोना लेका तेलाएमे
रूपा लेका आताङेमे, सुगाड़ा।।

सोने की तरह स्वीकार करो
रूपा की तरह अंगीकार करो, हे प्रिय।।

एंगामेको दुलाड़ादो
आपेमेको दुलाड़ादो
सोना लेका तेलाएमे
रूपा लेका आताङेमे, दुलाड़ा।।

तुम्हारी माताओं का दुलार
तुम्हारे पिताओं का दुलार
सोने की तरह स्वीकार करो
चांदी की तरह ग्रहण करो, हे प्रिय।।

एंगामेको सुगाड़ादो
आपुमेको सुगाड़ादो
सोना लेका तेलाएमे
रूपालेका आताङेमे, दुलाड़ा।।

तुम्हारी माताओं का प्यार
तुम्हारी पिताओं का प्यार
सोने की तरह स्वीकार करो
चांदी की तरह ग्रहण करो, हे प्रिय।।

2

ओको साःआतेः होयोलेदा, एयाङ
चेतान लारिंदो गुले–गुले, एयाङ
चेतान लारिदो गुले–गुले।
चिमाए साःआतेः राम्पिलेदा, एयाङ
लातार लारिदो आलाए–बालाए, एयाङ
लातार लारिदो आलाए–बालाए।।

हे मां, किधर से हवा आई
ऊपरी बादल उमड़–घुमड़ रहा है
ऊपरी बादल उमड़–घुमड़ रहा है।।
हे, मां किधर से झोंका आया
निचला बादल उथल–पुथल रहा है
निचला बादल उथल–पुथल रहा है।।

चेतानातेः होयोलेदा, एयाङ
चेतान लारिदो गुले–गुले, एयाङ
चेतान लारिंदो गुले–गुले।
लातारातेः राम्पिलेदा, एयाङ
लातार लारिदो आलाए–बालाए, एयाङ
लातार लारिदो आलाए–बालाए।।

ऊपर की तरफ से हवा आई, हे मां
ऊपरी बादल उमड़–घुमड़ रहा है, हे मां
ऊपरी बादल उमड़–घुमड़ रहा है।
नीचे की तरफ से झोंका आया, हे मां
निचला बादल उथल–पुथल रहा है, हे मां
निचला बादल उथल–पुथल रहा है।।

चेतान लारिदोः गुले–गुले, एयाङ
सोना दाःदोएः गामालेदा, एयाङ
सोना दाःदोएः गामालेदा।
लातार लारिदो आलाए–बालाए, एयाङ
रूपा दाःदोएः राम्पिलेदा, एयाङ
रूपा दाःदोएः राम्पिलेदाः।।

ऊपरी बादल उमड़–घुमड़ रहा है, हे मां
सोने–से पानी की वर्षा हुई, हे मां
सोने–से पानी की वर्षा हुई।
निचला बादल उथल–पुथल रहा है
रूपे–से पानी की झड़ी लगी है, हे मां
रूपे–से पानी की झड़ी लगी।।

सोना दाःदोए गामालेदा, एयाङ
सोना गेगा ओमोन जाना, एयाङ
सोना गेगा ओमोन जाना।
रूपा दाःदोए राम्पिलेदा, एयाङ
रूपा गेगा बुसाड़ा जाना, एयाङ
ओतेदो बुसाड़ाजाना।।

सोना–सा पानी बरसा, हे मां
सोना ही उग आया, हे मां
सोना ही उग आया।
चांदी–सी झड़ी लगी, हे मां
चांदी ही उग आई, हे मां
चांदी ही उग आई है।।

हाराजाना माताजाना, एयाङ
सिरमा दो दालोबजाना, एयाङ
सिरमा दो दालोबजाना।
नाड़ि, जाना कोतोजाना, एयाङ
ओतेदो गुगुलाजाना, एयाङ
ओतेदा गुगुलाजाना।।

वह बढ़ा, वह पला, हे मां
आकाश में छा गया, हे मां
आकाश में छा गया।
उसकी लता फैली, डाल फैली, हे मां
धरती में फैल गई, हे मां
धरती में फैल गई।।

3
सिंगिदोएः तुरेलेना, उमा
कोड़ा, होनदोएः जोनोमलेना, उमा
कोड़ा, होनदोएः जोनोमलेना।
चाण्डुः दोएः मुलुःलेना, उमा
कुड़ि होनदोएः उपानलेना, उमा
कुड़ि होनदोएः उपानलेना।।

सूरज उग आया, हे मां
लड़के का जन्म हुआ, हे मां
लड़के का जन्म हुआ।
चांद उग आया, हे मां
लड़की की उत्पत्ति हुई, हे मां
लड़की की उत्पत्ति हुई।।

कोड़ा, होनदोएः जोनोमलेना, उमा
गोंड़ा दो उजाड़ा जाना, उमा
गोंड़ा दो उजाड़ जाना।
कुड़िहोन दोएः उपान लेना, उमा
गोंड़ा दो पेरेःजाना, उमा
गोंड़ा दो पेरेःजाना, उमा।।

लड़के का जन्म हुआ, हे मां
गोहार घर उजड़ गया, हे मां
गोहार घर उजड़ गया।
लड़की का जन्म हुआ, हे मां
गोहार घर भर गया, हे मां
गोहार घर भर गया।

4
ने पुताम रानाः दो,
ने पुताम रानाः दो,
सेरेङ चेतान लाताराते
गुगुचुइः मेनेआ।।

इस पण्डुक की आवाज,
इस पण्डुक की आवाज,
चट्टान के ऊपर से नीचे
वह 'गुगुचू' बोलता है।।

ने पुताम रानाः दो,
ने पुताम रानाः दो,
कुपुल–कुटुम्ब बाङको लेका
गुगुचुइः मेनेआ।।

इस पण्डुक की आवाज,
इस पण्डुक की आवाज,
जैसे कि उसके कोई कुटुंब–बंधु न हों
यह 'गुगुचू' बोलता है।।

ओकोए रागे आदिं बितार 5
ओकोए रागे मांचि चेतानरे
ओकोए–ओकोए रागे डाड़िदाः रे
ओकोए रागे माण्डोआ ताला रे।।

कौन रोए घर के भीतर
कौन रोए मचिया पर बैठे हुए
कौन–कौन रोएं डाड़ी के घाट पर
कौन रोए मंडप के बीच।।

एंगा रागे आदिं बितार
आपु रागे मांचि चेतान रे
गाति–सोंगोतिको रागे डाड़िदाः रे
कोनेआ रागे माण्डोआ तालारे।।

मां रोए घर के भीतर
बाप रोए मचिया पर बैठे हुए
साथी–सहेली रोएं डाड़ी के घाट पर
कन्या रोए मंडप के बीच।।

निले रिम्बिल गुले–गुले, उमा 6
सिंगि–चाण्डु–इपिल बेगार सोभागे बानोगा।।
लारि बेगार, हिचिर बेगार सोभागे बानोगा।
जिलिमिलि ओते दिसुम, उमा
जीउको बेगार, दारूको बेगर सोभागे बानोगा।
बिरको बेगार, गाड़ाको बेगार सोभागे बानोगा।

नीले आसमान का गोल विस्तार, हे मां
सूरज–चांद तारा के बिना उसकी कोई शोभा नहीं।
बादल बिना, बिजली बिना उसकी कोई शोभा नहीं।
झिल–मिल देश धरती, हे मां
जीव बिना, वृक्ष बिना उसकी कोई शोभा नहीं।
वन बिना, नदी बिना उसकी कोई शोभा नहीं।।

आटा–माटा बिरको ताला, उमा
साराम–सिलिब–साइल बेगार सोभागे बानोगा।
नाड़िको बेगार, तांड़िको बेगार सोभागे बानोगा।
बान्दा–पुकुरि बिजिर–बिजिर, उमा
पुटिः बेगार, दाः बेगार, सोभागे बानोगा।
हाइको बेगार चोकेको बेगार सोभागे बानोगा।

घोर जंगल के बीच, हे मां
संभार-हिरण-नीलगाय के बिना उसकी कोई शोभा नहीं।
लता बिना, लरंग के बिना उसकी कोई शोभा नहीं।
बांध–पोखर चमचमाता हे, मां
सोता बिना पानी बिना उसकी कोई शोभा नहीं।
मछली बिना मेंढ़क बिना उसकी कोई शोभा नहीं।।

जोका–जुड़ि कुलगिआरे, उमा
होनको बेगार, गांड़ाको बेगार–सोभागे बानोगा।
हागा–कुपुल, कुटुम बेगार सोभागे बानोगा।
आड़ान्दि–बाला, राचा पाटि, उमा

युगल जोड़ी पति–पत्नी, हे मां
बच्चा बिना, संतान बिना उसकी कोई शोभा नहीं।
भाई–बंधु, कुटुंब बिना उसकी कोई शोभा नहीं।
शादी विवाह, आंगन में चट्टाई, हे मां

लान्दा बेगार, जागार बेगार सोभागे बानोगा।
गोप बेगार, दुराङ बेगार सोभागे बानेगा।।

हंसी बिना, बात बिना उसकी कोई शोभा नहीं।
गप्प बिना, गीत बिना उसकी कोई शोभा नहीं।।

7

जोमे, बालाको जोमेपे
नू बालाको नूइपे
दिरि रूगुड़ि मांड़ि
बालाको जोम लेकापे।।

मेहमानो, खाना खा लो
मेहमानो, पेय पी लो
कंकड़ मिला खाना
हे मेहमानो, खाकर देखो।।

जोमे बालाको जोमेपे
नू बालाको नूइपे
जोजो मोराएः इलि
बालाको नू लेकापे।।

मेहमानो, खाना खा लो
साथियों, पेय पी लो
खट्टा–सीठा पेय,
हे मेहमानों खाकर देखो।।

जोमे दोले जोमेआ
नू दोले नूइआ
सोना लेकान काजि
बालाको ताइनोः का।।

खाने को हम खाएंगे
पीने को हम पीएंगे
सोने–सी हमारी बात, हे मेहमानो
सदा के लिए रह जाए।।

जोमे दोले जोमेआ
नू दोले नूइआ
रूपा लेकान बाकांड़ा
बालाको ताइनोः का।।

खाने को हम खाएंगे
पीने को हम पीएंगे
चांदी–सी हमारी जबान, हे मेहमानो
सदा के लिए रह जाए।।

8

मेतामेआको, दुलाड़ा (2)
चारिगो काएः चाटागा
पाटिओ काएः गालाङा
मेतामेआको, दुलाड़ा।।

लोग बोलते हैं, प्रिय (2)
तीलियां भी नहीं बनाती
चट्टाई भी नहीं बिनती
लोग बोलते हैं, हे प्रिय।।

मेतामेआको, दुलाड़ा, (2)
नायालो काएः बाबाइआ
लोयोङो काएः बाबाइआ
मेतामेआको, दुलाड़ा।।

लोग बोलते हैं, प्रिय (2)
हल भी नहीं बनाता
खेत भी नहीं बनाता
लोग बोलते हैं, हे प्रिय।।

उदुबाकोपे, एआङगा, (2)
ढाकि पेरेः कालुः पुङु
पिंडिंगि चेतान किताबांडि
उदुबाकोपे, एआङगा।।

तुम उन्हें बताओ, हे मां (2)
टोकरी भर दोना–पत्तल
पीढ़े पर खजूर की घुंड़ी
तुम उन्हें बता दो, हे मां।।

चुण्डुलाकोपे, एआङगा (2)
बुरू चेतान–जारागोड़ा
लोओर लातार बारू सोकोड़ा
चुण्डुलाकोपे, एआङगा।।

तुम उन्हें दिखा दो, हे मां (2)
पहाड़ के ऊपर साफ मैदान
नीचे घाटी में बना खेत
तुम उन्हें दिखा दो, हे मां।।

9

आबेन चि मिसाते रोआलेद
होरा रे जुड़ि उलिकिन
मिसाते जुम्बुलिजान
मिसाते जुम्बुलिजान।।

क्या तुम्हीं ने एक साथ रोपा था
रास्ते में आम के जोड़े
इनमें एक साथ फल लगे
इनमें एक साथ फल लगे।।

आबेन चि मिसाते पोआलेद
डारे रे जोता कुदाकिन
मिसाते जुम्पाजान
मिसाते जुम्पाजान।।

क्या तुम्हीं ने एक साथ लगाया था
डगर पर जामुन का जोड़ा?
इनमें एक साथ फल लदे
इनमें एक साथ फल लदे।।

आबेन चि मिसाते उरेलेद
बुरू रे जुड़ि बांदाकिन
मिसाते पेरेःजान
मिसाते पेरेःजान।।

क्या तुम्हीं ने एक साथ कोड़े थे
पहाड़ पर दो बांध?
इनमें एक साथ पानी भर आया
इनमें एक साथ पानी भर आया।

आबेन चि मिसाते गेलेःकेद
बेड़ारे जोता डोबाकिन
मिसाते पारिड़िजान
मिसाते पारिड़िजान।।

क्या तुम्हीं ने एक साथ बनाए
घाटी में दो जलाशय?
इनमें एक साथ पानी बह निकला
इनमें एक साथ पानी बह निकला।।

10

आञ दो उमाञ सेनोःताना उमा
लादेनाकोलोःञ सेनोःताना उमा
लादेनाकोलोःञ सेनोःताना।
आञदो उमाञ सेनोःताना।

मैं तो जा रही हूं, हे मां
लदना वालों के साथ जा रही हूं, हे मां
लदना वालों के साथ जा रही हूं।
मैं तो निकल रही हूं, हे मां

आञदो उमाञ बिरिदताना, उमा	मैं तो निकल रही हूं, हे मां हे मां
बेपारी कोलोःञ बिरिदताना	व्यापारियों के साथ निकल रही हूं
बेपारी कोलोःञ बिरिदताना।।	व्यापारियों के साथ निकल रही ह।।
लादेनाकोलोःञ सेनोःताना उमा	लदना वालों के साथ जा रही हूं, हे मां
पुण्डि सादोम बिजिर बालाङ उमा	सफेद घोड़ा चमकता हुआ, हे मां
पुंडि सादोम बिजिर बालाङ।	सफेद घोड़ा चमकता हुआ।
बेपारी कोलोःञ बिरिदताना उमा	व्यापारियों के साथ जा रही हूं, हे मां
रांगा चाउडाल डुगु–मुगु उमा	लाल डोली डगमग करती हुई, हे मां
रांगा चाउडाल डुगु–मुगु।।	लाल डोली डगमग करती हुई।।

5. गोनोएः पारोमेन बोंगा / मृत्यु संस्कार

अनुष्ठान एवं मंत्रपाठ

गोनाएः पारोमेन बोंगा/मृत्यु संस्कार

प्राण (सांस) विहीनता ही जीवंतता का अंत होती है, किन्तु मनुष्य की आत्मा अमर होती है। आत्मा के कालातीत अस्तित्व में मृत्यु ऐसा समय–बिन्दु होता है, जिसके बाद व्यक्ति का भौतिक स्थूल रूप समाप्त हो जाता है। किन्तु वह सूक्ष्मातिसूक्ष्म अदृश्य रूप में विद्यमान रहता है। हम उसे नहीं देख सकते, किन्तु वह हमें देख सकता है। आदिवासी के सच्चाई और ईमानदारीपूर्ण व्यवहार के पीछे यही विश्वास काम करता है कि हमारे पूर्वज हमें देख रहे हैं, हमें ऐसा कुछ भी नहीं करना चाहिए जिससे उन्हें असंतोष हो।

किसी घर में मृत्यु होने का पता उसके आसपास के लोगों को उस घर से आनेवाली सामूहिक रूलाई से लग जाता है। घर–परिवार के बड़े–बुजुर्गों की एक बैठक होती है और गांव–बिरादरी और कुटुंबों के यहां खबर पहुंचाने के लिए संदेशवाहक भेजे जाते हैं। समाचार के दुखद होने का संकेत लोगों को तब मिल जाता है जब खबर पहुंचानेवाला आवभगत की जोहार और पैर धोने की औपचारिकताएं अस्वीकार करते हैं। कुछ ही घंटों के अन्दर बिरादरी और नजदीक के संबंधी शोकाकुल घर को पहुंचने लगते हैं। वे साथ में दो गज सफेद कपड़ा लेकर आते हैं जिसे कफन के रूप में मृतक को दिया जाता है। आगन्तुक सम्बन्धी मृतक को कुछ बूंद पानी 'पिलाते' हैं। शोकाकुल परिवार को सांत्वना दिलाते हैं।

जब महत्त्वपूर्ण संबंधी, विशेषकर मृतक के मामाघर के लोग आ जाते हैं तो मृतक को मृत्यु–संस्कार के लिए तैयार किया जाता है। ये तैयारियां विवाह संस्कार की तैयारियों जैसी होती है। मृतक के शरीर पर हल्दी–तेल लगाया जाता है और उसे नया कपड़ा पहनाया जाता है। फूल भी दिए जाते हैं। जिस समय लोग मृतक को अपना अंतिम सम्मान अर्पित कर रहे होते हैं,–उधर कब्रगाह में मृतक का अस्थायी 'घर' (करीब 7 फीट लम्बा, 3 फीट चौड़ा और 5 फीट गहरा, उत्तर–दक्षिण) बनाया जाता है। घर से निकलने के पहले मृतक से अनाज के कुछ दाने स्पर्श कराए जाते हैं। प्रतीकार्थ में मृतक घर की लक्ष्मी को अपने पीछे छोड़ जा रहा है। अंगारों पर सरसों के बीज डाले जाते हैं ताकि मृतक की यात्रा के रास्ते रो दुष्टात्माएं दूर हट जाएं। नजदीक के संबंधियों में से चार लोग बारी–बारी से अर्थी को कंधा देते हैं।

शोकयात्रा शोकवाद्यसंगीत के साथ निकलती है। अर्थी घर और कब्रगाह के बीच तीन बार जमीन पर रखी जाती है। और चारपाई के पैरों पर पानी डाली जाती है। कब्रस्तान पर पहुंचने के बाद मृतक के 'घर' की परिक्रमा बाएं से दाएँ तीन बार की जाती है और अंतिम बार की परिक्रमा के बाद अर्थी को उत्तरी छोर पर उत्तर–दक्षिण (सिर दक्षिण को) रखा

जाता है। इसके बाद मृतक को अर्थी से उतार कर उसके 'घर' में उतारा जाता है। मृतक के साथ उसकी कुछ प्रिय वस्तुएं भी रख दी जाती हैं। तदनंतर मृतक का एक करीबी संबंधी (संभवतः संतान) उसे आग, पानी और मिट्टी देता है। उसके साथ ही शेष लोग भी मृतक को मिट्टी देते हैं। इस तरह से 'घर' भर जाता है। मिट्टी की ढेर के ऊपर सिर की तरफ एक फूल की शाखा रोप दी जाती है और उसके बगल में एक पत्थर डाल दिया जाता है। उस पर धुवन और दीया प्रज्वलित किए जाते हैं। इसके बाद सारे लोग नजदीक के जलस्रोत को जाते हैं और अपने हाथ–पैर धोते हैं। गांव का नापित सबके 'नाखून' काटता है। इसी बीच बड़े–बूढ़ों की एक बैठक होती है और कमान संस्कार की तिथि घोषित होती है।

मृत्यु प्रतीक रूप में 'दूसरा विवाह' होती है, जिसमें मिट्टी का मिट्टी से, आग का आग से, पानी का पानी से और हवा का हवा से मिलन का अनुष्ठान होता है। इसके बाद मृतक की 'छाया' की 'घर वापसी' का अनुष्ठान होता है, क्योंकि मरने के बाद आदिवासी स्वर्ग या नरक नहीं जाता, वरन अपने पूर्वजों के साथ अपने ही घर में वापस आता है। उसी स्मृति को बनाए रखने के लिए लोग बच्चों का नामकरण उसके नाम से करते हैं। इसलिए अगर इसे पुनर्जन्म भी कहा जाए, तो यह पुनर्जन्म मनुष्य के रूप में ही होता है। किन्हीं कीड़े–मकोड़ों इत्यादि की अनंत योनि में नहीं। किसी की मृत्यु से मृतक के घर एवं सारे कुटुंब में अशुचि होती है और उससे उबरने के लिए कई अनुष्ठान होते हैं, जिनकी परिणति मृत्यु के बाद किसी दिन, जिसका निर्धारण देश–काल के हिसाब से अलग–अलग अवधि में होता है, 'कमान'/श्राद्ध के रूप में होती है। कमान एवं छाया की वापसी अनुष्ठान संक्षेप में इस प्रकार संपन्न होता है :

निश्चित तिथि (साधारणत : मृत्यु के दसवें दिन) को गांव–बिरादरी के लोग अपने नाखून कटवाते हैं और मृतक के नजदीकी संबंधी सिर के बाल मुड़ाए हुए लोग गांव की नदी/तालाब से नहाकर वापस आते हैं और उनका स्वागत उनके पैर धोकर किया जाता है। उसके बाद छाया वापसी की तैयारी होती है। घर के अन्दर, पूर्वजों के कोने तक राख या चावल का चूर्ण बिखेर दिया जाता है। 'छाया वापसी' के लिए जानेवाले अपने साथ हंसुआ, फार, पुआल, केन्दू की टहनियां, पानी और चावल की मदिरा ले जाते हैं। गांव के बाहर चौराहे पर केंदू की टहनियों से एक छोटा कूंबा बनाते हैं। पुआल से छाते हैं। यह मृतक का 'घर' मान लिया जाता है। समझा जाता है कि मृतक चौराहे पर फंसा पड़ा है दुविधा में कि कहां जाएं। पानी छिड़ककर उसे 'स्नान' कराया जाता है और 'खाने–पीने' को दिया जाता है। इसके बाद उस कुंबे में आग लगा दी जाती है। जलती आग के बीच ही मृतक का निकट संबंधी मृतक को सम्बोधित करते हुए कहता है–अरे फलाना, तुम्हारा घर जल रहा है, चलो निकल भागें। इसके बाद हंसुआ–फारवाले व्यक्ति के नेतृत्व में लोग चुपचाप वापस लौटते हैं। केवल हंसुआ पर फार की हल्की चोट की आवाज सुनाई पड़ती है। घर पहुंचने पर दरवाजा खटखटाते हैं। अन्दर से कोई पूछता है–कौन है? इस पर 'आगन्तुक' अपना 'परिचय' बताते हैं जो कि उस समुदाय का संक्षिप्त ऐतिहासिक परिचय होता है। जब अन्दर के लोग

आश्वस्त हो जाते हैं कि आगन्तुक 'दुखों' को छोड़कर सुख लेकर आए हैं तो उनके अन्दर आने के लिए दरवाजा खोला जाता है। पूर्वजों के कोने का दीया सुलगाया जाता है और छितराई हुई राख क परीक्षण किया जाता है और घोषणा की जाती है कि मृतक 'वापस' आ गया।

उसके आगे का कार्यक्रम मृतक की आत्मा को पूर्वजों के साथ सम्मिलित कराने का होता है। आंगन के बीच मृतक का निकटतम संबंधी पुरुष (सामान्यतया पुत्र या भतीजा) मुख्य श्राद्धकर्ता के रूप में पूरब की ओर मुंह करके बैठता है। गांव का पाहन/बैगा/बुजुर्ग उसकी दाहिनी ओर उत्तर की ओर मुंह करके बैठता है। सामान्य पूजा सामग्रियों में होते हैं—लोटे में पानी और उसमें आम की पत्तियां, धुवन, सिंदूर, नया सूत, गुलांची के फूल, अक्षत, चावल की मदिरा और गुड़ और मधु से पका हुआ अरवा चावल का मिष्टान्न। पाहन/बैगा सफेद, लाल और काली मिट्टी से एक चौका बनाता है, जो सृष्टि, पृथ्वी और चारों दिशाओं का प्रतीक होता है। प्रस्तुत अनुष्ठान का मूल उद्देश्य होता है, मृतक की आत्मा को परमेश्वर एवं उसके सहयोगी देवताओं के साक्ष्य में तथा कुटुंब—बंधुओं की उपस्थिति में परिवार के पूर्वजों में सम्मानपूर्वक शामिल करना।

गोनोएः पारोमेन बोंगा	**श्राद्ध मंत्र**
बान्दा/गाड़ा/डाड़ीताः रे	तालाब/नदी/डाड़ी के पास
दुकुरे उयुःआकान सोबेन होड़ोको सागाते बांगाइःजान होड़ोआः नाड़ेः नातारेन होड़ो, बोओः होयोकोः तायोमते रेआड़ानताना आर दाः जापाः रेगे बाइआकान बोओंगा टायादरेः दुबताना।	दुख में गिरे हुए सभी लोगों की ओर से मृतक के नजदीकी नाते का व्यक्ति सिर मुड़ाने के बाद नहाकर आता है और पानी के नजदीक बने पूजा स्थल पर बैठता है।
बोंओंगा सानापाना को—गोलांचि बा. दिआ सेंगेल, धुना—सिदुरि लोटादाःरे उलि साकाम आर गुड़लोः इसिनाकान लेटे माण्डिरेआः डुमाङ को।	पूजा सामग्री—गुलांची के फूल, दीआ—आग, धुवन—सिंदूर, लोटापानी पर आम की पत्तियां और गुड़ के साथ पके भात के पिंड।
सिङबोंगा आर ओते एंगा गोआरिकेकिन तायोमते हासा, दाः, सेंगेल, आर होयोते बाइलेन बांगाइःजान होड़ो होरोकेन बुरु बोंगा, इकिर बोंगा, सेंगेल बोंगा आर होयो बोंगाकोको रागोःआ आकोआः नुतुमते मिमिआद	परमेश्वर और धरती माता की गुहार करने के बाद मिट्टी, पानी, आग और हवा से बने व्यक्ति की रक्षा करनेवाले पहाड़ी देवता, जलदेवता, अग्निदेवता और वायु देवता को बुलाया जाएगा उनके नाम से दाननिमित्त

लेटेमाण्डि डुमाङ दोड़ोमोः नांगेन तेआराकाना। पाआंड़ा दाःतेः हिरचिनताना, सोबेनकोएः तिरपिजादकोआ। बोओंगानिः, बाएः ओमोःताना। बोंगा एटेगोःताना।

एक–एक पिंड बना है। पाहन अपने पर और सब पर पानी छिड़कता है। श्राद्धकर्ता को पुष्पांजलि के लिए फूल दिए जाते हैं। पूंजा आरंभ होती है।

⊙ सोबेन बोंगाको राः होपोर–

⊙ सर्वदेवता उद्बोधन–

1 हे सिरमारेन सिङबोंगा
आतेरेन ओते एंगा
तोआलेका तुरोःकिन
दही लेका हासुरोःकिन।
आबेनगे मुनुरेनकिन
आबेनगे टुंडुरेनकिन
आबेनगे सुबारेनकिन
आबेनगे चुटिरेनकिन।।

हे आकाश के परमेश्वर
पृथ्वी की धरती मां
दूध–से उगनेवाले
दही–से डूबनेवाले।
तुम ही आदि के हो
तुम ही अंत के हो
तुम ही मूल के हो
तुम ही चोटी के हो।।

2 जानोमाते हानसाः रेनकिन
गोनोएःआते परोमरेनकिन
जूगु–जूगु जीदाकानकिन
जानाओ–जानाओ ताइआकानकिन।
होयोरे जी ओओमकिन
दाःरे मायोम सीरजाओकिन
सिरमारे गुयु तूरुबकिन
ओतेरे हिता पारचाओकिन।।

जन्म से उस ओर के हो
मृत्यु से उस पार के हो
युग–युग जीवंत
युग–युग स्थापित।
हवा में प्राण देनेवाले
पानी में लहू सिरजानेवाले
आसमान में झोपड़ी बनानेवाले
धरती में बीज बोनेवाले।।

3 दाः बितार उकुआकान
जालाकार बितार दानाङाकान
ओतेबेन दांड़ाकेदा
धरतीबेन खोजारकेदा।
हाइ दुताम, काड़ाकोम दुताम
होरो दुताम, लेंडाद दुताम
कुल दुतामकेनाबेन
कुल दाराड़ाकेनाबेन।।

पानी के अन्दर छिपी हुई
समुद्र के भीतर दबी हुई
तुमने पृथ्वी को ढूंढ़ निकाला
तुमने धरती को खोज निकाला।
मछली–दूत, केकड़ा–दूत
कछुआ–दूत, केंचुआ दूत
तुमने उन्हें दूत बनाकर भेजा
तुमने उन्हें अगुआ बनाकर भेजा।।

आले आबेनाः होनको नांगेन	4	अपने बच्चों के लिए
आले आबेनाः गांडाको नांगेन		अपनी संतान के लिए
ओतेबेन बाइकेदा		तुमने पृथ्वी का निर्माण किया
धरतीबेन बाड़ुइकेदा।		तुमने धरती का गठन किया।
सिगि तुरोः, चाण्डु मुलुः		सूर्योदय की दिशा, चन्द्रोदय की दिशा
काटा जाम्बाड़ा, बोओः कुन्दुड़ि		उत्तर दिशा, दक्षिण दिशा
आबेनाः कोयोङरे		तुम्हारी गोदी में
आबेनाः सिपिं रे।।		तुम्हारी अंजलि में।।
जिलि–मिलि ओते	5	झिलमिल करती धरती
लिबि–लिबि सिरमा		लिबलिबाता आसमान
पाटि लेका बिलाकाना		चटाई की तरह बिछी हुई
डुबा लेका हारुबाकाना।		डूभा की तरह औंधा हुआ।
ओते चेतान टुंडाङतानिः		धरती के ऊपर रेंगनेवाले
लाता बितार उगुराकनिः		खोह के भीतर छिपे हुए
होयोरे आपिर, ओटाङतानिः		हवा में उड़ने–फिरनेवाले
दाः बितार ओयारतानिः।।		पानी के भीतर तैरनेवाले।।
जोम–नू ओओमकिन	6	सबको खाना–पीना देनेवाले
दाः तासाद हाआटिंकिन		सबको घास–पानी बांटनेवाले
ऊम्बुलकिन, चाआतोमकिन		छाया देनेवाले, छतरी देनेवाले
होओरोकिन, जाआंगिकिन।		रक्षा करनेवाले, ओगरनेवाले।
बिर–बुरू, गाड़ा–पिड़ि		वन–पहाड़, नदी–मैदान
दारू–सिं, तासाद–रूड़ाः		पेड़–पौधे, घास–फूस
आनाः–मानाः जो सिबिल		अनेक प्रकार के स्वादिष्ट फल
उलि–कांटाड़ा, तारोब–तिरिल।।		आम–कटहल, चिरौंजी–केंदू।।
सिंगि–चाण्डुः इपिल–रिम्बिल	7	सूरज–चांद, तारे–आसमान
होयो गामा, सेंगेल–आरिल		हवा–पानी, आग–ओला
आले नागेनबेन बाइकेदा		हमारे लिए तुमने बनाए
आले नागेनबेन बाड़ुइकेदा।		हमारे लिए तुमने सिरजे।
तारा निंदा, तारा सिंगि		आधा समय रात, आधा समय दिन
सेताः–सिंगाड़ा, तिकिन–तारासिं		सुबह–सूर्योदय, दोपहर–अपराहन
कामि सोमाएबेन तोलकेदा		काम के लिए समय बांधा

रूडुन सोमाएबेन ठाराओकेदा।।		आराम के लिए समय ठहराया।।
गुडुलु–सारजोम, माद–मादुकाम	8	गोदली–शाल, बांस–महुआ
बाड़े–सेकेरेः, कादाला–काराम		बड़–सीधा, केला–करम
सोसो दारू सुबा सानामाङ		भेलवा पेड़ के समक्ष
अखंड बिर–बुरू दानाङ।		अखंड वन के भीतर।
लुटुकुम हाड़ाम, लुटुकुम बुड़िआ		लुटकुम बूढ़ा, लुटकुम बुढ़िया
सिदा उतार कुलगिआकिन		सृष्टि की प्रथम दम्पति
आलेआः सिदा पुरखाकिन		हमारे प्रथम पुरखे
आलेआः जाओ हाड़ामकिन।।		हमारे पहले पूर्वज।।
डुमाङ हासा, आंजिलि दाःते	9	मिट्टी के ढेले से, अंजलि पानी से
होड़ोमो हुमु, बालबाल दाःते		शरीर के मैल से, पसीना पानी से
बाइकेदकिनाबेन		तुमने उन्हें बनाया
बाडुइकेदकिनाबेन।		तुमने उन्हें गढ़ा।
चुकाः–बाआंडा दाःते		कलश–भंडा के पानी से
उलि साकाम चोम्पाते		आम की पत्तियों से
हिरचिकेदकिनाबेन		तुमने उन्हें जल छिड़का
तिरपिकेदकिनाबेन।।		तुमने उन्हें पानी झिमकाया।।
एन हासा होड़ोमोरे	10	उस माटी की काया में
एन रोओड़ो मुटु रे		उस सूखी लकड़ी में
जीबेन ओमकेदा		तुमने जीवनदान किया
सायादबेन ओङकेदा।		तुमने उसमें सांस फूंकी।
मानोआहोन, मानोआ गांडा		मानव संतान, मानव संतति
जू ताञ दुलाड़ाकिन		जाओ मेरे प्यारे बच्चो
नेः ताबेन काड़ाबा डांडि		यह रही हल की मूठ
हेनेः ताबेन सेएल कुटि।।		यह रहा ओखल स्थल।।
साब दाड़िनबेन ताबु	11	तुम इसे ठीक से पकड़ो
जापाः दाड़िनबेन ताबु		तुम इसे ठीक से जकड़ो
सीबेन, चालुइःबेन		तुम इससे जोतो, कोड़ो
रुडुङबेन, सेटेःएबेन।		तुम इससे कूटो, छांटो।
नी ताबेन उरिः एंगा		यह रही गौ माता

हिनिः ताबेन मेरोम एंगा		वह रही बकरी मां
नी नेरे बाबा एंगा		यह यहां धान मां
हिनिः एनरे कोदे एंगा।।		वह वहां मड़ुआ मां।।
जीदान होरो–गोओड़ोमको	12	ये जीवन के रक्षक
तोआ–माण्डि ओओमको		ये दूध–भात दायक
लेलकोबेन, हिराकोबेन		तुम इन्हें देखो–भालो
जोगाओकोबेन, जोतोनकोबेन।		तुम इन्हें जुगाओ, संभालो।
कुरुमुटु कामीबेन		मन लगाकर काम करो
बालबाल दाः जोरोएबेन		पसीना पानी बहाओ
हेर चालुः, बिद चाटाः		बोओ, कोड़ो, रोपो, जोतो
नामेआबेन हाटाः–हाटाः।।		भर–भर सूप पाओ।।
दाःलेका बिड़िसिरोगा	13	पानी की तरह ठहरेगा
गितिल लेका ताकिदोगा		बालू की तरह जमेगा
टुंकि रे, सेएलरे		टोकरी में, ओखली में
पोटोमरे, चाटाकारे।		मोरिओं में, छटकों में।
मेद पेरेःबेन लेलेआ		भर नजर देखोगे
लाइः पेरेःबेन जोमेआ–		पेट भर खाओगे–
मेनतेबेन काजिकेदा		इस तरह तुमने कहा
मेनतेबेन बाकांड़ाकेदा।।		इस तरह तुमने बताया।।
जू मानोआ होनकिन	14	जाओ हे मानव संतान
जू मानोआ गांड़ाकिन		जाओ हे मानस संतति
मादुकांम बा लेका गे		महुआ के फूल की तरह
कुंइडि जो लेकागे।		डोरी के फल की तरह।
पाआःगे, पोओःगे		तुम फूलो, फलो
पोआओःबेन, पोसाओःबेन		तुम बढ़ो, पलो
लेपालाड़ि बाड़े लेका		विस्तृत बटवृक्ष की तरह
गोटा दिसुम दालोबोःबेन।।		सारे देश में छा जाओ।।
हेर पुना, रोआ पुनारे	15	प्रथम बोआई, प्रथम रोपाई में
एन पुना, जोमनावा रे		प्रथम मिसाई, नवान्न खाने में
बा. बुरु, बाताउलि रे		सरहुल, माघ, ग्राम–पूजा में

आड़ान्दि रे, कोड़ान्दि रे।		विवाह में, शादी में।
सारजोम दारू सुबा रे		शाल वृक्ष के नीचे
दिआ सेंगेल सामाङ रे		दीप–अग्नि के समक्ष
जोआरेबेन, गोआरिबेन		तुम नमस्कार करो, गुहार को
आर्जीबेन बिनतीबेन।।		अर्जी करो, विनती करो।।
मेनतेबेन काजिकेदा	16	इस तरह तुमने कहा
मेनतेबेन बाकांड़ाकेदा		इस तरह तुमने बखाना
आलेआः बुगिन नांगेन		हमारी भलाई के लिए
आलेआः नापाए नांगेन।		हमारे कल्याण के लिए।
बुरु बोंगा, इकिर बोंगा		पहाड़ी देवता, जल देवता
माड़ा बुरु, देसाउलि		बड़ पहाड़ी, देसाउलि
नागे एरा, बिन्दि एरा		नाग देव, बिन्दी देव
चांडी एरा, जाएर एरा।।		चंडी देवी, जाहेर देवी।।
बाबा एंगा, कोदे एंगा	17	धान मां, मड्डुआ मां
होओरोको, जांगिको		इनके रक्षक, इनके पालक
खिति किरसि जोओगाओको		हमारी खेती–कृषि जुगानेवाले
उरिः–मेरोम जोओतोनको।		गाय–बकरी संभालनेवाले।
चुटु काटेआआते बांचाओको		चूहे–मूसों से बचानेवाले
कुम्बुडु–जुम्बुड़िआते कोओटोंको		चोर–लोभियों को रोकनेवाले
रुआ–राबाङरे कोयोःको		रोग–व्याधि में देखनेवाले
दुकु–बिपतिरे हीराको।		दुख–विपत्ति में पूछनेवाले।।
दिसुमरेन दिसुम बोंगाको	18	देश के देश देवतागण
सिमानरोन सिमान बोंगाको		सीमा के सीमान्त देवगण
हातुरेन हातु बोंगाको		गांव के ग्राम देवतागण
ओड़ाःरेन ओड़ाः बोंगाको।		घर के गृह देवतागण।
ओड़ोःगे नुतुमते का तेबाः जानको		अन्य जिनका हम नाम न ले पाए
चुंडुलते का टोःजानको		जिनको हम इंगित न कर पाए
सोबेनगेले गोआरिजादपेआ		हम सबको गुहारते हैं
सोबेनगेले बिनती जादपेआ।।		हम सबसे विनती करते हैं।।
मिद गाण्डु, मिद चाल्पाःरे	19	एक पीढ़े में, एक कुन्दे में

मिद पाटि, मिद पांति रे		एक चटाई, एक पांति में
जाओगे दुब–जारू को		हमेशा बैठने–बतियानेवाले
जाओगे जोआर–जागार को।		हमेशा मिलने–जुलनेवाले।
तुड़ि मा सुतामते		तुड़ि की रस्सी से
बादि मा बायार ते		बाधी की डोर से
हाड़ागुकोःपे ताबु		तुम उतरकर आओ
नोसोरकोःपे ताबु।		तुम नजदीक आओ।।
जोआर! जोआर! जोआर!	**20**	जोहार! जोहार! जोहार!
सिङबोंगा, गोआरि हो गोआरि!		परमेश्वर को जोहार हो!
ओते एंगा, गोआरि हो गोआरि!		धरती मां को जोहार हो!
हाड़ाम होड़ोको गोआरि हो गोआरि।।		पुरखे पूर्वजों को जोहार हो।।
तिसिं दो .... हुलाङ	**21**	आज .... दिन
तिसिं दो .... चाण्डुः		आज .... महीने में
.................हातु बितार रे		.... गांव के बीच
.... टोला सिमान रे।		..........टोले की सीमा में।
मोड़े हागा हातुरेन		पांच भाई गांव के
कुपुल गंगा दिसुमरेन		कुटुंब–बंधु देश के
हिजुः सेटेराकानाले		हम आ पहुंचे हैं
होपोर जापाःआकानाले।।		हम नजदीक आए हैं।।
आले तालारेन .... ताले	**22**	हमारे मध्य का ....
आले बिताररेन .... ताले		हमारे भीतर का ....
आले तालाआतेः हिगाड़ानजान		हमारे बीच से जो छिनग गया
आले बितारातेः बिनगान जान।		हमारे अन्दर से जो अलग हुआ।
बांगाइःजान एन होड़ो ताले		जो नहीं रहा वह आदमी
आले बागेकेद परजा ताले		जो हमें छोड़ गई वह प्रजा
एन दुकुआते पारोमेन नांगेन		उस दुख से पार होने के लिए
एन बालाएआते उबारेन नांगेन।।		उस विपत्ति से उबरने के लिए।।
आपेताःले गोआरिताना	**23**	हम तुम्हें गुहराते हैं
आपेताःले बिनतीताना		हम तुमसे विनती करते हें
गोआरिताले आयुमलेपे		हमारी प्रार्थना सुन लो

बिनती ताले आतेन लेपे।
उपल बा पुकुरिआते
ताड़ाए बा बान्दाआते
रेआड़ा आगुआकानाले
उम आगुआकानाले।।

हमारी विनती मान लो।
कमल फूलवाली पोखरी से
सरसिज फूलवाले बांध से
हम नहाकर आए हैं
हम धुलकर आए हैं।।

24 बोंगा बाइजान एन होड़ो
दानाङजान एन परजा
आपेआः उम्बुलरेगेः ताइआकाना
आपेआःचोतोररेगेः ताइआकाना।
हासा–दाःते बाइलेन
सेंगेल–होयोते टेकाओलेन
होड़ोमो एना मुसिं रेआः
सोमाए एना बारसिंरेआः।।

जो देवता बना वह आदमी
जो छिप गई वह प्रजा
तुम्हारी छाया में ही रहा है
तुम्हारी छतरी में ही रही है।
मिट्टी–पानी से निर्मित
आग–हवा से टिका हुआ
वह एक दिन का शरीर
वह दो दिन का समय।।

25 आपे ओमलेद एन होड़ोमो
आपे चेदलेद एन सोमाए
तिसिंले ओम रुआड़ापेताना
तिसिंले चेद रुआड़ापे ताना।
रोआ रूप एन होड़ो ताबु
हिता रूप एन परजा ताबु
बुगिलेका होरोइपे
नापएलेका जांगीपे।।

तुम्हारा दिया हुआ वह शरीर
तुमसे प्रदत्त वह समय
हम तुम्हें वापस करते हैं
हम तुम्हें वापस फिराते हैं।
आत्मारूप उस आदमी को
बीजरूप उस प्रजा को
तुम उसे सकुशल रखो
तुम उसे स्वस्थ रखो।।

26 ओतेआते नामलेन हासा होड़ोमो
सिंगिआते नामलेन मेद–मुआड़ा
सिरमाआते नामलेन होयो सायाद
जलाकाराते नामलेन दाः मायोम।
हासागे ती–काटा
हासागे मोचा–डाटा
हासागे जिलु–जाङ
हासागे बोओः–हाताङ।।

धरती से मिला मिट्टी रूप शरीर
सूरज से मिला अग्नि रूप चेहरा
आकाश से प्राप्त वायु–सांस
समुद्र से मिला पानी–लहू।
मिट्टी ही हाथ–पैर
मिट्टी ही मुंह–दांत
मिट्टी ही मांस–हड्डी
मिट्टी ही सिर–मस्तिष्क।।

27 हासागे ऊब–सारसार
हासागे ऊर–ईम

मिट्टी ही बाल–नख
मिट्टी ही चर्म–हृदय

हासागे सिर–पोटा
हासागे कुड़ाम–मायाङ।
हासागे पाचिरि बिउर
हासागे ताला मुतुल
हासागे सालान्दि–चांदाए
हासागे पिंडिगि–कुण्डाम।।

मिट्टी ही नाड़ी–आंत
मिट्टी ही छाती–कमर।
मिट्टी ही दीवाल–घेरा
मिट्टी ही मध्य खूंटा
मिट्टी ही छांछा–किनार
मिट्टी ही पीढ़ा–पिछुआर।।

हासा हिसाब सुगाड़ा सुमुङ
होड़ोमो सेन बेड़ाएआ
कामि–उदाम दाड़िआ
लांदा–जागार दाड़िआ।
हासा हिसाब ओंड़ाजान रे
होड़ोमो दुब हापेआ
ती काटा मेद लुतुर
सोबेन को दुडुम होपेआ।।

28 मिट्टी का हिसाब ठीक रहने तक
यह शरीर चलता–फिरता है
काम उद्यम को समर्थ है
हंसने–बोलने को समर्थ है।
मिट्टी का हिसाब बिगड़ जाने पर
शरीर चुपचाप बैठ जाता है
हाथ–पैर, आंख–कान
सब चुपचाप सो जाते हैं।।

एनकागे दाः पेड़ेः मारांङ
दाःते होड़ोमो टेकाओआकाना
दाः हिसाब सुगाड़ा सुमुङ
ने होड़ोमो सेसेनताना।
दाःगे मायोम–बालबाल
दाःगे सुनुम–इतिल
दाःगे होड़ोमो हुमु
दाःगे मोचा सिबिल।।

29 उसी तरह पानी भी बड़ी शक्ति है
पानी से शरीर टिका है
पानी का हिसाब ठीक रहने तक
यह शरीर चलता फिरता है।
पानी ही लहू–पसीना
पानी ही तेल–चर्बी
पानी ही शरीर का मैल
पानी ही मुंह का स्वाद।।

दाःगे सिदा सिरजान
दाःगे आसुल–आपासुल
दाःगे माइन–मानातिङ
दाःगे गिउः सोरोम।
दाः हिसाब ओंड़ाजान रे
ने होड़ोमो दुब हापेआ
ती–काटा, मेद–लुतुर
सोबेनको दुडुम हापेआ।।

30 पानी ही प्रथम सृजन
पानी ही पोषण–जीवन
पानी ही मान–सम्मान
पानी ही लोक लाज।
पानी का हिसाब बिगड़ जाने पर
यह शरीर चुप बैठ जाता है
हाथ–पैर, आंख–कान
सब चुपचाप सो जाते हैं।।

31 एनकागे लोलो पेड़ेः माराङ
लोलोते होड़ोमो टेकाओआकाना
लोलो हिसाब सुगाड़ा सुमुङ
ने होड़ोमो सेसेनताना।
लोलोते मायोम लिंगिओःआ
लोलोते लाइः होण्डोएःताना
दिरि राटि जिराओःताना
माण्डिआते पेड़ेः बाइओःताना।।

उसी तरह ताप एक शक्ति बड़ी
ताप से शरीर टिका है
ताप का हिसाब ठीक रहने तक
यह शरीर चलता–फिरता है।
ताप से लहू बहता है
ताप से पेट खौलता है
पत्थर तक हजम होता है
भोजन से ऊर्जा बनती है।।

32 लोलोते अंकुरि उपाना
लोलोते दाः बासाङा
लोलोते उतु रोंगोओःआ
लोलोते होटोः तेताङा।
लोलोते साकाम सुड़ाओःआ
दारूरे बाओःआ, जोओःआ
लोलोते जोओको जारोमोःआ
जारोमाःको ओतेरे उयुगोःआ।।

ताप से अंकुर निकलता है
ताप से पानी गर्म होता है
ताप से दाल जलती है
ताप से कंठ सूखता है।
ताप से पत्तियां निकलती हैं
पेड़ों पर फूल, फल लगते हैं
ताप से फल पकते हैं
पके फल जमीन पर गिरते हैं।।

33 लोलोते साकाम उरुडूआ
लोलोते मुटुको तोरोएगोःआ
लोलोते हासा केटेगोःआ
लोलोते–मेड़ेद सेरोगा।
लोलो हिसाब ओंड़ाजान रे
ने होड़ोमो दुब हापेआ
ती–काटा, मेद–लुतुर
सोबेनको दुडुम हापेआ।।

ताप से पत्तियां झरती हैं
ताप से कुंदा राख होता है
ताप से मिट्टी कड़ी होती है
ताप से लोहा गलता है।
ताप का हिसाब बिगड़ जाने पर
यह शरीर चुप बैठ जाता है
हाथ–पर, आंख–नाक
सारे चुप सो जाते हैं।।

34 एनकागे होयो पेड़ेः माराङ
होयोते होड़ोमो टेकाओआकाना
होयो हिसाब सुगाड़ा सुमुङ
ने होड़ोमो सेसेनताना।
कुड़ाम कुकुरु चापुआ
होयो कारे का सेसेन
दाः लोः होयो कारे

उसी तरह हवा एक शक्ति बड़ी
हवा से शरीर टिका हुआ है
हवा का हिसाब ठीक रहने तक
यह शरीर चलता फिरता है।
छाती खोखली धौंकनी
हवा के बिना चल सकती नहीं
पानी के साथ हवा बिना

बानोः पेड़ेः सिरजान।।

सृजन की शक्ति नहीं।

35

माण्डि का नामोः रेओ
ने होड़ोमो सेसेना बारसिं
मेनदो होयो–सायाद बेगार
का सेसेना जेता इमिनाङ।
होयो पेड़ेः ताइन सुमुङ
ने होड़ोमो सेन बाड़ाएआ
कामि–उदाम दाड़िआ
लान्दा जागार दाड़िआ।।

खाना नहीं मिलने पर भी
यह शरीर दो दिन चल सकता है
किन्तु हवा–सांस लिए बिना
नहीं चल सकता कुछ पल भी।
हवा की शक्ति रहने तक
यह शरीर चलता–फिरता है
काम–उद्यम कर सकता है
हंस बोल सकता है।।

36

होयो हिसाब ओंड़ाजान रे
ने होड़ोमो दुब हापेआ
ती काटा मेद–लुतुर
सोबेन को टुडुम हापेआ।
आपेआः होराते नामलेनाः
आपेआ पेड़ेःते तेलालेनाः
आपेआः काटासुबारेले जिमाजादा
आपेआः तीरेले जामाजादा।।

हवा का हिसाब बिगड़ जाने पर
यह शरीर चुप बैठ जाता है
हाथ–पैर, आंख–कान
सारे चुप सो जाते हैं।
तुम्हारे माध्यम से जो मिला
तुम्हारी शक्ति से प्राप्त हुआ
तुम्हारे पैरों पर जिम्मा देते हैं
तुम्हारे हाथों में जमा करते हैं।।

37

हासा होरोकेन बुरुबोंगा
दा जांगिकेन इकिरबोंगा
सेंगेल गुपिकेन सेंगेलबोंगा
होयो गुतिकेन होयोबोंगा।
रोआ ओमकेन सिङबोंगा
जी टेकाओकेन ओतेएंगा
सोबेन कोले गोआरिजादपेआ
जोतोकोले बिनतीजादपेआ।।

मिट्टी के रक्षक पहाड़ी देवता
पानी के पालक जलदेवता
आग के रक्षक अग्निदेव
हवा के चरवाहे वायुदेव।
आत्मा के दाता परमेश्वर
जी टिकानेवाली धरतीमाता
हम तुम सबको गुहारते हैं
हम सबसे प्रार्थना करते हैं।।

38

आपे सोबेन माराङ बोंगाको
ओड़ोःगे जोतो हुड़िं बोंगाको
नुतुमते का तेबाःजानको
चुण्डुलते का टोःजानको।
आलो ताबुपे हुड़िंजीओःआ

तुम सभी बड़े देवता
और भी सभी छोटे देवता
नाम से जिन तक हम नहीं पहुंच पाए
हमारे इंगित से जो छूट गए।
तुम छोटा मन न होना

आलो ताबुपे हांड़ाजीओःआ
सोबेनगेले गोआरिजादपेआ
जोतोगेले बिनतीजादपेआ।।

तुम रुठामन न होना
हम सबको गुहारते हैं
हम सबसे विनती करते हैं।।

39 नेआको ताबु तेला रुआड़ाएपे
नेआको ताबु आताङ रुआड़ाएपे
नेआको ताबु जोगाओ रुआड़ाएपे
नेआको ताबु जोतोन रुआड़ाएपे।
ने होड़ोआः सेन होरा रे
ने परजाआः सेन डारे रे
सोबेनाः बुगिगेका ताइन
सोबेनाः नापाएगेका ताइन।।

यह सब तुम वापस ले लो
यह सब तुम वापस ग्रहण करो
यह सब तुम जुगा लो
यह सब तुम जतन करो।
इस आदमी के चलने के रास्ते
इस प्रजा के निकलने की राह
सब कुछ ठीक रहे
सब कुछ कुशल रहे।।

40 आपे सोबेन बोंगाको तागाते
आपे जोतो देवताको तागाते
आले नेआगेले आर्जीताना
आले नेआगेले बिनतीताना।।
सारजोम साकाम नावां गाण्डुरे
ने दिआ सेंगेल सामाङरे
दुबकोःपे, जारुकोःपे
गोआरि ताले आयुमलेपे।।

तुम सभी देवों से
तुम सभी देवताओं से
हम यही अर्जी करते हैं
हम यही विनती करते हैं।
शाल पत्तियों के नए पीढ़े पर
इस दीया–अग्नि के समक्ष
तुम बैठ लो, विराज लो
हमारा गुहार सुन लो।।

41 आपेआः दया देंगाते
आपेआः लेपेल–उम्बुलते
कामि बुगिनगे सांगोमोःका
काजि नापाएगे सोतोगोःका।
ने दुकु सोंकोटोआते
ने नारा–दुरा जीआते
उबारतेले उबारोःका
सुकुहोराले साबनामेका।।

तुम्हारी दया और सहयोग से
तुम्हारी संरक्षण–छाया में
हमारा काम सुसम्पादित हो
हमारा अनुष्ठान शुभ सम्पन्न हो।
इस दुख की संकट से
इस हताश मन से
हम बिलकुल उबर जाएं
हम सुख का मार्ग पकड़ सकें।।

42 जोआर! जोआर! जोआर!
सिङबोंगा, गोआरि हो गोआरि!
ओते एंगा, गोआरि हो गोआरि!

जोहार! जोहार! जोहार!
परमेश्वर को जोहार! जोहार!
धरती मां को जोहार! जोहार!

हाड़ाम होड़ोको, गोआरि हो गोआरि!!

पूरखे–पूर्वजों को जोहार! जोहार!!

(बोओंगानिः सिङबोंगाः नुतुमते मिआद डुम्बा उलिसाकामतेः हिरचिजादा, सारजोम साकामरेः दोड़ोमजादा। ती जोड़ाओ केआतेः गोआरिताना।)

(यजमान परमेश्वर के नाम से एक मिष्टान्न पर आम की पत्तियों से पानी छिड़कता है, शाल पत्र पर रखता है। हाथ जोड़कर प्रार्थना करता है।)

सिरमारेन सिङबोंगा 43
ओतेरेन ओतेएंगा
जोआरतानाञ गोआरितानाञ
आयुमलेबेन, आतेनबेन।
सारजोम साकाम नावा गाण्डुरे
दुबकोःबेन, जारू कोःबेन
सायादालेबेन, सारतेआलेबेन
दुलाड़ालेबेन, देंगाआलेबेन।।

आकाश के परमेश्वर
पृथ्वी की धरती माता
मैं जोहार करता हूं, गुहार करता हूं
तुम उसे सुनकर, उसका श्रवण करो।
शालपत्रों के नए पीढ़े पर
तुम बैठ लो, विराज लो
तुम हमें प्राण दो, सच्चाई दो
प्यार दो, सहयोग दो।।

आलेदो काले–लेल दाड़िआबेना 44
आलेदोबेन लेल दाड़िआलेआ
आलेदो काले आयुमदाड़िआबेना
आलेदोबेन आयुम दाड़िआलेआ।
जाओगे, जानाओगे
दुकुतान रे, सुकुतार रे
कामि–उदाम रे, जोम–नू रे
दुब–जाआरु रे, गितिः–दुडुम रे।।

हम तुम्हें देख नहीं सकते
किन्तु तुम हमें देख सकते हो
हम तुम्हें सुन नहीं सकते
किन्तु तुम हमें सुन सकते हो।
हर समय, प्रतिदिन
दुःख के समय, सुख के समय
काम–उद्यम में, खान–पान में
बैठने–बतियाने, लेटने–सोने में।।

हेबेतादलेआबेन 45
हातारतादलेआबेन
हाम्बुदतादलेआबेन
गुंगुदतादलेआबेन।
आबेनगे जोनोम ओमकिन
आबनेग कोरोम तोलकिन
आबेनातेले उपानाकाना
आबेनरेगेले जामारुआड़ाना।।

तुम हमें गोद में लिए हुए हो
तुम हमें कमर में बांधे हुए हो
तुम हमें बाहों में भरे हुए हो
तुम हमें छाती से चिपकाए हुए हो।
तुम ही जन्म देनेवाले हो
तुम ही कर्म देनेवाले हो
तुम्ही से हम उत्पन्न हुए हैं
तुम्हीं में हमें वापस जाना है।।

46 आबेनले जोआरताना
आबेनले गोआरिताना
ओबेनतेले उम्बुलाकाना
आबेनतेले चोतोराकाना।।
एन हुलाङ .... दिन
एन दिलाङ .... चाण्डुः
आलेतालारेन .... दो
आलेकिलिरेन होड़ोदो।।

हम तुम्हें जोहार करते हैं
हम तुम्हारी गुहार करते हैं
हम तुम्ही से सुरक्षित हैं
हम तुम्हीं से संरक्षित हैं।
उस दिन .... दिन
उस दिवस .... महीने
हमारे बीच का ....
हमारे गोत्र का व्यक्ति।।

47 आएआः कामि पुराओ केआते
आपान उदाम चाबाकेआते
आले तालाआतेः दानाङेनजाना
आपेलोःते जामानजाना।
एन दुकुआते पारोमेन नांगेन
एन बालाएआते उबारेन नांगेन
मोड़े हागा, मोड़े कुपुल
जामाआकानाले, दुबाकानाले।।

अपना काम पूरा करने के बाद
अपना उद्यम समाप्ति के बाद
हमारे बीच से छिप गया
तुम्हारे साथ जा मिला।
उस दुख से पार पाने के लिए
उस बला से उबरने के लिए
पांच भाई, पांच कुटुंब
हम जमा हुए, बैठे हैं।।

48 सोना दाः, रूपा दाःते
हिरचि दारोमजादबेनाले
तिरपि दारोमजादबेनाले
जोआर दारोमजादबेनाले।
तिलमिंले तिलाबेनताना
जोबा बाले दोड़ोमाबेनताना
गोलांचि बा, आदोआ चाउलि
तोआ, दुबिला, पान–कसाइलि।।

सोना–पानी, रूपा–पानी से
छिड़का कर तुम्हारा स्वागत करते हैं
झिझक कर तुम्हारा स्वागत करते हैं
जोहार कर तुम्हार स्वागत करते हैं।
तुम्हें तिल के बीज अर्पित करते हैं
तुम्हें उड़हुल के फूल अर्पित करते हैं
तुम्हारे लिए गुलांची फूल, अरवा चावल
दूध, दूब, घास, पान–कसैली।।

49 लागोरा गाइ, गोतोम दिआ
आबेन नांगेनगे जुलताना
नावा किचिरिले ओमाबेनताना
तेलालेबेन, आताङलेबेन।
जोआर! जोआर! जोआर!
सिङबोंगा, गोआरि हो गोआरि!
ओते एंगा, गोआरि हो गोआरि!

दुधारू गाय का घी–दीया
तुम्हारे लिए ही प्रज्वलित है
तुम्हें नया वस्त्र देते हैं
इसे तुम स्वीकार करो, ग्रहण करो।
जोहार! जोहार! जोहार!
परमेश्वर को जोहार! जोहार! जोहार!
धरती मां को जोहार! जोहार! जोहार!

हाड़ाम होड़ोको, गोआरि हो गोआरि!!

पुरखे–पूर्वजों को जोहार! जोहार! जोहार।।

एन तायोमते बुरु बोंगाः नुतुमते दोड़ोमकेआते गोरिआरिओःताना–

पहले की ही तरह पहाड़ी देवता के नाम से अर्घ्य देकर प्रार्थना की जाती है–

हे ....बुरू, बुरू बोंगा 50
माड़ा बुरू, देसाउलि
आमोले जोआर जादमेआ
आमोले गोआरि जादमेआ।।

हे .... पहाड़ के पहाड़ी देव
माड़ादेव, देसाउलि देव
हम तुम्हें जोहार करते हैं
हम तुम्हारी गुहार करते हैं।।

एन लेकागे इकिर बोंगाः नुनुमते–

इसी तरह जल देवता के नाम से–

हे ....इकिर इकिर बोंगा
आमोले जोआर जादमेआ
आनोले गोआरिजादमेआ
आयुमलेम, आतेनलेम।।

हे .... दह के जल देवता
हम तुम्हें भी जोहार करते हैं
हम तुम्हारी भी गुहार करते हैं
हमारी प्रार्थना सुन लो, गुन लो।।

एन तायोमते हाड़ाम होड़ोकोआः नुमुमते–

इसी तरह पुर्खे–पूर्वजों के नाम से–

हे आलेआः हाड़ाम होड़ोको 51
हातु–दिसुम बाइकेनको
ओड़ाः दुआर तुरूबकेनको
आपेओले गोआरिजादपेआ।
गंगा गाड़ा आतोमरे
दिआ सेंगेल सामाङरे
दुबकोःपे, जारूकोःपे
आयुमलेपे, आतेनलेपे।।

हे हमारे पुर्खे–पूर्वज
गांव–देश बनानेवाले
घर–द्वार बनानेवाले
हम तुम्हें भी गुहारते हैं।
गंगा नदी के किनारे
अग्नि–दीप के समक्ष
तुम बैठो, विराजो
हमें सुनो, श्रवण करो।।

टुण्डुरे काऊः–कुड़िदकोआः नुतुमते–

अंत में कौआ–चील इत्यादि के नाम–

हे काउःनिः, कुड़िदनिः 52
तुयुनिः तागाउनिः
आपेओपे देंगाकेना
आपेओपे गोड़ोमकेना।

हे कौवे और चील
सियार और भेड़िए
तुमने भी मदद की थी
तुमने भी सहायता की थी।

एला नेरे जुड़ि–जुड़ि
एला नेरे पान्ति–पान्ति
दुबकोःपे, जारुकोःपे
गोआरितानाले, आयुमलेपे।।

आओ यहां जुड़ो
आओ यहां पंक्ति में
तुम भी बैठो, विराजो
हम गुहारते हैं उसे सुनो।।

एन तायोमते बोंओंगानिः लेटे बाइकेन तावा, पुडुः आर दिआ बागेकेआते सोबेन मिआद कालुः रेः जामाजादा। लेंगा तारानरेः गोःजादा आर काटाजाम्बाड़ाते सामाङलेआतेः तिंगुनताना। जिआनजानिः नुतुमकिःआते जागारजादा–

इसके बाद मुख्य श्राद्धकर्त्ता मिष्टान्न पकाने का तवा, दोना और दीया छोड़कर बाकी सब कुछ एक पत्तल में जमा करता है। बाएं कंधे पर रखता है और उत्तर की ओर मुंह करके खड़ा होता है। मृतक को सम्बोधित करता है–

हे 53
ओते एंगालोः ताइनमे
बुरू बोंगालोः ताइनमे
इकिर बोंगालोः ताइनमे।।

हे ....
धरती माता के साथ रहो
पहाड़ी देवता के साथ रहो
जलदेवता को साथ रहो।।

एन तायोमते लेंगाते बिउरकेआते सिंगितुरोःतेः मेदजादा। जोम साः तारानरेः गोःजादा ओड़ोः आपिसाएः जागारजादा–

इसके बाद बाईं ओर से घूमकर पूरब की ओर मुंह करता है। सामग्रियों को दाहिने कंधे पर लेता है और तीन बार उच्चरित करता है–

हे 54
सिङबोंगालोः ताइनमे
ओड़ाः बोंगाकोलोः ताइनमे
पुरखा कोलोः ताइनमे।।

हे ....
परमेश्वर के साथ रहो
गृह देवताओं के साथ रहो
पुर्खे–पूर्वजों के साथ रहो।।

एन तायोमते लेंगातेगे बिउरेन जानाते गोःतादाःको बान्दा जापाःरेः जोगाओजादा। तावाएः दाल रापुदजादा। दीआ दाःरेः टिपिउलजादा। रेआड़ान तानाएः। नावा किचिरितेः पाटेनताना। इनिः हागा– कुपुलकोते आपिसा दुब तिंगुइतानलोः सांगिते काकालाओः ताना–

इसके बाद बाईं ओर से घूमकर कंधे पर की सामग्रियों को पानी के किनारे रखता है। तवे को फोड़ता है। दीये को पानी में बहाता है। नहाता है। नया कपड़ा पहनता है। कुटंब–बिरादरों द्वारा उसे तीन बार उठाते–बैठाते हुए सम्मिलित स्वर में उच्चरित होता है–

सिङबोंगा गोआरि–गोआरि हो गोआरि।
ओते एंगा गोआरि–गोआरि हो गोआरि!
बुरू बोंगा गोआरि–गोआरि हो गोआरि।
इकिर बोंगा गोआरि–गोआरि हो गोआरि।
हाड़ाम होड़को गोआरि–गोआरि हो गोआरि।

होरा तुनुड़ाम रे
(उम्बुल राः रुआड़ा)

बोओंगा सानापाना को–

बोंगा बाइजानिआः गुयु तुरुब नांगेन आपिआ तिरिल ओपादको आर दाबतेआः बुसु। सेंगेल, धुना, दाः। बांगाइःजानिआः नाड़ेः नातारेन होड़ो सागाते बोंगाओःताना–

हे आलेआते हिगाड़ाजान 55
हे आलेआते बिनगाजान फालना
तिसिं दो मोड़े हागा हातुरेन
तिसिंदो कुपुल गंगा दिसुमरेन।
आम दांड़ाले उडुङाकाना
आम खोजारले पायाराकाना
इदि रुआड़ाले हिजुःआकाना
सुतुः रुआड़ाले सेटेराकाना।।

लइः रेंगेः, दाः तेताङ 56
सिं सुबा, दारू सुबा
ओको रेगे मेनाः मेआ
जां रेगेम जापागाकाना।
एसकार जी आकाल–बाकाल
हागा–कुपुल उम्बुल बेगार
बानोः जांएलो दुब–जारू
बानोः जोतएलोः लान्दाजागार।।

राबाङते एकेलातान 57
जेटेते तायुरतान

सिङबोंगा को जोहार! जोहार! जोहार!
धरती माता को जोहार! जोहार! जोहार!
पहाड़ी देवता को जोहार! जोहार! जोहार!
जलदेवता को जोहार! जोहार! जोहार!
पुर्खे–पूर्वजों को जोहार! जोहार! जोहार!

चौराहे पर
(छाया वापसी)

पूजा सामग्री–

मृतात्मा की झोपड़ी निर्मित करने के लिए तीन केन्दू टहनियां और छप्पर छाने के लिए पुआल, आग, पानी और धुवन। मृतक के नजदीकी व्यक्ति की ओर से उद्‌बोधन–

हमसे बिछुड़ा ....
हमसे अलग हुआ फलाना
आज गांव के पांच भाई
आज देश के कुटंब–बंधु।
हम तुम्हें ढूंढ़ने निकले हैं
हम तुम्हें खोजने निकले हैं
तुम्हें वापस ले चलने आए हैं
तुम्हें साथ लेने आए हैं।।

भूखे पेट, पानी को तरसते
पेड़ के नीचे, वृक्ष तले
तुम जहां भी स्थित हो
तुम जहां भी दुबके हो।
अकेला मन, अकबक प्राण
कुटुंब–बंधु छाया विहीन
किसी के साथ न उठना–बैठना
किसी के साथ न हंसना–बतियाना।।

ठंड से कांपते हुए
धूप से बिलखते हुए

चिनिनेम होनोर बिउरा?
चिमिनेम जालाम कोलादा?
नेतेञा चि हेनतेञाचि
ने मुलि कोते, हेन मुलि कोते?
ने लेका उड़ुःतानलोः
ने लेका फिकिरतानलोः ।।

धूप से कब तक घूमते रहोगे
तुम कब तक भटकते रहोगे?
इधर जाऊं या उधर जाऊं
यह रास्ता किधर को, वह रास्ता किधर को?
इस तरह सोचते हुए
इस तरह चिंतित ।।

58 जाएको लेलकिञ रे
जेताएको चिनाकिञ रे
एला ने होड़ोदोएः बुलताना चि
एला ने परजादोएः बालुताना चि?
मेनतेको काजिआञ तानरे
मतेनतेको उकुताञतान रे–
ने लेका उड़ुः तानलोः
ने लेका पाहाम तानलोः–

कोई देख ले तो?
कोई पहचान ले तो?
यह आदमी नशे में हैं क्या?
यह प्रजा पागल है क्या?
इस तरह लोग बोलते होंगे
इस तरह लोग बतियाते होंगे–
इस तरह सोचते हुए
इस तरह चिंतित–

59 होरा तुनुड़ामरेम टेकादाकाना
डारे दानाड़ारेम रोकाओकाना
हातु सिमानरेले तेबाः नाम तादमेआ
टोला टुण्डुरेले सेटेरनाम तादमेआ।
दाड़ा–दांड़ातेले तेबाः नामतादमेआ
खोजार–खोजारतेले सेटेरनाम तादमेआ
दो दोलाबु सेनोः रुआड़ा
दो दोलाबु बिरिद नाचुरा।।

तुम चौराहे पर टिके हो
तुम चौमुहाने पर रुके हो
गांव की सीमा पर हमने तुम्हें पाया है
टोले के अंत में हमने तुम्हें पकड़ा है।
ढूंढ़ते हुए तुम्हें पाया है
खोजते हुए तुम्हें पकड़ा है
चलो अब वापस चलें
चलो अब वापस फिरें।।

60 आम नागेन गे गंगा दाः
आम नागेन गे इलि–माण्डि
आउ तोरसाआकादाले
आगु दारोआकादाले।
चिमिन दिनाते काम जोमाना
चिमिन माआते काम नूआना
ने ताबु जोमनोःलेम
मार ताबु नू नोःलेम।।

तुम्हारे लिए गंगा का पानी
तुम्हारे लिए इलि–भात
हम साथ लाए हुए हैं
हम संग लाए हुए हैं।
तुम कितने दिनों तक भूखे
तुम कितने दिनों तक प्यासे
लो कुछ खा लो
लो कुछ पी लो।।

61

काटा लागा, होड़ोमो रोगोद
मोलोङ बाल–बाल, मायोम हिंजि
सुसुताए नोः कोःमे ताबु
राड़ेः नोः कोःमे ताबु।
एनातेबु सेनोः रुआड़ा
आबुआः जाओ ओड़ाःते
एनातेबु नाचुर रुआड़ा
आबुआः जानाओ रोसोमते।।

पैर की थकावट, देह का दर्द
माथे पर पसीना, खून पसीजना
तुम आराम कर लो थोड़ा
तुम्हारा शरीर ठंडाले थोड़ा।
तब हम वापस चलेंगे
अपने पुराने घर को
हम तब लौट चलेंगे
अपनी पुरानी झोपड़ी को।।

62

ओड़ाःरेन ओड़ाः बोंगाको
आदिंरेन हाड़ाम होड़ोको
आमगेको लेल होराताना
आमगेको चिना दारोमताना।
मिद गाण्डुरे दुब नांगेन
मिद चाल्पारे जारू नांगेन
होड़ो होनको होरो नांगेन
मानोआ गांड़ाको जांगि नांगेन।।

घर के गृह देवता
अन्तस्थल स्थित पूर्वज
तुम्हारी ही प्रतीक्षा कर रहे हैं
तुम्हारी ही राह देख रहे हैं।
एक ही पीढ़े पर बैठने को
एक ही आसन पर विराजने को
मनुष्य के बच्चों की रक्षाको
मानव संतति की रखवाली को।।

63

बोंगाजानकोलोः जामामे नांगेन
बांकोजानकोलोः मिसामे नांगेन
आम इदिले हिजुःआकाना
आम सुतुःले सेटेराकाना।
आले तायोमते आलेआ होनगांड़ाको
आले देआते आलेआः जाइ–पुइको
आपेआः होराते पेड़ेःको नामेका
आपेआः डारेते सेंड़ाको नामेका।।

देवत्व प्राप्तों के साथ करने को
अनस्तित्व प्राप्तों साथ मिलाने को
हम तुम्हें ले जाने आए हैं
हम तुम्हें साथ करने आए हैं।
हमारे पीछे हमारे बाल–बच्चे
हमारे पीछे हमारी नाती–पोते
वे तुम्हारे द्वारा शक्ति प्राप्त करें
वे तुम्हारे रास्ते बुद्धि प्राप्त करें।।

64

आपे सेनहोराताद बुगिन होरा
आपे सेनगाण्डेताद नापाए डारे
आले ओतोङ नामेका
आले पिचा नामेका।
गापा हुलाङ जाएंको कुलिरे
मेआङ दिलाङ जेताएको कुदुमरे
एला एन होड़ो दोएः आदजाना चि

तुम्हारे द्वारा तय सुमार्ग का
तुम्हारे द्वारा तय सन्मार्ग का
हम अनुसरन कर सकें
हम पीछे चल सकें।
कल को कोई पूछे यदि
परसों कोई जांचे यदि
क्या वह आदमी खो गया?

एला एन परजा दोएः सोदजाना चि।।

क्या वह प्रजा गुम हो गई?

का काएः आदाकाना, रुआड़ालेनाएः 65
का काएः सोदाकाना, आचुरलेनाएः
ओड़ाः दुआर काएः रिड़िङाकादा
हातु दिसुम काएः आदाकादा।
सोबेनाः बुगिनगे
सोबोनाः नापाएगे–
मेनते होड़ोको काजीका
मेनते परजाको बाकांड़ाएका।।

नहीं, वह खोया नहीं, वापस आया
नहीं, गुम हुआ नहीं, लौट आया
वह घर–द्वार भूला नहीं
वह गांव–देश खोया नहीं।
उसके साथ सबकुछ ठीक है
उसके संग सबकुछ स्वस्थ है–
इस तरह लोग बोलें
इस तरह लोग बखानें।।

जोहार! जोहार! जोहार। 66
सिंबोगा, गोआरि हो गोआरि
ओते एंगा, गोआरि हो गोआरि
हाड़ाम होड़ोको, गोआरि हो गोआरि।।

जोहार! जोहार! जोहार!
परमेश्वर को जोहार! जोहार! जोहार!
धरती माता को जोहार! जोहार! जोहार!
पुर्खे–पूर्वजों को जोहार! जोहार! जोहार!

एन तायोमते गुयुरे सेंगेल को सोएः जादा। गुयु लोओः तालारेगे एनाताःरे मेनाः हाड़ाम होड़ोकोरे मिद होड़ो मेनजादा–हे फालना, आमाः ओड़ाः लोताना। दोलाबु निरा। हेड़ा–हेड़ाते साड़ितान पाल आर दातारोम रेआः साड़िलोः सोबेन होड़ोको ओड़ाः तेको रूआड़ाताना। दुआरताःरेको तिंगुनताना। हांडेदाकान दुआरको कोटोःजादा। "ओकोए ताको?" मेनते बितार सागातेको कुलिओःताना। हिजुःआकान होड़ोको उदुबेनताना। "चाएगाड़, चाम्पागाड़ रेनको। सुतिआम्बाए–कुडुम्बाए, डोएसा–कुकुरा भुलितेले हिजुःताना" मेनते। "सुकु चि दुकु? बोरो चि बोरसा?" "सुकु जागारगे। सोबेन दुकुको गंगा गाड़ारेलो आतु तुकाआदा।" "एनकारेदो मार बोलोपे।" मेनजालोः दुआर निगोःताना। दिआ जुलोःताना। हाड़ाम होड़ोको माण्डाको पिचाताना।

तदतन्तर झोपड़ी में आग लगा दी जाती है। झोपड़ी के जलने के बीच ही वहां उपस्थित अग्रज लोगों में से एक कहता है–हे फलाना तुम्हारा घर जल रहा है। चलो भागें। रूक–रूककर बजती फार पर हंसुआ की आवाज के साथ सारे लोग मृतक के घर वापस आते हैं। द्वार पर खड़े होते हैं। बन्द दरवाजे को ठकठकाते हैं। 'कौन?' इस तरह भीतर से पूछा जाता है। आगत लोग अपना परिचय देते हैं। चाएगढ़, चम्पागढ़ के लोग। सुतिआम्बे, कोराम्बे, डोएसा–खुकरा होकर आ रहे हैं, कहते हुए। 'सुख या दुख?' भय या भरोसा? "सुख समाचार ही। "सारे दुख हमने गंगा में बहा दिए।" "अगर ऐसी बात है तो अन्दर जाओ।" कहते हुए दरवाजा खोला जाता है। दीया जलाया जाता है बड़े–बुजुर्ग पदचिन्ह की जांच करते हैं।

''हेएः बोलोजाना।'' मेनजालोः ने नावा होड़ो ओड़ाः रेन पुरना पुर्खा कोलोःते उपुरूम रिकाओःताना।

''हां, वह अन्दर आया।'' कहते हुए इस नए व्यक्ति का परिचय घर के पुराने पुर्खों से कराया जाता है।

67 हे सिरमारेन सिङबोंगा
ओतेरेन ओतेएंगा
सिंगि आर चाण्डुःकिन
आपे पोंचोको तिंगुकेआते।
ने ....सिमानरेन
..........बुरू, ...इकिर
मांड़ाबुरू, देसाउलि
.......चाण्डी, ...नागे।।

हे आकाश के परमेश्वर
पृथ्वी की धरती मां
सूरज और चांद
तुम पंचों को साक्षी बनाकर।
इस ......गांव की सीमा के
.....पहाड़ी देवता, ...जलदेवता
माड़ा बुरू, देसाउलि
.... चण्डी, ...नाग देव।।

68 ने ओड़ाःरेन पुरखा को
आलेआः सिदा होड़ो को
हुड़िङ–माराङ हागारेनको
पाउनिरेनको, परजारेनको।
हासा–दाःते बाइलेन
सेंगेल–होयोते टेकाओलेन
हासा होड़ोमो आलेतालारे
............नुतुमते साकिलेन।।

इस घर के पुरखे
हमारे प्रथम पूर्वज
छोटे–बड़े बिरादरी के
आश्रितजन, प्रजाजन।
मिट्टी–पानी से निर्मित
आग–हवा से रक्षित
मिट्टी का शरीर हमारे बीच
...............नाम से नामित।।

69 ओतेरे कामि चाबाकेआते
दिसुमरे उदाम पुराओकेआते
दानाङजानाएः आलेआते
जामानजानाएः आपेलोःते।
ने होड़ोदो ओकोए तानिः?
ओकोतागातेः हिजुःआकाना?
काबु जामाइआ, काबु मेसाइआ–
मेनते आलोपे जागाराइआ।।

धरती पर कार्य समाप्ति के बाद
देश में उद्यम पूर्ति के बाद
हमसे छिप गया
तुममें मिल गया।
यह आदमी कौन है ?
कहां से आया है?
इसे साथ नहीं करेंगे, नहीं मिलाएंगे–
ऐसा तुम न कहना।।

70 आबु हातु–ओड़ाःरेनिःगे
आबुआः नाता बिताररेनिःगे
हागाजामा किलिरेनिःगे

यह हमारे गांव–घर का ही है
यह हमारे नातेदारी का ही है
यह हमारे गोत्र का ही है

आबुआः मायोम नाड़िरेनिःगे।
कामि–उदामरे, दुब–जारूरे
जोम–नूरे, गितिः–दुडुमरे
मिआद गाण्डू, मिआद पाटि रे
तिसिंआते आपे सोंगेरे।।

यह हमारे खून का ही है।
काम–उद्यम में, बैठने–बतियाने में
खान–पान में ,लेटने–सोने में
एक पीढ़ा–एक चटाई में
तुम सभी साथ होंगे।।

हासा–होड़ोमो दाः सेंगेल 71
आपे देंगालेद हेरेल
ओमाद पेआले, जिमादपेआले
रोआ इदि मेनते आले।
हुड़िङ–माराड हातु बितार
हागा–मिसि चेतान–लातार।
कुपुल गंगा सिदुम रेन
पाउनि प्रजा गामाए रेन।।

मिट्टी का शरीर पानी और आग
तुमने शरीर रूप में जो दिया था
वो तुम्हें वापस जिम्मा दे रहे हैं
सिर्फ बीज साथ ले जा रहे हैं।
छोटे–बड़े गांव के भीतर के
भाई–बहन, ऊपर–नीचे
कुटुम्ब–बंधु देश के
आश्रित प्रजा क्षेत्र की।।

सोबेनकोतेले आर्जीजादपेआ 72
जोतोकोतेले बिनतीजादपेआ
ने होड़ोताबु जामाइपे
ने प्रजाताबु मेसाइपे।।
जोआर! जोआर! जोआर।

सब मिलकर अर्जी करते हैं
सभी मिलकर विनती करते हैं
इस व्यक्ति को अपने साथ रखो
इस प्रजा को अपने साथ करो।।
जोहार! जोहार! जोहार!

ओड़ाः–राचारे

हेंदे, पुण्डि आर आराः हासाते उपुनिआ कूंड़ तेआः माण्डोआहोन ओलोः ताना। बोंगा सानापाना को सिदालेकागे मेनदो लेटे माण्डि डुमाङ आपिआगे–सिङबोंगा, आते एंगा ओड़ोः हाड़ाम होड़ोको नांगेन। बोंगा एनेटेः कड़ी 1 आते 20 जाकेद गाड़ा/डाड़ी /बान्दा ताः लेकागे।
एनाते आयार–

घर–आंगन में

काले, सफेद और लाल मिट्टी से चौकोन अल्पना लिखी जाती है। पूजा सामग्री पहले की ही तरह किन्तु मिष्टान्न पिंड तीन ही। परमेश्वर, धरती माता और पूर्वज के लिए। मंत्रपाठ कड़ी 1 से 20 तक नदी/डाड़ी/तालाब पर की ही तरह।
इसके बाद–

तिसिंदो .... हुलाङ 73
तिसिंदो .... चाण्डुः

आज .... दिन
आज .... महीना

.... ताकोआः ओड़ाः रे
.... ताकोआः राचारे।
मोड़े हागा हातुरेन
कुपुल गंगा दिसुमरेन
हिजुः सेटेराकानाले
होपोर जापागाकानाले।।

.... के घर पर
.......................के आंगन में।
पांच भाई गांव के
कुटुंब बंधु देश के
हम आ पहुंचे हैं।
हम पास आए हैं।।

ओतोरे कामि पुराओके तायोम 74
दिसुमरे उदाम चाबाके तायोम
आले तालाआते दानाङ
आले बिताराते बोंगा बाइजान।
हासा होड़ोमो हासारे जिमाजान
दाः होड़ोमो दाःरे जिमाजान
सेंगेल होडोमो सेंगेल रे जिमाजान
होयो होड़ोमो होयोरे जिमाजान।।

पृथ्वी पर काम पूरा करने के बाद
देश में उद्यम समाप्ति के बाद
हमारे बीच से अलग हुए
हमारे मध्य से देवता बने।
मिट्टी का शरीर मिट्टी में मिले
पानी का शरीर पानी में मिले
आग का शरीर आग में मिले
हवा का शरीर हवा में मिले।।

.........ताले राः रूआडा नांगेन 75
.... ताले सुतुः रूआड़ा नांगेन
हाड़ाम होड़ोकोलोः जामाइ नांगेन
पुरखा परजाकोलो जिमाइ नांगेन।
हासा होड़ोमो होरोकेन बुरू बोंगा
दाः होड़ोमो जांगिकेन इकिर बोंगा
सेंगेल होडोमो गुपिकेन सेंगेल बोंगा
होयो होड़ोमो गुतिकेन होयो बोंगा।।

.... को वापस बुलाने के लिए
......................को वापस लाने के लिए
बूढ़े–पूर्वजों के साथ मिलाने के लिए
पुर्खे प्रजाओं के साथ करने के लिए।
मिट्टी–शरीर के रक्षक पहाड़ी देवता
पानी–शरीर के रक्षक जल देवता
आग–शरीर के रक्षक अग्नि देवता
हवा–शरीर के रक्षक वायु देवता।।

होड़ोमो रे रोआ ओमकेन सिङबोंगा 76
होड़ोमो टेकाओकेन ओतेएंगा
सोबेन गेले आर्जिजादपेआ
सोबेनगेले बिनती जादपेआ।
सेंगेल बोंगा सामाङरे
उलि साकाम साकी रे
मोड़े हागा ताला रे
कुपुल गंगा जापाः रे।।

शरीर में आत्मा दायक परेमश्वर
शरीर के धारक धरती–माता
हम सबको अर्जी करते हैं
हम सबसे बिनती करते हैं।
अग्नि देव के समक्ष
आम की पत्तियों के साक्ष्य में
पांच भाइयों के बीच
कुटुंब बंधुओं के पास।।

उपाल बा पुकुरि सोना दाःते ताड़ाए बा बान्दा रूपा दाःते हिरचि दारोमजादपेआले तिरपि दारोमजादपेआले। आलेलोः मोदखोन आलेलोः बार घड़ी दुबकोः ताबुपे जारुकोः ताबुपे।।	**77**	कमल पोखरी के स्वर्ण जल से पंकज पोखरी के रूपा जल से छिड़काकर तुम्हारा स्वागत करते हैं झिमकाकर तुम्हारी अगुआई करते हैं। हमारे साथ एक क्षण हमारे संग दो घड़ी तुम आओ बैठो तुम आओ विराजो।।
ओड़ाःरेन ओड़ाः बोंगाको आलेआः सिदा पुरखा को आपेओले राःकुलजादपेआ आपेओले काजिकुलजादपेआ। लुटुकुम हाड़ाम, लुटुकुम बुड़िआ रीसा मुण्डा, मादरा मुण्डा सिंगिराय, बिनराय ताकिन दुखनसाय, रतनसाय ताकिन।	**78**	घर के गृह देवता हमारे प्रथम पुर्खे हम तुम्हें भी बुलाते हैं हम तुम्हें भी न्योतते हैं। लुटकुम बूढ़ा, लुटकुम बुढ़िया रीसा मुंडा, मदरा मुंडा सिंगराय और बिनराय दुखनसाय और रतनसाय।।
सिनगी दाइ, माकि दाइ सालि दाइ, पारो दाइ दासकिर दाइ, चाम्पा दाइ फूलो दाइ, झानो दाइ। राताङ बुरू, माराङ बुरू आराः उलि, बिंदेआ बुरू सोबेनगे माराङ बुरूको ओड़ोः एटाः हुडिङको।।	**79**	सिनगी बहन, माकि बहन साली बहन, पारो बहन दसकिर बहन, चाम्पा बहन फूलो बहन, झानो बहन। हिम पर्वत, बड़ा पहाड़ अरावली, विंध्याचल सभी बड़े पर्वतराज और अन्य छोटे पहाड़।।
बाड़ामदाः, गंगा दाः सिंदाः, नरम दाः सोबेन मापाराङ गाड़ाको ओड़ोःएटाः हुपुडिङाःको। सासाङ पिड़ि, गितिल पिड़ि एकासि पिड़ि, तेरासि बादि चाए गाड़, चाम्पा गाड़	**80**	ब्रह्मपुत्र, गंगा नदी सिंधु नदी नर्मदा नदी सभी बड़ी–बड़ी नदियां और अन्य छोटी नदियां। हल्दी मैदान, मरू मैदान एकासी मैदान, तेरासि समतल चाएगढ़, चम्पागढ़

सुतिआम्बाए, कुडुम्बाए।।

सुतिआम्बेगढ़ कोराम्बेगढ़।।

81
डोंएसागाड़, कुकुरागाड़
रायगाड़, रतनगाड़
सिंबिर, मानबिर
बारेसाल, सेरेंदाःबिर।
दांड़ा–दांड़ाते, दांड़ानाम लेदको
पिचा–पिचाते पिचा नामलेदको
हातु दिसुम बाइकेनको
डी–डुंगुरि तिंगुलेदको।।

डोएसागढ़, खुखरागढ़
रायगढ़, रतनगढ़
सिंह वन, मानवन
बारेसाल, साराण्डावन।
खोजते–खोजते पाए हुए
ढूंढ़ते–ढूंढ़ते प्राप्त किए
गांव देश बनाने वाले
डीह–डुंगुरि के निर्माता।।

82
सोबेनले राःकुल जादपेआ
जोतोले तेला दारोम जादपेआ
आलेलो दुबकोःपे ताबु
आलेलोः जारूकोःपे ताबु।।

हम सबको बुलाते हैं
हम सबका स्वागत करते हैं
हमारे साथ आओ बैठो
हमारे संग आओ विराजो।।

नाआः जाकेद आलेलोः लेललेन
तिसिं जाकेद आलेलोः चिनालेन
दानाङजान .... ताले
बोंगा बाइजान .... ताले।।

अब तक हमारे साथ दिखाई देनेवाला
आज तक हमारे संग पहचाने जानेवाला
.... जो हमसे छिप गया
.... जो देवत्व को प्राप्त हुआ।।

83
आपे सानामाङ रेः तिंगुआकाना
आपे जानापाः रेः होपोराकाना
आपेलोः जामान नांगेन
आपेलोः मेसान नांगेन।
एला ने होड़ोदो ओकोए तानिः
एला ने परजा दो चिमाए तानिः
आबु हागारेनिः चि का चि
आबु मायोमरेनिः चि का चि।।

वह तुम्हारे सामने खड़ा है
वह तुम्हारे समक्ष उपस्थित है
तुम्हारे साथ मिलने के लिए
तुम्हारे संग जुमने के लिए।
भाइयो, यह आदमी कौन है?
भाइयो, यह प्रजा कौन है?
हमारी बिरादरी का है या नहीं?
हमारे खून का है या नहीं?

84
एपेराङचिः हिजुःआकाना
सेपेगेद चिः सेटेराकाना–
मेनते आलोपे उडुःइआ
मेनते आलोपे पाहामा।

शायद झगड़ा करने आया है?
क्या यह लड़ाई करने आया है?
इस तरह तुम न सोचना
इस तरह तुम न गुनना।

मिद गाण्डु रे दुबिपे ताबु
मिद चाल्पारे पान्तिपे ताबु
आपे नामेआः हाटिङाइपे ताबु
आपे तेलाएआः चुरुइआइपे ताबु।।

इसे एक साथ पीढ़े पर बैठाओ
इसे एक पंक्ति में आसन में बैठाओ
तुम्हें जो मिले इसे भी बांटो
तुम जो स्वीकारो इसे भी दो!!

85 तिसिंआते जी दुकु सोबेन
तिसिंआते होड़ोमो पोए सोबेन
गंगा गाड़ा रेले आतुकेदा
जालाकार रेले बुआलकेदा।
हुमुलेन होड़ोमो ताले
सोबेनले रेआड़ा पार्चिकेदा
नोलादलेन मेद मुआड़ाताले
जोतोले आब आमिंकेदा।।

आज से मनके सारे दुख
आज से शरीर के सारे दर्द
हमने गंगा में बहा दिए
हमने समुंदर में विसर्जित किए।
मलिन हमारा शरीर
हमने नहाकर साफ किया
स्याह हमारा चेहरा
हमने धोकर साफ किया।।

86 आपेआः पेड़ेः, आपेआः पोरताब
आपेआः सेंड़ा, आपेआः दाड़ि
आले जाओगेले नामेका
आले जानाओले तेलाएका।
काले लेल दाड़िआपेरेओ
लेलजादलेआकोले मेनेका
काले चिना दाड़िआपेरेओ
चिनाजादलेआकोले मेनेका।।

तुम्हारा बल, तुम्हारा प्रताप
तुम्हारी बुद्धि, तुम्हारा सामर्थ्य
हम हमेशा पाते रहें।
हम दैनंदिन प्राप्त करें।
तुम्हें न देख पाने पर भी
वे हमें देख रहे–ऐसा हम कहें
तुम्हें न पहचान पाने पर भी
वे हमें पहचान रहे–ऐसा हम बोलें।।

87 एनलेकाते आलेआः जी कुड़ाम
सारतेरे टेकाओआकानका ताइन
एनलेकाते आलेआः मोचा जबान
सारिरे थीराकानकाताइन।
आपेआः होराते जे बुगिनाः
सोबेनले लेल दाड़िआका
आपेआः डारेते का बुगिनाः
सोबेनले बागे दाड़िआका।।

इस तरह हमारे मन–प्राण
सत्य में टिके रहें
इस तरह हमारे बोल–वचन
सच्चाई में स्थिर रहें।
तुम्हारी राह में जो शुभ हो
वह हम देख सकें
तुम्हारी डगर पर जो अशुभ हो
उसे हम त्याग सकें।।

88 हागाको ताला आले नांगेन
हिलाङ हेन्दो आलोका ताइन

भाइयों के बीच हमारे प्रति
कोई घृणा भाव न रहे।

कुपुलको बितार आले नांगेन
आड़ाः उड़ूः आलोका ताइन।
बुरू–पिड़ि, पीटि–पिड़ि
उकुता काजि आलोका ताइन
हागा कुपुल, पजर बितार
एदकान काजि आलेका ताइन।।

कुटुंबों के बीच हमारे प्रति
कोई हिचक सोच न रहे।
मोला–मैदान, बाजार–टांड
शिकायत की बात न रहे
कुटुंब–बंधु प्रजा के भीतर
अकथ्य कथन न रहे।।

89 बाबा एंगा, कोदे एंगा
उरिः एंगा, मेरोम एंगा
पोआआकानको ताइनका
पेसाआकानको ताइनका।
सा सोमाए बुगिका ताइन
खिति–किरसि बुगिका ताइन
दारू–सिं बुगिका ताइन
चेंड़े–चिपुरूद बुगिको ताइन।।

धान मां, मडुआ मां
गौ माता, बकरी माता
सदा बढोत्तरी को पाएं
हमेशा वृद्धि को पाएं।
ऋतु प्रवर्तन ठीक रहे
खेती–कृषि ठीक रहे
पेड़–पौधे ठीक रहें
पंछी–पखेरू ठीक रहें।।

90 उपलबा पुकुरि
ताड़ाए बा बान्देला।
पेरेःआकानका ताइन
पारिड़िआकानका ताइन।
आले नांगेन आड़ाः–साकाम
आले नांगेन बा–जो
लिड़ुआकानका ताइन
जोपोदाकानका ताइन।।

कमल फूल पोखरी
पंकज फूल बांध
हमेशा भरे रहें
सर्वदा बहते रहें।
हमारे लिए साग–पात
हमारे लिए फूल–फल
हमेशा झुके रहे
हमेशा लदे रहें।।

91 आलेआः सेन होरा रे
आलेआः बिरिद डारे रे
तोद आलोका ताइन
तुगुड़ि आलोका ताइन।
सान आगुले सेनोःरे
साकाम हेःले बिरिद रे
कुला बोतोङ आलोका ताइन
बिं बोरो आलोका ताइन।।

हमारे चलने के रास्ते में
हमारे निकलने की राह पर
कोई ठेस न रहे
कोई ठोकर न रहे।
जब हम लकड़ीं लाने जाएं
जब हम पत्तियां तोड़ने जाएं
बाघ का डर न रहे
सांप का भय न रहे।।

रूआ–राबाङ आलोका ताइन 92
उला–झाड़ा आलोका ताइन
पाटि–जाड़ाः आलोका ताइन
पारकोम–जाड़ाः आलोका ताइन।
हाए–एआङ आलोका ताइन
हाए–आपाङ आलोका ताइन
सोबेनाः बुगिगेका ताइन
सोबेनाः नापाएगेका ताइन।।

ज्वर–कंपकंपी न रहे
कै–दस्त न रहे
चटाई–पकड़न न रहे
खटिया–जकड़न न रहे।
'हाय मां' न रहे
'हाय बाप' न रहे
सब कुछ ठीक रहे
सब कुछ स्वस्थ रहे।।

आले तालाआते हिसिंगा–चेंटा 93
आले तालाआते खींसि–लोभ
रेएदाते हाद गिड़िओःका
बुटाआते तुद उतारोःका।
आले आलेरे हागा दुलाड़ा
आले आलेरे कुपुल सुगाड़ा
सेतोमाकानगे ताइनका
लिंगिआकानगे ताइनका।।

हमारे बीच से ईर्ष्या–द्वेष
हमारे बीच से क्रोध–लोभ
जड़ के कट जाए
मूल से उखड़ जाए।
हम में परस्पर बिरादरी दुलार
हम में आपस में कुटुंबी प्यार
हमेशा झरता रहे
हमेशा बहता रहे।।

नेरे हिजुःआकान बोंगाको तागाते 94
आले नेआगेले सानाङ ताना
नेरे सेटेराकान देवता को तागाते
आले नेआगेले आसाराएःताना।
जोआर! जोआर! जोआर!
सिङबोंगा गोआरि! गोआरि हो गोआरि!
ओते एंगा गोआरि! गोआरि हो गोआरि!
हाड़ाम होड़ोका गोआरि! गोआरि हो गोआरि!

यहां आए हुए देवों से
हम यही कामना करते हैं
यहां आगत देवताओं से
हम यही आशा रखते हैं।
जोहार! जोहार! जोहार!
परमेश्वर को जोहार! जोहार! जोहार!
धरती मां को जोहार! जोहार! जोहार!
पुर्खे पूर्वजों को जोहार! जोहार! जोहार!

उयुःआकानिः तिंगु राकाब

(एनजालोः तेआराकान गोआरि माण्डि एनाताःरे दुबाकान हागा कुपुलकोरे हाटिंओःताना। आरदासतान होड़ोःतालारेः दुबोः ताना। कुमाते आर मिआद हागाकिन सेन होपोर जाइःआ। पांड़ा बोंगा जादा–)

गिरे हुए को खड़ा करना

(तब तक तैयार प्रसाद भात वहां बैठे हुए कुटुंब–बंधुओं के बीच वितरित होता है। श्राद्धकर्त्ता के मामा और बिरादरी में से कोई व्यक्ति उसके पास आते हैं। पाहन उच्चरित करता है–)

95 सिरमारेन सिङबोंगा
ओतेरेन ओतेएंगा
बुरू बोंगा, इकिर बोंगा
ओड़ाःरेन ओड़ाः बोंगाको।
मोड़े हागा हातुरेन
कुपुल गंगा दिसुमरेन
नेरेले जामाआकाना
नेरेले हुण्डिआकाना।।

आकाश के परमेश्वर
पृथ्वी की धरती मां
पहाड़ी देव, जल देवता
घर के गृह देवतागण।
पांच भाई गांव के
कुटुंबगण देश के
हम यहां जमा हुए हैं
हम यहां एकत्र हुए हैं।

95 ने उयुगाकान हागा ताले
ने हीनाकान कुपुल ताले
निः तिंगु रुआड़ाइ नांगेन
निः चुलु राकाबि नांगेन।

यह गिरा हुआ भाई
यह हीन हुआ कुटुम्बी
इसे फिर से खड़ा करने को
इसे प्रोत्साहित करने को।

नाआः जाकेद निआः ओड़ाः–दुआर
तिसिं जाकेद निआः आंका–राचा
हुमुआकान ताइकेना
हिलाङाकान ताइकेना।।

अब तक इसका घर–द्वार
आज तक इसका आंगन बाहर
मलिन पड़ा हुआ था
घृणित पड़ा हुआ था।।

96 होड़ोमोएः नोलादलेना
तारानेः तोरोएःलेना
काटाएः दुड़ालेना
तालकाएः लोसोदलेना।
बुरुपिड़ि पीटिपिड़ि
हातु–दुनुब बाइसी रे
हिलाङ–उकुता ताइकेना
हेन्दो चर्चा ताइकेना।।

शरीर में कालिख थी
कंधों में राख थी
पैरों में धूल थी
तलवों में कीचड़ था।
मेला मैदान, बाजार–टांड
ग्राम–सभा बैठकों में
घृणा–आलोचना थी
अवहेलना चर्चा थी।।

97 हुड़िं जी,, बोओ तिरूब
हांड़ा जी, नारा दुरा
खूटआतेः बिनगालेना
गोटाआतेः हिगाड़ालेना।
नीलोः दुब–जारूका
नीलोः कुलि–कुदुमका

छोटा मन, सिर झुका हुआ
लाचार मन, गिरा तन
खूंट से यह अलग था
गोष्ठी से यह बिलग था।
इसके साथ बैठना–बतियाना नहीं
इसके साथ पूछ–ताछ नहीं

दुकु चेतान दुकेरेगे
निदा सिंगि पारोम लेना।।

दुख पर दुख में ही
इसके रात दिन बीते।।

98 तिसिंदो मोड़े हागाको ताला
तिसिं दो सोबेन कुपुलको ताला
दुकु गंगा रे आतुजाना
बिपति जालाकार रे बुआलजाना।
होड़ोमो नोलाद पार्चिजाना
तारान तोरोएः आमिंजाना
काटा दुड़ा कोटाबजाना
तालका लोसोद चापिजाना।

आज पांच भाइयों के बीच
आज सभी कुटुम्बो के बीच
वे सारे दुख गंगा में बह गए
विपत्तियां समुंदर में विसर्जित हुई।
शरीर की कालिख साफ हुई
कंधे की राख धुल गई
पैरों की धूल झड़ गई
तलवे का कीचड़ धुल गया।।

99 तिसिंआते ने होड़ो नांगेन
जेतान हिलाङ आलोका ताइन
गापाआते ने परजा नांगेन
जेतान हेन्दो आलेका ताइन।
ने होड़ो तिसिं तिंगु रूआड़ाओःताना
ने प्रजा तिसिं चुलु राकाबोताना
नी नांगेन सोबेनाः बुगिगेका ताइन
नी नांगेन जोतो नापाएगेका ताइन।।

आज से इस आदमी के लिए
कोई घृणा नरहे
कल से इस प्रजा के लिए
कोई अवहेलना न रहे।
इस आदमी को हम फिर से खड़ा करते हैं।
इस प्रजा को हम फिर से उठा रहे हैं
इसके लिए सब कुछ ठीक रहे
इसके लिए सब कुछ स्वस्थ रहे।।

100 जांताः जेता ताः
नेआ काजि राकाब रेदो
जाएः ताः जेताए ताः
नेआ बाकांड़ा बिरिद रेदो।
ने ओड़ाः रोसोम रे
ने खूंट गुसुटि रे
जेतान हिलाङ बानोःआ
जेतान हेन्दो बानोःआः।।

किसी जगह, कहीं पर
यह बात उठे अगर
किसी के यहां, किसी के पास
यह मामला उठे अगर।
इस घर पर झोपड़ी से
इस खूंट–गोष्ठी से
कोई घृणा भाव नहीं
कोई शिकायत नहीं।।

101 सोबेनाः बुगिन गे
सोबेनाः नापाए गे–
मेनतेले काजिका
मेनतेले उदुबेका।

सबकुछ ठीक है
सबकुछ स्वस्थ है–
ऐसा हम बोले
ऐसा हम बतियाएं।

जोआर! जोआर! जोआर!
सिङबोंगा गोआरि! गोआरि हो गोआरि!
ओते एंगा गोआरि! गोआरि हो जोआरि।
हाड़ाम होड़ोको गोआरि! गोआरि हो गोआरि!!

जोहार! जोहार! जोहार!
परमेश्वर को जोहार! जोहार! जोहार!
धरती माता को जोहार! जोहार! जोहार!
पुर्खे पूर्वजों को जोहार! जोहार! जोहार!!

सासाङदिरिताःरे (दिरि राकाब)

बांगाइजान होड़ोआः नुतुमते सासाङ दिरि रे दिरि बिल/बिद/राकाब चुकाओआकाना। एनताःको जोः पारचिकेआते दिरिरे सासाङ गोसोगोःताना। एन होड़ोआः नुतुमते आगुआकान किचिरिकोते दापालोःताना। हासा/जाङबा मेनाः चुकाः दिरिलातार रे 'तुत्र' आदेरोः ताना। बोंगा सानापानाको–दाः, सेंगेल, धुना–सिंदुरि, इलि रासे। बोंगा एनेटेः गाड़ा/बान्दाताः/ ओड़ाः राचाताः लेकागे। (कड़ी 1–39 हाबिः) आयारते रेआः बोंगा–

सासाङदिरि के पास (पत्थल गड़ी)

मृतक के नाम से सासाङदिरि में पत्थर गाड़ा जा चुका है। पत्थर के आसपास झाड़–बुहार कर पत्थर पर हल्दी लगाई जा रही है। उस पर उस आदमी के नाम से लाए गए कपड़े बिछाए जा रहे हैं। 'अस्थि फूल' रखा चुक्का पत्थर के नीचे 'तीर मारकर' सरकाया जाता है। पूजा सामग्री–पानी, आग, धुवन–सिंदूर और इलि का रस। पूजा आरंभ नदी/बांध/ घर–आंगन की ही तरह। (कड़ी 1–39 तक) उसके आगे का मंत्र–

तिसिं दो .... हुलाङ **102**
तिसिं दो .... चाण्डुः
.... हातु बितार रे
.... मौजा सिमान रे।
मोड़े हागा हातुरेन
कुपुल गंगा दिसुम रेन
हिजुः सेटेराकानाले
होपोर जापागाकानाले।।

आज .... दिन
आज .... महीना
..............................गांव में
.... मौजा की सीमा में।
पांच भाई गांव के
कुटुंब–बंधु देश के
हम आए हुए हैं
हम एकत्र हुए हैं।।

आले तालाआते बोंगा बाइजान **103**
आले बिताराते दानाङजान
..........................आः नुतुमते
इनिआः मानातिं रे।
आबेनाः उदुब होराते
आबेनाः चुण्डुल डारेते

हमारे बीच से जो देव बन गया
हमारे बीच से जो छिप गया
........................के नाम से
उसकी स्मृति में।
तुम्हारे बताए रास्ते से
तुम्हारे इंगित मार्ग से

.... हातु बितार रे
.... मौजा सिमान रे।।

.... गांव में
.... मौजा सीमा में।।

104 .... ताकोआः ओड़ाः रे
................ताकोआः राचारे
.... ताकिनाः होन
.... ताकिनाः जाई।
हाड़ाम होड़ोकोलोः जामाजाइलोः
पुर्खा होड़ोकोलोः मेसा जाइलोः
ने दिरिले राकाबजादा
ने चिनाले तिंगुजादा।।

.... के घर
.... के आंगन में
.... की संतान
.... की संतति।
उसे पुर्खे–पूर्वजों के साथ मिलाने के साथ
उसे पुर्खों के साथ मिलाने के साथ
हम पत्थर खड़ा कर रहे
हम एक चिन्ह स्थापित कर रहे हैं।।

105 ने दिरि रानाकाब ताले
ने चिना तिनिंगु ताले
जुगू–जूगु ताइनोःका
जानाओ जानाओ थीराकानका।
जाए नेआको लेले रे
जेताए–नेआको चिनाए रे
ने होड़ो दो ने हातुरेनिःगे
ने परजा दो ने मौजा रेनिः गे।।

हमारे द्वारा खड़ा किया गया यह पत्थर
हमारे द्वारा स्थापित यह चिन्ह
युग–युग तक बना रहे
हमेशा के लिए स्थिर रहे।
जो कोई इसे देखे
जो कोई इसे पहचाने
हां यह आदमी यही था
यह प्रजा यही की थी।।

106 मेनतेको काजीका
मेनतेको कुदुमेका
इनिआः को चर्चाएका
इनिआःको बाकांडाएका।
ने होड़ोआ होरा ते
ने परजा डारेते
गोटा हातु मासाकालोःका
गोटा दिसुम उनाओका।।

इस तरह लोग बोले
इस तरह लोग बतियाए
उसकी लोग चर्चा करे
उसका लोग बखान करे।
इस आदमी के माध्यम से
इस प्रजा के द्वारा
सारा गांव प्रकाशित हो
सारा देश जाना जाए।।

107 हातु बाइदेंगाकेन होड़ो मेनते
दिसुमबाइ गोड़ोमकेन परजा मेनते
खुटकटी होरोकेन होड़ो मेनते
भुंइहरी जांगिकेन परजा मेनते।

गांव के निर्माण में सहयोगी
देश के गठन में सहयोगी
खुटकटी बचानेवाला आदमी
भुंइहारी का रखवाला आदमी।

मुण्डाहोन चि कुलाहोन
सांता होन चि निलिहोन
मेने काजि सारतेओःका
मेने बाकांड़ा सारिओःका।।

मुंडा की संतान, बाघ की संतान
संताल की संतान, बर्रे की संतान
यह बात सच प्रमाणित हो
यह बखान सही साबित हो।

108 कुरूमुटु कामि–उदाम रे
गेरोल–मेरोल दांड़ादुतामरे
बाल बाल दाःएः जोरोलाः
होडोमो मायोमेः रोओड़ोलाः।
हाड़ामकोलोः हाड़ाम लेका
होनेकोलोः होन लेका
सोबेनकोलोः बुगिगे
सोबेनकोलोः नापएगे।।

काम–उद्यम में कड़ी मेहनत करनेवाला
खोज–खबर लेने में मन लगानेवाला
उसने पसीना बहाया था
उसने खून सुखाया था।
बूढ़ों के साथ बूढ़ों–सा बर्ताव
बच्चों के साथ बच्चों–सा व्यवहार
सबके साथ अच्छा संबंध
सबके साथ सदाचार।।

109 सोबेनको सुकुआइःताइकेना
जोतो को रासिकाइःताइकेना
एनका इनिआः जोआर जागार
एनका इनिआः सुसार–बासार।
हागाकोलोः देंगा–देपेंगा
कुपुलकोलोः ओम–ओपोम
दुकु–सुकु रे कुलि–कुपुलि
रूआ–राबाङरे हिरा–हिपिरा।।

वह सबको पसंद आता था
उससे सब कोई खुश थे
ऐसा था उसका बात–व्यवहार
ऐसा था उसका सेवा भाव।
भाइयों के साथ सहयोगभाव
कुटुंबों के साथ आदान–प्रदान
दुख–सुख में परस्पर चिंता
रोग–बीमारी में देख–भाल।।

110 बुरू–पिड़ि, पीटि–पिडि रे
चि ताबु मेने होड़ो
सुसन आकाड़ा, काराम आकाड़ा
मार ताबु मेने होडो।
हे रेदो हे, कारेदो का
सारते काजिरे तिंगुन होड़ो
राजा सिपाइ, दिकु देवान
जेताए का बोरोआ होड़ो।।

मेला मैदान, बाजार टांड में
''कहिए कैसे हैं?'' कहनेवाला
नाच–अखरा, करम अखरा में
''आप पहले'' कहनेवाला।
हां तो हां, नहीं तो नहीं
सच्चाई पर अड़नेवाला
राजा–सिपाही, दिकु–देवान
किसी से नहीं डरनेवाला।।

112 काजिकेदाः कामी होड़ो
एटेः केदाः टुण्डुइ होड़ो

जो कहा, करनेवाला
जो शुरू किया, समाप्त करनेवाला

दुकु दुदुगार, बिपत्ति ताला
आपानरे तिंगु केटेःन होड़ो।
हातु रे जान काजि–कापाजिरे
दिसुम रे जान जागार रेपेः रे
ताला रेगे जागारे होड़ो
बापाइ होरा दांड़ाए होड़ो।।

दुख की आंधी, विपत्ति के बीच
अपने पर खड़ा रहनेवाला।
गांव में किसी बाद–विवाद में
देश में किसी बात–बेबात में
तटस्थ बात बोलनेवाला
बीच का रास्ता निकालनेवाला।।

113 काजि ताएः का थेर गिड़िओः होड़ो
सोबेनको मानातिंङि होड़ो
सारू साकाम दाः लेका
जेता साः का लोटेन होड़ो।
एनलेकान होड़ोआः नुतुमते
एनलेकान परजाआः उम्बुलते
तिंगुआकान ने दिरि दो
साकिआकान ने दिरि दो।।

जिसकी बात अस्वीकार्य नहीं
सर्वसम्मानित आदमी
सारू की पत्तियों पर पानी की तरह
कहीं नहीं लटकनेवाला आदमी।
उस तरह के आदमी के नाम पर
उस प्रकार की प्रजा का प्रतीक के रूप में
खड़ा यह पत्थर
साक्षी यह पत्थर।।

114 मेनते सोबेनको काजीका
मेनते जोतोको बाकांड़ाएका
जेगे नेतेको सेन पारोमा
ओकोएगे नेतेको चांगा ताड़ोमा।
हातुरेन हाड़ाम होड़ोको
ओड़ाःरेन सिदा पुरखा को
ने होड़ो ताबु जामाइपे
ने परजा, ताबु मेसाइपे।।

इस तरह सब लोग बोलें
इस तरह सब लोग बखानें
जो भी इधर से चलकर पार हो
जो भी इधर से कदम बढाएं।
गांव के बूढ़े बुजुर्ग
घर के पूर्वज–पुर्खे
इस आदमी को तुम साथ करो
इस प्रजा को तुम संग करो।।

115 मिद गाण्डु, मिद चालपाःरे
मिद जाटि, मिद पाटि रे
निओ ताबु दुबीपे
निःओ ताबु पांती पे।
आपे ओकोआगेको ओमापेआ
आपे ओकोआगेको चेदापेआ
निःओ हाटिंआइपे ताबु
निःओ चुरुइःआइपे ताबु।।

एक पीढ़ा, एक बैठक में
एक चटाई, एक पटिया में
इसे तुम साथ बैठाओ
इसे तुम पांति में रखो।
लोग तुम्हें जो कुछ दें
लोग तुम्हें जो कुछ बांटे
उसे तुम इसे भी दो
उसे तुम इसे भी बांटो।।

आले आपेआः होनगांड़ाको	116	हम तुम्हारे बाल–बच्चे
आले आपेआः जाइपुइको		हम तुम्हारे नाती–पोते
सोबेनकोते होरोलेपे		सब मिलकर हमारी रक्षा करो
सांगिपाति जांगिलेपे।		सब मिलकर हमें बचाओ।
आलेआः कामि–उदाम रे		हमारे काम–उद्यम में
आलेआः दांड़ा दुताम रे		हमारी खोज–खबर में
जाओगे हानारा होबाओःका		सर्वदा बढ़ोत्तरी बनी रहे
जाओगे बाड़ातिं होबाओःका।।		हमेशा उन्नति बनी रहे।।
दिसुमाते रिंगा–आकाल	117	देश से भुखमरी–अकाल
गामाएआते दुकु–बिपति		दुनिया से दुख–विपत्ति
सांगिनरेगे ताइनोःका		दूर में ही रहे
पारकारेगे ताइनोः का।		फरक में ही रहें।
रूआ–राबाङ आलोका ताइन		रोग–बीमारी न रहे
उला–झाड़ा आलोका ताइन		कै–दस्त न रहे
माराङ दुकु आलोका ताइन		चेचक–हैजा न रहे
मारी दुकु आलोका ताइन।।		महामारी न रहे।।
पाटि जाड़ाः आलोका ताइन	118	चटाई जकड़न न रहे
पारकोम जाड़ाः आलोका ताइन		खाट जकड़न न रहे
हाए एआङ आलोका ताइन		'हाय मां' न रहे
हाए आपाङ आलोका ताइन।		'हाय बाप' न रहे।
ओको सागातेगे दुकु हिजुगाः		बीमारियां जिधर से आएं
एनसाः तेगे बिउर रूआड़ाका		उधर ही वापस लौट जाएं
ओको सागातेगे मारि सेटेराः		विपत्तियां जिधर से पहुंचे
एनसाःतेगे सेकोर रूआड़ाका।।		उधर ही वापस चली जाएं।।
आलेआः सेनहोरा रे	119	हमारे चलने के रास्ते में
आलेआः सेनडारे रे		हमारे निकलने की राह पर
तोद आलोका ताइन		कोई ठेस न रहे
तुगुड़ि आलोका ताइन।		कोई ठोकर न रहे।
सान आगुले सेनोः रे		जब हम लकड़ी लाने जाएं
साकाम हेःले बिरिद रे		जब हम पत्तियां तोड़ने जाएं

कुला बोरो आलोका ताइन		बाघ का डर न रहे
बिं बोतोङ आलोका ताइन।।		सांप का भय न रहे।।
ओते हासा बुगिगेका ताइन	120	धरती मिट्टी ठीक रहे
होयो दाः बुगिगेका ताइन		हवा–पानी ठीक रहे
रेएद रानु बुगिगेका ताइन		जड़ी–बुटी ठीक रहे
सा सोमाए बुगिगेका ताइन।		ऋतु–चक्र ठीक रहे।
उपाल बा पुकुरि		कमल फूल पोखरी
ताड़ाए बा बान्देला		पंकज कली बांध
पेरेःआकानका ताइन		हमेशा भरी रहे
परिड़िआकान का ताइन।।		सर्वदा छलकता रहे।।
बाबा एंगा, कोदे एंगा	121	धान मां, मडुआ मां
उरिः एंगा, मेरोम एंगा		गौ मां, बकरी मां
पोआकानको ताइनका		सदा बढ़ोत्तरी को पाएं
पोसाआकानको ताइनका।		सदा वृद्धि को प्राप्त करें।
नेरे हिजुआकान आपे बोंगाकोआते		यहां आए देवताओं से
नेरे सेटेराकान आपे देवताकोआते		यहां उपस्थित देवों से
ओड़ाःरेन हाड़ाम होड़ोकोआते		घर के बूढ़े–बुजुर्गों से
रोसोम रेन पुरखा–परजाकोआते।।		झोपड़ी के पूर्वज–पुर्खों से।।
मोड़े हागा हातुरेन	122	पांच भाई गांव के
कुपुल गंगा दिसुमरेन		कुटुंब बंधु देश के
नेआगेले सानाङताना		हम यही कामना करते हैं
नेआगेले आसाराएःताना।		हम यही आशा करते हैं।
जोआर! जोआर! जोआर!		जोहार! जोहार! जोहार!
सिङबोंगा गोआरि! गोआरि! गोआरि!		सिङबोंगा को जोहार! जोहार! जोहार!
ओते एंगा गोआरि! गोआरि! गोआरि!		धरती–माता को जोहार! जोहार! जोहार!
हाड़ाम होड़ोको गोआरि! गोआरि! गोआरि!		पुर्खे–पूर्वजों को जोहार! जोहार! जोहार!

बोंगा टुण्डु रे जामाआकान हागा–कुपुलकोलोः जोआर जागार।	**अनुष्ठान की समाप्ति पर वहां एकत्र कुटुंब–बन्धुओं के साथ सामाजीकरण।**

आधार ग्रंथ सूची
सम्मति

आधार ग्रंथ सूची

बोडिंग, पी.ओ. : ट्रेडिशन्स एंड इंस्टिट्यूशन्स ऑफ द संथाल, ओसलो (एन.डब्ल्यू. ब्रोग्रेस), 1942। सीरिज 1, पेपर 1 ऑफ 1995, रिलिजन। न्यू दिल्ली (गवर्नमेंट ऑफ इंडिया) 1995, सेंसस ऑफ इंडिया, 1991

डाल्टन, ई.टी. : डिस्क्रिप्टिव एथनोलॉजी ऑफ बंगाल, कलकत्ता (फरमा के. एल. के. मुखोपाध्याय), 1960 (रीप्रिंट)

एल्विन वी. : मिथ्स ऑफ मिडिल इंडिया, बम्बई (ओयूपी) 1952
ट्राइबल मिथ्स ऑफ उड़ीसा, बम्बई (ओयूपी) 1954
रिलिजन ऑफ एन इंडियन ट्राइब, बम्बई (ओयूपी) 1955
मिथ्स ऑफ नॉर्थ ईस्टर्न फ्रंटियर ऑफ इंडिया, शिलांग (एनईएफ), 1958

गुड, डब्ल्यू. जी. : रिलिजन अमोंग द प्रिमिटिव, लन्दन (फ्री प्रेस), 1964

ग्रिफिथ, आर.टी. : वैदिक हिम्स, वाराणसी (मोतीलाल बनारसीदास), 1963

हॉफमैन जे. : एनसाइक्लोपीडिया मुंडारिका, 16 वाल्यूम, नई दिल्ली (ग्यान पब्लिशिंग हाउस), 1993 (रीप्रिंट)

कुल्लू, पी. : खड़िया धर्म और संस्कृति का विश्लेषण, रांची (सत्य भारती) 1988

लेसली, सी. : एनथ्रोपोलॉजी ऑफ फोक रिलिजन, न्यूयॉर्क (विंटेज बुक्स), 1960

लेवीस्ट्राउस. सी. : द सैवेज माइंड, शिकागो (यूनिवर्सिटी ऑफ शिकागो प्रेस), 1964

मैक दुगल, जे. : लैंड ऑर रिलिजन, नई दिल्ली (मनोहर), 1985

मजूमदार, डी. एन. : अफेयर्स ऑफ ए ट्राइब, लखनऊ (फोल्कलोर इंस्टिट्यूट), 1950

मैलीनोवस्की, बी. : मैजिक साइंस एंड रिलीजन, न्यूयॉर्क (डब्लडे), 1954

मैन्डर, जे. : इन द एबसेंस ऑफ द सैक्रेड, सैन फ्रैन्सिसको (सीयरा क्लब), 1991

पोनेट, पी.	:	सिंगबोंगा एंड द स्पीरिट वर्ल्ड ऑफ द मुन्डाज, रांची, (कैथोलिक प्रेस), एन.डी.
रॉय, एस.सी.	:	द ओरांव रीलिजन एंड कस्टम्स, रांची (मैन इन इंडिया ऑफिस), 1912
ट्रोआजि, जे.	:	ट्राइबल रिलिजन, नई दिल्ली (मनोहर), 1978
वैन एक्जम, ए.	:	द रिलिजियस सिस्टम ऑफ द मुंडा ट्राइब्स, रांची (सत्य भारती), 1982

सम्मति
(पुस्तक की भूमिका के आधार पर)

सबसे पहले तो मैं डॉ. रामदयाल मुण्डा की इस छोटी पुस्तिका **आदि धरम** की समीक्षा प्रस्तुत करने के मौके के लिए अपने को सौभाग्यशाली मानता हूँ क्योंकि मैं स्वयं भी इसी विषय से सम्बन्धित हूँ और वर्तमान लेखक ने मेरे आगे के चिन्तन के लिए मार्ग प्रशस्त कर दिया है। मैं व्यक्तिगत रूप से डॉ. रामदयाल मुण्डा को उनकी इस कृत्ति के लिए न केवल बधाई देता हूँ बल्कि धन्यवाद भी देता हूँ।

डॉ. रामदयाल मुण्डा की यह पुस्तिका सिर्फ देखने में छोटी है, लेकिन है अत्यन्त सशक्त, रोचक, प्रेरणादायक ओर विचारोत्पादक। यह किसी भी पाठक को सोचने के लिए मजबूर किए बिना पीछा छोड़नेवाली नहीं है। कोई भी पाठक इसे आधा पढ़कर छोड़ नहीं सकता है, वह आदि से अंत तक पढ़ने के लिए बाध्य ही होगा।

यह पुस्तिका मुख्यतः चार भागों में विभाजित है। इसका प्रथम भाग प्राक्कथन से विषय–वस्तु के प्रथम पृष्ठ तक है, जिसमें लेखक ने पुस्तिका को तैयार करने के उद्देश्य पर प्रकाश डाला है। इस सम्बन्ध में उन्होंने आदिवासियों के धर्म के लिए एक सर्वस्वीकार्य नाम की अनिवार्यता पर जोर दिया है और इसके अभाव में आदिवासी समाज पर हो रहे विभिन्न दुष्परिणामों की चर्चा की है। ..... इसी भाग में लेखक द्वारा आदिवासियों के धर्म के लिए एक संभावित नाम का प्रस्ताव भी रखा गया है और वह नाम है **आदि धरम**।

पुस्तिका के दूसरे भाग में लेखक ने आदि धरम का दार्शनिक पहलू प्रस्तुत किया है जिसमें उन्होंने धार्मिक प्रणाली के तीन पक्षों को इंगित किया है अर्थात् दर्शन, अनुष्ठान और व्यवस्था। उन्होंने रेखाचित्र द्वारा दिखाया है कि किस तरह ये तीनों पक्ष परमेश्वर के चारों ओर परिक्रमा करते हुए एक दूसरे के साथ अटूट तरीके से जुड़े हैं।

पुस्तिका के तीसरे भाग में लेखक द्वारा आदि धरम के व्यावहारिक रूप को दर्शाया गया है। जिसमें ऋतुचक्र अर्थात् पर्व–त्योहार और जीवनचक्र अर्थात् मानव जीवन की प्रमुख घटनाओं के अनुष्ठानों के तरीकों और उनें धार्मिक कारणों का वर्णन किया गया है।

पुस्तिका का चौथा भाग सम्पूर्ण पुस्तिका निष्कर्ष–स्वरूप है जिसमें लेखक ने आदि धरम के सात विशिष्टताओं को क्रमबद्ध करते हुए आदि धरम को अन्य परिभाषित और संगठित धर्मों से भिन्न दिखाया है। ये सात विशिष्टताएं हैं–आदिवासियों का परमेश्वर के साथ आजा–नाती का सम्बन्ध होना, प्रकृति ही परमेश्वर का घर होना, छाया–भितार मनुष्य की अमरता का प्रतीक

होना, सामाजिकता और असामाजिकता ही स्वर्ग और नरक होना, मध्यस्थता की जरूरत नहीं होना, अन्य जीवों के साथ उच्च–नीच के बदले सहअस्तित्व का सम्बन्ध होना और आदिवासियों के लिए किसी मसीहा या पैगम्बर अनिवार्य न होना।

सबसे अंत में लेखक ने विषय–वस्तु से सम्बन्धित पुस्तकों की सूची देकर जनगणना में विभिन्न नामों से दर्ज आदिवासियों की जनसंख्या प्रस्तुत की है जो कि सामान्य ज्ञान के लिए बहुत जरूरी है।

इस तरह हम देखते हैं कि यह पुस्तिका अपने आप में एक बहुत बड़ी उपलब्धि है; आदिवासियों के लिए एक ठोस धार्मिक आधार है। इस संक्षिप्त समीक्षा का मतलब है आप सबको इस पुस्तिका को पढ़ने और इससे ज्ञान अर्जित करने के लिए आमंत्रित करना।

–डॉ. पौलूस कुल्लू